C. W. A. Balck

Domaniale Verhaltnisse in Mecklenburg-Schwerin

Erster Band

C. W. A. Balck

Domaniale Verhaltnisse in Mecklenburg-Schwerin
Erster Band

ISBN/EAN: 9783742809209

Hergestellt in Europa, USA, Kanada, Australien, Japan

Cover: Foto ©ninafisch / pixelio.de

Manufactured and distributed by brebook publishing software (www.brebook.com)

C. W. A. Balck

Domaniale Verhaltnisse in Mecklenburg-Schwerin

Vorwort.

Die Normen für unsere Domanial-Verwaltung beruhen hauptsächlich auf einer großen Menge von Circularen, welche theils einzeln in gedruckten Gesetzessammlungen zerstreuet sind, zum größten Theil aber bis jetzt ohne weitere Veröffentlichung zu den General-Acten der Registraturen und Beamten aufbewahrt werden. So liegen sie angehäuft, — etwa 700 bis jetzt in keinem Gesetzeswerke abgedruckte befinden sich z. B. in der gewiß noch nicht ganz vollständigen Sammlung des Verfassers — und werden bei der regen, stets fortschreitenden Thätigkeit der Administration immer weiter vermehrt, aber auch ergänzt, verändert, aufgehoben. Die Auditoren, welche gewöhnlich mit dem Justizexamen ihre beamtliche Lehrzeit beendigt glauben, überlassen oft erst dem Laufe der Jahre die Bewältigung und Aneignung so ganz neuen, überaus umfangreichen, zusammenhangslosen Materials — die älteren Beamte selbst finden zuweilen nur mit Mühe das noch Geltende heraus — in weiteren Kreisen endlich heißen die fast völlig unbekannten Verwaltungsprincipien schwankend und willkürlich.

Solche Erwägungen haben zu dieser Abhandlung geführt, deren Zweck sonach keiner weiteren Erörterung bedarf. Gern mag sie dem Druck übergeben werden, wenn sie zur Erleichterung des Cameral=Studium, zur Förderung des Geschäftsbetriebs, zur Bekämpfung von Vorurtheilen nur irgend dienen kann.

Ihrer ursprünglichen Anlage nach sollte sie freilich schon jetzt ein größeres Gebiet der Amts=Administration umfassen — aber die Niederlassungs= und Armensachen sind inzwischen in völliger Neugeburt begriffen, die dürren, bloßen Betriebsvorschriften des Bau= und Rechnungswesens eignen sich kaum zu einer irgend anregenden verbundenen Darstellung, und so sind denn hier für jetzt nach einer kurzen Einleitung nur die Verhältnisse der Behörden, des Landvolks und seines Grundbesitzes, der Landwirthschaft, vorweg genommen. — Eine baldmögliche Fortsetzung soll jedoch im Auge behalten und bei hervortretendem und geäußerten Bedürfniß außerdem ein Repertorium aller Cameral=Verordnungen veröffentlicht werden.

Den eigentlichen Inhalt bilden die unter Vermeidung der Interpretation und ohne Rücksicht auf anderweitige immer nur singuläre Amtspraxis möglichst wortgetreu wiedergegebenen, sowol gedruckten — unter Angabe der sie außerdem enthaltenden verbreitetsten Gesetzessammlung — als ungedruckten cameralen Verordnungen, die umfassenden Bestimmungen der neuesten Contractsformulare und Ueberlassungs=Bedingungen, einzelne Specialrescripte, umkleidet und ergänzt durch einschlagende Präjudicien der Obergerichte, durch historische Daten besonders aus den vom Herrn Archivrath Dr. Lisch herausgegebenen Jahresbüchern mecklenburgischer Geschichte, endlich durch eigne — freilich erst 8jährige — Erfahrungen und Beobachtungen des täglichen Geschäftslebens. Für jede einzelne Abtheilung ist ein geschlossenes Ganze geschaffen, welches selbst bei späterer Veraltung schon an sich noch immer wenigstens von einigem historischen Interesse bleiben dürfte und ohnehin von den Einzelnen zeitgemäß ergänzt und fortgeführt werden kann. — Möglichste Kürze und Uebersichtlichkeit ist erstrebt, deshalb auch sowol dasjenige Historische und Statistische, welches in vaterländischen allgemeinen Geschichtswerken und in unsern ausgezeichneten Staatskalendern ohne Mühe aufzufinden ist, im ersten, als auch allgemeine Landwirthschaftslehre im vierten Kapitel, nur soweit berührt, als es zum Zusammenhang des Ganzen und zum Verständniß der speciell domanialen Institute unumgänglich nothwendig erschien.

Die weitere Eintheilung ergiebt sich aus dem Texte selbst. Da sie beim bisherigen Mangel jedes Leitfadens für das camerale Studium nirgends ein Fundament fand, sondern von Grund aus neu erst geschaffen werden mußte, so sei sie, gleich dem Ganzen, der allgemeinen Nachsicht empfohlen.

C. W. A. Balck.

Schwaan, im October 1864.

Inhalts-Verzeichniß.

Erstes Kapitel.
Einleitung.

§ 1—2. Charakter, historische, politische Verhältnisse der Domainen.
§ 3—4. Umfang, Bevölkerung.

Zweites Kapitel.
Die Administrativ-Behörden.

A. Das Kammer- und Forst-Collegium.

§ 5. Geschichte, Organisation.
§ 6. Persönliche Verhältnisse der Räthe.
§ 7—8. Wirkungskreis und Competenz.
§ 9. Fortsetzung; Geschäftsgang.

B. Die Local-Verwaltungs-Behörden.

I. Die Amtsbehörden.

§ 10. Frühere und jetzige Organisation.
§ 11—12. Qualification, Anstellung der Auditoren und Beamten.
§ 13. desgl. der Subalternen, Renbanten.
§ 14. desgl. der Unterbedienten.
§ 15. Dienstgehalt.
§ 16. Naturalien.
§ 17—18. Sonstige dienstliche Vergütungen.
§ 19. Hofrang, Uniform, Domicil, Abgaben.
§ 20. Assistenz, Dienstentfernung.
§ 21. Tod, Auseinandersetzung, Wittwen.
§ 22. Geschäftslocal, Amtsacten.
§ 23. Dienstrang.

§ 24. Collegialität, Directorium.
§ 25—26. Vertheilung der Geschäfte.
§ 27. Dienstliche Verantwortlichkeit.
§ 28. Verklagbarkeit der Beamten.
§ 29—30. Competenz der Amtsbehörden.
§ 31—32. Grenzen zwischen Administration und Justiz.

II. Die Forstbehörden.

§ 33. Frühere und jetzige Organisation.
§ 34—35. Qualification, Anstellung der Auditoren und Inspectionsbeamten.
§ 36—39. desgl. der Unterforstalen.
§ 40—41. Diensteinkommen (vgl. §§ 15—18).
§ 42. Hofrang, Uniform, Domicil, Abgaben, Assistenz (vgl. §§ 19—21).
§ 43. Dienstliche Verhältnisse (vgl. 22—28).
§ 44. Competenz der Forstbehörden.

III. Die Baubehörden.

§ 45. Frühere und jetzige Organisation.
§ 46—47. Qualification, Anstellung der Baubeamten.
§ 48. Persönliche Verhältnisse (vgl. §§ 15—21).
§ 49. Dienstliche Verhältnisse (vgl. §§ 22—28).
§ 50. Competenz der Baubehörden.
§ 51. Anhang. — Conservator der historischen Kunstdenkmäler.

IV. Anhang. Landmesser.

1. Kammer-Ingenieurs.

§ 52—53. Ausbildung.
§ 54. Persönliche ⎫
§ 55. Dienstliche ⎬ Verhältnisse.
§ 56.

2. Forstgeometer.

Drittes Kapitel.

Grundbesitz und Landbevölkerung.

A. Allgemeine Verhältnisse.

§ 57. Art und Vertheilung des Grundbesitzes.
§ 58. Stabilität des Erbpachtbesitzes.
§ 59—60. Veränderlichkeit des Zeitpachtbesitzes. — Feldregulirung, ihr Zweck.
§ 61. Verfahren bei Feldregulirungen.
§ 62. Vermessung, Eintheilung, Charten, Register.
§ 63—65. Abschätzung, Bonitirung.
§ 66—67. Veranschlagung.

B. Klassen der Landbevölkerung und ländlichen Grundstücke.

I. Hofpächter.

§ 68. Geschichte der Pachthöfe.
§ 69. Ertheilung, allgemeiner Inhalt, Sicherung, Ablauf der Hofcontracte.
§ 70. Oeffentliche Leistungen der Hofpächter.
§ 71. Ländereien, Reservate.
§ 72—73. Gebäude.
§ 74. Wirthschaftsinventarium.
§ 75—76. Verfahren bei Ablieferung und Rückgabe der Pachtung.

II. Bauern (Hüfner, Hauswirthe).

§ 77—79. Geschichte.
§ 80—81. Ertheilung, allgemeiner Inhalt, Sicherung, Ablauf der Dorfscontracte.
§ 82—83. Oeffentliche Leistungen der Bauern.
§ 84. Ländereien, Reservate.
§ 85—87. Gebäude.
§ 88—91. Wirthschaftsinventarium.
§ 92—95. Gehöftsnachfolge.
§ 96—98. Altentheil.
§ 99. Aussteuer.
§ 100—101. Gehöftsregulirung.
§ 102. Berechnung, Verwendung der Gehöftskapitalien.

III. Erbpächter.

§ 103—106. Geschichte; Verfahren bei Vererbpachtung.
§ 107. Ertheilung, Bestätigung, allgemeiner Inhalt, Sicherung, Endigung der Erbpachtcontracte.
§ 108—109. Oeffentliche Leistungen der Erbpächter.
§ 110. Gebäude, Wirthschaftsinventarien, Ländereien.
§ 111. Gehöftsnachfolge.
§ 112. Gehöftsabfindung.
§ 113—114. Gehöftsregulirung.

IV. Büdner.

§ 115—116. Geschichte, Zweck, Verfahren.
§ 117—118. Verhältnisse.

V. Häusler.

§ 119. Geschichte.
§ 120. Zweck.
§ 121—122. Verhältnisse.

VI. Miethseinwohner.

§ 123. Verschiedene Arten.

1. Hoftagelöhner.

§ 124. Tagelöhner-Regulativ.
§ 125—126. Einkünfte der Hoftagelöhner.
§ 127. Leistungen derselben.
§ 128—129. Kündigung, Abzug.

2. Gehöftstagelöhner.

§ 130. Regulativ, Einkünfte, Leistungen.
§ 131. Kündigung, Abzug.

3. Einlieger.

§ 132. Allgemeine Verhältnisse.
§ 133. Arbeitsverdienst.
§ 134—135. Wohnungen.
§ 136—138. Einliegerländereien.
§ 139. Feurung.
§ 140. Fuhren, Leistungen.

VII. Dienstboten.

§ 141—142. Verhältnisse.

VIII. Anhang — Gewerbtreibende.

§ 143. Vorbemerkung.
§ 144—145. Handwerker.
§ 146. Handelsleute.
§ 147. Brauer, Brenner.
§ 148—150. Müller.
§ 151. Krüger, Schmiede, Musikanten.
§ 152. Schornsteinfeger, Viehverschneider, Abdecker.

Viertes Kapitel.
Landwirthschaft.

§ 153. Vorwort.

A. Feldwirthschaft.
I. Wirthschafts-Systeme.

§ 154—155. Drei- und Vierfelderwirthschaft.
§ 156—157. Koppel-, Wechsel-, Dreeschwirthschaft.
§ 158—159. Schlagwirthschaft.

II. Fortschritte der Neuzeit.

§ 160—161. Entwässerung, Drainage.
§ 162. Ackerwerkzeuge, Maschinen.
§ 163—164. Dungarten.
§ 165—166. Bewässerung, Berieselung.

III. Einwirkungen derselben.

§ 167—168. Im Allgemeinen.
§ 169—170. Insbesondere Wirthschaft im Domanium.

B. Garten- und Obstbau.

§ 171—173. Früherer und jetziger Stand.

C. Viehzucht.

I. Pferdezucht.

§ 174. Geschichte.
§ 175—177. Landgestüt: Stationen.
§ 178. Deckzwang: sonstige Beförderung.

II. Rindviehzucht.

§ 179—180. Frühere und jetzige Verhältnisse.

III. Schafzucht.

§ 181—182. Frühere und jetzige Verhältnisse.

IV. Schweine- und Ziegenzucht.

§ 183—184. Stand derselben.

V. Geflügel-, Fisch-, Bienenzucht.

§ 185—186. Stand derselben.

Erklärung der Abkürzungen.

H. = Hinstorff'sche Gesetzsammlung, nach Theilen und in diesen nach fortlaufenden Nummern citirt.
Ra. = große Raabe'sche Gesetzsammlung, nach fortlaufenden Nummern citirt.
C. = Circular Großherzoglicher Kammer.
R. = Rescript Großherzoglicher Kammer.
Rgbl. = Regierungsblatt oder früheres officielles Wochenblatt, nach Nummern citirt. Der Jahrgang desselben ist nur dann speciell angegeben, wenn die darin publicirte Verordnung aus einem frühern Jahre datirt.

Die übrigen Abbreviaturen bedürfen keiner Erklärung. Die ohne allen weitern Nachweis aufgeführten Verordnungen sind die bis jetzt ungedruckten, zu den General-acten gesammelten.

Erstes Kapitel.
Einleitung.

§ 1.
Charakter, historische und politische Verhältnisse der Domainen.

Domainen heißen in Mecklenburg-Schwerin diejenigen Landestheile, welche Eigenthum (§ 57) des Landesherrn sind, und deren Aufkünfte sowol der privativen fürstlichen Haus- und Hofhaltung, als auch den öffentlichen Zwecken des Landesregiments dienen. Durch das Staatsgrundgesetz vom 10. October 1849[1]) wurden sie freilich Staatseigenthum, und nur bestimmte Theile erhielten als sog. Hausgut, d. i. als fideicommissarisches Eigenthum des Großherzoglichen Hauses mit landesherrlichem Besitz- und Nutzungsrecht, ausschließlich privativen Charakter. Durch Aufhebung dieses Gesetzes im Jahr 1850[2]) aber sind die Domainen in ihre ursprüngliche Stellung zurückgekehrt, wobei jedoch das Hausgut noch fernerhin getrennt conservirt ist[3]). Hierauf beruhet die jetzige Eintheilung der Domainen in eigentliches Kammergut unter althergebrachter Oberverwaltung des Großherzoglichen Kammer- und Forstcollegium, und in Hausgut unter Administration einer besonderen Haushaltsbehörde. Wesentliche Verschiedenheiten in den inneren Verwaltungs-Verhältnissen beider Domanialtheile sind hierdurch nicht begründet.

Ihrem Ursprunge nach sind die Domainen entweder fürstliches Stammgut oder Incamerata. Ersteres umfaßt alle seit uralter Zeit zu

---

[1]) Vgl. dasselbe § 156 und dessen Anlage Nr. 1. Ra. 3759. Rgbl. 38.
[2]) Durch Verordn. vom 14. Septbr. 1850. Ra. 3777. Rgbl. 38, welche in Folge des unter demselben Datum publicirten Freienwalder Schiedsspruchs vom 11. Septbr. 1850 erging, vgl. Ra. 3776, Rgbl. 38.
[3]) Verordn. v. 14. Septbr. 1850. Ra. 3778. Rgbl. 38.

den Domainen gehörenden, ferner die vor dem Jahr 1748 dazu erworbenen, aber ursprünglich ritter- und landschaftlichen, insbesondere auch die geistlichen, zur Reformationszeit säcularisirten Grundstücke. Incamerata aber sind die seit jenem Normaljahr von der Landesherrschaft acquirirten und der Kammerverwaltung untergebenen Güter. Diese unterscheiden sich von jenen nur noch dadurch, daß sie mit ihrem Steueranschlag, sowie allen übrigen Reallasten noch jetzt zur Gesammtheit der ritter- und landschaftlichen Güter zählen, und nach den für letztere geltenden gesetzlichen Normen enquotirt werden[4]).

Im Anfang des vorigen Jahrhunderts veranlaßten Streitigkeiten des Herzogs Carl Leopold mit den Landständen das Einrücken von Reichstruppen und demnächst die Verpfändung eines bedeutenden Theils der Domainen an Hannover und Preußen, welche die Executionscontingente gestellt hatten, und nun durch eigne Administratoren und für eigne Rechnung ihre Pfandantheile verwalteten. Durch die bis zu Ende des vorigen Jahrhunderts allmälig erfolgte Wiedereinlösung derselben entstand eine schwere Schuldenlast, zu deren Abbürdung die Erträge der wieder eingelösten, reluirten Theile dienen sollten, welche deßhalb nicht durch die Kammer für landesherrliche Rechnung, sondern durch eine getrennte Reluitionscommission für sich verwaltet wurden. Diese Spaltung der Domainen hat aber aufgehört, seitdem im Jahr 1837 auch die reluirten Theile der Kammer-Administration zurückgegeben sind.

In historischer Beziehung folgen die Domainen der alten Eintheilung des ganzen Landes in die Herzogthümer Mecklenburg-Schwerin, Mecklenburg-Güstrow, das Fürstenthum Schwerin, die Herrschaften Rostock und Wismar. Die inneren Verhältnisse werden auch hierdurch nicht unter einander abweichend.

§ 2.
Fortsetzung.

Aus administrativen Zwecken endlich ist das Kammergut in 26, mehrfach aus kleineren combinirte, unter sich möglichst arrondirte, in sechs sog. Kammer-Districte (§ 8) gelegte Aemter zur Verwaltung des platten Landes, nämlich:

---

[4]) Landesgrundgesetzl. Erb-Vergleich vom 18. April 1755. § 97. H. III. 1.

Schwerin, Lübz-Marnitz, Grabow-Eldena, Hagenow-Toddin-Bakendorf, Neustadt, Güstrow-Rossewitz, Crivitz, Warin-Tempzin-Neukloster-Sternberg, Doberan, Dargun-Gnoien-Neukalen, Ribnitz, Goldberg-Plau, Dömitz, Bützow-Rühn, Wittenburg-Walsmühlen-Zarrentin, Schwaan, Boitzenburg, Grevismühlen-Plüschow, Gadebusch-Rehna, Mecklenburg-Redentin-Poel zu Wismar, Buckow, Toitenwinkel zu Rostock, Lübtheen, Stavenhagen, Wredenhagen, Sülze, und in 18, zum Theil in mehrere Aemter sich hinein erstreckende, in 3 Districte (§ 8) zerfallende Forstinspectionen zur speciellen Cultur der fürstlichen Waldungen und ihrer Pertinenzen an Mooren und Wiesen, getheilt. Die Sitze dieser Forstinspectionen sind zu:
Schildfeld, Wismar, Bützow, Friedrichsmoor, Dargun, Doberan, Kalitz, Rehna, Goldberg, Ludwigslust, Güstrow, Lübz, Wabel, Gelbensande, Jassenitz, Schwerin, Ritzerow, Sternberg.

Die das Hausgut bildenden, über das ganze Land zerstreueten, einzelnen Besitzungen zerfallen dagegen in den Schweriner und Rostocker Hauptdistrict¹) und ein ine Forstinspection.

Die Großherzoglichen Domainen haben gegenüber den Landestheilen der Ritter- und Landschaft eine abgesonderte Stellung. Denn, während diese von ihren Eigenthümern und Obrigkeiten auf den altständischen Landtagen repräsentirt werden, sind die Domainen dort nicht vertreten, empfangen zunächst vom Landesherrn, als alleinigen Träger der gesetzgebenden Gewalt im Domanium, durch die administrative Oberbehörde in publicirten Verordnungen und ungedruckten, an die Beamte ergehenden Circularien (§ 8, § 22, Not. 9, § 43, § 49, Not. 1) ihre Gesetze, und participiren an den allgemeinen, durch Mitwirkung der Landstände entstandenen Landesgesetzen nur insoweit, als der Landesherr dieselben freiwillig für sein Domanium annimmt; dagegen dürfen jene speciellen Domanialgesetze nicht auf die Ritter- und Landschaft ausgedehnt, noch gegen dieselbe gerichtlich zur Anwendung gebracht werden²). Aus diesem und anderen nahe liegenden Zweckmäßigkeitsgründen finden übrigens die über Justiz und Polizei ergehenden allgemeinen Landesgesetze regelmäßig Eingang auch in das Domanium, während die eigentliche Ab-

---
¹) Verordn. vom 1. Juni 1850. Ra. 3772. Regbl. 27.
²) Landesgrundgesetzl. Erbvergl. v. 18. April 1755. §§ 193, 199, H. III. 1; vgl. z. B. § 30, Note 3.

ministration desselben von derjenigen der übrigen Landestheile bedeutend abweicht und nur in den Domanial-Flecken (§ 3) betreffs der Freiheit bürgerlicher Nahrung und der Besteuerung derjenigen in den Städten gleicht ³).

§ 3.
Umfang und Bevölkerung.

Von den etwa 244 ☐ Meilen des Großherzogthums Mecklenburg-Schwerin enthält sein Domanium mehr als 105 ☐ M. Hiervon gehen auf das alte Kammergut (§ 1) etwa 89 ☐ M., auf die Incamerata mehr als 8 und auf das Hausgut fast 8 ☐ M. Das Forstgebiet umfaßt hiervon 24 ☐ M., wovon der 17. Theil dem Hausgut gehört.

Der Umfang der einzelnen Aemter ist sehr verschieden und wird durch Austausch und Abtrennung von Ortschaften zu besserer Arrondirung fortwährend verändert. Bis jetzt enthalten die meisten 3 bis 4 ☐ M., während einige, z. B. Schwerin, Grabow, Hagenow, 6 bis 7 ☐ M. und die kleinsten, z. B. Sülze, Wredenhagen, nur etwa 1 ☐ M. erreichen.

Die Domainen, wozu auch die Amtsfreiheiten (§ 29) der Städte, d. i. unter amtlicher Administration und Jurisdiction stehendes landesherrliches Eigenthum in und neben Städten, gehören, zählen die fünf Marktflecken Dargun, Doberan, Lübtheen, Zarrentin, Ludwigslust¹) nebst der denselben wesentlich gleichstehenden sog. Ortschaft Neukloster, und auf dem platten Lande 650 Dörfer, 252 Höfe und etwa 500 einzeln liegende Gehöfte, nebst 290 Kirchen und 26 Kapellen. Das Hausgut hat hiervon 68 Höfe und 17 Dörfer.

Die Bevölkerung des Domanium beträgt mit 207,000 Seelen fast ⅖ derjenigen des ganzen Landes. Auf jede ☐ M. kommen hiernach durchschnittlich 2000 Seelen, doch wird selbst diese Zahl in mehreren Aemtern, z. B. Lübz, Crivitz, Dömitz, Sülze, fast nur zu ⅔ erreicht, während sie nur in den Aemtern Doberan, Lübtheen, Stavenhagen, Mecklenburg, auf 3000 steigt. Die Gründe solcher Differenz sind

---

³) Landesgrundgesetzl. Erbvgl. cit. § 279; vgl. weiter unten § 143.
¹) Doch steht Ludwigslust nicht mehr unter Amtsjurisdiction, sondern hat sein eigenes Gericht. Vergl. Verordn. v. 4. Septbr. 1800 und vom 25. Juli 1801. Ra. 402.

meistens local, z. B. im Vorhandensein dichtbevölkerter Marktflecken, in Gelegenheit zum Arbeitsverdienst durch Nähe größerer Städte, im Anbau vieler kleiner Erbzinsleute mit Miethswohnungen, in der Bodenbeschaffenheit, zu suchen.

§ 4.

Fortsetzung.

Die Bevölkerung[1]) ist, wie diejenige des ganzen Landes, nicht durchaus reiner, sondern gemischter Race. Ursprünglich slavisch-wendisch, wurde sie bei der vor mehr als 600 Jahren nach hundertjährigen Kämpfen erfolgenden Christianisirung und Germanisirung theils aufgerieben und durch Niederdeutsche aus Westphalen, Holland und Friesland ersetzt, theils allmälig mit den Eroberern verschmolzen (§ 77); ihre weitere Umwandlung geschah nach den verderblichen Wirkungen des 30jährigen Krieges durch neue Colonisationen aus den Nachbarländern. Nur in entlegenen Gegenden einiger südlichen und südöstlichen Aemter mögen sich noch Nachkommen der Urbevölkerung mit gelblicher Hautfarbe, dunklen Haaren und Augen, schmächtigen Körpern rein erhalten haben, während die hohen kräftigen Gestalten, blonden Haare, blauen Augen besonders der Küstenbewohner auf rein germanische Abkunft deuten; der Haupttheil der Landbevölkerung ist mittleren, kräftigen Wuchses, mit dunkelblonden Haaren und blauen Augen. Durchschnittlich ist das mecklenburgsche Landvolk phlegmatisch, gutmüthig, langsamer, aber sicherer Auffassung, häuslich, treu in der Ehe, religiös, anhänglich am angestammten Landesherrn, gehorsam gegen die Obrigkeit, wohlthätig, daneben aber auch häufig träge, unreinlich, mißtrauisch, abergläubisch. Gegen grobe Verbrechen herrscht Abscheu, doch gilt unzüchtiger geschlechtlicher Verkehr als erlaubtes Naturgesetz (§ 142) und gelegentliche Ausschweifung in Speise und Trank als Lohn für Fleiß und Mühe. — Bei den sonst gesunden Körpern sind die sog. Brüche eine sehr häufige Krankheitserscheinung und theils durch allzu frühe körperliche Ueberanstrengung, theils durch die schweren, unverdaulichen, im Uebermaß eingenommenen Speisen zu erklären (§ 133).

---

[1]) Ueber dieselbe vgl. Lisch, Jahrbücher, Bd. II., pag. 107 ff.

Gemeindeverbände und Communalrechte sind, besonders durch Einführung der neuen Ortsarmenpflege, erst im Werden, desto ausgebildeter dagegen die Communallasten, d. i. solche, welche nicht allein von den speciell dabei interessirten einzelnen Landbewohnern, sondern nach bestimmtem Repartitionsmodus, regelmäßig nach dem Hufenstande (§ 65), von einigen oder allen Classen der Orts- und Amtsbewohner gemeinsam übertragen werden, z. B. Armen-, Medicinal-, Schul-, Nachtwächter-, Bau-, Wegelasten. Die Anordnungen hierzu gehen zunächst vom vorgesetzten Amte aus und werden auf dessen Anweisung durch die einzelnen Ortsvorsteher ausgeführt und controlirt (vgl. §§ 70, 83, 108, 117, 121, 127, 130, 140).

Zweites Kapitel.

Die Administrativ-Behörden.

A. Das Kammer- und Forst-Collegium.

§ 5.
Geschichte, Organisation.

Das Domanium des Großherzogthums Mecklenburg-Schwerin hatte nicht von jeher den jetzigen großen Umfang. Seine Verwaltung war daneben in älterer Zeit einfach, beschränkte sich wesentlich auf Erhebung der Gefälle. Das Bedürfniß ihrer Trennung von der übrigen Regierungsgewalt trat deshalb nicht hervor, und jene ruhete ausschließlich in den Händen des anderweitig vielbeschäftigten Kanzlers oder eines einzigen Landrentmeisters. Anders freilich, als später, besonders durch Säcularisirung der großen Cisterzienser-Klöster im Jahr 1552, das Domanium so bedeutend wurde, wie verhältnißmäßig in keinem andern Staate, und humane Landesherren in ihm mehr als eine bloße Einnahmequelle erkannten. Für die Administration wurden damals dem Kanzler schon mehrere Hofräthe beigeordnet. Doch erst Wallenstein[1], dem Usurpator Mecklenburgs, gebührt das Verdienst, eine besondere, mit mehreren Räthen besetzte Ober-Verwaltungsbehörde, eine Kammer, errichtet zu haben. Seine Schöpfung sank mit ihm, aber ihre Lichtseiten waren hervorgetreten. Schon Herzog Adolph Friedrich ernannte wieder im Jahr 1653 einige Kammerräthe, deren Pflichten in der Amtsordnung vom 19. December 1660 enthalten sind[2]. Christian I. Louis endlich vereinigte jene bald darauf wieder zu einem besonderen Colle-

---
[1] Lisch, Jahrbücher, Bd. 13, pag. 202.
[2] Ibid. I. 1. H. IV. 2.

gium, dessen Wirkungskreis und innere Organisation in der Kammer-
und Renterei-Ordnung vom 28. August 1751 vollständig bestimmt
sind[3]). Besondere Forst- und Bauräthe für die technische Oberleitung
der Forstadministration und Bauten sind erst später ins Collegium
aufgenommen.

Letzteres zu Schwerin besteht jetzt aus dem Director, 5 Kammer-,
3 Forsträthen oder Oberforestalen und einem Baurath. Der Director
führt den Vorsitz, die übrigen Räthe rangiren unter einander nach ihrer
Anciennetät im Collegium. Der Landesherr wählt nach freiem Ermessen
sowol den Director, als auch, regelmäßig aus den Local-Administrativ-
behörden, die Räthe, bestätigt auch die vom Collegium präsentirten
Subalternen. Letztere, die Kammer-Kanzlei, sind sehr zahlreich in den
verschiedenen Abstufungen der Secretaire, Registratoren, Kanzlisten,
Copiisten, denen noch mehrere Unterbediente folgen.

§ 6.
Persönliche Verhältnisse der Räthe.

Die Dienstemolumente der Räthe sind ausschließlich zu festem
Gehalte von einigen tausend Thalern nebst baarer Entschädigung für
Dienstaufwand unter Naturalabgabe der Schreibmaterialien bestimmt,
und wechseln nach Rang und Anciennetät. Bei Districtsreisen wird
von allen Räthen der Verlag für Zehrung liquidirt, von den jüngeren
auch derjenige für Fuhren, während die älteren noch angeniessene
Fourage- und Wagengelder beziehen. Bei auswärtigen und nicht
ohnehin schon bestallungsmäßigen oder dienstlichen Commissorien in
herrschaftlichen Angelegenheiten passiren nur bestimmte tägliche Zehrungsgelder von 4 Thlr. 32 ßl. und von 36 ßl. für einen Diener, bei
Partei-Commissorien auch Arbeitshonorare von gleichem Betrage; an
Fuhrkosten werden hierbei auf der Eisenbahn pro Meile 16 ßl., außerdem für einen Diener 8 ßl., Eins für Alles bewilligt, während auf
Landwegen entweder der Fuhrverlag, selbst für Extrapost, oder Eins
für Alles pro Meile 1 Thlr. 16 ßl., eine gleiche Summe auch bei
eigenthümlichem Fuhrwerk, bei eigenem Wagen ohne eigene Bespannung

---

[3]) S. H. IV. 15.

16 ßl. Wagengelder, bei der an demselben Tage erfolgenden Hin- und Herreise jedoch immer nur die Hälfte, endlich bei Stellung von Fuhrwerk nur die Nebenkosten an Trinkgeld ꝛc. vergütet werden¹). Dienst-Cautionen werden nicht gestellt. — Bei Hofe gebührt dem Kammerdirector und den Geheimen Räthen die fünfte, den übrigen Räthen die sechste, dem Bau- und Oberbaurath aber die achte Rangklasse²). Die Uniformen der Kammerräthe unterscheiden sich von denen der Mitglieder der Amtsbehörden (§ 19) durch reichere Stickerei und Sammet an Kragen und Aufschlägen, gleichen aber bei den Oberforstalen denen der Oberforstmeister (§ 42). Im Uebrigen gelten auch hier die Grundsätze der §§ 15, 19, 21.

§ 7.
Wirkungskreis und Competenz.

Seiner eigentlichen Bestimmung gemäß hatte das Collegium von Anfang an die Oberverwaltung der Domainen und die damit zusammenhängende Oberaufsicht über die Local-Verwaltungsbehörden (§ 10 ff). Durch die Kammer- und Renterei-Ordnung vom 28. August 1751¹) wurde sein Wirkungskreis wesentlich erweitert. Sämmtliche landesherrliche Regalien, insbesondere die Steuern, Land- und Wasserzölle, Post-, Münz-, Handelssachen, Fabriken, auch die Institute der sog. Wohlfahrtspolizei, z. B. Wegebesserung, kamen dadurch unter seine Oberleitung.

---

¹) Hierüber wie über das Speciellere vgl. die sehr detaillirte Verordnung vom 29. Nov 1839, Rgbl. 55, wodurch die früheren vom 4. Septbr. 1754, H. I. 79, 9. Mai 1757, H. I. 96, 13. Septbr. 1800, H. I. 345 u. Rgbl. v. 1816, 40, 16. April 1813, Ra. 3849, Rgbl. 18, 15. Septbr. 1821, Ra. 1602, Rgbl. 32, 18. April 1822, Ra. 3861, Rgbl. 16, veraltet sind.

²) Nach Rangordnung vom 25. Juli 1704, H. V. 17, gehören die Geheimen-Kammer- (und gleichstehenden Oberforst-) Räthe in die sechste, die Kammer- (und Forst-) Räthe in die siebente Rangklasse; doch ist durch Verordn. v. 25. März 1818, Ra. 3858, jenen der Rang der Obersten, also die fünfte Klasse, den einfachen Räthen aber derjenige der Oberstlieutenants, also die sechste Klasse, verliehen. Der dort nicht bestimmte Platz des Kammerdirectors wird bei den übrigen Directoren von Oberbehörden, also in der fünften Klasse, sein. Der Oberbaurath ist durch Verordnung vom 10. März 1829, Ra. 3871, Rgbl. 12, in die achte Klasse gestellt, steht also darnach nicht höher als der Baurath, welcher nach Verordn. v. 17. Febr. 1841, Ra. 3890, Rgbl. 7, ebenfalls dahin gehört.

¹) Vgl. H. IV. 15.

Ein ganzes Jahrhundert stand es selbstständig an der Spitze eines eigenen Cameralstaates, und Söhne der regierenden Landesherren zählten zu seinen Präsidenten. Die Domainenverwaltung fiel ihm vollständig zu, als im Jahr 1837 auch die bis dahin getrennt administrirten reluirten Aemter an die Kammer zurückgegeben wurden (§ 1).

Aber auch hier zog die Neuzeit ihre Spuren, besonders durch die Ministerialverfassung der Jahre 1849 und 1853, die Centralisirung aller obersten Staatsgewalt im Schooße von Ministerien[2]). Das Collegium soll dabei freilich seine abgesonderte Stellung und Verwaltung behalten, ist aber der oberen Leitung des Finanzministerium, und, insofern seine Thätigkeit in die Ressorts der übrigen Ministerien hineinzweigt, auch letzteren untergeben[3]). Hand in Hand hiermit ging die Einengung seiner Grenzen. Nachdem schon im Jahr 1763 die Handels-, Fabrik-, Zoll-, Steuersachen[4]) und mehrere Polizeiinstitute einer besonderen Commission, aus der später das Steuercollegium gebildet wurde, übertragen worden, verlor es nun auch noch die Post[5]), Münze, den Elbzoll[6]), den größten Theil der Chausseen[7]) und den an die Hausgutsverwaltung abgegebenen Theil der eigentlichen Domainen (§ 1).

§ 8.
Fortsetzung.

Die jetzige Wirksamkeit des Collegium beschränkt sich demnach wesentlich sowol auf die obere Verwaltung in Oekonomie-, Bau-[1]),

---

[2]) Durch Verordn. vom 10. Octbr. 1849, Ra. 3758, Rgbl. 38, v. 4. April 1853, Ra. 4863, Rgbl. 14.

[3]) Verordn. citt. v. 10. Octbr. 1849, § 7, v. 4. April 1853, § 6.

[4]) Hier ist auch die nach Verordn. vom 1. Decbr. 1834, Ra. 316, zuerst der früheren Landesregierung, nach Verordn. v. 30. Juli 1841, Ra. 341 u. v. 13. März 1842, Ra. 342, dann der Kammer zugetheilte Leitung der Steuer- und Zollbauten durch das neue Steuergesetz vom 15. Mai 1863, Rgbl. 20, jetzt weggefallen. Vgl. C. v. 21. Juli 1864.

[5]) Verordn. v. 29. Octbr. 1849, Ra. 4177, Rgbl. 41, vgl. V. v. 4. März 1810, Ra. 913.

[6]) Verordn. v. 24. Octbr. 1849, Ra. 5241, Rgbl. 41.

[7]) Verordn. v. 18. März 1857, Ra. 5308, Rgbl. 9, v. 6. Juli 1859, Rgbl. 29, v. 26. Mai 1860, Rgbl. 20.

[1]) Incl. Gestütsstationsbauten (§ 176) nach Landgestütsordnung vom 24. Aug. 1838. § 2, und geistl. Bauten nach Verordnung v. 16. Septbr. 1839, Ra. 3202, Rgbl. 37.

Forst-, Rechnungssachen der gebliebenen Kammerdomainen (§ 1) inclusive der Saline zu Sülze, des Gypswerkes zu Lübtheen (§ 164), einiger Wasserzölle, als auf Leitung einiger damit eng verbundener Institute, besonders der Domanialarmenpflege²) und des Domanialbrandassecuranzwesens³). Speciell dem Forstcollegium sind noch die früheren Dienstgeschäfte des Oberjägermeisters, mit Ausnahme seiner persönlichen Functionen auf Jagden und Jagdtafeln, übertragen⁴).

Von großer Wichtigkeit ist die Stellung des Collegium zu den Local-Verwaltungsbehörden in den Domainen. Es ist ihre aufsehende und leitende Central- und ihre eigentliche Dienstbehörde, an welche zunächst jene gewiesen sind. Die Thätigkeit des Collegium äußert sich besonders⁵) in Bearbeitung der den Beamten durch Circularien (§ 2) vorzuschreibenden Verwaltungsgrundsätze und allgemeiner Geschäftsordnungen, in Sammlung der Gesetzesmaterialien für die Kammergüter, in Erhaltung der Uebersicht vom Ganzen der Local-Administration, in unmittelbarer Kenntnißnahme der Thätigkeit, Ordnung des Geschäftsganges, in Abstellung von Unregelmäßigkeiten, in eigner Anordnung der wichtigsten Gegenstände, soweit dieselben nicht füglich dem alleinigen Ermessen der Localbehörden überlassen werden können. Da die Amtsrichter bis jetzt gleichzeitig Mitglieder der Amtsbehörden sind, so ist die Kammer-Dienstbehörde auch für jene (§ 30) und hat das Recht der Controle des formellen richterlichen Betriebes, hierzu auch dasjenige der Acten-Einsicht⁶). — Jedem Rathe ist ein besonderer District (§ 2) zugetheilt, den er jährlich bereis't, dessen Localbeamte ihn bei seinen Revisionen auf seinen Wunsch begleiten und unterstützen müssen⁷) und in dessen Angelegenheiten er im Collegium den Vortrag und ersten Vorschlag hat.

²) Arm.-Ordnungg. v. 30. Juni 1824, § 11, Ra. 2102, Rgbl. 31, 33, vom 9. Mai 1859, §§ 1, 2, 23, 24.
³) Verordn. v. 15. Octbr. 1855, § 6, Ra. 4574, Rgbl. 39, nebst Publicat.-Verordn. v. demselb. Dat., Ra. 5269, Rgbl. 39. Nach Circ. v. 7. Octbr. 1843 sollen auch Unterstützungsgesuche Abgebrannter zunächst an die Kammer gehen.
⁴) Verordn. v. 17. Febr. 1857, Ra. 5124, Rgbl. 5, vgl. Circ. v. 22. April 1851, Ra. 4041.
⁵) C. vom 31. Aug. 1850, Ra. 3914.
⁶) R. v. 5. Octbr. 1833, Ra. 28. Nach C. v. 22. Febr. 1710 mußten sogar Quartal-Extracte der verhandelten Gerichtssachen an die Kammer eingereicht werden.
⁷) Verordn. v. 18. Decbr. 1811, Ra. 8.

§ 9.

Fortsetzung. Geschäftsbetrieb.

Das Collegium ist nicht zugleich Rechnungsbehörde. Die Resultate der Kammer- und Forstadministration werden zu getrennter Haupt-Kammer- und Forstkasse gezogen, und dort von einer besonderen Behörde, nämlich der Renterei, und von einem Forstkassier berechnet, welche aber ihre Zahlungsverordnungen vom Collegium erhalten. Die Ueberschüsse fließen in die Kasse der Renterei, welche überhaupt als landesherrliche Centralkasse alle landesherrlichen Einnahmen in sich aufnimmt[1]). Nur eine kleinere, für directe Ausgaben des Collegium und der Räthe, z. B. auf Reisen, bestimmte sog. Kammer-Administrationskasse wird vom Collegium selbst durch einen Subalternen berechnet.

Für den inneren Geschäftsgang normiren neuere, die Oeffentlichkeit nicht interessirende Statuten. Nur in gemeinsamen Amts-Forstsachen wird das combinirte Collegium, in der speciellen Verwaltung der Aemter dagegen allein die Kammer, in derjenigen der Forsten nur das Forstcollegium, bei Bauten unter Zuziehung des Baurathes, thätig (§§ 29, 44, 50).

Das Collegium erhält bei Eingaben in Aufschrift und Context das Prädikat „hohes"; weitere Curialien sind jetzt weggefallen[2]). Private Vorträge müssen deutlich, auf Stempelpapier geschrieben[3]), rubricirt[4]), paginirt, mit duplum und etwaiger Vollmacht versehen sein, und die eigenhändige Unterschrift entweder des Concipienten oder des Supplikanten enthalten, im Text sich der Wahrheit befleißigen, vorheriges Angehen der zunächst vorgesetzten Behörde und den von dieser gewordenen Bescheid nachweisen und Verschiedenartiges trennen[5]). Telegra-

---

[1]) Cab.-R. v. 12. Juni 1832, Ra. 2, v. 21. Juli 1832, Ra. 3.
[2]) Verordn. v. 23. Septbr. 1837, Ra. 4895, Rgbl. 36, vgl. V. v. 1. Juli 1818, Ra. 3859, Rgbl. 28.
[3]) Auf Stempelbogen von 2 fl. bei einem, von 1 fl. bei mehreren Bogen, vgl. Stempel-Ordnung v. 16. Aug. 1827, § 12, Ra. 787, Rgbl. 34.
[4]) Das Rubrum soll den Namen des Bittstellers, Gegenstand der Eingabe, links die Bezeichnung des Collegium enthalten, V. v. 23. Septbr. 1837, Ra. 4895, Rgbl. 36. Ebenso bei Eingaben an die Kammer-Registratur nach V. v. 5. Mai 1817, Ra. 3906, Rgbl. 20.
[5]) Verordn. v. 2. Febr. 1792, H. I. 282, welche die Einzelnheiten der V. v. 26. April 1749, H. I. 60, 12. Mai 1757, H. I. 97, 21. Febr. 1774, H. I. 141,

phische Anfragen Privater werden entweder gar nicht oder auf gewöhnlichem schriftlichen Wege beantwortet⁶). — Berichte der Localbehörden an das Collegium und seine Registratur müssen ebenfalls rubricirt, auch bei Strafe stillschweigender Remission von allen Beamten unterschrieben sein, oder die vom Dirigenten beizufügenden Gründe der fehlenden Unterschrift, z. B. Reisen, enthalten⁷), den Gegenstand vollständig, gründlich, in thunlicher Kürze erörtern, bestimmte und nicht schwankende Ansichten der Beamte darüber aufstellen, wie sie auf eigene Verantwortung die Sache entscheiden würden⁸) und bei Berichtseinforderungen⁹) binnen der gesetzten Fristen, ohne letztere aber binnen 14 Tagen abgestattet werden ¹⁰).

B. Local-Verwaltungsbehörden.

I. Die Amtsbehörden.

§ 10.
Frühere und jetzige Organisation.

Das Domanium ist von Alters her in einzelne, aus den altgermanischen Voigteien entstandene ¹) Aemter getheilt; doch waren diese früher zahlreicher und kleiner als jetzt (§ 2). Auch gab es über dieselben keine wohlorganisirten landesherrlichen Behörden. Ein einzelner Beamter mit dem Titel eines Voigts, Hauptmanns, Amtmanns oder Küchenmeisters administrirte das ganze Amt und besoldete aus eigner Tasche einen Amtsschreiber oder Notarius, der also ganz von ihm abhängig

---

17. Septbr. 1776, H. I. 161, 11. Febr. 1785, H. I. 229, 20. Januar 1800, H. I. 341, übersichtlich enthält.
⁶) Verordn. v. 26. März 1863, Rgbl. 13.
⁷) R. v. 18. Januar 1832, Ra. 24, C. v. 15. Decbr. 1835, Ra. 34.
⁸) C. v. 31. Aug. 1850, Ra. 3914.
⁹) Nach C. v. 25. April 1848 ergehen dieselben gewöhnlich durch br. man. Decrete in dorso der Communicate.
¹⁰) C. v. 27. Octbr. 1826; an das Cabinet aber schon binnen 8 Tagen nach V. v. 6. Nov. 1779.
¹) Lisch, Jahrbücher, Bd. XIV. pag. 110.

war, wodurch mancher Mißbrauch stattfand. Daneben bestanden die verderblichen General-Verpachtungen²), bei denen ganze Aemter an die Beamte selbst, auch an Oekonomen, selbst an Frauen, auf Zeitpacht überlassen wurden, welche Pächter dann auch die einzige Administrativ-Behörde bildeten, und natürlich nur zu oft bloß ihre Bereicherung erstrebten. Erst das vorige Jahrhundert brachte allmälig bessere Zeiten. Die vielen kleinen Aemter wurden zweckmäßig combinirt, die General-Verpachtungen nicht länger gestattet, und vor Allem ordentlich zusammengesetzte Amtsbehörden gebildet.

Letztere zerfallen jetzt in drei Klassen: eigentliche Beamte für Leitung und Entscheidung der Geschäfte, Subalterne für den Registraturdienst, Amtsunterbediente für Aufwartung, Boten-, Gefängnißdienst und Ausübung polizeilicher Functionen.

§ 11.
Qualification, Anstellung der Auditoren und Beamten.

Die Beamten beginnen ihre Laufbahn gewöhnlich als Amts-Auditoren, und müssen mit ihrer desfallsigen Meldung bei der Kammer den Nachweis wenigstens dreijähriger Universitätsstudien, sittlich guten Betragens, der Unterweisung in den wichtigsten Theilen der cameralistischen Wissenschaften, und der Absolvirung der ersten juristischen, entweder Advokaten-¹) oder Auditoren-Prüfung²) erbringen³). In neuester Zeit freilich soll schon nach Bedürfniß allgemeine Bildung, zweijährige praktische Landwirthschaft, einjähriger Besuch cameralistischer Vorlesungen genügen⁴); doch ist diese Bestimmung, zumal bei dem jetzigen Andrang rechtsgelehrter Auditoren, bis jetzt noch nicht zur Anwendung gebracht. Die Amts-Auditoren werden vor der Kammer beeidigt, gelten als landesherrliche Diener, haben jedoch noch keine förmliche Bestallung, sondern nur ein Anstellungs-Rescript, und können jeder Zeit wieder

---

²) Lisch citat. Bd. XIII, pag. 202.
¹) Reglement v. 21. April 1837, Ra. 1520, Rgbl. 15, modific. durch V. v. 27. Januar 1857, Rgbl. 3.
²) Verordn. vom 28. Juni 1837, Ra. 1431, Rgbl. 25, modific. durch V. v. 20. Septbr. 1856, Ra. 4922, Rgbl. 33.
³) Verordn. v. 9. Febr. 1859, § 2, Rgbl. 9.
⁴) Verordn. v. 9. Febr. 1859, cit. § 3.

entlassen werden⁵). Zur möglichsten Theilnahme an allen Geschäften⁶) bei dem von ihnen gewählten Amte sind sie sowol berechtigt als verpflichtet, dürfen auch in allen weniger wichtigen Verwaltungs- und Polizeisachen⁷), jedoch in Justiz nur bei vorbereitenden Handlungen und unter Aufsicht und Verantwortlichkeit des bestellten Ressortbeamten⁸), das Protokoll dirigiren, müssen im Nothfalle, auch besonders bei nicht remunerirten Ausrichtungen⁹), selbst die Subalternen vertreten ¹⁰), erhalten jedoch ein votum und abgetrenntes Ressort nur bei augenblicklichem Bedürfniß, und auch dann nur interimistisch. Wenngleich ihnen Nebenverdienst, z. B. durch Notariat und Advokatur, gestattet ist, so dürfen sie doch gegen den Landesherrn und die Oberbehörden ¹¹), auch vor den Schranken ihres Amtes ¹²) und zum Nachtheil der herrschaftlichen Sportelaufkunft ¹³) nicht die Feder führen, und müssen vorzugsweise ihren Auditoratspflichten genügen ¹⁴). Nach mehr-, regelmäßig wenigstens dreijähriger praktischer Beschäftigung in Administrativ- und Justizsachen ¹⁵) geschieht auf eingeholten Kammerconsens ihre zweite Prüfung.

⁵) Verordn. v. 15. Januar 1836, IV., Ra. 35, Rgbl. 6. Nach dem Datum des Anstellungsrescripts richtet sich ihre Anciennetät unter einander, R. v. 14. Jan. 1834, Ra. 30.

⁶) Vgl. darüber besonders Verordn. v. 15. Januar 1836, III. cit. Empfohlen besonders ist noch die Gegenwart der Auditoren bei Gehöftsregulirungen (§ 100, Not. 5), R. v. 5. Januar 1828, Ra. 16. Die Conduitenlisten des C. v. 6. Nov. 1834, Ra. 32, werden über die Auditoren nicht mehr geführt.

⁷) R. v. 19. Juni 1825, Ra. 14, Cab.-Rescr. v. 5. Januar 1828, Ra. 16 (§ 100, Not. 5; § 23, Not. 5).

⁸) Verordn. vom 4. März 1837, Ra. 1430, Rgbl. 9, C. v. 9. Mai 1833, Ra. 1425, Cab.-Rescr. v. 1. April 1834, Ra. 1427, Verordn. v. 13. Dec. 1838, Ra. 1436, Rgbl. 49. — Nach Reg.-Rescr. v. 24. Octbr. 1840, Ra. 4909, ist Gegenwart des wirklichen Richters in den durch Auditoren abgehaltenen Gerichtsterminen nicht mehr, sondern nur vorherige Anleitung und nachherige Prüfung erforderlich.

⁹) Denn sonst sollen die bedürftigeren Subalternen adhibirt werden, Rescr. v. 17. Aug. 1829, Ra. 19.

¹⁰) Cab.-Rescr. v. 3. April 1839 a. C. Ra. 44, R. v. 5. Nov. 1832, Ra. 26.

¹¹) Rescr. v. 19. April 1806, Ra. 5, Verordn. v. 15. Juni 1827, Ra. 1510, Rgbl. 25.

¹²) Cab.-Rescr. v. 4. März 1808, Ra. 1497.

¹³) § 15, Note 12, dürfte auch wol für Auditoren Geltung haben, obgleich die Praxis entgegengesetzt ist.

¹⁴) R. v. 4. Mai 1833, Ra. 27.

¹⁵) V. v. 9. Febr. 1859, § 7, Rgbl. 9; jene ist nach C. v. 11. April 1856 der Kammer, am besten durch beamtliche Atteste, nachzuweisen.

Diese war früher stets [16]) das Richter-Examen [17]), dem dann noch eine leichtere schriftliche [18]) cameralistische Prüfung folgte [19]). Da hierbei aber die für die Aemter und das landesherrliche Interesse vorzugsweise wichtige eigentliche Administration und der praktische Dienst nur zu oft zu Gunsten der juristischen Ausbildung vernachläßigt wurde, so brauchen die Auditoren in neuerer Zeit nur noch entweder das Richter- oder das cameralistische Examen zu absolviren [20]), welches letztere dagegen bedeutend erschwert ist, in häuslicher Ausarbeitung, Clausur und mündlicher Prüfung vor der Kammer über Theorie und Praxis der Verwaltung besteht, beim Mißlingen auch einmal wiederholt werden darf [21]), und dessen Resultat an's Finanzministerium von der Kammer berichtet wird.

§ 12.
Fortsetzung.

Nach dem Tage des absolvirten zweiten Examens richtet sich die Anciennetät der Auditoren für ihre Beförderung zu wirklichen Beamten, auf deren Stellen jedoch im Voraus keine Anwartschaften mehr ertheilt

---

[16]) V. v. 15. Januar 1836. § 3. Ra. 35, Rgbl 6, erläutert durch V. v. 27. Septbr. 1837. II. Ra. 1432, Rgbl. 37.

[17]) Nach V. v. 27. Septbr. 1837 cit., erläutert durch V. v. 10. Mai 1848, Ra. 4352, Rgbl. 22.

[18]) C. v. 16. März 1846, Ra. 3912.

[19]) V. v. 15. Jan. 1836. § 4. Ra. 35, Rgbl. 6.

[20]) Nach V. v. 9. Febr. 1859, Rgbl. 9, wodurch die ähnliche v. 11. Juli 1854, Ra. 5109, Rgbl. 28, aufgehoben ist, und welche bis jetzt rechtlich besteht. Nur wenige Auditoren freilich haben daraufhin das cameralistische Examen absolvirt und sich mit Vorliebe der Administration gewidmet — die neueren alle ohne Ausnahme wieder sich dem Richterexamen unterzogen. Letztere halten sich dadurch auch andere, besonders für den Anfang besser als die beamtlichen besoldeten Carrieren, z. B. Bürgermeister und Stadtrichter, der Patrimonialrichter u. s. w., offen — und obendrein ist der zahlreichere Juristenstand nur zu sehr geneigt, die Administration für eine Nebensache, eine leichte Beschäftigung müßiger Stunden zu halten, da sie doch für Land und Leute, besonders in den Aemtern, eine große, schwierige, aber dauernd segenbringende Hauptsache ist; vgl. § 29. Am schnellsten und durchgreifendsten helfen läßt sich hier nur durch völlige Trennung der Justiz und der Administration; vgl. § 30.

[21]) Für cameralistische Prüfung normirt das C. v. 11. April 1856. Die Objecte des Examens sind nicht speciell bestimmt, zur häuslichen Ausarbeitung gehört gewöhnlich der Plan einer Feldregulirung (§ 59). Der Antrag auf diese Prüfung ist zu Ostern oder Michaelis zu stellen, und dieselbe soll dann möglichst binnen 3 Monaten beschafft sein.

werden[1]). Bei nicht sofort vorhandener Vacanz erhalten sie regelmäßig doch sofort als Amts-Mitarbeiter das votum decisivum[2]) in cameralibus et in judicialibus oder in einer dieser beiden Branchen[3]), werden vor der Kammer mit dem Beamten-Eide[4]) belegt, und nach Bedürfniß bei den Aemtern verwandt.

Die wirklichen Beamte mit vollem votum in allen amtlichen und amtsgerichtlichen Sachen (§ 30, Note 3) sind in der Stufenfolge dritte Beamte mit dem Titel als Amtsverwalter, auch wol Domainenräthe, ferner zweite Beamte, genannt Amtmänner, und bei längerer Dienstzeit Oberamtmänner, endlich erste Beamte und Amts-Dirigenten als Amtshauptleute, Droste, Landdroste, Amtsräthe, Geheime Amtsräthe, Geheime Domainenräthe. Je nach Größe der Aemter sind diese Klassen zuweilen nicht alle, zuweilen aber auch doppelt und mehrfach vertreten. Aus den jüngeren Beamten werden auch Bürgermeister bestellt, welche dann für immer aus dem Beamtenstande ausscheiden, besonders qualificirte Beamte auch als Assessoren und Räthe in die hohen Landes-Dicasterien zuweilen berufen, treten auch wol, resp. mit dem Charakter eines höheren Grades, in die Beamten-Carriere zurück. — Die Beamten sollen gewissenhaft, zuverlässig, leutselig, fest und loyal sein[5]), woneben für die Amts-Dirigenten besonders umfassende Geschäftskenntniß, Repräsentationsgabe, Energie erforderlich erscheinen. Nur unter Berücksichtigung dieser Eigenschaften entscheidet Ancienetät für weiteres Aufrücken.

Die Beamten erhalten sowol bei ihrer ersten Anstellung als bei jedesmaligem weiteren Avancement förmliche Bestallungen, in welchen halbjährliche gegenseitige Kündigung, Vermehrung der Dienstgeschäfte ohne Entschädigung, beliebige Versetzung, Beitrittspflicht zum Wittwen-Institut, reservirt wird. Alle müssen in dem nächsten landesüblichen Zahlungstermine nach ihrer Anstellung eine Dienstcaution von resp. 600,

---

[1]) V. v. 5. Mai 1814, Ra. 3850, Rgbl. 20, v. 29. März 1826, Ra. 3865, Rgbl. 13.

[2]) Das vot. consultativum der V. v. 15. Jan. 1836, § 12, Ra. 35, Rgbl. 6, welches nur zu gutem Rath und Unterschrift berechtigte, R. v. 15. Juni 1838, Ra. 42, wird jetzt nicht mehr verliehen.

[3]) Letzteres ist die Regel, da Amtsmitarbeiter noch nicht volle bestallungsmäßige Beamte und deshalb nicht ohne Weiteres zu vollem Votum berechtigt sind, vgl. § 30.

[4]) Das frühere umfangreiche Kammer-Formular desselben ist jetzt zeitgemäß abgekürzt.

[5]) E. v. 31. Aug. 1850, Ra. 3914.

1200, 1800 Thlrn. stellen, welche bei der Renterei berechnet, halbjährlich zu 4 pCt. verzinst und bei moniturfreiem Dienstende zurückgezahlt wird[6]), auch dann erst von Gläubigern belegt werden kann[7]).

§ 13.
der Subalternen, Rendanten.

Diese sind im Anfang regelmäßig Privatschreiber entweder bei Advokaten, oder als sog. Registerschreiber bei Rechnungsbeamten, oder bei Amts-Registratoren, von denen sie jedoch noch nicht im Geschäfts-local verwandt werden dürfen. Sie thuen gut, von vorn herein durch Gesuch bei der Kammer um Aufnahme in die dort geführte Liste der Diätar-Aspiranten sich einige Aussicht auf wirkliche demnächstige Annahme, auch event. hierdurch ihre Anciennetät zu sichern, und müssen dazu gesunden Körper, Alter nicht unter 18 und nicht über 28 Jahre, ledigen Stand, deutliche fließende Handschrift, Abgang aus Gymnasial-Secunda oder Real-Prima, untadelhafte Führung nachweisen[1]). Nach gewöhnlichem Bescheide ist ihnen Lehrzeit bei einem Beamten oder Registrator, Absolvirung der Notariats-Prüfung und Kenntnißnahme des Proceßverfahrens, besonders auch Fleiß, Wahrhaftigkeit, Sittsamkeit zu empfehlen[2]).

Aus den also Qualificirten werden durch Kammer-Rescript die Diätarien ernannt, und vor Amt auf's Protokoll vereidigt, sowie an den Dienst gewiesen. Sie sind jedoch noch keine landesherrlichen Diener, stehen auf monatliche, gegenseitige Kündigung, werden nicht Genossen

---

[6]) V. v. 19. März 1816, Ra. 3856, Rgbl. 14, v. 21. April 1827, Ra. 3866, Rgbl. 18. Die Cautionen wurden früher bei der Reluitionskasse gestellt, nach V. v. 14. März 1833, Ra. 3877, Regbl. 13, Cab.-Rescr. v. 5. Aug. 1837, Ra. 3887. Der etwaige Inhaber mehrerer, mit Cautionsstellung belasteter Aemter soll nur eine, aber die höchste Caution leisten nach Cab.-Rescr. v. 14. März 1835, Ra. 3884. Die Zinsquittungen der Empfänger sind umgehend an die Renterei zu senden, nach V. v. 31. März 1830, Ra. 199, Rgbl. 14, v. 2. Nov. 1832, Ra. 3876, Rgbl. 43, v. 12. März 1858, Rgbl. 9.

[7]) Execut.-Ordnung v. 30. Septbr. 1857, § 28, Ra. 5219, Rgbl. 32.

[1]) C. v. 20. Decbr. 1851, Ra. 3920 — welche zunächst für Diätarien gegebenen Bestimmungen auf die Diätar-Aspiranten entsprechende Rückanwendung finden.

[2]) C. v. 20. Decbr. 1851 cit.; das Notariats-Examen erscheint jetzt zwecklos, vgl. § 15, N. 10.

des Wittwen-Instituts³), und dürfen ohne vorherigen Nachweis genügender Subsistenzmittel nicht heirathen⁴).

Als Protokollisten, zu denen die Diätarien bei guten Dienstleistungen aufrücken, werden sie landesherrliche Diener und gesetzliche Genossen des Wittwen-Instituts, dürfen aber noch nicht ohne Kammerconsens heirathen⁵) und erhalten nur ein Anstellungs-Rescript der Kammer, dagegen eine förmliche Bestallung erst beim späteren Avancement zu Amts-Registratoren, denen bei langjähriger, treuer Dienstführung wol der Charakter von Amts-Secretairen, früher auch zuweilen von Amtsverwaltern und Kammer-Commissären, beigelegt wird. Diese alle werden vor Amt beeidigt und an den Dienst gewiesen, wobei halbjährliche gegenseitige Kündigung, Vermehrung der Dienstgeschäfte ohne Anspruch auf Entschädigung, Versetzung an einen andern Ort oder in ein anderes entsprechendes Dienstverhältniß, Ablösung etwaiger Natural-Einkünfte ausdrücklich reservirt werden soll⁶). Auch sie stellen geringere Dienstcautionen.

Die Zahl der Subalternen wechselt nach Umfang und Bedürfniß der einzelnen Aemter. Amts-Registratoren sind bei jedem, während Protokollisten nur bei größeren, dagegen die schwächer besoldeten Diätarien bei den kleineren fungiren sollen⁷).

Gewöhnlich aus der Zahl tüchtiger Subalternen sind zuweilen besondere verantwortliche Rechnungsführer, sog. Rendanten, mit bestallungsmäßig vorbehaltener Zurückversetzung unter jene, und einer Art Mittelstellung zwischen eigentlichen Beamten und Subalternen, auch wirklichem votum in Rechnungssachen, ernannt⁸); doch scheint ihre Anzahl in neuester Zeit nicht vermehrt, sondern ihr Ressort auch wirklichen, besonders älteren Beamten beigelegt werden zu sollen.

---

³) Cab.-Rescr. v. 3. April 1839, Ra. 44.
⁴) C. v. 9. Jan. 1855.
⁵) Cab.-Rescr. v. 3. April 1839, Ra. 44.
⁶) C. v. 18. Febr. 1851, Ra. 3916, erläutert durch C. v. 26. Septbr. 1863.
⁷) Cab.-Rescr. v. 3. April 1839, Ra. 44.
⁸) C. v. 4. Septbr. 1851, Ra. 3918.

§ 14.
der Amtsunterbedienten.

Diese sind zunächst die Landreiter und die Gerichts- oder Polizeidiener, deren bei größeren Aemtern mehrere angestellt sind. Erstere sollen ihrer Bestimmung für auswärtige und schnelle Dienstleistung gemäß reiten[1]), werden deshalb regelmäßig abwechselnd aus dem vaterländischen Dragonerregiment oder dem Marstallspersonal, die Gerichtsdiener dagegen gewöhnlich aus älteren Unteroffizieren der Infanterie, resp. nach Verhandlungen zwischen dem Militairdepartement und der Kammer[2]) und nach landesherrlicher Bestätigung genommen. Gesunder Körper, rüstiges Alter, Gehorsam, Redlichkeit, Energie, vor Allem Mäßigkeit im Genusse geistiger Getränke, sind ihre Haupterfordernisse. Nach ertheiltem Anstellungs-Rescripte werden sie auf von der Kammer communicirte Dienstinstructionen[3]) und Eidesformulare vor Amt vereidigt, und unter denselben Reservationen, wie die Subalternen (§ 13), an den Dienst gewiesen[4]). Die Landreiter, welche oft Gelder in Händen haben (§ 26), bestellen kleinere Cautionen von etwa 200 Thlrn., doch auch schon die neueren Gerichtsdiener von etwa 100 Thlrn.

Zu den Amtsunterbedienten zählen auch noch die Dorfsschulzen. Ihre Würde war früher zuweilen erblich, wurde selbst zu Lehen gegeben, doch hat dies schon seit Anfang vorigen Jahrhunderts aufgehört[5]). Sie werden jetzt, unter billiger Berücksichtigung der Wünsche der Dorfschaft, aus den tüchtigsten Hauswirthen vom Amte gewählt, und der Kammer zur Bestätigung vorgeschlagen[6]), welche von jener an Allerhöchster Stelle eingeholt wird. Die betreffenden Amtsberichte sollen sich über die ganze Persönlichkeit, Wandel, Ruf, Charakter, insbesondere Energie des Gewählten aussprechen, auch seinen Vornamen und die amtliche Nummer seiner Hufe (§ 85, Note 6) enthalten[7]). Nach eingegangenem Genehmigungsrescripte, in welchem halbjährliche Kündigung

---

[1]) Dürfen nicht fahren, C. v. 25. Juli 1862.
[2]) Cab.-Rescr. v. 24. April 1839, Ra. 2002.
[3]) Eine ältere Landreiter-Instruction v. 26. März 1746, f. H. IV. 13.
[4]) C. v. 18. Febr. 1851, Ra. 3916, erläutert durch C. v. 26. Septbr. 1863.
[5]) B. v. 2. Jan. 1705, H. IV. 5.
[6]) R. v. 27. Juli 1822, Ra. 89.
[7]) C. v. 25. Octbr. 1856.

reservirt ist, erfolgt ihre Beeidigung nach bestimmtem Formular[8]) vor Amt. In dem Flecken verwalten sog. Ortsvorsteher, auf den Höfen die Pächter das Schulzenamt; in größeren Ortschaften werden selbst mehrere besondere Bauern- und Büdner-Schulzen angestellt. Die Auserkorenen sind zur Annahme solches Amtes durch ihre Dorfs- und Hof-Contracte verpflichtet.

Gelegentliche Erwähnung finden hier endlich noch die Nachtwächter. Sie sollen in jedem größeren Dorfe sein[9]); beim Mangel qualificirter Persönlichkeiten müssen die Dorfsbewohner selbst nach bestimmter Reihefolge wachen. Sie werden von der Dorfschaft gewählt, vom Amte bestätigt, aber nicht beeidigt, und von den Dorfsbewohnern selbst nach dem sonst normirenden Communal-Modus (§ 4) theils mit Geld, theils mit Naturalien remunerirt. Ausgebaute (§§ 83, 87), die noch immer zum Dorfe gehören, tragen ebenfalls bei, wenngleich in abgemindertem, gewöhnlich halbem Maße, da sie wegen der Entfernung nicht die volle Wirksamkeit des Wächters genießen können[10]). Die Antheile im Dorfe belegener Forstgehöfte werden häufig aus den Forstkassen übertragen; Pachthöfe ohne angrenzende Dörfer halten besondere Wächter aus eigenen Mitteln.

§ 15.

Dienstgehalte.

Die Mitglieder der Amtsbehörden bezogen früher nur sehr geringen festen Gehalt, dagegen aber die Sporteln ihrer Amts-Handlungen und den Nebenverdienst mancher ihnen gestatteten Privatgeschäfte. Der

---

[8]) Das schon alte Formular, vgl. H. IV. 3, wird beim Gebrauch zeitgemäß verändert.
[9]) V. v. 30. Novbr. 1763, § 22, H. V. 59.
[10]) Diese abgeminderten Beiträge der Ausgebauten werden von den im Dorfe wohnen Bleibenden sehr scheel angesehen, weil die Nachtwächterlasten der Letzteren dadurch um so schwerer und in der That, wenn diese nur wenige sind, oft unverhältnißmäßig drückend werden. Helfen läßt sich hier nur entweder durch völlige Gleichstellung Aller, da ja auch Ausgebaute noch immerhin zum Mutterdorfe gehören, oder doch wenigstens durch Sublevation nur der ganz entlegen Ausgebauten, welche, z. B. bei ausbrechendem Feuer, vom Dorfwächter nicht rechtzeitig gewarnt werden können, während die noch immerhin im Bereich und Gesichtskreis des letzteren wohnenden Ausgebauten den Dorfbewohnern füglich gleichzustellen sind. Regelmäßig halten auch ganz entlegene Gehöftsbesitzer aus ihren Dienstleuten selbst einen Wächter.

herrschaftliche Dienst litt aber hierbei, vielfach entstand Gelegenheit zum Amtsmißbrauch), und so beseitigte denn endlich der Hochselige Großherzog Paul Friedrich diesen Uebelstand¹). Alle Sporteln, soweit nicht ältere Angestellte noch ein bestallungsmäßiges Recht daran besitzen und dieses nicht im Wege der Verhandlung aufgegeben haben, werden fortan zur herrschaftlichen Amtskasse gezogen, und dafür erhöhete, fixirte und möglichst gleichmäßige Gehalte ertheilt. Dieselben betragen, resp. mit fünfjähriger Erhöhung bei untadelhafter Dienstführung, beim ersten Beamten 1800, 1950, 2100 Thlr., beim Amtmann 1200, 1350, 1500 Thlr., beim Amtsverwalter 800 und 900 Thlr., beim Amtsmitarbeiter cum voto 350 Thlr. oder auch während bloß interimistischer Beschäftigung (§ 12) täglich 1—1½ Thlr. Diäten, beim Rendanten 5-, 6- und 700 Thlr., beim Registrator 650, 775, 900 Thlr., beim Protokollist 350, 400, 450 Thlr.²), beim Diätar täglich 28 ßl., nach drei Jahren aber 36 ßl.³), beim Landreiter 275 und 300 Thlr.⁴), beim Gerichtsdiener 200 und 225 Thlr.⁵), Auditoren sine voto erhalten Nichts, Registerschreiber aber von dem sie beschäftigenden Rechnungsbeamten gewöhnlich 50—100 Thlr. (§ 18). Dazu kommen aus Gnadenverleihungen besondere Zulagen.

Die Gehalte sollen vor wirklichem Aufrücken in höhere Grade nicht im Voraus erhöhet⁶), noch vor ihrer Fälligkeit ausgezahlt werden⁷). Von Gläubigern dürfen sie nicht ohne Antrag des competenten Gerichts bei der Kammer, auch immer nur auf ⅓ der jedesmal fälligen Quartalrate, belegt werden, welche dann an einen zu bestellenden receptor pecuniae gegen Quittung in ungetrennter Summe gezahlt wird⁸).

Die Gelegenheit zum Nebenverdienst durch nicht amtliche Ausrichtungen ist jetzt genommen. Kein mit Gehalt angestelltes Glied der Amtsbehörde darf Advokatur⁹), Notariat¹⁰), sonstige Procuratur¹¹), pri-

---

¹) Cab.-Rescr. v. 17. März 1840, Ra. 49.
²) u. ³) Cab.-Rescr. v. 3. April 1839, Ra. 44.
⁴) C. v. 11. Juli 1862. Die dem Landreiter zuweilen noch gelassenen Sporteln für amtliche Executionen sind durch C. v. 29. Jan. 1864 aufgehoben.
⁵) C. v. 11. Juli 1862.
⁶) Cab.-Rescr. v. 20. Febr. 1830, Ra. 20.
⁷) V. v. 5. Octbr. 1842, Ra. 3895, Rgbl. 33.
⁸) V. v. 18. Mai 1757, H. I. 98, v. 21. Juli 1837, Ra. 4894, Rgbl. 29, Execut.-Ordnung v. 30. Septbr. 1857, § 28, Ra. 5219, Rgbl. 32.
⁹) Cab.-Rescr. v. 3. Juli 1811, Ra. 1498, v. 15. Juni 1827, Ra. 1510, Rgbl. 25.

vaten Betrieb eigentlicher Amtsgeschäfte¹²) ausüben. Ebensowenig sollen umfängliche Geschäfte und dauernde Besorgungen für andere Behörden, Gesellschaften oder Private — mit Ausnahme nicht remunerirter Vormundschaften und Verwaltungen zu gemeinnützigen, wissenschaftlichen oder milden Zwecken — ohne Kammergenehmigung übernommen werden, bei deren Einholung die ausdrückliche Versicherung gegeben werden muß, daß der herrschaftliche Dienst in keiner Weise leiden soll, und welche nach Ablauf von drei Wochen als stillschweigend ertheilt gilt¹³).

§ 16.
Naturalien.

Bei den meisten Aemtern haben die Amts-Dirigenten, Landreiter und Gerichtsdiener, ausnahmsweise auch die Amts-Registratoren, eine besondere herrschaftliche Dienstwohnung nebst Garten (§ 22), die sie aber selbst nutzen müssen und ohne Kammererlaubniß nicht vermiethen dürfen¹). Ihnen wird dafür ein billiger Gehaltsabzug, beim Amts-Dirigenten 250 Thlr., beim Landreiter 30—32 Thlr., beim Gerichtsdiener 20—24 Thlr., gemacht; bei nicht vorhandener Dienstwohnung erhalten jene Officianten wol einige Miethsentschädigung. Betreffs der baulichen Conservationslast normirt für die nach der desfallsigen Instruction vom 29. März 1847 Angestellten diese²). Hiernach haben die Nutznießer, gegen Lieferung und freie Anfuhr aller erforderlichen Mate-

¹⁰) Nach Cab.-Rescr. an die Kammer v. 14. Aug. 1858 u. einzelnen Rescripten an die Beamten aus dem Jahre 1863; Subalternen, welche schon früher Notariats-Berechtigung erworben haben, scheint dieselbe verblieben zu sein.
¹¹) Z. B. Suppliken für Andere durch Subalterne ꝛc., C. v. 9. März 1840, Ra. 48, v. 11. März 1854.
¹²) Z. B. Anfertigung von Contracten, Obligationen, C. v. 6. Jan. 1854, v. 16. Juni 1857.
¹³) V. v. 15. Nov. 1856, Ra. 4903, Rgbl. 39.
¹) C. v. 20. März 1846, Ra. 4896, v. 29. März 1847, § 10, Ra. 3896, Rgbl. 12.
²) S. sub Note 1; sie ist betreffs der Decorationen erläutert durch C. vom 5. März 1851, Ra. 4898. Den activen Officianten mit einem Gesammt-Einkommen unter 300 Thlrn. liegt übrigens die Neufertigung der Oefen, Heerde, sowie Neufertigung und Reparatur der Brunnengeräthe, Raufen, Krippen ꝛc., Pumpen, Fensterladen nicht ob. Die Amtsunterbedienten sind durch C. v. 11. Juli 1862 wiederholt vorstehenden Bestimmungen unterworfen.

rialien für Bereitelohn, außer Fegen der Schornsteine, Reinigen der Sohlen, Weißen der Decken und Wände, wesentlich die Reparatur und Neufertigung der Fensterscheiben, Beschläge, Fensterladen, Oefen, Heerde, Brunnengeräthe, Raufen, Krippen ꝛc., die Reparatur der Pumpen, auch die nur einmal, öfters jedoch bei Brand oder Schwamm, auf Kosten der Grundherrschaft herzustellenden Decorationen an Farbe und Tapeten, endlich jeden durch die Ihrigen oder ihr Gesinde muthwillig oder fahrlässig angerichteten Schaden zu tragen. Für ältere Officianten dagegen gilt eine Reihe einzelner, allmälig veraltender Verordnungen[3]). Die Bauart ist massiv von Mauerstein[4]) mit Krondach[5]). — Zu der im Uebrigen auf alleinige Kosten der Nutznießer zu beschaffende Befriedigung der unmittelbar an Haus oder Gehöft grenzenden Gärten werden die erforderlichen Materialien gegen Bereitelohn geliefert und frei angefahren[6]).

Mit Dienstwohnung und Garten ist regelmäßig auch eine herrschaftliche Ländereidotation an Acker, Wiesen, Weide verbunden, welche aber bei neuen Anstellungen nur noch unter der Bedingung eignen Gebrauches und der Selbstbewirthschaftung verliehen wird. Die Amtsdirigenten haben meistens ein bis zwei Last Acker und hinreichende Wiesen; doch werden schon bestehende größere Competenzen nur ausnahmsweise verkleinert; die Ländereien der Amtsunterbedienten wechseln an Umfang. Die Nutznießer stehen zu solchen Ländereien im Verhältnisse von Pächtern[7]), haben auch eine, bei Amtsdirigenten nach dem höchsten Pachtanschlag der Hofpachtländereien (§ 70), bei Amts-Unterbedienten nach gemeinem Ortswerth bemessenen Pacht durch Gehaltsabzug dafür zu bezahlen. — Wo in einzelnen Städten noch Weidefreiheit für Kühe der Landreiter und Gerichtsdiener auf der Communalweide besteht, haben letztere pro Kuh 2 Thlr. an die herrschaftliche Kasse zu

---

[3]) C. v. 15. Febr. 1826, Ra. 3864. Rgbl. 8, v. 21. Mai 1841, Ra. 3892, v. 17. Aug. 1842, Ra. 3894, v. 21. Aug. 1852, Ra. 4899. Ueber frühere eigne Fuhrlast älterer Officianten s. R. v. 7. Juni 1833, Ra. 620.

[4]) C. v. 28. April 1829, Ra. 284, Cab.-Rescr. v. 13. April 1832, Ra. 297, C. v. 19. April 1851, vgl. § 85, Note 7.

[5]) C. v. 8. Aug. 1846.

[6]) V. v. 29. März 1847, § 4, cit. sub Note 1.

[7]) V. v. 29. März 1847, § 13 cit., wodurch V. v. 18. März 1819, Ra. 3860, Rgbl. 10, veraltet ist.

entrichten, und werden bei neuen Anstellungen zu jederzeitiger Auflösung solches Weiderechts, sowie auch zur Abgabe ihrer Dienstländereien ohne weitere Vergütung als Anrechnung der bisherigen Pachtzahlung verpflichtet⁸). — Ausschließlich in unentgeltlichem Genusse von Dienstländereien besteht auch die Remuneration der Dorfsschulzen. Diese sollen gesetzlich⁹) in größeren Dörfern sechs, in kleineren vier Scheffel Aussaat Land, event. aber eine entsprechende baare Geldentschädigung haben; doch wird jetzt ihre Dotation nach Schwierigkeit ihres Amtes, Umfang der Feldmark und Lieblichkeit verschieden bestimmt und bei Gelegenheit der Feldregulirungen zugeschnitten (§ 60).

Die früher sehr bedeutende Abgabe von Feuerung ist nach und nach geschmälert¹⁰), und wird bei neuen Anstellungen jetzt mit einigen Faden Holz, resp. Torfdeputat, gegen freie minus licitando auszubringende Anfuhr¹¹) nur noch den Amtsprotokollisten¹²) und Landreitern gewährt, während die Gerichtsdiener auf die Amtsvorräthe angewiesen werden¹³).

Daneben bestehen bei einigen Aemtern noch Lieferungen von Fischen und ähnlichen Deputaten, welche auch bei neuen Anstellungen einstweilen von Bestand bleiben¹⁴).

§ 17.
Sonstige dienstliche Vergütungen.

Für Dienstreisen im Amte hatten die Beamten früher bestimmte Fuhrgelder, wofür sie auch Chausseegeld bestreiten mußten¹). Die neu Angestellten und die Amtsmitarbeiter liquidiren aber nur den Verlag und erhalten bei Benutzung eignen Fuhrwerks oder Reitpferds eine Vergütung von 1 Thlr. pro Meile, die aber für die an demselben Tage erfolgende Rückreise überall nicht, bei einer Tagesrundreise nur für die

---

⁸) C. v. 11. Juli 1862.
⁹) V. v. 2. Jan. 1705, H. IV. 5.
¹⁰) Cab.-Rescr. v. 17. Jan. 1814, Ra. 491, V. v. 28. März 1840, Ra. 530.
¹¹) C. v. 6. Octbr. 1849, Ra. 3967.
¹²) Cab.-Rescr. v. 3. April 1839, Ra. 44.
¹³) u. ¹⁴) C. v. 11. Juli 1862.
¹) D. h. die nach dem dies bestimmenden Circ. v. 13. Juni 1838, Ra. 41, Angestellten.

Hälfte der zurückgelegten Strecke berechnet wird²). In neuester Zeit endlich ist den Amts-Dirigenten wieder die Wahl zwischen Verlags-Liquidation oder bestimmten Fourage-Geldern von 350 Thlrn., jedoch dann unter der Bedingung eigner Equipage und besonders nur, wenn sie das ökonomische Ressort (§ 29) haben, gelassen. — Die Subalternen sollen von den Beamten im Wagen mitgenommen werden³), sind aber bei alleiniger Ausrichtung zu sportulirender Amtsgeschäfte von den betheiligten Amtseingesessenen entweder anzuholen⁴) oder wegen des gehabten Verlags zu befriedigen, und liquidiren nur in subsidium mit der Amtskasse⁵). — Auditoren sine voto fahren, je nachdem sie anstatt der Beamten oder der Subalternen fungiren, auf Kosten der etwa Fourage-Gelder beziehenden, durch jene vertretenen Beamten oder der Eingesessenen, event. der Amtskasse⁶). — Zur Entschädigung für eignes Reitpferd (§ 14, Note 1) erhalten endlich die Landreiter eine Aversional-summe für Hufbeschlag und Pferdeabnutz von resp. 12 und 28 Thlrn., den Martinipreis einer Last Hafer von 96 Rostocker Schffl. und 30 Centner à 100 Pfd. Heu und Stroh⁷) auf Kosten der Amtskasse. — Für unumgänglich nöthige Zehrung auf Dienstreisen wird der Verlag erstattet.

§ 18.

Fortsetzung.

Für auswärtige Commissorien normiren die Grundsätze des § 6, nur daß hier keine Vergütung für einen Diener, auch nicht für Extrapost, passirt, ferner den Beamten und Amtsmitarbeitern nur Zehrungs-diät resp. Arbeitshonorar von 3 Thlr. 24 ßl., den Amts-Registratoren von 2 Thlr. 24 ßl., den Protokollisten von 1 Thlr. 36 ßl., endlich pro Eisenbahnmeile 12 ßl. und nur Protokollisten 10 ßl. vergütet wird¹).

---

²) C. v. 22. Aug. 1851, Ra. 3917.
³) R. v. 14. Octbr. 1831, Ra. 22, C. v. 22. Aug. 1851, Ra. 3917.
⁴) Oekon.-Sporteltaxe v. 2. Juli 1802, resp. v. 16. Febr. 1849, Anmerkung, Ra. 4006.
⁵) R. v. 14. Octbr. 1831, Ra. 22, v. 9. Decbr. 1833, Ra. 29.
⁶) R. v. 9. Decbr. 1833, Ra. 29.
⁷) C. v. 11. Juli 1862.
¹) Nach C. v. 30. April 1859 sollen die Gebühren für die vom Criminal-Collegium der Behörde, nicht den einzelnen Beamten, ertheilten Commissorien zur Amtskasse berechnet werden. Das C. v. 2. Aug. 1845 ist dadurch aufgehoben.

Umzugskosten werden nur erstattet, wenn die Versetzung in landesherrlichem Interesse und ohne Rang- oder Gehaltserhöhung erfolgte²).

Den in Schwerin wohnenden Mitgliedern der Amtsbehörden wird eine nach ihrem festen Gehalt bemessene sog. Residenzzulage von 10 pCt. gewährt.

Für Schreibmaterialien beziehen Beamte und Amtsmitarbeiter eine Aversionalsumme von etwa 25 Thlrn., und Rechnungsbeamte zur Haltung eines Registerschreibers (§ 13 u. 15) obendrein bis zu 100 Thlr. Subalterne und Amtsunterbediente entnehmen ihren Bedarf aus den Amtsvorräthen, und Auditoren erhalten denselben von den Beamten oder den Subalternen, je nachdem sie für die einen oder die andern Geschäfte ausrichten³).

Endlich werden dem Landreiter für Insinuation der Landtagsausschreiben⁴), Ablieferung der Rekruten (§ 26, Note 11), für Gefangenen-Transport außerhalb Amts⁵), ferner dem Gerichtsdiener für Aufwartung, Wäsche, Lagerstroh, Beköstigung⁶) der Gefangenen baare Vergütungen geleistet⁷). Die früheren Dienströcke und Bekleidungsgelder für Gerichtsdiener werden bei neuen Anstellungen nicht mehr verliehen⁸).

§ 19.
Hofrang, Uniform, Domicil, Abgaben ꝛc.

Durch amtliche Stellung hoffähig gelten bis jetzt nur die Landdroste, Droste, auch sonstige erste oder mit dem Rang derselben etwa bekleidete Beamte, welche resp. in die fünfte, sechste, achte Rangklasse

---

²) V. v. 7. Febr. 1816, Ra. 3855, Rgbl. 7.
³) R. v. 9. April 1829, Ra. 18.
⁴) Die schleunige Insinuation derselben ist durch V. v. 28. Octbr. 1685 u. v. 24. Novbr. 1773, H. I. 139, befohlen.
⁵) C. v. 11. Juli 1862, gerichtliche Sporteltare v. 15. März 1858, XXVI., Rgbl. 9.
⁶) C. v. 11. Juli 1862, gerichtl. Sporteltare cit. XXIV. für warme Speisung wird 10 ßl., bei carena 6½ ßl. täglich vergütet. Die durch C. v. 8. Octbr. 1853 bewilligte Theuerungszulage ist durch C. v. 24. Decbr. 1856 aufgehoben.
⁷) C. v. 11. Juli 1862.
⁸) (C. v. 11. Juli 1862; das Zeug der früheren Gerichtsdienerröcke soll nach V. v. 3. Nov. 1788, H. IV. 64, von inländschen Wollhändlern genommen werden.

gehören¹); durch adlige Geburt hoffähig sind aber alle eigentliche Beamte und auch die Auditoren²)

Die Interims- und Dienstuniform der eigentlichen Beamten und Auditoren besteht in dunkelblauem Frack französischen Schnitts mit hellblau tuchenen Aufschlägen und Kragen, versilberten Metallknöpfen mit fürstlicher Namenschiffre, weißer Halsbinde und Weste, schwarzen Beinkleidern; bei Hof-Galla werden weiße Beinkleider, Stickereien und Stehkragen am Frack, dreieckiger Hut mit mecklenburgischer Kokarde und Degen getragen³).

Diejenigen Officianten, welche herrschaftliche und auf der Amtsfreiheit (§ 3) belegene Dienstwohnungen erhalten, haben ihr Domicil im Domanium. Ihre communalen Beziehungen zu den Städten, in und neben welchen die Amtsfreiheiten liegen, sind aber nicht überall gleichartig (§ 143). Am häufigsten und ihrer Natur am entsprechendsten bilden die Amtsfreiheiten besondere Domanial-Communen und ihre Bewohner sind rekrutirungspflichtig zum Domanium, zahlen Armengeld und Landessteuern³ᵃ) zu den Amtskassen, haben mit den städtischen Gemeindelasten überall nichts zu schaffen. Zuweilen aber stehen die Bewohner der Amtsfreiheiten herkömmlich in mehreren oder allen diesen Beziehungen gleich den andern Stadtbewohnern, wenngleich natürlich der magistratliche Executionszwang sich nicht auf das landesherrliche territorium der Amtsfreiheiten erstrecken kann⁴). Gesetzlich aber sollen jetzt alle Bewohner der Amtsfreiheiten, welche früher Schlacht- und Mahlsteuer zur städtischen Steuerstube gezahlt haben, fortan dieselbe

---

¹) Die Rangordnung v. 25. Juli 1704, H. V. 17, ist hierin später durch einzelne Rescripte modificirt.

²) Nach der Rangordnung gehören dann die Amtmänner in die dreizehnte, die nicht genannten Amtsverwalter gewiß eine Klasse niedriger, doch werden auch diese alle jetzt höher rangiren.

³) V. v. 4. Mai 1813, Ra. 9. Rgbl. 21, C. v. 28. Febr. 1838, Ra. 40; Modelle zu Stickereien sind durch C. v. 23. Febr. 1857 mitgetheilt.

³ᵃ) Nach V. v. 29. März 1847, § 3, Ra. 3896, Rgbl. St. 12, werden übrigens die Grundsteuern der herrschaftlichen Dienstwohnungen aus den landesherrlichen Kassen übertragen.

⁴) Auch § 7 a. C. Anl. Nr. 7 zum neuen Steuergesetz vom 15. Mai 1863, Rgbl. 20, bezieht sich gewiß nur auf die auf Stadtgebiet wohnenden Erimirten, vgl. Note 8, und würde seine Erstreckung auf das Territorium sogar anderer Landestheile ausdrücklich auszusprechen gewesen sein.

fixirt an die Stadt entrichten⁵). Die andern aber, welche auf Wohnungen auf städtschem Grund und Boden angewiesen sind, haben ihr gesetzlich nothwendiges Domicil daselbst und deshalb unbedingten Anspruch auf dortige Reception⁶), welche ihnen nicht verweigert werden kann und deshalb füglich von ihnen nicht erst ausdrücklich erwirkt zu werden braucht⁷). Gleich den übrigen Einwohnern tragen sie, ohne Bürger zu werden, und selbst die eximirten Gerichtsstand genießenden Beamten, die städtschen Communallasten, auf die dem Magistrate directer Executionszwang, selbst gegen Eximirte, zuweilen verliehen ist⁸). Wegen des domicilium necessarium brauchen die Amtsofficianten, mit Ausnahme der noch nicht im Staatsdienst stehenden Diätarien und Diätar-Aspiranten, dem Prediger zwecks ihrer Copulation keinen Domicilschein, d. i. obrigkeitliches Attest der Niederlassungserlaubniß, zu produciren⁹).

---

⁵) § 3, Anl. Nr. 7 zur V. v. 15. Mai 1863 cit.
⁶) Nach Wortlaut der V. v. 18. Aug. 1827, IV. D., Ra. 3803.
⁷) Vgl. Trotsche, Heimathsgesetze, Rostock 1859, pag. 105: „Dem Orte steht keine Prüfung und kein Widerspruch zu — es versteht sich von selbst, daß die Staatsgewalt, ohne Rücksicht auf Einwilligung der ihr in dieser Beziehung völlig untergeordneten Ortsbehörde, den Wohnsitz ihrer öffentlichen Beamten bestimmen kann." Wozu also — wie mehrfach die Magistrate beanspruchen — Antrag um Reception, die doch nicht verweigert werden kann, und förmliche Ertheilung derselben? Etwa nur zur Kenntnißnahme der Magistrate, denen die Ankunft neuer herrschaftlicher Officianten ohnehin aus dem Regierungsblatt und auch sonst hinlänglich bekannt wird? In dieser Beziehung könnte höchstens Meldung der neu Eintreffenden bei den Magistraten gewünscht werden. Oder wegen der mit förmlicher Reception verbundenen, nicht unbeträchtlichen Receptionsgebühren? Diese aber streiten an sich schon gegen die Billigkeit, weil sie bei den häufigen Versetzungen herrschaftlicher Officianten immer wieder von Neuem gegeben werden müßten, — gegen den bedingungslosen Gehorsam der Magistrate gegenüber der, ihre Beamten an ihren Dienstort weisenden, Staatsgewalt — gegen den eigenen Charakter der Receptionsgebühren als theilweiser Aversionalsummen für Befreiung von persönlichen Diensten, z. B. Tragen der Klingbeutel in den Kirchen ꝛc., welche den städtischen Bürgern oblagen, aber gewiß zu keiner Zeit fürstlichen Beamten angesonnen sind.
⁸) Vgl. Citat Note 4.
⁹) Minist.-Rescr. v. 22. Decbr. 1849, Ra. 5243, vgl. V. v. 25. Jan. 1823, Ra. 3114, Rgbl. 5, Trotsche, Heimathsgesetze, pag. 105, Not. 6.

§ 20.

Assistenz und Dienstentfernung.

Eine Assistenz alter oder schwacher Officianten tritt fast nur bei Subalternen und Unterbedienten ein, welchen zuweilen Gehülfen[1]) zugetheilt werden, zu deren Salarirung aber auch jene nach Kammer-Ermessen beitragen müssen. Alten und gebrechlicheren Beamten oder Subalternen werden möglichst tüchtige Collegen gegeben und dadurch Pensionirungen vermieden.

Pensionirung ist aber dann unbedingt geboten, wenn durch die event. auf administrativem Wege festzustellende[2]) Invalidität der herrschaftliche Dienst geradezu gefährdet wird. Ein förmliches Pensionsstatut existirt nicht, doch wird nie der zum standesmäßigen Unterhalt nöthige Ruhegehalt versagt. Die Pensionirten verlieren regelmäßig die mit dem Dienst selbst verbundenen und auf den Dienst-Nachfolger übergehenden Naturalien und Vergütungen, wogegen ihnen Nebenverdienst gestattet ist, beziehen feste und baare Pension unter den für den Dienstgehalt geltenden Auszahlungs-Bedingungen (§ 15), behalten ihre Titel mit dem Zusatze a. D.[3]), Rang und Hof-Uniform, auch das im Dienst erworbene Domicil, wogegen sie bei späterem Erwerb eines neuen nach den allgemeinen Heimathsgesetzen beurtheilt werden.

Die bei Anstellung aller Amtsofficianten ausdrücklich vorbehaltene gegenseitige freie Kündigung (§ 12—14) verhindert jede auch schon ohnehin unzulässige[4]) Contestation über Rechtmäßigkeit und Grund derselben, insbesondere über dienstliche Qualification unfreiwillig Gekündigter. Unabhängig hiervon ist aber die Frage, ob nicht die Staatsgewalt den ohne eigne Schuld und ohne Dienstunfähigkeit Gekündigten, welche vielleicht ihre besten Jahre, Kräfte und selbst Mittel ihrem Dienste gewidmet haben, eine angemessene Pension zu verabreichen gehalten ist.

Verschieden von Kündigung und Pensionirung ist die sofortige Absetzung (§ 27) derjenigen Officianten, welche sich dem Trunk ergeben,

---

[1]) Nach Cab.-Rescr. v. 2. Aug. 1837, Ra. 38, sollen hierbei schon bewährte Subjecte mögliche Berücksichtigung finden.
[2]) Vgl. Buchka und Budde, Entscheidungen, Bd. 1, pag. 228 ff.
[3]) C. v. 13. Decbr. 1849.
[4]) Vgl. Citat sub Note 2, vgl. Buchka u. Budde, Bd. 2, pag. 12.

öffentliche Gelder unterschlagen, oder sonst ihr Amt zu Privatzwecken gemißbraucht haben⁵). Die Entsetzten verlieren jeden Anspruch auf Pension und Amtsrang.

§ 21.
Tod, Auseinandersetzung, Wittwen.

Wittwen, Kinder, Kindeskinder¹) gestorbener activer Beamter, jene mögen an sich erben oder nicht²), haben sowol an dem vollen Gehalt als an allen übrigen dienstlichen Naturalien, Vergütungen und etwaigen Sporteln³) ein Sterbequartal, soweit dasselbe nicht von den Nachlaßgläubigern beansprucht wird⁴), und stets für sich zwei volle, selbst wegen etwaiger Dienstschuld des Gestorbenen nicht zu retinirende Gnadenquartale⁵), können auch endlich den vom Verstorbenen im Anfang seines Dienstes zu Gunsten der Wittwe und Kinder seines Vorgängers nicht bezogenen Gehalt nachfordern⁶). Die Wittwe hat Kindestheil, und Kinder aus verschiedenen Ehen zählen nach Köpfen⁷). Die sonstigen Verwandten und Erben, auch Hinterbliebene und Erben Pensionirter, beziehen nur das etwa freie Sterbequartal⁸).

Bei Auseinandersetzungen betreffs der Dienstländereien, welche nur auf administrativem Wege beschafft werden (§ 31, Note 10), wird der Nießbrauch von Johannis zu Johannis berechnet; die Hinterbliebenen erhalten demnach nicht den ganzen künftigen Einschnitt, sondern nur den in die Sterbe- und Gnadenquartale fallenden Antheil, doch Einsaaten, Ackerlohn, Bestellungskosten, vollständig vergütet, müssen aber

---

⁵) S. Citat in Note 2, pag. 230.
¹) Cab.-Rescr. v. 14. Octbr. 1806, Ra. 3845.
²) Cab.-Rescr. v. 23. Septbr. 1809, Ra. 3846, v. 17. Decbr. 1812, Ra. 3847.
³) V. v. 28. März 1770, H. I. 128, R. v. 31. März 1828, Ra. 3867, v. 22. April 1828, Ra. 3868. Nach singulärer Kammerentscheidung fallen jedoch bei der Entschädigung der Landreiter für Pferdebenutz, vgl. § 17, die Gnadenquartale fort.
⁴) Auch hier gelten die Citate Note 2.
⁵) Verordn. v. 28. März 1770, H. I. 128, Cab.-Rescr. v. 17. Decbr. 1812, Ra. 3847.
⁶) V. v. 28. März 1770, cit. § 5.
⁷) Cab.-Rescr. v. 4. Febr. 1799, H. V. 260.
⁸) V. v. 28. März 1770, §§ 2—4 cit.

Heu, Stroh und Dung ohne Ersatz zur Stelle lassen⁹). — Vor Räumung der herrschaftlichen Dienstwohnungen (§ 16) an den Dienstnachfolger findet auf Anordnung der competenten Oberbehörde eine Revision der abzuliefernden Gebäude c. p. und eine Prüfung über Erfüllung der baulichen Verbindlichkeiten des Vorgängers statt. Der Betrag vorgefundener Mängel ist vom Vorgänger oder seinen Erben an den Dienstnachfolger auszuzahlen, und von diesem dagegen das Fehlende zu beschaffen. Die regulativmäßig erfüllten baulichen Verpflichtungen werden nicht, und die außerdem etwa gemachten Verschönerungen und Meliorationen nur bei desfallsiger vorheriger Zusicherung der Oberbehörde vergütet; ebensowenig ist regelmäßig deren Mitnahme und Entfernung, und regulativmäßig nur bei den auf eigne Kosten des Vorgängers angeschafften eisernen Kochplatten resp. Bratöfen, sowie betreffs der Dienstgärten nur bei den ohnehin jährlich aufzunehmenden Gewächsen gestattet¹⁰). Ueber die Nothwendigkeit der Erneuerung einer vorhandenen Zimmerdecoration beim Wechsel der Bewohner entscheidet die Oberbehörde¹¹).

Die Unterstützungen der Wittwen aus dem Wittwen-Institut für Civil- und Militairdiener mit einem jährlichen Gehalt von mindestens 100 Thlrn. sind neuerdings zeitgemäß und umfassend bestimmt, und betragen etwa ¼ der vollen Diensteinnahme der verstorbenen Ehemänner, welche dagegen bei ihren Lebzeiten etwa 16 pCt. der zukünftigen Pension jährlich beitragen müssen¹²).

---

⁹) R. v. 1. Octbr. 1802, H. IV. 85, durch R. v. 30. Juni 1836, Ra. 112, auch auf Schulzenländereien ausgedehnt.

¹⁰) B. v. 29. März 1847, §§ 11, 12, Ra. 3896, Rgbl. 12.

¹¹) C. v. 5. März 1851, Ra. 4898.

¹²) Statut v. 17. März 1863, Rgbl. 13, erläutert durch B. v. 13. April 1863, Rgbl. 15, wodurch das frühere vom 1. Septbr. 1797, H. IV. 74, nebst seinen späteren Erläuterungen v. 10. Jan. 1799, H. IV. 77, v. 19. Decbr. 1815, Ra. 3854, Rgbl. 51, v. 1. Septbr. 1815, Ra. 3853, Rgbl. 39, aufgehoben ist. — Nach C. v. 30. April 1864 sollen die bis jetzt von den Aemtern erhobenen Wittwenbeiträge der Unterforstalen fortan von den competenten Forstinspectionsbeamten durch Gehalts-Abzug (vgl. § 40, Note 2) direct wahrgenommen werden.

§ 22.

Geschäftslocal, Amtsacten.

Bei jedem Amte ist ein besonderes, meistens auf der Amtsfreiheit (§ 3) belegenes Amtshaus, welches die erforderlichen Zimmer für die Termine und Sessionen, für den Aufenthalt der Parteien und aufwartenden Unterbedienten, für die Thätigkeit der Subalternen, die sog. Registratur, für die Aufbewahrung der ohne vorherige Kammergenehmigung nicht zu vernichtenden Acten[1]) und der die nöthigsten Gesetzessammlungen[2]) und sonstige nützliche Werke (§ 172) enthaltenden Amtsbibliothek umfaßt. An der Dielen- oder Außenwand befindet sich ein vergittertes Amtsbrett für Veröffentlichung der das Publikum interessirenden Amtserlasse, welche bei weitergehender Bedeutung auch in gelesenen Blättern, besonders den Schweriner Anzeigen[3]), dem Norddeutschen Correspondenten[4]), dem Volksblatt[5]) abgedruckt werden sollen. Häufig innerhalb, oder meistens doch wenigstens in der Nähe des Amtshauses, sind die Dienstwohnungen des Amtsdirigenten und des Registrators, während die Landreiter gewöhnlich eine kleinere getrennte Wohnung und die Gerichtsdiener die ihrige in der die Gefängnisse einschließenden Amtspförtnerei haben.

Am Sitze des Amtes halten die Beamten ihre terminlichen Verhandlungen im Amtshause selbst; auswärts, in den Amtsortschaften, dagegen dann, wenn ihre Anwesenheit dort nach der Natur der Geschäfte,

---

[1]) C. v. 14. Juli 1840, Ra. 51.
[2]) Z. B. Intelligenzblätter nach V. v. 30. Decbr. 1807, Ra. 2901, officielles Wochen- oder Regierungsblatt nach V. v. 16. Jan. 1812, Ra. 2904, Rgbl. 13, vgl. V. v. 10. Decbr. 1849, Ra. 4778, Rgbl. 49, v. 9. Octbr. 1850, Ra. 4779, Rgbl. 46, Röttger'sches Repertorium nach V. v. 12. Aug. 1822, Ra. 13, Rgbl. 27, Wehnert'sches Repertorium nach V. v. 15. März 1823, Ra. 3228, Rgbl. 13, der Wächter nach V. v. 27. Jan. 1840, Ra. 46, Rgbl. 5, das Hauptregister für die Sicherheitspflege nach V. v. 8. Juni 1847, Ra. 2969, Rgbl. 19.
[3]) V. v. 20. Octbr. 1836, Ra. 1567, Rgbl. 41.
[4]) V. v. 31. Juli 1852, Ra. 4780, Rgbl. 20, und C. d. Justiz-Minist. vom 5. April 1853.
[5]) C. v. 10. Mai 1862. Mehrere Aemter halten auch jetzt schon mit baarer Unterstützung der Kammer einzeln oder zusammen ein besonderes Amtsblatt zur Aufnahme der das Amt und die Umgegend interessirenden amtlichen oder privaten Publikate.

z. B. bei localen Ermittelungen, nöthig ist. Ihre Decreturen können Beamte, mit Ausnahme der Eintragungen in die Hypothekenbücher, welche immer im Geschäftslocale unter Verschluß gehalten werden sollen[6]), in ihren Privatwohnungen stellen. Anhäufung von Amtsacten in letzteren ist thunlichst zu vermeiden, auch müssen dieselben vor Reisen[7]) und Versetzungen[8]) an die Amtsregistratur zurückgeliefert werden. Ebenso dürfen die den Beamten mitgetheilten und von diesen zu sammelnden Circularverordnungen (§ 2) bei Versetzungen nicht mitgenommen werden, sondern gehen auf den Dienstnachfolger über[9]). Bei Todesfällen sollen die Amtsdirigenten im Sterbehause alle Amts- und officiellen Acten, selbst private, das Dienstverhältniß betreffende Ausarbeitungen und Briefe, ferner herrschaftliche Gelder, Bücher, Siegel mit möglichster Schonung der Empfindungen der Hinterbliebenen sofort an sich nehmen oder versiegeln, und nach der Beerdigung unter Zuziehung der letzteren aussondern[10]). Die Subalternen sollen nur im Geschäftslocal, aber überall nicht in ihren Privathäusern, officiell thätig sein, hier auch keine Amtsacten haben.

§ 23.

Dienstrang.

In Amtsgeschäften rangiren die Beamten hinter einander, bei gleichem Grade nach ihrer Ancienneität in diesem, bei verschiedenen Klassen nach letzteren. Ihnen folgen die Amtsmitarbeiter nach dem Zeitpunkte des bestandenen letzten Examens (§ 12), dann die Auditoren nach dem Datum des Anstellungsrescriptes[1]) (§ 11), endlich die Rendanten[2]). In Verbindung mit den Forst- und Baubeamten (§ 29, 44, 50) präsidiren die ersten Beamten, dann kommen die zweiten Beamten, Forstinspectionsbeamte und Landbaumeister nach ihrer Ancien-

---

[6]) V. v. 2. Jan. 1854, § 26, Ra. 4324, Rgbl. 2, C. v. 16. Juni 1857.
[7]) C. v. 24. Aug. 1836, Ra. 37.
[8]) V. v. 29. März 1784, H. IV. 55, C. v. 23. März 1841, Ra. 53.
[9]) C. v. 18. Septbr. 1850, Ra. 3915.
[10]) V. v. 5. Juni 1858, Rgbl. 17, vgl. V. v. 29. März 1784, H. IV. 55, v. 25. Octbr. 1800, H. IV. 78, Ra. 3844, Rgbl. 1834, St. 9.
[1]) R. v. 14. Jan. 1834, Ra. 30.
[2]) C. v. 4. Septbr. 1851, Ra. 3918.

netät in dieser Klasse, ebenso zunächst die dritten Beamten und Districts-
baumeister³), endlich die Auditoren⁴). Die Direction der Protokolle
gebührt dann stets den Beamten, aber nicht den Auditoren⁵) (§ 11,
Note 7), doch sind die vor jenen etwa rangirenden Forestalen und
Baubeamte im Kopf der Protokolle vor ihnen aufzuführen⁶), nicht
minder am Terminstische über ihnen zu placiren. Die Amtsacten circuliren bei gemeinsamem Betriebe mit den Forestalen und Baubeamten
stets zuerst unter den Mitgliedern der Amtsbehörde und dann erst bei
den anderen⁷). Dieselben Grundsätze gelten wesentlich im persönlichen
geschäftlichen Verkehr mit anderen benachbarten domanialen Amts-,
Forst- und Baubehörden. Gegenüber den Localbehörden anderer
Landestheile aber, z. B. bei gemeinsamen Geschäftsausrichtungen auf
Pfarrconferenzen und Wegebesichtigungen, behaupten die dienstlich anwesenden Mitglieder der landesherrlichen Amts-, Forst- und Baubehörden den Vorrang.

---

³) C. v. 4. März 1863, auch im Rgbl. v. 1863, St. 14, publicirt, wodurch
die früheren V. v. 4. Jan. 1798, H. IV. 76, v. 13. Febr. 1811, Ra. 7, vom
6. Jan. 1831, Ra. 21, v. 29. April 1840, Ra. 50, Rgbl. 19, v. 27. Septbr.
1845, Ra. 3911, Rgbl. 27, veraltet sind. Der Jagdjunker (§ 35), wenn er als
Vertreter des Forstinspectionsbeamten fungirt, nimmt dessen Stelle ein, R. v. 28. April
1829, Ra. 418.

⁴) Bauconducteurs, vgl. R. v. 15. Juni 1838, Ra. 32, als bloße Techniker
(§§ 47 und 49), ebenso Landmesser (§ 55), ferner Unterforestalen als Subalterne
(§ 43), haben gegenüber den vollen Beamten, incl. Auditoren, gar keinen förmlichen
Dienstrang. Forstauditoren aber und Forst- resp. Jagdjunker (vgl. Note 3), welche
nur interimistisch als Unterforestalen fungiren (§ 35), behalten ihren höheren Charakter, R. v. 30. März 1840, Ra. 450, und werden mit Amtsauditoren nach der
Anciennetät rangiren.

⁵) R. v. 19. Juni 1825, Ra. 14.

⁶) R. v. 29. Aug. 1828, Ra. 17, v. 26. Juli 1832, Ra. 25.

⁷) R. v. 23. Decbr. 1830, Ra. 23.

⁸) Wegen der sich dann oft vernothwendigenden, zugleich vorsichtigen und ener-
gischen Vertretung des landesherrlichen Interesses werden dann gewöhnlich die älteren
Beamte thätig, wie dies z. B. auch bei Wegebesichtigungen für die Amtsdirigenten
gesetzlich bestimmt ist (§ 25, Note 6). Abgesehen von letzterem Falle, müssen die
Obrigkeiten anderer Landestheile sich aber auch die geschäftliche Direction jüngerer
Beamte dann gefallen lassen, wie denn ja auch bei jenen das Lebensalter ihrer Vertreter außer Frage bleibt, und außerdem unter den Beamten der jüngere soviel gilt
als der ältere (§ 21 a. A.).

§ 24.
Collegialität, Directorium.

Alle wirkliche Beamte jedes Amtes bilden zusammen ein Collegium und haben — abgesehen von den besonderen Rechten des Amts-Dirigenten — trotz der verschiedenen Klassen völlig gleiche Rechte und Pflichten. Stimmenmehrheit entscheidet; doch hat die Minorität in den das landesherrliche Interesse berührenden Angelegenheiten ein suspendirendes Veto bis nach ungesäumt einzuholender Entscheidung der Oberbehörde, muß auch bei Amtsberichten ihre abweichende Ansicht auf besonderer Anlage separat vortragen. In den selbst durch wiederholte Abstimmung nicht zu hebenden Paritätsfällen ist zunächst in einer Amtsconferenz Einigung zu erstreben[1]) und bei ihrem Scheitern unter motivirter Einberichtung der Sachlage und abweichenden Ansichten die Entscheidung der competenten Oberbehörde einzuholen. Kein Beamter darf in eignen Angelegenheiten seiner Angehörigen, die bis zum dritten Grade excl. (civiler Computation) mit ihm blutsverwandt oder verschwägert sind, an den Geschäftsverhandlungen, insbesondere am Votiren und Decretiren theilnehmen; doch soll er bei entfernterer Verwandt- oder Schwägerschaft, sowie wenn nicht das eigne Interesse jener Verwandten oder Verschwägerten zur Frage steht, dieselben vielmehr nur an der Beurtheilung oder Behandlung der vorliegenden Geschäfte theilgenommen haben, der Mitwirkung an den Geschäftsverhandlungen und Beschlüssen sich nicht entziehen[2]). — Die Subalternen sind unter einander ebenfalls Collegen, aber den Beamten, und beiden die Amtsunterbedienten untergeordnet.

Nur bei Official-Reisen bedürfen Beamte keiner ausdrücklichen Beurlaubung und der Dirigent bestimmt dann die Stellvertretung. Sonst aber müssen sie zu Reisen von über 24 Stunden, resp. bei auswärtigem Wohnsitz des Dirigenten von über 3 Tagen, bis zu 8 Tagen — Subalterne und Amtsunterbediente aber zu jeder Entfernung — den Consens des Dirigenten, für noch längere Zeit aber, sowie für jeden Urlaub ins Ausland, mit Ausnahme nur 3tägiger Reisen nach Berlin, Hamburg, Lübeck, die Einwilligung der Kammer einholen, sich

---

[1]) C. v. 24. Septbr. 1851, 2., Ra. 3919.
[2]) V. v. 17. Octbr. 1835, Ra. 3885, Rgbl. 43.

auch vorher, wie auch natürlich die Dirigenten selbst, mit ihren Collegen über ihre Vertretung einigen³). Die deßfallsigen Gesuche an die Kammer müssen zum Zeichen, daß die Geschäfte nicht durch Abwesenheit leiden, vom Amts-Dirigenten attestirt werden⁴). Die Genehmigung erfolgt jetzt stempel- und gebührenfrei.

Ueberhaupt liegt dem Amts-Dirigenten in Grundlage einer bestimmten Directorial-Ordnung⁵) die Leitung und Aufrechthaltung des ganzen Geschäftsganges vorzugsweise ob, und sind ihm in dieser Beziehung seine Collegen nachgeordnet. Bei seiner Verhinderung vertreten ihn die übrigen vollen Beamte nach der Reihenfolge.

§ 25.

Vertheilung der einzelnen Geschäfte.

Außer solcher Ueberwachung der Geschäftsordnung und den weiteren speciellen Directorialpflichten¹) des ersten Beamten, welche sich besonders auf die Controle über richtige Erhebung, Berechnung (§ 27, Note 6), Auszahlung der Amtsgelder, und die Vertretung des Amtes nach Außen (§ 23, Note 8) erstrecken, gebührt vorzugsweise ihm der Entwurf der regelmäßig wiederkehrenden Amtsberichte über alle Amtsvorkommenheiten an das Kabinet zu Neujahr²), über alle Veränderungen in Amtsbehörde und Amt an das Ministerium des Innern zu Michaelis³), sowie der außerordentlichen Berichte über wichtige Ereignisse an das Kabinet⁴), und über alle die herrschaftliche Kasse betreffenden, insbeson-

---

³) C. v. 4. April 1853; veraltet sind dadurch V. v. 24. Octbr. 1712, vom 11. Decbr. 1719, C. v. 24. Septbr. 1851, II. Ra. 3919.

⁴) V. v. 23. Mai 1828, Ra. 3869, Rgbl. 22.

⁵) V. 24. Septbr. 1851, Ra. 3919, mehrfach modificirt: vgl. hier Note 3 und § 27, Note 6.

¹) Vgl. darüber § 24, Note 5; dahin gehört auch die Versiegelung im Hause gestorbener Officianten, vgl. § 22 a. E.

²) V. v. 9. März 1818, Ra. 416, Rgbl. 10, C. v. 17. Oct. 1850, Ra. 4030.

³) V. v. 30. Jan. 1805, Ra. 414, v. 24. Aug. 1815, Ra. 415, Rgbl. 35, v. 15. Octbr. 1827, Ra. 2941, Rgbl. 40, v. 4. Aug. 1828, Rgbl. 31. Daneben sind die Behörden zur möglichsten Unterstützung des durch V. v. 19. Juli 1851, Ra. 3899, Rgbl. 29, errichteten statistischen Bureaus verpflichtet, V. v. 23. Mai 1859, Rgbl. 25, an welches schon nach C. v. 23. März 1852 jährliche Uebersichten der Forstfrevel und ihrer Bestrafung eingesandt werden sollen.

⁴) V. v. 30. Mai 1797, H. IV. 75, Rgbl. 1817, St. 13.

dere Todesfälle herrschaftlicher Officianten, an die Kammer⁵). Gesetzlich ist er Vertreter des landesherrlichen Grundherrn bei der gemeinschaftlich mit den Landständen vorzunehmenden jährlichen Wegebesichtigung⁶), und regelmäßig auch Civil-Commissarius für die am Sitze der Amtsbehörden stationirte Gensdarmerie⁷).

Alle andern Amtsgeschäfte sind unter sämmtliche Beamte und Amtsmitarbeiter, incl. des Dirigenten, nach Qualification und Neigung der Einzelnen, sowie nach deren Vereinbarung, event. nach Bestimmung des Amts-Dirigenten⁸), resp. nach Kammerentscheidung, getheilt, und bilden die verschiedenen Ressorts. Regelmäßig verwalten die jüngeren Beamten die Justiz und Polizei, während die eigentliche Administration und das Rechnungswesen in den Händen der älteren ruhen. In seinem Ressort hat Jeder die selbstständige Decretur und das erste votum, welches aber der gewissenhaften Prüfung der Collegen unterliegt. Um hier jedoch das schriftliche, zeitraubende Votiren zu vermeiden, und aus sonstigen Zweckmäßigkeitsgründen persönlicher Einwirkung und Kenntnißnahme, ist häufiger mündlicher Verkehr mit den Eingesessenen⁹) und mit den Collegen, betreffs der letzteren besonders Abhaltung von Amtsconferenzen¹⁰), zweckmäßig. Den Beamten bleibt es unbenommen, im Nothfalle auch die Functionen der Subalternen zu besorgen.

---

⁵) V. v. 4. Octbr. 1712, R. v. 25. Nov. 1834, Ra. 33.

⁶) V. v. 29. Juni 1824, § 6, Ra. 2305, Rgbl. 31; vgl. § 23, Note 8.

⁷) Nach Gensdarmerie-Ordnung v. 29. Sept. 1853, § 9, Ra. 4509, Rgbl. 44, hat dieser Commissarius die Aufsicht über Führung der Stations-Gensdarmen, selbst aber keine wirklichen Polizei-Functionen, sondern wird nur auf Requisition der Local-Polizeibehörden durch Instruction der Gensdarmen thätig. Wenn nun am Stationsorte der Gensdarmerie eine Amtsbehörde sich befindet und einem Mitgliede derselben jenes Commissorium ertheilt wird, so vermag der Beamte in solcher doppelten Eigenschaft in den meisten Fällen des Einschreitens der Gensdarmerie, nämlich für das ganze platte Land, über letztere direct und schnell, ohne verzögerliche Requisitionen, zu disponiren und wegen seiner Localkenntniß dieselbe genau zu instruiren.

⁸) C. v. 24. Septbr. 1851, 10, Ra. 3919.

⁹) Circ. v. 2. Nov. 1846, Ra. 3913, v. 31. Aug. 1850, Ra. 3914. Nach R. v. 6. Mai 1839, Ra. 45, sind die bei Beamten persönlich anfragenden Amtseingesessenen von jenen möglichst sofort mündlich zu bescheiden und nicht erst an die Amtsregistratur zum Niederschreiben der Anträge zu verweisen; vgl. § 26, Note 2.

¹⁰) C. v. 24. Septbr. 1851, 2, b. Ra. 3919.

Die Auditoren haben noch kein bestimmtes Ressort und werden nach beamtlichem Belieben nützlich verwandt (§ 11)

Der Ressort des Rendanten besteht ausschließlich in selbstständiger Führung der Geldrechnungen und Verwaltung der Gefälle[11]), deren Receptur ihm allein obliegt[12]).

§ 26.

Fortsetzung.

Den Subalternen werden ihre verschiedenen Geschäfte, als Registriren, Protokolliren, Extendiren, Mundiren, Collationiren, Copiren und Fidemiren, Expediren, Reproduciren, Reponiren, Inventarisiren, Auctioniren, Taxiren, Deponiren, Ver- und Entsiegeln, vom Amts-Dirigenten zugetheilt[1]). Jene sind insbesondere zur Entgegennahme und Registrirung aller, nicht gerade unsinniger Anträge verpflichtet[2]). Die Führung der Sportelrechnung steht gesetzlich dem Registrator zu[3]). Ihre Functionen können auch von Beamten und Auditoren verwaltet, bei extrajudiciellen Terminen, resp. Verhandlungen ohne bestimmte Beglaubigungsform und alleinigem Interesse der Kammer ganz entbehrlich, und beim Interesse Dritter durch deren eigenhändige Unterschrift ergänzt werden[4]).

Auch die Dienstverrichtungen des Landreiters und Gerichtsdieners werden vom Amts-Dirigenten in Grundlage der Dienstinstructionen bestimmt[5]). Jener ist hauptsächlich für den äußeren Dienst, zur Besorgung der Insinuationen[6]), der Amtsbefehle, Executionen[7]), kleinerer

---

[11]) C. v. 4. Septbr. 1851, Ra. 3918.
[12]) Vgl. § 26, Note 12.
[1]) Circ. v. 4. Septbr. 1851, IV., Ra. 3919, vgl. Cab.-Rescr. v. 3. April 1839, Ra. 44.
[2]) Subalterne halten sich oft zur Verweigerung der Registratur bei solchen Anträgen berechtigt, welche oder deren gleichartige schon früher vom Amte abweisend beschieden sind, üben dadurch eine Entscheidung aus, die ihnen nicht zukommt, und veranlassen häufig das kostspielige Angehen von Rechtsbeiständen durch die Amtseingesessenen. Vgl. § 25, Note 9.
[3]) C. v. 3. April 1839, § 15, Ra. 363.
[4]) R. v. 3. März 1810, Ra. 47.
[5]) C. v. 4. Septbr. 1851, V., Ra. 3919.
[6]) Niedergerichtsordnung v. 6. Febr. 1855, § 31, Ra. 4387, Rgbl. 8.
[7]) Execut.-Ordnung v. 30. Septbr. 1857, § 4, Ra. 5219, Rgbl. 32.

Inventarien und geringerer Auctionen[8]), zur Ueberwachung der Sicherheits- und Wohlfahrtspolizei, deshalb auch zur Theilnahme an der Feuerschau[9]), zur Controle des Schulbesuchs der Dorfkinder[10]), ferner zum Transport der Gefangenen, zur Begleitung der abzuliefernden Rekruten[11]). An Geldern aber darf er nur die Aufkunft der Executionen, kleinerer von ihm besorgter Auctionen, und die Sporteln erheben[12]). Der Gerichtsdiener hat den Boten-, Gefangenen-, Termins-, Acten- und Polizeidienst am Amtssitze selbst. In Behinderungsfällen müssen Beide einander vertreten. Die Ortsvorsteher resp. Dorfschulzen sind schon nach alten Verordnungen[13]) niedere Polizeiofficianten und Organe der Amtsbehörden, dürfen auch in solcher Eigenschaft wegen der mangelnden Controle keine Dorfskrüge pachten[14]). Sämmtliche Unterofficianten sind zur Nachforschung und Anzeige von Steuerdefraudationen[15]), Pungenwagen-Contraventionen[16]), und die Dorfschulzen besonders zur Anmeldung von Unzuchts-[17]) und solchen Sterbefällen verpflichtet, in Folge deren sich Curatelen Hinterbliebener vernothwendigen.

§ 27.
Dienstliche Verantwortlichkeit.

Der Amts-Dirigent hat das Recht der Anerinnerung bei dienstlicher Unordnung der andern Beamten, der Auditoren und Rendanten; der Erinnerung zu den Personalacten, der Ertheilung von Verweisen, und

---

[8]) Vgl. Sporteltare v. 15. März 1858, XX., Rgbl. 9.
[9]) V. v. 28. März 1772, § 58, H. IV. 34; die frühere Remuneration hierfür ist durch C. v. 11. Juli 1862 aufgehoben. Vgl. § 18 a. E.
[10]) C. v. 16. Nov. 1854.
[11]) Der Act der Ablieferung und Ueberweisung an die Districtsbehörde selbst aber soll von einem instruirten Manne, gewöhnlich einem Subalternen, vorgenommen werden, V. v. 15. Juli 1836, Ra. 1944, Rgbl. 27, vgl. V. v. 25. Juli 1856, Anl. III., § 13, Ra. 5141, Rgbl. 26 (vgl. § 18 a. E.).
[12]) C. v. 25. Octbr. 1837, Ra. 39, v. 2. Octbr. 1842, Ra. 260, vgl. C. v. 6. April 1833, § 6, Ra. 207, v. 4. Septbr. 1851, Ra. 3918, v. 24. Septbr. 1851, S. Ra. 3919, die Sporteltare in Note 8. — Vgl. § 25, Note 12.
[13]) Schulzen- und Bauernordnung v. 1. Juli 1702, H. IV. 4.
[14]) R. v. 30. Aug. 1837, Ra. 4681.
[15]) C. v. 17. Juni 1826, Ra. 662.
[16]) C. v. 19. Juli 1858.
[17]) V. v. 24. April 1856, § 6, Ra. 4824, Rgbl. 17.

nach collegialischer Berathung auch der Verfügung von Disciplinar- und Ordnungsstrafen bei dienstlichen und außerdienstlichen Vergehen der Subalternen und Unterofficianten; endlich bei Wiederholungen die Pflicht der Anzeige bei der Kammer¹). Auch den übrigen Beamten sind unmittelbare Zurechtweisungen der Subalternen und Unterbedienten gestattet; bei Erfolglosigkeit derselben haben sie unter Anschluß der betreffenden Acten weitere Verfügung des Amts-Dirigenten zu beantragen²). Die Kammer verhängt Verweise, Ordnungsstrafen, Ermahnungen vor versammeltem Collegium³), Absendung von Commissarien, event. auf Kosten der Schuldigen. Besonders strenge sind die Maßregeln zu gewissenhafter und prompter Rechnungsführung. Bei Nichtbeachtung der mancherlei, übrigens auf motivirten Antrag gewöhnlich verlängerten⁴) Fristen, werden unmittelbar nach der Verfallzeit geschärfte Befehle neben Wahrnahme der üblichen Strafgebühr, unter Setzung einer neuen kurzen Frist, neben Androhung von Ordnungsstrafen von 5—25 Thlrn. erlassen, und bei weiterer Nachlässigkeit letztere durch Abzug vom Gehalt verfügt, auch nach Befinden geschärftere Strafen verhängt, event. Commissarien gesandt⁵). Die Kassen werden jährlich von den Districtsräthen, die von Subalternen verwalteten Nebenkassen aber durch die Amts-Dirigenten revidirt⁶). Befundene Unordnungen und Defecte ohne ersichtlichen dolus sind das erste Mal binnen 6 Wochen nach Eingang der Monitur zu justificiren oder zu erstatten, und obendrein mit Verweisen oder Geldstrafen von 20—30 Thlrn., bei Wiederholungen aber oder sofortigem offenbaren dolus criminell zu ahnden, womit gleichzeitige Entsetzung verbunden ist; letztere erfolgt schon nach

---

¹) C. v. 24. Septbr. 1851, II—V., Ra. 3919.
²) C. v. 24. Septbr. 1851, IV. cit.
³) Dessen Verladung Beamte zu befolgen haben, Verordn. v. 15. Mai 1713, H. IV. 10.
⁴) C. v. 3. März 1846, Ra. 3961.
⁵) C. v. 14. Juni 1851, Ra. 3973, vgl. V. v. 5. März 1816, Ra. 184, Rgbl. 12, v. 24. Febr. 1819, Ra. 188, Rgbl. 8, C. v. 23. März 1829, Ra. 197, Rgbl. 14, v. 14. März 1836, Ra. 234, v. 3. März 1846, Ra. 3961, v. 22. März 1849, Ra. 3966, v. 6. Nov. 1850, Ra. 3970.
⁶) V. v. 10. Juli 1855, Ra 1902, Rgbl. 27, C. v. 29. Nov. 1855, wodurch V. v. 22. Juli 1825, Ra. 3862, Rgbl. 1829, St. 25, Rgbl. 1833, St. 44, und Rgbl. 1837, St. 46, C. v. 15. Aug. 1846, Ra. 3962, v. 22. Decbr. 1848, Ra. 3965, 24. Septbr. 1851, 4., Ra. 3919, v. 13. Aug. 1853 veraltet sind.

administrativer, summarischer Voruntersuchung und Ueberführung durch die vorgesetzte Dienstbehörde auf deren motivirten Antrag beim Staatsministerium, wobei die Competenz der Gerichte zu crimineller weiterer Bestrafung gewahrt bleibt⁷).

Wegen des collegialischen Betriebes tragen die Beamte nicht nur für ihre eignen, sondern auch für die Amtshandlungen ihrer Collegen die volle Verantwortlichkeit⁸). Eine Ausnahme hiervon ist nur bei dem Kassen- und Rechnungswesen, wo eine genaue Controle den übrigen Beamten unmöglich ist, und die gemeinsame Unterschrift Aller nur die Gewißheit geben soll, daß die Rechnungen diesen zur Kenntniß gekommen und von ihnen ohne offenbaren Irrthum befunden sind⁹).

§ 28.

Verklagbarkeit der Beamte.

Die Grundsätze über gerichtliche Verklagbarkeit sowol der Behörde als ihrer einzelnen Mitglieder sind bestimmt¹). Jegliche Klage ist ausgeschlossen über Vollstreckungsweise und Rechtsgrund administrativer Executionen, soweit dabei kein Exceß einzelner Officianten vorgekommen ist; die Beschwerden gehen hier an die administrative Oberbehörde, doch sind Interventionen Dritter gerichtlich zu erledigen. In Fällen, wo das herrschaftliche Interesse als Object der beantragten rechtlichen Entscheidung betheiligt ist²), ferner bei Ansprüchen gegen den durch die Beamten commissarisch vertretenen, landesherrlichen Kirchenpatron³),

---

⁷) V. v. 5. Juni 1784, H. I. 224, v. 31. März 1813, Ra. 1801, Rgbl. 17, v. 24. Juni 1813, Ra. 1802, v. 31. Jan. 1817, Ra. 1807, Rgbl. 11, v. 6. Juni 1855, Ra. 4448, Rgbl. 22, vgl. Competenz-Ordnung v. 4. April 1853, § 10, Ra. 4863, Rgbl. 14. Veraltet sind V. v. 15. März 1712 u. v. 12. Decbr. 1749. H. I. 46.

⁸) E. v. 31. Aug. 1850, Ra. 3914.

⁹) R. v. 24. April 1838, Ra. 250.

¹) E. v. 30. Juni 1837, Ra. 60.

²) 3. B. auch bei Pflichtwidrigkeit der Domanial-Hypotheken-Behörden, wo subsidiär landesherrliche Garantie eintritt, V. v. 2. Jan. 1854, § 43, Ra. 4324, Rgbl. 2.

³) Vgl. V. v. 16. Septbr. 1839, § 1, Ra. 3202, Rgbl. 37.

endlich bei Schadensansprüchen gegen Amtsgerichte⁴), sind allerdings Klagen statthaft, doch nicht gegen die Behörde direct, sondern gegen einen Kammer-Procurator, dessen Bestellung bei der administrativen Oberbehörde erbeten, nicht verweigert und event. Gegenstand landständischer Vertretung wird⁵); gerichtliche Inhibitorien oder provisorische Verfügungen sind aber von den Aemtern zu respectiren. Die Behörden können direct gerichtlich besprochen werden bei Klagen aus bestrittener Ortsangehörigkeit; doch sind die Acten noch vor der Einlassung zur Information bei der Kammer einzureichen. Die einzelnen Mitglieder endlich müssen jederzeit direct auch ihre Official-Handlungen oder Unterlassungen vor Gericht vertreten⁶), insbesondere auch in Fällen fiscalischer Anklagen, wobei ihnen natürlich ihr Regreß gegen die beauftragenden Oberbehörden unbenommen bleibt, und ihnen auch nach den Umständen Ersatz der Proceßkosten durch letztere wird. Aus naheliegenden Zweckmäßigkeitsgründen gilt aber hierbei, daß jene aus administrativer und polizeilicher Thätigkeit erst dann verklagt werden können, wenn die Unrechtmäßigkeit derselben von der vorgesetzten Behörde im Administrativwege erwiesen, und von dieser der Rechtsweg eröffnet ist⁷).

§ 29.

Competenz der Amtsbehörden.

Diese wird räumlich zunächst durch den bestimmten Umfang der einzelnen Aemter begrenzt, und erstreckt sich in das Weichbild der Städte hinein nur auf die Amtsfreiheiten (§ 3); doch umfaßt sie im Gebiet

---

⁴) Buchka und Budde, Entscheidungen des Mecklenb. Oberappellationsgerichts, Bd. II., pag. 39.

⁵) V. v. 1. Juli 1818, §§ 12 und 17, 1. Ra. 1396, Rgbl. 26, und Anlage zur Nebenverordnung v. 20. Juli 1840, Ra. 1401, Rgbl. 26.

⁶) C. v. 30. Juni 1837, Ra. 60, vgl. Reversalen v. 2. Juli 1572, „Drittens", H. III. 3, Land- und Hofgerichtsordnung v. 2. Juli 1622, Thl. 2, Tit. V., § 3, H. I. 1, Landes-Erbvergleich v. 18. April 1755, § 395, H. III. 1. Wegen dessen, was zu rechtlicher B.urtheilung und dienstlichem Ermessen steht, sind Beamte nur der Dienstbehörde, nicht aber Privaten verantwortlich, V. v. 2. Jan. 1854, § 43, Ra. 4324, Rgbl. 2.

⁷) Regiminal-Rescripte v. 23. Juni 1838, Ra. 1434; vgl. Buchka u. Budde, Bd. 2, pag. 12.

der Forstverwaltung und des sonst getrennten Hausgutes auch die Justiz- incl. Forstgerichts-¹), Hypotheken-, Curatel-, Polizei-, Niederlassungs-²), Armen-, Medicinal-, Schul-, Communal- und Militairsachen³). Intensiv enthält sie:

1) die Administration der Aemter, d. i. besonders alle Theile ihrer Oekonomie-Verwaltung in Haus und Feld der Amtseingesessenen, die Berechnung ihrer Gefälle und ihr Bauwesen, — ferner die eng hiermit verbundene und mehrfach untrennbare sog. Wohlfahrtspolizei, insbesondere die Niederlassungen, Heimaths-, Auswanderungs-, Armen-, Medicinal-, Schul-, Brand- und Wassersachen — endlich die speciellen Commissorien sowol des landesherrlichen Patronates⁴) bei geistlichen Bauten und Verwaltung des Kirchenvermögens als der Wegebesichtigungen (§ 25, Note 6). Nach Aufhebung der Elbzollämter zu Dömitz und Boitzenburg ist noch den dortigen Domanialämtern die Untersuchung der Tüchtigkeit und die Feststellung der Tragfähigkeit der Elbfahrzeuge sowie die Ertheilung und Wiedereinziehung der Elbschifferpatente übertragen⁵).

Zu segensreichem Wirken, zu neuen Schöpfungen ist hier ein weites Feld geöffnet, und die erforderlichen Mittel werden stets bereitwillig von dem Landesherrn durch die competenten Oberbehörden, insbesondere das Kammer- und Forstcollegium, gewährt. Wo hierbei engere technische Kenntnisse sich vernothwendigen, zumal bei forstwirthschaftlichen Fragen, bei Bauten, bei Vermessungen, werden besondere Forst- und Baubeamte, auch Landmesser, neben den Mitgliedern der Amtsbehörden thätig, zu denen diese dann in bald nähere, bald entferntere geschäftliche Beziehungen treten (vgl. §§ 44, 50, 55);

2) die Sicherheits-, Grenz- und Fremdenpolizei, besonders Vagabonden- und Paßsachen, und die Strafpolizei, d. i. die Beobachtung der Nüchternheit, Sittlichkeit, Sonntagsheiligung. Hierher gehört auch das Specialcommissariat der Gendarmerie (§ 25, Note 7);

---

¹) C. v. 1. März 1854.
²) C. v. 6. März 1851.
³) V. v. 28. Aug. 1850, Ra. 3775, Rgbl. 36.
⁴) C. v. 16. Septbr. 1839, § 1, Ra. 3202, Rgbl. 37.
⁵) V. v. 27. Juni 1833, Rgbl. 28.

3) die gesammte Justiz incl. Civil- und Criminalpflege, freiwillige Gerichtsbarkeit, Curatelen, Depositen, auch Hypotheken⁶);
4) die Rekrutirung.

§ 30.
Fortsetzung.

Die althergebrachte Verbindung der Justiz und der Administration im Schooße derselben Amtsbehörden ist vielfach angefochten¹), hat sich jedoch in ihrer vollen Wirkung bis auf den heutigen Tag gehalten. Unzweifelhaft hat sie die Vortheile schnelleren Geschäftsbetriebs bei gegenseitigen Beziehungen der Administration und der Justiz²), erleichterter Vergleiche durch den Richter, der schon als Verwaltungsbeamter den Leuten nahe tritt und ihr Vertrauen erwerben kann, umfassenderer Ausbildung, weil der Beamte unter Umständen jeden Ressort zu übernehmen in die Lage kommt und fähig sein muß (§ 25) — doch liegt auch wiederum die Gelegenheit zur Vernachlässigung, selbst zum Mißbrauch einer Branche auf Kosten der andern, nahe.

Administration und Justiz bei den Aemtern werden sonach durch dieselben Behörden verwaltet, deren sämmtliche wirkliche Beamte deshalb schon in ihren Bestallungen zu solchen doppelten Functionen berechtigt wie verpflichtet sind und das volle Votum in judicialibus et in cameralibus haben³). Doch erkennen die Amtsbehörden in Justizsachen unter

---

⁶) Wenngleich die Hypothekenbehörde als Amt und nicht als Amtsgericht thätig wird, so ist ihr Betrieb doch vorwiegend ein juristischer, weshalb auch nur Beamte mit votum in judicialibus darin thätig werden dürfen, und Beschwerden an das Justizministerium gehen. V. v. 2. Jan. 1854, § 44, Instruction dazu § 22, Ra. 4324, Rgbl. 2; vgl. § 30) im Text a. E.

¹) Vgl. Cab.-Rescr. v. 27. Septbr. 1828, Ra. 57.

²) Z. B. gegenseitiges Jungiren und Einsehen von Acten ohne Requisition, wechselseitige Mittheilungen ohne besondere Ausfertigungen, vgl. § 28 der sub Note 6 des § 29 citirten Instruction.

³) Die bestallungsmäßige administrative und gleichzeitig richterliche Eigenschaft voller Beamten (§ 12) war unbedenklich, solange das Richterexamen ausschließliche Bedingung beamtlicher Beförderung war (§ 11, Note 17). Seitdem aber auch schon allein das cameralistische Examen genügt (§ 11, Note 20), widerstreitet jenes bestallungsmäßige Recht anscheinend den Landesgesetzen, welche zu richterlicher Qualification vorherige Absolvirung des Richter-Examens noch jetzt fordern, vgl. V. vom

dem Namen von Amtsgerichten, sind an die Justizgesetze gebunden, stehen hierbei unter Controle der Landesgerichte und sind hierin frei von Beeinflussungen durch die Kammer⁴). Letztere ist aber Dienstbehörde aller Beamten, also auch der zu ihnen gehörenden, die Justiz verwaltenden Amtsrichter (§ 8), und übt als solche volle Disciplinargewalt auch über diese aus. Im Uebrigen ist sie bei der eigentlichen Justizpflege nur betreffs der aus landesherrlicher Kasse zu übertragenden Gerichtskosten und der dahin fließenden Sporteln und Strafen interessirt, für deren Verausgabung, Vereinnahmung, Berechnung sie die nöthigen Instructionen ertheilt, giebt aber für den weniger streng gerichtlichen Hypotheken= (§ 29, Note 5) und Forstgerichts=Betrieb selbst Normen des formellen Verfahrens.

§ 31.

Grenzen zwischen Administration und Justiz.

Competenz=Conflicte zwischen der Justiz und Administration sind ungeachtet und vielleicht grade wegen ihrer engen Verbindung nicht selten. Nach bestehenden Verordnungen der richterlichen Cognition entzogen und ausschließlich auf Administrativwege zu entscheiden sind alle eigentlichen Gehöfts= und Landwirthschaftssachen¹), insbesondere auch noch die Auseinandersetzung des bäuerlichen Nachlasses, nebst Trennung der herrschaftlichen Hofwehr vom Allod²), die Regulirung

---

27. Septbr. 1837, I. Ra. 1432, Rgbl. 37. Der Landesherr ist freilich in seinem Domanium unbeschränkter Gesetzgeber — doch nehmen auch Leute aus anderen Landestheilen bei Klagen gegen Domanialeingesessene vor den Amtsgerichten ihr Recht (§ 2, Note 2). Auf alle Fälle ist denjenigen Beamten, welche schon auf das cameralistische Examen hin ernannt sind (§ 11, Note 20), nachträglich förmliche landesherrliche Dispensation vom Richter=Examen ertheilt, und dadurch ihre richterliche Qualification außer allen Zweifel gestellt.

⁴) Cab.=Rescr. v. 30. Juni 1834, Ra. 1562, v. 28. März 1835, Ra. 1886.
¹) Kammer= und Rentereiordnung v. 28. Aug. 1751, I. H. IV. 15; V. vom 17. Septbr. 1776, H. I. 161; Cab.=Rescr. v. 17. März 1806, Ra. 55; R. vom 9. Juni 1836, Ra. 111.
²) Cab.=Rescr. v. 14. Novbr. 1805, Ra. 54, V. v. 31. Juli 1858, Rgbl. 22, vgl. §§ 88 ff., 100 ff. Spätere Differenzen über das schon festgestellte Allod stehen zur richterlichen Competenz, Cab.=Rescr. v. 15. Jan. 1837, I. Ra. 116.

des Altentheils³) und der Aussteuer⁴), die Gehöftsregulirung der ab intestato verstorbenen Erbpächter⁵), die Natural- und Geldprästationen der Zeitpachtcontracte⁶) resp. ihrer Anlagen, der Tagelöhner-Regulative⁷), die Repartition der Communal- und sonstigen öffentlichen Lasten⁸), Grenzstreitigkeiten der von der Landesherrschaft auf Zeitpacht ausgegebenen Hof- und Bauerngüter⁹), Auseinandersetzung über herrschaftliche Dienstländereien¹⁰), Differenzen über herrschaftliche Einlieger-Ländereien¹¹), Strandungssachen¹²), Beschwerden über unmäßiges Metzennehmen der Müller¹³). Recurse in dieser sog. Administrativjustiz führen vom Amte regelmäßig zunächst an die Kammer und dann an das Justizministerium, bei Gehöftsregulirungen ab intestato verstorbener Erbpächter und bei Strandungssachen sofort an letzteres direct¹⁴). Ebenso sind bei Armensachen, mit Ausnahme bestrittener Heimathsrechte¹⁵), nur Recurse statthaft, bei Amtsarmenpflege¹⁶) zunächst an die Kammer und dann an das Ministerium des Innern, bei Ortsarmenpflege betreffs der Armen-

---

³) Cab.-Rescr. v. 14. Novbr. 1805, Ra. 54, v. 15. Jan. 1837, II. Ra. 116, vgl. § 96; doch nicht des Büdner-Altentheils, R. v. 29. Juni 1841, Ra. 61, vgl. § 118 a. E.

⁴) Cab.-Rescr. v. 6. Octbr. 1808, Ra. 56, v. 15. Jan. 1837, II. Ra. 116; vgl. § 99.

⁵) V. v. 25. Jan. 1860, §§ 4 und 19, Rgbl. 4; C. v. 4. Aug. 1860; vgl. §§ 112 u. 113, und § 31, Note 2.

⁶) R. v. 29. Octbr. 1831, Ra. 59, vgl. § 80 a. E., auch nach ausdrücklicher Stipulation der Zeitpachtscontracte.

⁷) Vgl. §§ 124, 130.

⁸) Vgl. §§ 70, 83, 108, 117, 121, 127, 130, 140.

⁹) R. v. 27. Juli 1829, Ra. 58; jedoch ressortiren für die durch die administrative Ermittelung gewonnenen Entschädigungsansprüche wegen Nutzungs-Verlust die Gerichte; vgl. noch ökonom. Sporteltare v. 16. Febr. 1849, 30, Ra. 4006.

¹⁰) R. v. 1. Octbr. 1802, H. IV. 85; vgl. § 21.

¹¹) Vgl. § 137 a. E.

¹²) V. v. 20. Decbr. 1834, § 15, Competenz-Verordnung v. 4. April 1853, § 7, Ra. 4863, Rgbl. 14.

¹³) V. v. 10. März 1781, H. IV. 51, Cab.-Rescr. v. 17. März 1806, Ra. 55; vgl. § 150.

¹⁴) Vgl. Citate in Noten 5 u. 12 und Competenz-Ordnung v. 4. April 1853 § 7 B. b., Ra. 4863, Rgbl. 14.

¹⁵) Cab.-Rescr. v. 7. Octbr. 1836, Ra. 1566.

¹⁶) V. v. 30. Juni 1824, § 11, Ra. 2102, Rgbl. 31, 33, vgl. V. v. 4. April 1853, § 5, A. c., Ra. 4863, Rgbl. 14.

kaſſe[17]) von der Kammer an das Miniſterium der Finanzen, in den übrigen Theilen der Ortsarmenpflege vom Amte direct an das Miniſterium des Innern[18]), bei Angelegenheiten des Wickendorfer Arbeitshauſes aber vom Amte an die Kammer und dann gemeinſchaftlich an die Miniſterien des Innern und der Finanzen[19]). In Niederlaſſungsſachen führen die allein ſtatthaften Recurſe bei Ortsarmenpflege[20]) vom Amte direct an das Miniſterium des Innern, bei Amtsarmenpflege im Uebrigen zunächſt an die Kammer und von dort gemeinſchaftlich an die Miniſterien des Innern und der Finanzen, jedoch in den Flecken, ſoweit dort noch Amtsarmenpflege herrſcht, an das Miniſterium des Innern allein[21]).

§ 32.

Fortſetzung.

Ferner gehen, mit Ausſchluß gerichtlicher Weiterungen, die Recurſe bei Brandaſſecuranzſachen vom Directorium an die Kammer und dann an das Miniſterium des Innern[1]), bei Angelegenheiten des allgemeinen Civil-Wittwen-Inſtituts an das Directorium und dann an das Miniſterium der Juſtiz[2]), bei Rekrutirungen an die Diſtrictsbehörde und dann an das Miniſterium des Innern[3]), bei Expropriationen zu Land- und Waſſerſtraßen[4]), Eiſenbahnen[5]), zu Entwäſſerungen[6]), ferner bei Streitigkeiten über Beſſerung und Unterhaltung der Land- und Communicationsſtraßen[7]), von den Commiſſarien an das Miniſterium des

---

[17]) V. v. 9. Mai 1859, § 24.
[18]) V. v. 9. Mai 1859, § 24.
[19]) V. v. 21. Juni 1861, § 13, Rgbl. 23.
[20]) V. v. 9. Mai 1859, § 24.
[21]) V. v. 4. April 1853, § 5, A. d. Ra. 4863, Rgbl. 14.
[1]) V. v. 15. Octbr. 1855, §§ 6 und 47, Ra. 4574, Rgbl. 39.
[2]) V. v. 17. März 1863, § 53, Rgbl. 13.
[3]) V. v. 25. Juli 1856, §§ 36 und 42, und Anl. III., § 28, Ra. 5141, Rgbl. 26.
[4]) V. v. 3. Jan. 1837, §§ 5 und 7, Ra. 1354, Rgbl. 3.
[5]) V. v. 6. Jan. 1842, §§ 3 u. 9, Ra. 1356, Rgbl. 2, v. 29. März 1845, §§ 3 u. 10, Ra. 1357, Rgbl. 9, v. 25. Juni 1845, Ra. 2430, Rgbl. 20, v. 20. Decbr. 1845, Ra. 2432, Rgbl. 1848, St. 1.
[6]) V. v. 31. Juli 1846, § 37 ff., Ra. 2496, Rgbl. 22.
[7]) V. v. 29. Juni 1824, 2. b., Ra. 2305, Rgbl. 31, v. 19. Febr. 1842, § 12, Ra. 2337, Rgbl. 6, v. 4. Aug. 1854, § 17, Ra. 4589, Rgbl. 32.

Innern, dagegen bei Fixirung des kirchlichen Ausgabeetats durch Patron und Eingepfarrte an das Ministerium der Finanzen⁸). Alle geistlichen Gebühren und Hebungen werden ohne Rechtsgang vom Amte im Executionswege⁹) beigetrieben; ähnlicher Privilegien erfreuen sich häufig die Schornsteinfeger, Abdecker, Viehverschneider, Musikanten mit Zwangsrechten (§ 151 und 152). Endlich hat die Kammer bei der sonst gerichtlichen Untersuchung über Ausmahlen der Zwangsgäste das Recht der Ermäßigung von Strafe und Kosten¹⁰). Ohne Ausschluß gerichtlicher Thätigkeit sind auch die Aemter berechtigt, von den gesetzlich alimentationspflichtigen Personen nach zuvoriger gerichtlicher oder administrativer Feststellung des Rechtspunktes und seines Umfanges, die schuldigen Alimente und selbst amtswegen gemachten Vorschüsse auf administrativem Wege beizutreiben¹¹), und müssen selbst die Gerichte desfallsigen Requisitionen Folge leisten¹²). Der Recursgang der Betroffenen ist hier wie bei den eben erwähnten sonstigen Armensachen. (§ 31 a. E.)

II. Die Forstbehörden.

§ 33.

Frühere und jetzige Organisation.

Gleich den Aemtern boten auch die Forsten bis zum Ende des vorigen Jahrhunderts ein trauriges Bild. Gegen die auch in Mecklenburg früh auftretenden Devastationen der Waldungen wurden freilich schon ältere Gesetze¹) erlassen, doch fehlte es zu ihrer Vollstreckung an dem nöthigen Personal, und die nur wenigen Forestalen kannten oft

---

⁸) V. v. 21. April 1832, §§ 5 u. 7, Ra. 3195, Rgbl. 18, vgl. V. v. 4. April 1853, § 6 E., Ra. 4863, Rgbl. 14.
⁹) Superintend.-Ordnung v. 31. Jan. 1571, Art. 7, H. II. 3; revid. Kirch.-Ordnung v. 1650, Thl. 2., H. II. 1. pag. 67, V. v. 20. März 1681, H. I. 128.
¹⁰) V. v. 22. März 1809, Ra. 2530, v. 29. Juli 1809, Ra. 2531, Rgbl. 32, v. 10. Decbr. 1846, Ra. 2580, Rgbl 33, vgl. § 149, Note 3.
¹¹) V. v. 21. Juli 1821, § 2, Ra. 2095, Rgbl. 26, C. v. 16. März 1855.
¹²) V. v. 7. Febr. 1863, Rgbl. 7.
¹) Polizei-Ordnung v. 2. Juli 1572, Art. 14, H. V. 1. — V. v. 29. April 1706, H. IV. 98.

kaum ihre weiten Reviere. Zwar war die forstliche Aufsicht auch Pflicht der Aemter[2]), aber hier mangelten die erforderlichen technischen Kenntnisse. Erst mit der erwachten Ueberzeugung von der Bedeutung der Forsten ist in neuerer Zeit eine geregelte und rationelle Forstwirthschaft eingeführt, und eine Reihe wohlbesetzter Forstinspectionen verbreitet sich jetzt über das ganze Land (§ 2). Auch mischen sich jetzt die Aemter nicht mehr in die eigentliche Forstverwaltung (§ 44), und sind dann nur noch in Fällen, welche Rechtskenntniß erfordern, zur Vertretung des Forst- und Jagdinteresses gegenüber anderen Behörden verpflichtet[3]) (vgl. § 43).

Die Forestalen jeder Forstinspection zerfallen in den Forstinspectionsbeamten und, je nach Größe der einzelnen Inspectionen, mehrere Unterbeamte verschiedenen Grades. Die Functionen der Subalternen werden von den Unterforestalen, im Nothfalle auch von den dann auf Kosten der Forstkasse anzuholenden Amts-Subalternen[4]), verwaltet.

§ 34.
Qualification, Anstellung der Auditoren und Forstinspectionsbeamten.

Die Aspiranten der höheren Forstcarriere müssen nach neuerer Bestimmung[1]) während eines Jahres die Prima des Gymnasiums besucht oder die Reife zur Universität erreicht, demnächst einjährige Lehrzeit bei einem praktischen Großherzoglichen Forstbeamten, ferner den ganzen Cursus einer höheren Forstlehranstalt oder zweijähriges Studium der Haupt- und Hülfswissenschaften des Forstwesens auf einer deutschen Universität, endlich weiteren zweijährigen praktischen Lehrdienst bei einem Großherzoglichen Forstinspectionsbeamten absolvirt haben, unverehlicht, unbescholten, unter 30 Jahren, nach militairärztlichem Zeugnisse vollkommen — besonders an Augen und Gliedmaßen — gesund sein, und demnächst nach der mit selbstverfaßtem und eigenhändigem

---

[2]) V. v. 6. Decbr. 1777, H. IV. 123, Rgbl. v. 1817, St. 39.
[3]) C. 5. Septbr. 1845, Ra. 4051.
[4]) R. v. 27. Juni 1834, Ra. 471, v. 10. April 1840, Ra. 475, C. v. 17. Octbr. 1844, Ra. 4066.
[1]) Regulativ v. 12. Juli 1858, mitgetheilt durch C. v. 4. Septbr. 1858, wodurch das frühere Regulativ v. 10. Febr. 1841, Ra. 453, veraltet ist.

curriculum vitae verbundenen Meldung beim Forstcollegium und ertheilter Allerhöchster Erlaubniß des Finanzministerium ein Staatsexamen vor einer unter Direction eines Forstraths aus zwei Forstinspectionsbeamten und einem Baubeamten zu Schwerin jährlich im Herbste zusammentretenden Commission bestehen. Dasselbe enthält eine Probearbeit, Clausur und mündliche Prüfung. Erstere erstreckt sich vorzugsweise auf Betriebsregulirung eines vom Forstcollegium bezeichneten Waldcomplexes und darf nicht zu umfänglich sein, so daß sie schon bei mittlerer Qualification des Examinanden in einem halben Jahre erledigt sein kann. Das weitere, etwa 3—4 Tage dauernde, im Zimmer wie im Walde vorzunehmende Examen umfaßt außer den schon an die Förster gestellten Anforderungen (§ 38, 39) im Allgemeinen noch ein tieferes Eingehen auf die Forst-, Jagd- und Hülfswissenschaften der höheren Forstlehranstalten und auf die praktische Auffassung und Anwendung derselben, insbesondere aber noch in der Mathematik die Algebra incl. kubische Gleichungen und Logarithmen, Geometrie incl. Kreis-Lehre, ebene Trigonometrie, Kenntniß der trigonometrischen Tafeln, Stereometrie, in der Botanik und Zoologie Systemkunde und Kenntniß der dem Forstmann und Jäger wichtigen Pflanzen und Thiere, in der Forst- und Jagdwissenschaft die Lehren des Waldbaues, der Jagdkunde, die Hauptlehren der National-Oekonomie und Staatsforstwissenschaft, ferner die Kenntniß der Forst- und Jagdliteratur, der mecklenburgischen Forst-, Jagd-, Polizei- und Amtsordnungen, endlich des Geschäftsganges und des Rechnungswesens in seinen Hauptbestandtheilen.

§ 35.

Fortsetzung.

Auf den Bericht der Prüfungscommission ertheilt das Forstcollegium ein Attest über ausgezeichnetes, gutes, genügendes oder ungenügendes Examen[1]). Die Nichtbestandenen dürfen innerhalb einer vom Forstcollegium bestimmten Frist im Einzelnen oder im Ganzen wiederholt geprüft werden, und können beim abermaligen Mißlingen auf ihren Antrag höchstens nur noch Aufnahme in die Försterliste und, in der

---

[1]) C. v. 30. Nov. 1859.

Anciennetät nach der Zeit solches Antrages, demnächstige Berücksichtigung für Försterstellen, aber dann auch ohne das Erforderniß des sonst für letztere verlangten vorgängigen Militairdienstes, erwarten[2]). Die Bestandenen dagegen werden nach Allerhöchstem Ermessen durch Anstellungs-Rescript Forstauditoren, vor dem Kammer- und Forstcollegium beeidigt, und richten sich in ihrer Anciennetät nach dem Zeitpunkte des absolvirten Examens. Die Auditoren müssen sich zunächst einer einzelnen von ihnen gewählten Inspection zur Beaufsichtigung und Weiterbildung unterordnen, werden von dem Inspectionsbeamten nach dessen Belieben beschäftigt, erhalten auch vom Forstcollegium dienstliche specielle Aufträge und Commissorien, temporäre Administration von Förster- und Forstinspectionsstellen, und sollen regelmäßig vor weiterem Aufrücken wenigstens während 3 Jahren Försterstellen verwaltet haben. Auf Vorschlag des Forstcollegium, aber nach freiem landesherrlichen Belieben, avanciren dann endlich die Auditoren zu wirklichen Inspectionsbeamten mit dem Charakter als Forstmeister, bei längeren Dienstjahren und Auszeichnung auch Oberforstmeister[3]). Die Forstinspectionsbeamten erhalten eine Bestallung (§ 12) und stellen angemessene Dienstcaution.

Adlige Forstcandidaten können schon vor dem Auditoren-Examen zu Forst- und Jagdjunkern mit specieller Function auf den Hofjagden ernannt werden, ohne hierdurch weiteren dienstlichen Vorzug zu erwerben[4]).

§ 36.

der Unterforestalen.

Diese beginnen verordnungsmäßig[1]) ihre Laufbahn als Lehrlinge bei Großherzoglichen Forstinspectionsbeamten mit Specialforst, oder bei solchen Förstern und sonstigen Forstmännern, denen die Berechtigung zur Ausbildung von Lehrlingen vom Forstcollegium beigelegt ist. Wegen Zulassung zur Lehre müssen sie sich bei dem competenten Inspections-

---

[2]) Regulativ v. 29. April 1863, §§ 13 u. 17.
[3]) C. v. 30. Novbr. 1843, Ra. 4044.
[4]) C. v. 25. Nov. 1859.
[1]) Regulativ v. 29. April 1863, wodurch die früheren C. v. 5. Febr. 1826, Ra. 447, Rgbl. 7, v. 10. Febr. 1841, Ra. 453, v. 25. Juli 1853 aufgehoben sind. Uebrigens warnt schon das C. v. 23. März 1841, Ra. 454, Rgbl. 11, vor zu großem Andrange wegen Ueberfüllung.

beamten melden und hierbei die Zustimmung ihres Vaters oder Vormundes, ein Lebensalter von mindestens 17, höchstens 21 Jahren, vollständige Fertigkeit im Lesen, Schreiben und Rechnen der 4 Species, nicht minder moralischen Wandel wie tadellosen Ruf, endlich militairärztliche Anerkennung eines gesunden und kräftigen Körpers nachweisen; in letzterer Beziehung sollen die zur Rekrutirung commandirten Militairärzte jene jungen Leute nach zurückgelegtem 16. Lebensjahre auf ihren Wunsch rücksichtlich ihrer Körperbeschaffenheit untersuchen und ihnen das nöthige Attest ertheilen. Die Lehrzeit beträgt mindestens 3 Jahre; jedoch kann für diejenigen Lehrlinge, welche 1½ Jahre Gymnasial-Tertia oder Real-Secunda besucht, resp. die Reife für Gymnasial-Secunda oder Real-Prima erreicht haben, ein einjähriger, nützlich verwendeter Cursus auf einer Forstlehranstalt an die Stelle des letzten Lehrjahres treten. Nach Ablauf der Lehrzeit unterwirft der competente Inspectionsbeamte, event. bei dessen zu naher Verwandtschaft oder Schwägerschaft mit dem Lehrling oder seiner begründeten Ablehnung ein anderer vom Forstcollegium bestimmter[*]), unter Zuziehung von zwei Förstern den Lehrling antragsmäßig einer theils mündlichen, theils schriftlichen Prüfung. Dieselbe erstreckt sich in Grundlage einer auch von den Förstern zu unterzeichnenden, allgemeinen, schriftlichen Verhandlung auf lebendige Anschauung und praktische Kenntniß der einheimischen Holzgattungen, die gebräuchlichen Forstcultur-Arbeiten, die Beaufsichtigung der Holzschläge, die häufigsten Forstinsecten, die Aufarbeitung der Hölzer, Behandlung sonstiger Forstproducte, den Torfbetrieb, die Erfordernisse des Forst- und Jagdschutzes, die waidmännische Ausübung der Jagd.

§ 37.

Fortsetzung.

Der Inspectionsbeamte entscheidet über den Ausfall der Prüfung, bestimmt nöthigenfalls die Frist ihrer einmaligen Wiederholung, und ertheilt den Lehrbrief, stattet auch hiervon sofortige Anzeige an das Forstcollegium unter Acteneinsendung ab. Letzteres verfügt nach dem Datum des Lehrbriefs, bei gleichem Datum mehrerer nach dem Lebens-

---

[*]) C. v. 29. April 1863; vgl. § 24, Note 2.

alter, die Eintragung des nunmehrigen Revierjägers in eine besondere Anciennetätsliste[1]). Die Revierjäger haben aber nur dann Aussicht auf weitere Beförderung, wenn sie persönlich ihre Militairpflicht im Jägerbataillon erfüllt, oder im Fall der Freiloosung als Freiwillige oder Stellvertreter sich gestellt, auch nach völlig beendeter sechsjähriger Dienstzeit einen ehrenvollen Abschied erhalten[2]), überhaupt ihren guten Ruf bewahrt, und ohne sonstige erhebliche Unterbrechung in Großherzoglicher Forstverwaltung gedient haben. Vor ihrer Beschäftigung im Forstfach, besonders zum Forstschutz, werden sie antragsmäßig durch die Amts-Forstbehörde beeidigt[3]) und stehen demnächst unter besonderer Aufsicht des competenten Inspectionsbeamten, welcher jede mit denselben vorgehende dienstliche Veränderung, insbesondere auch deren Führung, an das Forstcollegium einzuberichten hat[4]). Nicht qualificirte Revierjäger, ebenso wie diejenigen, welche später etwa in die Anciennetätslisten für Förster eingetragen werden, sind von der Anciennetätsliste für Revierjäger sofort zu streichen.

Die drei ältesten Revierjäger werden bei Vacanzen vom Forstcollegium zu Holzwärterstellen in Vorschlag gebracht, und die Wahl wie Bestätigung erfolgt nach Allerhöchstem freien Ermessen durch Anstellungsrescript. — Die Holzwärter werden, gleich den Amtssubalternen (§ 13), vor der Amts-Forstbehörde beeidigt und an den Dienst gewiesen, stellen auch angemessene Caution.

Holzvoigte endlich bedürfen nur allgemeiner dienstlicher Qualification ohne besondere Erfordernisse.

---

[1]) Circ. v. 29. April 1863, Regulativ ejd. dat. § 6; die früheren Circ. vom 25. Septbr. 1852, v. 25. Juli 1853 sind dadurch veraltet.

[2]) Vgl. hierüber besonders Anl. A. des Regulativs v. 29. April 1863, wodurch die C. v. 5. Octbr. 1852, Ra. 4047, v. 1. Mai 1854, Ra. 5125, Rgbl. 19, vom 8. März 1855 erläutert sind.

[3]) Ein Eidesformular ist durch Circ. v. 7. Septbr. 1857 mitgetheilt. Nach C. v. 29. April 1863 ist Abschrift des Beeidigungsprotokolls den Personal-Acten beizulegen und in beglaubter Form dem Jäger zu ertheilen.

[4]) Schon nach C. v. 2. Juni 1843, Ra. 4043, sollen die Inspectionsbeamten jährlich über besonders qualificirte Unterforstalen berichten.

§ 38.

Fortsetzung.

Ein weiteres Avancement ist denjenigen ausgelernten Jägern eröffnet, welche in einem besonderen Staatsexamen[1]) bestanden sind. Um hierzu gelassen zu werden, bedarf es des Nachweises ledigen Standes, nicht überschrittenen 30. Lebensjahrs, mindestens 1½jährigen Besuches von Gymnasial-Tertia oder Real-Secunda, event. der Reife für Gymnasial-Secunda oder Real-Prima, mindestens 4jähriger praktischer Beschäftigung bei einem Großherzoglichen Forstbedienten nach Ertheilung des Lehrbriefs und des Gesuches beim Forstcollegium neben Einreichung eines selbstverfaßten, eigenhändigen curriculum vitae. Nach ertheilter Erlaubniß erfolgt die Prüfung vor einer aus zwei vom Forstcollegium ernannten Inspectionsbeamten bestehenden und im Herbste zusammentretenden Commission. Jene enthält eine binnen 6 Wochen anzufertigende Probearbeit und 2—3tägige Clausur, nebst mündlichem Examen. Dieses erstreckt sich in der Mathematik auf ebene und praktische Geometrie, forstliche Stereometrie, Decimalbrüche, in der Naturkunde auf forstliche Botanik und Zoologie, auf die Hauptlehren des Waldbaues, der Forstbenutzung, der Jagdkunde, auf die Aufmessung und Chartirung kleiner Waldcomplexe, einfache Nivellirung, Taxirung wie Berechnung einzelner Bäume und ganzer Bestände, auf Forstbewirthschaftung und Kenntniß der vornehmsten Forstculturmethoden, auf Forstnutzung, Forst- und Jagdschutz, nebst allgemeiner Kenntniß der betreffenden Gesetze, auf schriftlichen Vortrag und allgemeine Geschäftskenntniß.

§ 39.

Fortsetzung.

Die Prüfungscommission entscheidet über ausgezeichneten, guten, genügenden oder ungenügenden Ausfall des Examens, bestimmt auch nöthigenfalls die Frist zu dessen einmaliger entweder völliger oder

---

[1]) Nach dem Regulative v. 12. Juli 1858, mitgetheilt durch E. v. 4. Septbr. 1858, erläutert durch E. v. 30. Nov. 1859, und dem Regulativ v. 29. April 1863, mitgetheilt durch E. ejd. dat. Das frühere Regulativ v. 10. Febr. 1841, R. 453, ist veraltet.

theilweiser Wiederholung, welche aber jedenfalls vor Vollendung des 33. Lebensjahrs erfolgen muß. Die Bestandenen werden auf Bericht der Commission an's Forstcollegium in die dort geführten Försterlisten eingetragen; die Anciennetät richtet sich nach dem Datum des Examens, jedoch bei mehreren während derselben Diät Examinirten nach der bei der Prüfung bewiesenen Qualification, bei Gleichbestandenen nach dem Lebensalter.

Weiteres Avancement hängt von fernerer körperlicher, geistiger und moralischer Qualification, von fortdauernder Beschäftigung im landesherrlichen Forstdienst, von Erlangung eines guten Militairabschiedes nach beendigter 6jähriger Dienstzeit, insbesondere vom freien landesherrlichen Ermessen ab.

Aus den im Förstereramen Bestandenen werden gewöhnlich nach Anciennetät und durch Anstellungsrescript zunächst die Stationsjäger, und aus diesen — übrigens auch aus den Hofjägern — die Unterförster und Förster ernannt. Ausgezeichnete Förster erwerben den Charakter als Oberförster und können in Ermangelung qualificirter Forstauditoren ausnahmsweise selbst zu Forstinspectionsbeamten aufrücken[1]). — Die Förster werden nach vorheriger Beeidigung vor dem Kammer- und Forstcollegium, von den Forstinspectionsbeamten, gleich Amts-Subalternen (§ 13), an den Dienst gewiesen, stellen eine Dienstcaution, und erhalten eine gewöhnliche Bestallung mit bekannten Clauseln (§ 12).

§ 40.

Dienstemolumente.

Wie bei den Beamten und unter gleichen Bedingungen (§ 15), sind auch hier die Gehalte fixirt[1]) und werden von den Inspections-

[1]) Anl. A. a. E. zum Regulativ v. 12. Juli 1858.

[1]) Frühere Nebensporteln waren die Maßaccidenzien (§ 183, Note 1) der V. v. 5. Decbr. 1748 u. 4. Juli 1812, Ra. 488, Rgbl. 18; die Denunciationsgebühren für Feurungs- und Baucontraventionen der V. v. 7. Oct. 1842, Ra. 617, Rgbl. 35, v. 5. Mai 1846, Ra. 4093, Rgbl. 16, vgl. E. v. 26. März 1844, Ra. 4090, V. v. 16. Februar 1849 B. d., Ra. 4006, E. v. 26. März 1862; Anweisegeld und Bewachungslohn für Forstproducte, weggefallen durch V. v. 14. Januar 1815, Ra. 493, Rgbl. v. 1839, St. 24; die Torfzählgelder, verboten bei Armen durch E. v. 10. März 1849, Ra. 4076, vgl. R. v. 21. Nov. 1840, Ra. 533, auch sonst

beamten für sich und ihre Untergebenen direct aus den einzelnen Forstkassen entnommen²). Dieselben sind bei den älteren Angestellten verschieden, enthalten aber fortan bei den Forstinspectionsbeamten 1400, nach 10jähriger untadelhafter Dienstführung 1600, nach weiteren fünf Jahren 1700 Thlr., bei den Forstauditoren, welche nicht schon Försterstellen bekleiden, angemessene feste Remuneration oder Diäten, wie bei Amtsmitarbeitern (§ 15), bei den Förstern 700 Thlr. mit Zulage von 50 Thlrn. nach 10 und 15 Jahren, bei Unterförstern 500 Thlr. mit 3maliger Zulage von 50 Thlrn. nach je 5 Jahren, bei den Holzwärtern 350 Thlr. mit gleicher dreimaliger Zulage von je 30 Thlrn., bei den Stationsjägern, Wohnungsmiethe und 192 Thlr. mit 2maliger Zulage von je 12 Thlrn. nach je 5 Jahren, bei den Revierjägern 50—100 Thlr. aus der Tasche der sie, z. B. als Forstschreiber, im eigenen Hause mit freier Station haltenden und dafür eine besondere Zulage von 120 Thlrn. beziehenden Forestalen, wechseln aber bei den Holzvoigten nach Maßgabe der persönlichen und sonstigen Verhältnisse.

Der meist ländliche Aufenthalt der Forestalen führt für dieselben bis zum Stationsjäger herab, unter denselben Bedingungen wie bei den Mitgliedern der Amtsbehörden³), Dienstwohnung, Garten und Ländereien in möglichster Nähe und Güte, beim Forstmeister 2—3 Last, beim Förster 1—1½ Last, beim Unterförster ⅔—1 Last, beim Holzwärter ¼—½ Last, mit sich. Die dafür angerechnete Miethe beträgt beim Forstmeister 200, beim Förster 70, beim Unterförster 50, beim Holzwärter 35 Thlr. Die Pacht für die Ländereien wird auch hier nach dem höchsten Hofpachtanschlag (§ 70) berechnet. Für ihre Dienstgärten und Ländereien erhalten die Forestalen obendrein an Koppelricken, Bohnen-, Hopfenstangen, Erbsbusch, Baumpfählen u. a., welche Verarbeitung durch Handwerker nicht erfordern, den Bedarf gegen Haulohn für die halbe Taxe, besonders aus den für den Markt nicht geeigneten Sortimenten⁴).

möglichst abgelös't nach C. v. 14. März 1853; die Remunerationen für Pflanzungen der V. v. 23. Jan. 1786, H. IV. 133, v. 12. Decbr. 1809, Ra. 546, Rgbl. 36, v. 12. März 1825, Ra. 549, Rgbl. 11; die Häute verendet gefundenen Wildes vgl. § 41, Note 7.

²) C. v. 7. Nov. 1809, Ra. 445; vgl. § 21, Note 12.

³) Gleiche bauliche Conservationslast ist bestimmt durch C. v. 18. März 1853; vgl. § 16.

⁴) C. v. 5. März 1862.

§ 41.

Fortsetzung.

Wo noch Dorfs-Communalweide besteht (§ 59), haben die Kühe der Forestalen beschränkten Antheil daran[1]). Dagegen an Forstreservaten steht ihnen ohne Genehmigung des Forstcollegium keinerlei Nutzungsrecht zu[2]), wie denn auch das darauf wachsende Heu alljährlich zu verlicitiren ist[3]).

Auch Feurung an Holz und Torf wird im beschränkteren Maße hau- und stechlohnsfrei, gegen eigne Anfuhr und für billige Taxe verabreicht. Die Forstmeister erhalten jetzt regelmäßig 15 Faden Holz Holz und 30 mille Torf für 100 Thlr., die Förster 8 Faden und 15 mille für 50 Thlr., die Unterförster 6 Faden und 10 mille für 35 Thlr., die Holzwärter 4 Faden und 10 mille für 25 Thlr., die Stationsjäger 2 Faden und 4 mille für 8 Thlr. Mehrbedarf wird für die halbe Forsttaxe und gegen Bereitelohn geliefert, besonders aus den für den Markt nicht geeigneten Sortimenten, jedoch überall nicht weder für volle noch für halbe Taxe denjenigen, welche ihr festes Deputat ganz oder theilweise verkaufen[4]).

Fouragegelder haben regelmäßig nur die Inspectionsbeamten, nämlich für 2 Dienstpferde und Wagen 350 Thlr., für ein drittes Pferd 120 Thlr., mit Zulage von 25 Thlr. pro Pferd in Ermangelung von Acker, ferner die Förster für ein Dienstpferd 120 Thlr. Nothwendiger Zehrungsverlag wird wie bei Beamten liquidirt. Bei forstgerichtlichen Terminen erhalten die nicht am Amtssitz wohnenden Forestalen vom Förster excl. abwärts bei Entfernungen bis zu 1 M. incl. 12 ßl. Zehrungsgelder, mit Zulage von 4 ßl. für jede weitere Meile, aus der Amtskasse[5]).

Für auswärtige Commissorien gelten die Grundsätze des § 18. Betreffs Diät und Honorar stehen dann die Forstinspectionsbeamten

---

[1]) V. v. 17. Nov. 1762, H. IV. 111.
[2]) C. v. 9. Mai u. v. 15. Nov. 1853, vgl. Cab.-Rescr. v. 10. Octbr. 1838, Ra. 167.
[3]) V. v. 29. Juli 1819, Ra. 5219, Rgbl. 23.
[4]) C. v. 5. März 1862.
[5]) C. v. 7. Octbr. 1863.

gleich den vollen Mitgliedern der Amtsbehörde, während für die Förster nur Diäten und Honorare von 2 Thlr. 24 ßl. bewilligt werden.

Ebenso findet betreffs der Umzugskosten und Residenzzulage § 18 auch hier Anwendung.

Schreibmaterial wird vergütet[6]) dem Forstmeister mit 20 Thlrn., dem Förster mit 10 Thlrn., dem Unterförster mit 8 Thlrn., dem Holzwärter mit 4 Thlrn., ebenso Schieß- und Fanggeld für eßbares Wild[7]), für Raubzeug und Rauchwerk[8]), endlich die Haltung von Revierjägern (§ 40).

§ 42.
Hofrang, Uniform, Domicil u. s. w.

Hoffähig sind sämmtliche Forstinspectionsbeamte, die Jagd- und Forstjunker, die abligen Forstauditoren. Die Oberforstmeister gehören in die fünfte[9]), die Forstmeister in die achte[2]), die Jagdjunker in die

---

[6]) Schon nach V. v. 23. Octbr. 1819, Ra. 446, Rgbl. 31.

[7]) Dasselbe beträgt nach Wildtare v. 4. Septbr. 1855, Ra. 5123, Rgbl. 35, und C. v. 22. Aug. 1860 bei Hirschen 20 ßl., bei Gablern, Alt=, Gelt=, Schmalthieren, Spießern aus dem Rothwild, bei Dammhirschen, wilden Schweinen 16 ßl., bei Alt=, Gelt=, Schmalthieren, Spießern aus dem Dammwilde, allen Wildkälbern, 1jährigen Frischlingen, Trappen 12 ßl., für Rehwild über 28 Pfd. 10 ßl., für das übrige Rehwild, jüngere Frischlinge 8 ßl., Waldschnepfen 7 ßl., Hasen, Fasanen, Birkhühner 6 ßl., Enten, Gänse 4 ßl., Kriekenten, Feldhühner, Doubletten, Beccassinen 3 ßl., Moorschnepfen, Wachteln, Brachvögel, geschossene Krammetsvögel 2 ßl., gefangene Krammetsvögel 1 ßl., gefangene Lerchen 6 pf. Nach C. v. 3. Aug. 1853 wird auch für das verendet gefundene Schwarz=, Roth=, Damm=, Rehwild Schießgeld gezahlt, dagegen aber die Auskunft der Häute zur Forstkasse berechnet (§ 40, Note 1). Die älteren Wildtaren sind v. 29. April 1706, H. IV. 98, 6. Febr. 1797, H. IV. 144, 26. Juli 1823, Ra. 427, Rgbl. 28, 14. Octbr. 1824, Ra. 429, Rgbl. 42, 23. Decbr. 1835, Ra. 433, 12. Juni 1839, Ra. 438, Rgbl. 26, 14. Febr. 1848, Ra. 4038, Rgbl. 14, 2. Decbr. 1851, Ra. 4042, Rgbl. 41.

[8]) Nach der Tare v. 16. März 1848, Ra. 4039, Rgbl. 14, erläutert durch V. v. 19. April 1862, Rgbl. 22, beträgt die Tare für Stein=, Gänseadler und Uhu 14 ßl., für Fischadler, großen Habicht, Falken, Raben 10 ßl., für Sperber, Reiher 5 ßl., Sommerfüchse in den Inspectionen Ludwigslust, Jassenitz, Friedrichsmoor 18 resp. 36 ßl., für Weihen im Ludwigsluster Specialrevier 5 ßl. Die früheren Verordnungen v. 22. Mai 1693, H. IV. 90, v. 29. April 1706, H. IV. 98, sind veraltet.

[9]) V. v. 23. Febr. 1818, Ra. 3857.

zwölfte³) Rangklasse, während diejenige der Forstjunker und der Forstauditoren nicht publicirt ist.

Die Dienst- und Interimsuniform der Forstinspectionsbeamten, Auditoren⁴), Junker⁵) besteht aus dem über der Brust zuzuknöpfenden Rock von jagdgrünem Tuche mit 2 Reihen à 6 Stück chiffrirter gelber Knöpfe, Kragen und Aermelaufschlägen von rothem Sammet und goldenen, bei Oberforstmeistern dreifachen, bei Forstmeistern und Jagdjunkern zweifachen, bei Forstjunkern und Auditoren einfachen Achselschnüren, aus schwarzen, auf Jagden ledernen oder manchesternen, im Sommer und nicht vollem Dienstanzug auch grauleinenen Beinkleidern, aus hohen, auf Jagden auch aus Krempstiefeln oder, bei nicht vollem Dienstanzug, aus gewöhnlichen Stiefeln, als Kopfbedeckung aus grünen, roth paspelirten Mützen⁶) oder runden grünen Hüten mit Schnur, Cocarde, goldenen Candillen und kleinen Federn, aus Hirschfänger an schwarzer Koppel mit gelben Schlössern und silbernem landesherrlichen Namenszuge⁷), endlich aus hellgrauen Paletots mit rothem, grün gefüttertem Kragen und chiffrirten Knöpfen. Bei Festlichkeiten dürfen Hüte, hohe Stiefeln, schwarze Beinkleider und dann an goldener Koppel zu tragende Hirschfänger nicht fehlen. Die im Uebrigen gleiche Uniform der Förster⁸) hat glatte Knöpfe, Kragen von rothem Tuche, grüne, roth eingefaßte Aermelaufschläge, auf den Koppel-Schlössern gelben fürstlichen Namenszug⁹), am Jagdhute die fürstliche gekrönte Namenschiffre, bei Oberförstern mit goldener Litze auf der Cocarde, ferner bei letzteren doppelte, bei Förstern einfache Achselschnüre¹⁰), bei Unterförstern solche

---

²) V. v. 12. Nov. 1859, Rgbl. 52; wodurch V. v. 25. Juli 1704, H. IV. 17, v. 10. März 1829, Ra. 3871, Rgbl. 12, v. 30. Nov. 1843, Ra. 4044, veraltet sind.

³) E. v. 11. Novbr. 1859, wodurch V. v. 10. März 1829 cit. veraltet ist.

⁴) E. v. 24. Febr. 1857, wodurch V. v. 22. April 1840, Ra. 451, E. vom 21. Novbr. 1842, v. 22. Septbr. 1843 veraltet sind.

⁵) Nach E. v. 25. Nov. 1859 tragen die Forstjunker gleiche Uniform mit den Forstauditoren.

⁶) E. v. 24. Febr. 1857, vgl. E. v. 21. Novbr. 1842, v. 22. Septbr. 1843, v. 27. Decbr. 1843, Ra. 4045.

⁷) V. v. 22. April 1840, Ra. 451.

⁸) E. v. 24. Febr. 1857.

⁹) V. v. 22. April 1840, Ra. 451.

¹⁰) Früher Epauletten, V. v. 22. April 1840, Ra. 451.

nur auf der rechten Schulter, endlich noch bei Oberförstern im Festanzuge goldene Hirschfängerkoppel. Die übrigen Forestalen haben Bekleidung von gleichem Schnitt und Aussehen, aber mit Ausnahme der noch einen rothen Kragen tragenden Holzwärter ohne die sonstigen speciellen Abzeichen, und als Kopfbedeckung entweder Mützen[11]) oder die Jagdhüte der Förster[12]), welche aber nur noch beim Holzwärter resp. roth paspelirt[13]) oder mit gekrönter Namenschiffre[14]) geziert sein dürfen.

Zur Hof- und Gallauniform[15]) der hoffähigen Forestalen gehören Pelz, goldene Epaulettes, goldene Hirschfängerkoppeln, dreieckiger Hut, weiße Casimirbeinkleider in hohen Stiefeln, und für die Tanzenden weiße lange Pantalons mit goldener Tresse.

Betreffs Domicil, Abgaben ꝛc., Assistenz, Dienstentfernung, Tod, Auseinandersetzung, Wittwen normiren auch hier §§ 19—21.

§ 43.
Dienstliche Verhältnisse der Forestalen.

Der eigentliche Geschäftssitz jeder Forstinspection ist der Forsthof des Inspectionsbeamten, welcher das erforderliche Geschäftslocal unentgeltlich hergeben muß, und wohin die dienstlichen Meldungen der Unterforestalen gehen. Weil der ganze Geschäftsbetrieb bedeutend einfacher ist als derjenige der Amtsbehörden, und insbesondere förmliche Parteiverhandlungen und Termine wegfallen, so ist auch die Einrichtung des eigentlichen Geschäftslocals hier sehr einfach, und letzteres beschränkt sich regelmäßig auf eine Registratur zur Aufbewahrung der Acten und Circularverordnungen, betreffs derer im Uebrigen auch hier § 22 Anwendung findet.

Die Mitglieder der einzelnen Forstinspectionen sind keine coordinirte Collegen, sondern die Forstinspectionsbeamte wirkliche Vorgesetzte der

---

[11]) C. v. 27. Decbr. 1843, Ra. 4045, v. 14. März 1844.
[12]) C. v. 13. Juni 1857.
[13]) C. v. 27. Decbr. 1843, Ra. 4045.
[14]) C. v. 20. Decbr. 1858.
[15]) C. v. 24. Febr. 1857, wodurch C. v. 30. Novbr. 1843, Ra. 4014, veraltet ist.

subordinirten Unter-Forestalen und zu ihnen im Verhältniß von Amts-Dirigenten resp. Beamten zu Subalternen, wobei freilich die Förster wiederum vor den nachstehenden Klassen eine bevorzugte Stellung einnehmen. Dagegen zu den Vertretern der umgrenzenden Aemter und den im Umkreise der Inspection competenten Baubeamten stehen die Forstinspectionsbeamte in collegialischer Verbindung (§ 44) und gewissem Geschäftsrange (§ 23). Die Unterforestalen unterliegen der Gerichts- und Polizeigewalt der competenten Amtsbehörden, dagegen aber in eigentlichen Forstadministrationssachen (§ 44) nur den Anordnungen ihres vorgesetzten Forstinspectionsbeamten resp. der combinirten Amtsforstbehörde.

Die Vertheilung der einzelnen Dienstgeschäfte ist Sache des competenten Inspectionsbeamten, welcher alleiniger Vertreter der Inspection nach Außen und gegenüber anderen Behörden ist (vgl. übrigens § 33, Note 3) und an den allein zunächst dienliche Mittheilungen von Auswärts zu richten sind.

Bei eignen inländischen Reisen von nicht mehr als 8tägiger Dauer bedürfen die Forstinspectionsbeamten keiner Beurlaubung, während Forstauditoren und Junker zu mehr als 24stündiger, oder beim Wohnen ihres Vorgesetzten an einem andern Orte erst zu mehr als 3tägiger, Förster ferner stets zu mehr als 24stündiger, die übrigen Forestalen endlich zu jeder außerdienstlichen Entfernung bei ihren zunächst Vorgesetzten sich beurlauben müssen, unter denen die Inspectionsbeamte 8tägigen, die Förster aber nur 3tägigen Consens ertheilen dürfen, und endlich alle für längere Zeit, sowie für Reisen ins Ausland unter schon bekannten Bedingungen (§ 24) Erlaubniß des Forstcollegium durch den Forstinspectionsbeamten, welcher zugleich über die Art der Stellvertretung berichtet, zu erwirken haben[1]).

Ueber Verantwortlichkeit und Verklagbarkeit vergleiche auch hier §§ 27 und 28.

---

[1]) C. v. 18. Decbr. 1840, Ra. 452, v. 4. April 1853, v. 15. Aug. 1853.

§ 44.

Competenz der Forstbehörden.

Diese beschränkt sich in jeder Forstinspection auf directe engere Administration der zur Forst gehörigen Ländereien[1]), die Bauten an den Forstgebäuden (§ 40), die Cultur, Bewachung, Verwerthung, Berechnung der Forst- und Jagdproducte. In allen übrigen Beziehungen sind ausschließlich auch auf Forstgebiet die Amtsbehörden allein competent (§ 29, 33). Wo bei der Forst-Administration die Ressorts und Interessen der Amts- und der Forstbehörden ihrer Natur nach getrennt sind, bleiben beide für sich vereinzelt und selbstständig; wo jene sich aber begegnen, werden diese als combinirte Amts-Forstbehörde, zuweilen bei dann auch baulichen Beziehungen und bei Assistenz des Baubeamten als Amts-Forst-Baubehörde (§ 29), unter Vorsitz des Amts-Dirigenten thätig. Dies geschieht besonders bei Entwerfung der Zeitpachtcontracte für Hofpächter und Hauswirthe[2]), bei Feldregulirungen und Vererbpachtungen, bei Ueberweisung[3]) und Ablieferung[4]) von Pachthöfen (§ 75), bei weltlichen[5]) und geistlichen[6]) Zimmerbesichtigungen, baulichen Revisionen aus der Pacht fallender Pachthöfe und Mühlen[7]), Formirung der Bauanschläge und Extracte für Amtsbauten[8]); Forstwrogebetrieb[9]), auch Anträgen auf Begnadigung von Forstfrevlern[10]), jedoch nicht mehr bei den früher gemeinschaftlichen, aber jetzt zu alleiniger Competenz der Forstbehörden stehenden Mastverpachtungen[11]) und den ganz weggefalle-

---

[1]) Cab.-Rescr. v. 10. Octbr. 1838 a. E., Ra. 167, vgl. § 57.
[2]) E. v. 29. Octbr. 1835, Ra. 449, vgl. §§ 69 u. 80.
[3]) R. v. 26. Juli 1832, Ra. 25.
[4]) V. v. 20. April 1813, Ra. 65, Rgbl. 19.
[5]) E. v. 10. Novbr. 1858, § 4.
[6]) E. v. 16. Sept. 1839, § 8, Ra. 3202, Rgbl. 37, R. v. 8. Nov. 1841, Ra. 455, v. 12. März 1842, Ra. 3206.
[7]) E. v. 5. Juli 1850, Ra. 3991, v. 10. Novbr. 1858, § 20; vgl. § 73, Note 11, § 74, Note 1.
[8]) E. v. 10. Nov. 1858, § 10.
[9]) Hier jedoch fungiren die Forstinspectionsbeamten auf den Amtsforstgerichten nur als Techniker zu Abschätzungen, V. v. 21. März 1857, § 24, Ra. 5127, Rgbl. 9.
[10]) E. v. 23. März 1853.
[11]) E. v. 17. Octbr. 1844, Ra. 4066, vgl. E. v. 1. Septbr. 1832, Ra. 513, Rgbl. 32 (§ 183, Note 1).

nen Holz-¹²) und Torfschreibtagen¹³). Bei Bauten auf Forstrevier tritt die aus dem Forstinspections- und dem competenten Baubeamten bestehende Forst-Baubehörde unter Direction des ersteren zusammen¹⁴). Bei Abstimmigkeiten in solchen collegialischen Geschäftsausrichtungen ist mit gemeinschaftlichen, die verschiedenen Ansichten darlegenden Berichten die Resolution der competenten Oberbehörde einzuholen¹⁵). Diese ist (§ 9) bei Amts-Forst-, resp. Amts-Forst-Bausachen das Kammer- und Forstcollegium, dagegen bei speciellen Forst- und Forstbausachen das Forstcollegium, endlich bei Jagdsachen neben dem Forstcollegium auch der Oberjägermeister¹⁶).

III. Die Baubehörden.

§ 45.
Frühere und jetzige Organisation.

Die Domanialbauten ruhten in älterer Zeit ausschließlich in den Händen der Amtsbehörden, welche auch nur nach ihrem Belieben freier Techniker sich hierbei bedienten. Schon im vorigen Jahrhundert wurden aber wirkliche landesherrliche Baubeamte angesetzt, und im Anfange dieses Jahrhunderts durch Errichtung von fünf auf den Umkreis des Domanium sich erstreckenden Baudistricten¹) an ein örtlich bestimmtes Feld ihrer Wirksamkeit gewiesen. In neuerer Zeit sind diese Districte

---

¹²) C. v. 8. Decbr. 1855, v. 18. Decbr. 1855, v. 1. März 1856, und ein anderes Circular desselben Datums, Ra. 5126, Rgbl. 12. Veraltet sind: V. v. 12. Novbr. 1785. H. IV. 132, v. 8. Jan. 1810, Ra. 483, Rgbl. 23, 14. Decbr. 1812, Ra. 490, Rgbl. 1813 St. 2, 10. Jan. 1817, Ra. 498, Rgbl. 12, 17. Nov. 1831, Ra. 512, 30. Octbr. 1850, Rx. 4078.
¹³) Vgl. die beiden C. v. 1. März 1856 in Note 12, wodurch V. v. 18. Mai 1816, Ra. 495, Rgbl. 21, veraltet ist.
¹⁴) C. v. 10. Novbr. 1858, § 26.
¹⁵) C. v. 10. Novbr. 1858, § 27.
¹⁶) C. v. 22. April 1851, Ra. 4041, modificirt durch V. v. 17. Febr. 1857, Ra. 5124, Rgbl. 5.
¹) C. v. 29. April 1809, Ra. 262, v. 17. Febr. 1852, Ra. 4001.

auf neun vermehrt, umfassen das Domanium, Kammergut sowol als Hausgut (§ 1), und unter ihnen insbesondere: der erste District die Aemter Boitzenburg, Dömitz und Lübtheen, der zweite Amt und Saline zu Sülze, der dritte die Aemter Gadebusch-Rehna, Grevismühlen, Mecklenburg-Redentin und Poel, der vierte die Aemter Crivitz und Neustadt, der fünfte die Aemter Güstrow-Rossewitz und Bützow-Rühn, der sechste die Aemter Hagenow-Toddin-Bakendorf und Wittenburg-Walsmühlen-Zarrentin, der siebente die Aemter Grabow-Eldena incl. Ludwigslust, der achte die Aemter Bukow und Doberan, der neunte die Aemter Schwerin, Warin-Tempzin-Sternberg-Neukloster incl. des in diesen Aemtern liegenden Forstgebietes, während die Aemter incl. Forstgebiet Dargun-Gnoien-Neukalen, Stavenhagen, Ribnitz, Schwaan, Toitenwinkel, Lübz-Marnitz, Goldberg-Plau und Wredenhagen keinem bestimmten Districte zugetheilt sind.

Das Personal der ganzen Bauverwaltung besteht aus gehörig qualificirten und erfahrenen Beamten, zählt jedoch keine eigentlichen Subalternen (§ 49) noch Unterbedienten, deren Functionen von denen der competenten Amtsbehörden versehen werden.

§ 46.
Qualification, Anstellung der Baubeamten.

Die Ausbildung der Bauaspiranten ist gesetzlich vorgeschrieben[1]). Dieselben müssen während eines Jahres in Gymnasial-Prima verweilt, oder die Reife zur Universität erlangt, demnächst auf einer höheren Bauschule nach 3jährigem Lehrcursus das Maturitätszeugniß erhalten, auch mit Vermessungen und Nivellirungen sich praktisch beschäftigt haben, und unter Nachweis solcher Erfordernisse, unter Einreichung eines Taufscheins und eigenhändigen curriculum vitae die Erlaubniß Großherzoglicher Kammer zum Absolviren der ersten oder theoretischen Prüfung erwirken. Diese wird vor einer im April jedes Jahres zu Schwerin zusammentretenden und aus einem Landbaumeister sowie einem Lehrer der Mathematik unter Vorsitz eines höheren Baubeamten zusammengesetzten Commission vorgenommen. Die Prüfung enthält zunächst

---

[1]) V. v. 21. Mai 1847, Rgbl. 17, v. 13. Novbr. 1861, Rgbl. 41.

einige binnen 4 Monaten abzuliefernde, unter schriftlicher Versicherung an Eidesstatt ohne fremde Beihülfe anzufertigende und von Niemand zu verbessernde schriftliche Probearbeiten aus dem Gebiete der ökonomischen Baukunst, des Stadt-, Straßen-, Brücken-, Mühlen-, Schleusen-, Deich-, Maschinenbaues, nebst den zu vollständiger Beurtheilung nothwendigen Zeichnungen, Erläuterungen, Materialien- und Arbeitsanschlägen. Bei genügendem Ausfall dieser Probearbeiten erfolgt weitere schriftliche und mündliche Prüfung vor versammelter Commission mit höchstens fünftägiger Dauer. Dieselbe erstreckt sich auf reine und angewandte Mathematik und die höhere Analysis, auf Physik, Chemie, Mineralogie mit ihrer Anwendung in der Technik, auf die besonders ästhetische Geschichte der Baukunst, die Baumaterialien-, Constructions- und allgemeine Baulehre, die landwirthschaftliche Baukunst mit besonderer Berücksichtigung der Größen-Berechnung, auf den Brücken-, Straßen-, Deich-, Wasser- und Maschinenbau. Eine mißlungene Prüfung wird binnen eines von der Commission zu stellenden Termines ganz oder theilweise, aber nur einmal wiederholt, die bestandene dagegen unter Vorlage aller Arbeiten und des Examen-Protokolls an die Großherzogliche Kammer einberichtet. An letztere gehen auch Beschwerden der Examinanden gegen die Prüfungs-Commission.

§ 47.

Fortsetzung.

Demnächst erfolgt ebenso die zweite oder praktische Prüfung, zu welcher die Bau-Aspiranten den Nachweis erbringen müssen, daß sie sich nach bestandener theoretischer Prüfung 3 Jahre hindurch bei praktischen Bauausführungen, davon mindestens ein Jahr in einem Baudistricte, wozu jedoch die Leitung eines Specialbaues nicht genügt, beschäftigt haben. Aus der Prüfungs-Commission scheidet dann der Lehrer der Mathematik aus, jedoch kann nach Ermessen des Dirigenten statt seiner ein zweiter Landbaumeister berufen werden. Die auch hier abzugebenden und binnen zwei Monaten anzufertigenden Probearbeiten bleiben dem Ermessen der Prüfungs-Commission überlassen. Die hierbei zu liefernden Zeichnungen sind skizzenartig mit eingeschriebenen Maßen zu behandeln, zu den einzelnen Haupttheilen der Bauwerke auch Details in großem Maßstabe, Materialien- und Kostenanschläge, Entwurfs-Motive, Bauberichte und Entreprise-Contracte zu liefern. Bei der demnächstigen schriftlichen und mündlichen Prüfung hat Examinand sofort die Skizzen der ertheilten Aufgaben zu entwerfen, sowie ferner Geläufigkeit in den gebräuchlichsten praktischen Formeln der Statik, Hydrostatik, Hydraulik und Mechanik, Kenntniß der vaterländischen Bauverordnungen, sowie des Geschäftsganges in der Großherzoglichen Bauverwaltung incl. Baurechnung, darzuthun.

Die in beiden Examen bestandenen Aspiranten werden mit Anciennetät nach dem Tage des letzten Examens, nach fortdauernder Beschäftigung im herrschaftlichen Dienst und bei vorhandenem Bedürfniß durch Anstellungsrescript Bau-Conducteurs, vor der Kammer beeidigt, auch von dieser entweder commissarisch und diätarisch zu einzelnen Bauausführungen, oder als fixirte und Districts-Bau-Conducteurs zu dauernden Vertretungen und Hülseleistungen der höheren Baubeamten verwandt[1]. Die Bau-Conducteurs avanciren allmälig zuerst zu Baumeistern, für die bestimmten Districten nicht zugetheilten Aemter, und später zu Landbaumeistern, deren jeder einem einzelnen Baudistricte (§ 45) vorsteht. Cautionen von etwa 200 Thlrn. müssen regelmäßig schon die Districts-Bauconducteurs stellen, stets aber und von größerem Betrage die höheren Baubeamten, welche auch erst wirkliche landesherrliche Diener werden und eine förmliche Bestallung (§ 12) erhalten.

§ 48.

Persönliche Verhältnisse der Baubeamten.

Ihr Dienstgehalt ist jetzt gleichmäßig fixirt und beträgt bei festen und Districts-Bau-Conducteurs 600 Thlr., bei diätarisch beschäftigten täglich 1 Thlr. 36 ßl., über welche letztere unter Einreichung der vorher von dem competenten höheren Baubeamten zu attestirenden Rechnungen bei der Kammer liquidiren müssen[1]), bei Baumeistern 800 Thlr. ohne weitere Erhöhung, bei den 9 Landbaumeistern für die 3 ältesten 1300

---

[1]) Cab.-Rescr. v. 27. Novbr. 1838, Ra. 332.
[1]) C. v. 7. Septbr. 1838, Ra. 330, Cab.-Rescr. v. 27. Novbr. 1838, Ra. 332.

Thaler, die 3 mittleren 1200 Thlr., die drei jüngsten 1100 Thlr. Im Uebrigen normirt auch hier § 15.

Dienstwohnung, Garten, Ländereien nebst Weide, auch Feurung fallen bei den Baubeamten weg.

Die Fuhren wurden früher in natura von den Aemtern gestellt [2]), später durch bestimmte Fouragegelder vergütet [3]), und werden jetzt regelmäßig liquidirt. Die Baubeamten sollen hierbei zur Vermeidung übergroßer Fuhrrechnungen zweckmäßiger Geschäftseintheilung sich befleißigen [4]). Zu Brandversicherungen erhalten die Baubeamten, wenn die sofortige kunstverständige Besichtigung eines auswärtigen Gebäudes, oder auf Beschwerde eine zweite Schätzung stattfindet, den Fuhrverlag von den Interessenten, von diesen auch bei eignem Fuhrwerk der Baubeamten pro Meile 1 Thlr., wobei die an demselben Tage stattfindende Rückreise überall nicht, eine Tagesrundreise nur zur Hälfte berechnet wird [5]).

Für Reisetage innerhalb des Baudistricts beziehen Alle excl. der nur diätarisch beschäftigten Bau-Conducteurs tägliche Zehrungsdiäten von 1 Thlr. 36 ßl. und bei Brandversicherungen dann, wenn von den Interessenten der Fuhrverlag zu vergüten ist, tägliche Diäten im Betrage von 3 Thlrn. [6])

Für auswärtige Commissorien normirt auch hier § 18. Betreffs Diät und Honorar stehen dann die Landbaumeister gleich den vollen Mitgliedern der Amtsbehörde, während die Baumeister und Districts-Bau-Conducteure nur 3 Thlr. an Diäten, resp. an Honorar, beanspruchen dürfen.

Auch betreffs der Umzugskosten und Residenzzulage findet § 18 hier Anwendung.

Für Schreib- und Zeichnenmaterialien passiren bei Land- und Baumeistern Aversionalsummen von je 50 Thlrn.

Die Baubeamten sind nicht hoffähig, haben auch keine Uniformen. In Hinsicht des Domicils, der Communalabgaben, der Assistenz, Pensionirung, Auseinandersetzung, Wittwen u. s. w. stehen die höheren Baubeamten gleich den übrigen landesherrlichen Dienern (§§ 19—21).

---

[2]) V. v. 29. April 1809, Ra. 262.
[3]) Minist.-Rescr. v. 4. März 1841, Ra. 3891.
[4]) C. v. 11. Octbr. 1851.
[5]) u. [6]) V. v. 15. Octbr. 1855, § 10, Ra. 4574, Rgbl. 39, v. 16. Februar 1859, Rgbl. 11; vgl. § 50, Note 2.

§ 49.

Dienstliche Verhältnisse der Baubeamten.

Der eigentliche Geschäftssitz jedes Baudistrictes ist am Wohnort des höheren Baubeamten, wo jedoch außer erforderlicher Räumlichkeit zur Aufbewahrung der Acten und der zu sammelnden Circularverordnungen [1]) (§ 2) besondere Dienstlocalitäten sich regelmäßig nicht befinden, statt derer diejenigen der eng combinirten Amtsbehörden benutzt werden. Die Bau-Conducteurs pflegen ihren Wohnsitz im Umkreise desjenigen Districtes, dem sie zugetheilt sind, und in welchem sie ihre Beschäftigung finden, zu wählen.

Zwischen den Mitgliedern der einzelnen Baudistricte, nämlich den höheren Baubeamten und den Conducteurs, besteht weder ein durchaus coordinirtes und collegialisches, noch ein subordinirtes Verhältniß. Als noch nicht fest Angestellte und obendrein als vollständig ausgebildete Techniker sind die Conducteurs keineswegs Subalterne der höheren Baubeamten, und dennoch wieder insoweit von letzteren abhängig, daß sie deren dienstliche Aufträge fleißig und treu ausführen müssen, wenn sie dereinst weiter avanciren wollen. Die höheren Baubeamten sind Collegen der Vertreter. der in ihren District hineingreifenden Amts- und Forstbehörden und stehen zu ihnen in gewissem Geschäftsrange (§ 23), während ein solcher den noch nicht für landesherrliche Diener geltenden Conducteurs an sich nicht zukommt.

Die Vertheilung der einzelnen Dienstgeschäfte, soweit sie nicht durch die Kammer bestimmt wird, ist Sache der höheren Baubeamten, welche die Baubehörden nach Außen und gegenüber anderen Behörden vertreten.

Betreffs Beurlaubung, Verantwortlichkeit, Verklagbarkeit finden auch hier die bei den Amtsbehörden erörterten Grundsätze (§§ 24, 27, 28) analoge Anwendung.

---

[1]) C. v. 10. Septbr. 1853.

§ 50.

Competenz der Baubehörden.

Ihre dienstliche, durch eine besondere Instruction¹) geregelte Wirksamkeit erstreckt sich im Umkreise der einzelnen, auch die Haushaltsgüter umfassenden Baudistricte (§ 45) auf alle Stadien aller domanialen Bauten und auf die Brand-Taxationen domanialer Gebäude²). Die Baubeamten sind hierzu sowol berechtigt als verpflichtet; nur bei geistlichen Bauten³) von geringerer Bedeutung, Wegebauten und Bauten der Erbzinsleute⁴) ist ihre Zuziehung ins Ermessen der Amtsbehörden verstellt. Als Behörde werden die Baubeamten regelmäßig nicht für sich allein, sondern in den Aemtern gemeinschaftlich mit deren Vertretern als Amts-Baubehörde, in den Forstinspectionen zugleich mit den Inspectionsbeamten als Forst-Baubehörde, bei gemeinschaftlichem Interesse aller drei als Amts-Forst-Baubehörde thätig (§§ 29, 44)⁵). Der Baubetrieb ist deshalb rein collegialisch, wiewol es sich von selbst versteht, daß bei technischen Fragen die Ansicht der Baubeamten, bei ökonomischen dagegen diejenige der Amts- und Forstbehörden vorwiegend zu berücksichtigen ist⁶). Differenzen sind möglichst in Conferenzen zu erledigen und nöthigenfalls der competenten Oberbehörde zur Entscheidung vorzutragen (§ 44)⁷). Dienstbehörde der Baubeamten ist das Kammer-Collegium.

---

¹) C. v. 10. Novbr. 1858, wodurch die frühere Instruction v. 22. März 1809, Ra. 262, erläutert durch C. v. 4. Aug. 1809, Ra. 6, v. 4. April 1812, Ra. 264, Rgbl. 3, v. 16. Decbr. 1828, Ra. 282, Rgbl. 1829, St. 1, v. 12. Septbr. 1855, und diejenige v. 12. Octbr. 1838, Ra. 331, erläutert durch C. v. 14. Juni 1845, Ra. 3984, v. 11. Octbr. 1851, veraltet ist.
²) C. v. 10. Novbr. 1858, § 22, und Citate der Noten 5, 6 im § 48.
³) V. v. 16. Septbr. 1839, § 3 u. 26, Ra. 3202, Rgbl. 37, C. v. 10. Novbr. 1858, § 25.
⁴) C. v. 10. Novbr. 1858, §§ 2, 3.
⁵) C. v. 10. Novbr. 1858, §§ 1, 26.
⁶) R. v. 8. März 1832, Ra. 293.
⁷) C. v. 10. Novbr. 1858, § 27.

§ 51.

Anhang. Conservator der historischen Kunstdenkmäler.

Den Gründen der Technik, der Zweckmäßigkeit, der Bequemlichkeit sind nur schon zu viele vaterländische Monumente der Vorzeit erlegen. Zur Erhaltung des ehrwürdigen Restes ist jetzt[1] ein besonderer Conservator ernannt und mit der Oberaufsicht auf die historischen Kunstdenkmäler in den Domainen, den Kirchen landesherrlichen Patronats und in den Städten, soweit sich hier die landesherrliche Verfügung erstreckt, betrauet worden. Der Conservator hat die ihm dort nöthig erscheinenden Restaurationen zu beantragen, und nach erfolgter Genehmigung den bestellten Technikern mit bestem Rathe zur Seite zu stehen. Seine vorgesetzte Behörde ist im Kammergut (§ 1) das Finanzministerium, im Hausgut (§ 1) die oberste Verwaltung des Großherzoglichen Haushalts, für die Städte das Ministerium des Innern, für die Kirchen landesherrlichen Patronats das Ministerium der geistlichen Angelegenheiten. Uebrigens hat der Conservator auch die nicht zur landesherrlichen Verfügung stehenden Kunstdenkmäler in den übrigen Landestheilen seiner Aufmerksamkeit zu unterziehen, und bei ihrer Gefährdung die Vermittlung des Landesherrn zu erbitten.

---

[1] V. v. 27. Decbr. 1852, Ra. 4789, Rgbl. 1853, St. 2, durch C. v. 7. Jan. 1853 den Aemtern mitgetheilt.

IV. Anhang. Landmesser.

1. Kammer-Ingenieurs.

§ 52.

Ihre Ausbildung.

Nach neuerer Kammer-Bestimmung[1]) müssen die Aspiranten vollkommen gesund, besonders mit guter Brust und starken, scharfen, wenngleich nicht gerade weitsichtigen Augen begabt sein, auch Fertigkeit im Recht- und Schönschreiben, im Rechnen und Zeichnen, Fähigkeit zum Niederschreiben der Gedanken in klarem Zusammenhange, Kenntniß der Anfangsgründe der Arithmetik bis zur Lehre von den Gleichungen des zweiten Grades mit mehreren Unbekannten einschließlich, sowie der Logarithmen und Progressionen, ferner der ebenen Geometrie, namentlich der Lehre von der Theilung und Verwandlung der Figuren bis zur Lehre vom Kreise incl., der ebenen Trigonometrie, auch Fertigkeit im Gebrauch der logarithmischen und trigonometrischen Tafeln, auf einem Gymnasium oder einer Realschule erworben, demnächst wenigstens zwei Jahre lang unter Aufsicht und Leitung eines Kammer-Ingenieurs[2]) als Lehrlinge mit fleißiger und tadelloser Führung in allen Zweigen der Feldmeßkunst sich praktisch ausgebildet haben, und nach zurückgelegtem 21. Lebensjahre unter Nachweis vorstehender Erfordernisse die Erlaubniß der Kammer zum ersten Examen einholen. Dasselbe enthält Probearbeiten, namentlich eine Vermessung, Eintheilung, Copirung einer oder mehrerer Karten in verjüngtem Maßstabe, welche der genauen Prüfung eines anderen Kammer-Ingenieurs unterworfen werden. Die bestandenen Lehrlinge werden Gehülfen, und dürfen als solche die ihnen von dem Kammer-Ingenieur, unter welchem sie arbeiten, aufgetragenen Geschäfte ohne dessen stete und unmittelbare Aufsicht ausführen; doch

---

[1]) Vgl. Landmesserordnung in Note 1 des § 62, wodurch frühere C. v. 19. Oct. 1841, Ra. 393, Rgbl. 1842, St. 1, v. 4. Jan. 1844, Ra. 4013, Rgbl. 4, veraltet sind.

[2]) Den Aemtern ist jede selbstständige Zulassung von Lehrlingen verboten durch C. v. 19. Juli 1850, Ra. 4014, vgl. Landmesserordnung cit. § 3 a. E.

sind letztere einer genauen Prüfung des für die Richtigkeit derselben verantwortlichen Kammer=Ingenieurs zu unterziehen und von ihm als richtig zu bescheinigen, erhalten auch dadurch erst öffentlichen Glauben.

§ 53.

Fortsetzung.

Vor weiterem Avancement müssen sich die Gehülfen nach zurückgelegtem 25. Lebensjahre und längerer Beschäftigung bei einem Kammer-Ingenieur, auch nach erwirkter, spätestens bis zum 1. März zu erbittender Kammer-Erlaubniß[1]), vor einer alljährlich im Herbst zu Schwerin zusammentretenden[2]), aus einem Lehrer der Mathematik und einem älteren Kammer=Ingenieur unter Direction eines Amts-Dirigenten bestehenden, besonderen Commission einem zweiten Examen[3]) unterwerfen. Dasselbe zerfällt in Lösung schriftlicher Aufgaben und in mündliche Prüfung und erstreckt sich, außer den schon im ersten Examen gestellten Anforderungen, auf die Anwendung der ebenen Trigonometrie mit rechtwinkligen Coordinaten, die sphärische Trigonometrie, die Anfangsgründe der Stereometrie, die verschiedenen Messungs- und Berechnungs-Methoden incl. des sog. Pothenot'schen Problems, die Lehren der Feldeintheilung, des Nivellirens, die Kenntniß der dazu erforderlichen Instrumente incl. ihrer Berichtigung und Wiederherstellung bei Beschädigungen, die Grundsätze der Lehmann'schen Situations-Zeichnung, die für den Feldmesser wichtigen Theile der Physik, incl. Elemente der Optik, Theorie der Fernröhre, Wärmelehre, Meteorologie, auf die Landwirthschaftslehre incl. Bodenkunde, Be- und Entwässerung, Einfluß der Entfernung der Ländereien vom Wirthschaftshofe auf den Reinertrag, endlich auf die Bonitirungs-Grundsätze.

Die Prüfung ist für die bestandenen Landmesser unentgeltlich und Probearbeiten praktischen Werthes werden selbst zur Hälfte der Gebühr vergütet, während die nicht Bestandenen die Kosten an Gebühren, Reisegeldern rc. zu ersetzen haben.

---

[1]) C. v. 1. März 1859, Rgbl. 14, erläutert durch C. v. 23. Juli 1864.
[2]) C. v. 21. Juni 1856, Rgbl. 22.
[3]) Vgl. auch darüber die Landmesserordnung cit.

Nach Absolvirung des zweiten Examens müssen die Gehülfen noch den eigenthümlichen Besitz der erforderlichen, in gutem Stande befindlichen geometrischen Instrumente nachweisen, werden demnächst vor der Kammer beeidigt*), und dann nach deren Ermessen durch Anstellungs-Rescript Kammer-Ingenieurs.

§ 54.
Persönliche Verhältnisse.

Die Kammer-Ingenieurs und ihre Gehülfen haben keine bestimmten dienstlichen Emolumente, sondern werden nur für die einzelnen Arbeitstage und Leistungen in Grundlage einer besonderen Taxe¹) remunerirt, wobei die Gehülfen ¼ ihres Verdienstes an die resp. Kammer-Ingenieurs für die diesen obliegende Prüfung ihrer Arbeiten (§ 52) abgeben müssen. Regelmäßig kommen auf jeden Arbeits- und Reisetag Diäten von 2 Thlr. 24 ßl., bei Bonitirungs-Taxationen aber 3 Thlr. 24 ßl., ferner dann auswärts freies Logis incl. Heizung oder 24 ßl., für einen Gehülfen noch 16 ßl. Quartiergelder, freie Fuhren oder Ersatz des Fuhrverlags, freie Stellung der nöthigen Arbeiter, unentgeltliche Anlieferung der erforderlichen Holzmaterialien.

Bei Vermessungen von Hof- und Dorf-Feldmarken passiren pro 1000 □R. je nach der Beschaffenheit des Feldes 32—36 ßl., bei Eintheilung eben vermessener Dorf-Feldmarken excl. größerer Gewässer und Forstreservate durch denselben resp. durch einen andern Ingenieur 32 — resp. 36 ßl., für die Reinkarten außerdem pro 1000 □R. 8 ßl., wogegen die Register und die aus der Messung zunächst entstandenen Original- oder sog. Brouillon-Karten unentgeltlich anzufertigen sind, für Copien pro 1000 □R. ebenfalls 8 ßl., bei verjüngtem Maßstab aber 12 ßl., für Nivellirungen auf ebenem und trockenem Boden pro laufende Ruthe je nach der Schwierigkeit ½—1 ßl. 5 pf., wofür aber auch die nöthigen Ausarbeitungen zu beschaffen sind.

---

*) Das Eidesformular ist in der Anlage zur Landmesserordnung cit.
¹) V. 3. April 1856, Ra. 5121, Rgbl. 14, mit rückwirkender Kraft nach C. v. 17. April 1856, wodurch die früheren Taxen nebst Erläuterungen v. 7. Oct. 1811, Ra. 385, Rgbl. 1812, St. 15, v. 29. April 1812, Ra. 386, Rgbl. 8, 22. Mai 1843, Ra. 4012, 16. Octbr. 1850, Ra. 4015, 24. Jan. 1855, Ra. 5120, Rgbl. 7, 10. Febr. 1855, Rgbl. 10, veraltet sind.

Die Rechnungen müssen alle erforderlichen Thatsachen, insbesondere die genauen Daten²) enthalten, von den Beamten attestirt³), resp. auf deren Monitur vor der Liquidation rectificirt werden⁴).

§ 55.
Dienstliche und geschäftliche Verhältnisse.

Die Kammer-Ingenieurs tragen wegen ihrer Beeidigung eine Art öffentlichen Charakters, genießen der Beglaubigung betreffs der ihnen übertragenen dienstlichen Functionen, sind aber keine landesherrlichen Diener, haben auch bis jetzt kein bestimmtes, ressortmäßiges Feld ihrer Wirksamkeit¹), sondern werden von den Aemtern als bloße Techniker beliebig verwandt. Ihre Thätigkeit (vgl. § 61—67) beschränkt sich auf Vermessung, Eintheilung, zuweilen auch Bonitirung der Feldmarken oder einzelner Theile, Nivellirungen, Anfertigung der Karten, Register, Klassentabellen, auch einzelne, technischer Hülfe und Leitung bedürftige Ausrichtungen, z. B. Rectification von Grenzen, Geradelegung von Wegen²), Theilnahme an Feldrevisionen, Aufsicht auf Drains-Anlagen (§ 169). Uebernahme privater Aufträge ist ihnen unbedingt erlaubt.

Betreffs ihrer Verantwortlichkeit wird § 27 analoge Anwendung finden, während für ihre Verklagbarkeit die gemeinrechtlichen Grundsätze gelten.

2. Forst-Geometer.

§ 56.

Als solche fungiren qualificirte, gewöhnlich schon in einem Examen (§ 34 ff., 38 ff.) bestandene Forst-Aspiranten, jedoch regelmäßig nur interimistisch und bis zu einer festen Anstellung in der Forstverwaltung.

---

²) R. v. 30. Juli 1833, Ra. 390, C. v. 14. Decbr. 1838, Ra. 392, vom 11. Octbr. 1856.

³) Vgl. Citate der Note 2 und § 20 der Taxe.

⁴) R. v. 18. April 1833, Ra. 389.

¹) V. v. 20. Decbr. 1854, § 1 (Note 1 des § 62).

²) Nach R. v. 3. Jan. 1834, Ra. 310, sollen Kammeringenieurs zur Inventarisirung von Mauern, Dämmen, Brücken nicht verwandt werden.

Ihre durch eine besondere Instruction[1]) geregelte Wirksamkeit gleicht derjenigen der Kammer-Ingenieurs, ist aber auf Forstgrund beschränkt. Außer Quartiergeldern von 20 fl.[2]) und Fuhrvergütung von 1 Thlr. pro Meile erhalten sie Diäten von 1 Thlr. 24 fl., ferner eine gleiche Summe für den □ Fuß copirter oder verjüngter Karten, und endlich bei Vermessungen incl. Brouillon-Karten und Register pro 8000 □R. 3 Thlr. 24 fl.[3]).

---

[1]) Vgl. darüber § 62, Note 2.
[2]) Nach einzelnen nicht publicirten Rescripten.
[3]) C. v. 16. Febr. 1848, Ra. 4054, Rgbl. 12, wodurch die früheren Taren v. 25. April 1817, Ra. 457, v. 27. Juni 1818, Ra. 459, Rgbl. 25, v. 5. Juli 1825, Ra. 465, Rgbl. 27, v. 16. Mai 1836, Ra. 473, veraltet sind.

Drittes Kapitel.
Grundbesitz und Land=Bevölkerung.

A. Allgemeine Vorbemerkungen.
§ 57.
Art und Vertheilung des Grundbesitzes.

Der Landesherr ist alleiniger Grundeigenthümer des ganzen Domanium (§ 1), läßt jedoch nur die Forsten direct durch die Forestalen administriren (§ 44), während der übrige Grund und Boden theils auf Zeit-, theils auf Erbstand verpachtet ist. Wo Andere zuweilen wirkliches Grundeigenthum zu haben vermeinen, ist dasselbe entweder auch nur Erbpacht, aber älterer, besonders von den fremden Pfandadministratoren des vorigen Jahrhunderts (§ 1) herstammender Verleihung und freierer Stellung, oder auf eigentlich nicht domanialem Boden erworben[1]). Auf Zeit sind die Pächter der großen Höfe, die Bauern (vgl. jedoch § 80), die mit herrschaftlichen Parcelen (§ 136) dotirten Einlieger; auf Erbstand dagegen die Erbpächter vieler Bauerhufen (§ 103 ff.), mehrerer, besonders kleinerer Höfe (§ 105 a. E.), die Büdner, die Häusler.

Der große Grundbesitz wird nach dem Staatskalender von 1864 zur Zeit durch 252 Höfe, der mittlere durch 4121 Bauern und 1309 Hufen-Erbpächter, der kleine durch 7284 Büdner und 2619 Häusler repräsentirt, während die zahlreichen Inhaber herrschaftlicher Parcelen zu diesen nur in sehr beschränktem Nutznießerverhältnisse (§ 137) stehen

---

[1]) So z. B. die Klingendorfer Mühle c. p., D.=A. Schwaan — ursprünglich und noch jetzt nachweisbar Eigenthum eines Rostocker Patriziers, des Dr. Schöneberg.

und deshalb kaum eigentlichen Grundbesitzern zuzuzählen sind. Außerdem giebt es eine Anzahl bald größerer, bald kleinerer, auf Erb- und Zeitpacht überlassener Grundstücke, mit deren Besitz die Ausübung nicht so sehr des landwirthschaftlichen, als eines gewerklichen Betriebes verbunden ist, z. B. Krüge[2]), Mühlen, Ziegeleien, Fischereien, Frohnereien (§ 3).

Von den etwa 41000 Familien[3]) des Domanium sind sonach, zumal regelmäßig kein Grundbesitzer mehr als eine einzige landwirthschaftliche Nahrungsstelle hat (§§ 58, 69, 93), mehr als $^1/_3$ im Ländereibesitz. Jedoch ist in den einzelnen Aemtern das Verhältniß der besitzenden zu den besitzlosen Familien sehr verschieden und, wie die Volkszahl selbst (§ 3), durch locale Einflüsse bedingt.

§ 58.
Stabilität des Erbpachtbesitzes.

Nur die vererbpachteten Grundstücke behalten dauernd ihren schon bei ihrer ersten Errichtung bestimmten Umfang. Ihre Veränderung durch die Staatsgewalt ist, abgesehen von gesetzlichen Expropriationen, nur mit freiem Willen und gegen volle Entschädigung ihrer Inhaber möglich. Dagegen dürfen diese selbst überall keine Umfangsveränderungen ihrer Besitzthümer, weder durch ihre Verkleinerung, Parcelirung, Dismembration, noch durch ihre Vergrößerung oder Consolidation mit angrenzenden vornehmen, sondern letztere müssen ebenfalls getrennt bewirthschaftet und zu solchem Zwecke bebauet werden. Oft ist selbst nicht einmal getrennter Besitz mehrerer Grundstücke in einer Hand erlaubt, sondern regelmäßig soll jedes für sich die Nahrungsstelle einer besonderen Familie sein.

(Vgl. §§ 107, 117, 121.)

---

[2]) Nach Rescript v. 30. Aug. 1837, Ra. 4681, sind übrigens die entbehrlichen, nur für sitzende Gäste dienenden Krüge möglichst einzuziehen.
[3]) à durchschnittlich 5 Köpfe gerechnet, vgl. § 3.

§ 59.

Veränderlichkeit des Zeitpachtbesitzes, Feldregulirungen, deren Zweck.

Anders bei den auf Zeitpacht ausgegebenen Grundstücken. Zwar dürfen ihre Besitzer selbst während der Dauer ihrer Nutznießung dieselben überall in keiner Weise verändern (§§ 69, 81, 137), doch kann dies völlig unbeschränkt die im Eigenthum stehende (§ 57) Landesherrschaft, sobald nach Ablauf der Pachtzeit jene zu unbeschränkter Disposition zurückgefallen sind. Die im Lauf der geendigten Zeitpachtperiode als nützlich herausgestellten finanziellen und ökonomischen Operationen werden dann durch die sog. Feldregulirungen realisirt.

Ihr Hauptzweck ist Eintheilung des Grundes und Bodens in der Weise, daß er der hohen Verpächterin sicheren und ergiebigen Pachtertrag, auch rationelle landwirthschaftliche Behandlung ihres Grundeigenthums, den Zeitpächtern dagegen ein gutes Fortkommen gewährt, woneben endlich noch Rücksichten auf das allgemeine Beste, z. B. Anlegung von Kunststraßen, Errichtung landwirthschaftlicher Nahrungsstellen (vgl. §§ 60, 105, 116, 119 u. s. w.) ins Auge gefaßt werden.

In ersterer Beziehung ist und wird hauptsächlich Aufhebung der Communion und Einführung der Separation erstrebt. Jene stammt aus der altgermanischen Markgenossenschaft, wo die Grundbesitzer für sich allein und abgegrenzt nur ihre Hofplätze, Hausgärten und kleinere anstoßende, umzäunte Weideplätze, sog. Wohrten, dagegen an Acker viele einzelne, durcheinander liegende, schmale Landstreifen auf den an Qualität und Entfernung verschiedenen Theilen der Ortsfeldmark, endlich ideelle Antheile an der gemeinsamen communalen Ortsweide hatten. Der ganze Feldbau war dadurch ein gemeinschaftlicher, wurde durch den sog. Flurzwang geordnet, und rationeller selbstständiger Wirthschaftsbetrieb Einzelner war unmöglich. Bei steigender Cultur erwies sich eine solche Durcheinanderwirthschaft natürlich sehr verwerflich, und allein die völlige Abtrennung und feste Begrenzung der einzelnen Grundstücke in solcher Größe, daß sie die Bedingung vernünftiger und selbstständiger Bewirthschaftung bieten, die sog. Separation, erprießlich, wobei obendrein durch Eingehen vieler vorher nothwendiger Wege, Scheiden ꝛc. viel Areal für die Feldcultur gewonnen wird. Dazu kam in neuerer

Zeit das Project der Vererbpachtungen, zu denen nur für sich abgegrenzte Grundstücke geeignet sind (§ 103).

So wird denn schon seit einer Reihe von Jahren bei Gelegenheit der Feldregulirungen für völlige Separation der einzelnen Grundstücke gesorgt, und jedes derselben bei gleicher Bodengüte möglichst in einem einzigen Stücke zugeschnitten. Wo aber die Bodenbeschaffenheit wechselt, tritt die sog. Verkoppelung ein, bei welcher die einzelnen Besitzungen zwar nicht aus einem einzigen zusammenhängenden Complexe, sondern aus mehreren, von einander getrennten Theilen bestehen, diese aber für sich in ihren Grenzen genau bestimmt und abgesteckt sind, so daß ihre Besitzer von der Cultur ihrer Nachbarn unberührt bleiben.

§ 60.

Fortsetzung.

Der Landesherrschaft steht im Domanium Consolidation und Dismembration der einzelnen Zeitpachtgrundstücke frei. Von jener ist zuweilen im Mittelalter durch Zusammenlegung der kleineren Bauerfelder zu großen Höfen (§ 68), in neuerer Zeit aber gegenüber dem allmälig entstandenen bäuerlichen Herkommen (§ 80, 92) nur noch sehr selten bei dringendstem finanziellen und ökonomischen Bedürfniß, auch gegen Entschädigung der betroffenen Bauern durch andere Hufen oder auf andere Weise, Gebrauch gemacht (§ 79). Die Dismembration und Bildung kleinen Grundbesitzes geschieht dagegen häufig bei Gelegenheit der Feldregulirungen, doch nicht übereilt und blindlings, wie in manchen anderen Ländern, sondern nur bei wirklich hervortretender Nothwendigkeit, sowol der Vermehrung ländlicher Nahrungsstellen (§ 68), als auch der Förderung intensiverer Ackercultur (§ 59). Besonders entlegene, schon deshalb schwer zu cultivirende und auch an sich sterile Flächen in den sog. Außenschlägen (§ 158) der Hof- und Dorffeldmarken werden passend in kleineren Stücken an Erbzinsleute zur Garten- und Ackercultur hingegeben (§ 117 u. 119). So entstehen oft an den Grenzen großer Feldmarken besondere kleine Colonien, welche selbst auf vorherige beamtliche Berichterstattung an die Kammer[1]) vom Ministerium des Innern eigne Namen, gewöhnlich die des Mutterortes mit dem Zusatze „Neu" erhalten. Ueber ihre Einpfarrung sind alsbald an die Kammer beamtliche Vorschläge zu machen und hierbei die Kolonien möglichst in Parochialverband des Mutterortes zu belassen, entgegengesetzten Falls aber zu fernerer Prästation der auf der früheren, ungetheilten Feldmark ruhenden und auf den Antheil jener fallenden Naturalabgaben an die bisherigen Seelsorger zu verpflichten, wie denn die Geistlichkeit der neuen Parochie mit den persönlichen Abgaben und Stolgebühren sich begnügen soll[2]).

Außerdem erstrecken sich die Feldregulirungen besonders auf Arrondirung der einzelnen schon separirten Grundstücke, passenden Zuschnitt der sog. kleinen Competenzen für Schullehrer, Dorfschulzen (§ 16), Einlieger (§ 136), Absteckung von Häuslerplätzen (§ 119), Neu- und Geradelegung der Wege, Entwässerung von Mooren (§ 160), Berieselung der Wiesen (§ 165), Ausroden und Abholzung kleiner, überjähriger Forstbestände auf den zur Ackercultur zurückzugebenden Flächen[3]), Maßregeln gegen Versandung[4]), Abgabe steriler Ackerflächen zur Forstcultur[5]).

§ 61.

Verfahren bei Feldregulirungen.

Dieselben beginnen auf einen zwei Jahre vor Beendigung der laufenden Zeitpacht-Contracte an die Amts- und Forstbehörde

---

[1]) C. v. 29. Octbr. 1828, Ra. 406, Rgbl. 42, vgl. V. v. 15. Octbr. 1827, Ra. 2941, Rgbl. 40, v. 4. Aug. 1828, Rgbl. 31, wonach geschehene Ortsnamen-Veränderungen an die Regierung einberichtet werden sollen.

[2]) Cab.-Rescr. v. 13. März 1826, Ra. 3056, C. v. 28. März 1826.

[3]) Nach C. v. 3. Septbr. 1817, Ra. 499, Rgbl. 37, sollen die Forestalen das auf vererbpachteten Grundstücken von der Grundherrschaft reservirte, aber binnen einer bestimmten Frist abzuräumende Holz bei eigner Verantwortlichkeit rechtzeitig wegnehmen, „damit dasselbe nicht den Erbpächtern verfalle" — doch läßt sich letzteres Präjudiz gewiß nur bei solcher ausdrücklichen contractlichen Verwillkürung der Grundherrschaft, und sonst höchstens eine Interessenklage der Erbpächter, rechtfertigen.

[4]) Z. B. durch Besamung, Bepflanzung ꝛc., C. v. 26. März 1806, Ra. 572, Rgbl. 1815, St. 26, R. v. 22. Aug. 1820, Ra. 548.

[5]) Z. B. von Mooren zum Torfstich, deren Ermittelung durch C. v. 9. Januar 1861 und v. 26. Juli 1862 befohlen ist.

ergehenden Befehl des Kammer- und Forst-Collegium zur Einleitung der bevorstehenden Feldregulirung. Die Amts- und Forstbehörde (§ 44) hält nun unter Zuziehung der erforderlichen Techniker (§ 29), insbesondere der Baubeamten und der Landmesser, eine genaue Local-Inspection der betreffenden Feldmark, verständigt sich hierbei in collegialischer Berathung über die in amtlicher und forstlicher Beziehung hervortretenden Interessen, hört und berücksichtigt zu Protokoll die Wünsche der einzelnen Grundbesitzer, und entwirft auf die früheren, event. zu rectificirenden Feldmark-Karten den neuen Regulirungsplan, die zukünftige Vertheilung der Feldmark. Nach Einberichtung an's Collegium und dortiger Prüfung erfolgt regelmäßig nunmehrige Revision durch die Districtsräthe (§ 8) unter Zuziehung der schon Genannten und demnächst, event. nach weiteren Verhandlungen, die Genehmigung des Regulirungsplans aus dem Collegium, worauf sofort die sich vernothwendigende Vermessung, Eintheilung, Absteckung und Anweisung der neu gebildeten Feldmarksstücke vorgenommen wird (§ 62). Alsdann werden die Classificationstabellen (§ 65) und speciellen Ertragsanschläge (§ 67), endlich auch die Specialbedingungen resp. Contractsentwürfe für die demnächstige Neuverpachtung und Contractsertheilung formirt, und nun aus dem Collegium die neuen Zeitpachtcontracte (§ 69, 80), nicht minder die Erbpachtcontracte (§ 107) für die etwa neu gebildeten (§ 60, 105) Erbzinsstellen berichtlich erwirkt, auch die neuen Büdner-Häuslerbriefe und Einliegerbedingungen (§ 117, 121, 137) vom Amte ertheilt[1]). Gleich nach Vollziehung und Ausfertigung dieser einzelnen Zeit- resp. Erbpachtcontracte und Regulative sind unter Einreichung der Ertragsanschläge die nöthigen Beläge auf Pacht, Hufensteuer, Erbstandsgeld ꝛc. für das Amtsgeldregister zu erbitten und nach Vollziehung sämmtlicher die ganze Feldmark betreffenden Contracte, unter Vorlegung der Feldkarte, des Feldregisters und der General-Classificationstabelle, dem Collegium darüber Nachweisungen zu geben, daß und wie die Nutzung aller darin verzeichneten Grundstücke stattfinde und etwa während der Feldregulirungen abweichend von den früheren und neueren Verhältnissen stattgefunden habe[2]). Bei bedeutender Um-

---

[1]) Uebrigens geschehen die die eigentliche Neuverpachtung und Contractsertheilung betreffenden Verhandlungen zu besonderen Specialacten; vgl. C. v. 26. Mai 1862.
[2]) C. v. 23. März 1848, Ra. 3963, wodurch C. v. 19. Juli 1843 veraltet ist.

gestaltung der Feldmarken durch die Regulirung und dadurch bewirkter Unbrauchbarkeit der früheren Feldkarten werden nach eingeholter Erlaubniß des Collegium neue Feldkarten angefertigt (§ 62).

§ 62.
Vermessung, Eintheilung, Karten, Register.

Jeder Feldregulirung geht vorauf eine genaue Revision der vorhandenen Feldmarks-Karten, und, falls diese unrichtig oder defect sind oder ganz fehlen, eine neue Vermessung der Feldmark. Sowol für diese als für die am Schluß der Feldregulirung stattfindende Eintheilung der Feldmark in die verschiedenen Figuren (§ 61) sind den Kammer-Ingenieurs[1]) resp. Forst-Geometern[2]) umfängliche Instructionen ertheilt. Als Längenmaß gilt die sog. mecklenburgische Ruthe von 16 Fuß à 12 Zoll Lübecker Maß oder à 129 Pariser Linien[3]), welche aber für die Vermessung im Decimalfuß angefertigt wird[4]), als Flächenmaß aber die Quadratruthe[5]).

Auch die Herstellung der Feldkarten ist genau vorgeschrieben[6]). Die aus der Feldvermessung zunächst entstehenden sog. Brouillonkarten dürfen bei dem Maßstab von 20 Ruthen auf 1 Duodecimal-Zoll nur eine Länge von 3 und eine Breite von 2 Hamburger Fuß haben[7]), müssen sonst auf mehreren Sectionen weitergeführt werden, enthalten überall keine Figuren-Eintheilung[8]), sondern dienen zunächst nur zur Copirung der Reinkarten, und werden alsbald zur Kammer-Registratur

---

[1]) Vgl. Landmesserordnung v. 20. Decbr. 1854, Ra. 5119, Rgbl. 1855, St. 3 (§ 52, Note 1), erläutert durch C. v. 9. Febr. 1856, v. 17. April 1856, vgl. Instruct. III. V. zum Erbvergleich v. 18. April 1755, H. III. 1.

[2]) Forstgeometerordnung v. 16. Mai 1836, Ra. 473, renovirt durch § 28 der Landmesserordnung cit., erläutert durch C. v. Octbr. 1841, v. 12. Juni 1854; veraltet ist die Instruct. v. 25. April 1817, Ra. 457.

[3]) Erbvergleich v. 18. April 1755, Anlage Num. III., § 5, H. III. 1, Landmesserordnung cit. § 20, Forstgeometerordnung cit. § 1, V. v. 7. Februar 1863, Rgbl. 7.

[4]) Vgl. Citat Note 3.

[5]) Landmesserordnung cit. § 21.

[6]) Vgl. sowol die Landmesser- als die Forstgeometerordnung.

[7]) C. v. 9. Febr. 1856.

[8]) V. v. 3. April 1856, § 6, Ra. 5121, Rgbl. St. 14.

gesandt und dort aufbewahrt⁹). Reinkarten werden zwei hergestellt, die eine zum Gebrauch der Kammer, die andere für das Amt¹⁰). Auch sie haben einen Maßstab von 20 Ruthen auf 1 Duodecimalzoll, also $^1/_{3840}$ der wahren Größe, werden ebenfalls bei Umfänglichkeit der Feldkarten auf mehrere Blätter übertragen, in welchem letzteren Falle aber außerdem eine verjüngte Karte von 80 Ruthen auf 1 Duodecimalzoll angefertigt wird¹¹), und enthalten alle interessirenden Gegenstände, insbesondere die ganze Figuren-Eintheilung¹²), die einzelnen Bonitirungs-Abschnitte¹³) die Grenzen, Flächenmaße, Hufennummern (§§ 85, 110, 118, 122) mit unterscheidenden Zahlen und Farben.

Die bei Gelegenheit der Vermessung und Eintheilung von den Landmessern aufzunehmenden Verzeichnisse oder Register der einzelnen Grundstücke zerfallen in sechs Abschnitte: Aecker incl. Koppeln und Wohrte, Wiesen, Hausstätten nebst Gärten, Hölzungen nebst Mooren und Weiden, Gewässer, Kirchen- und Pfarrländereien¹⁴).

§ 63.
Abschätzung, Bonitirung.

Eine sehr wichtige und zuweilen bei Gelegenheit der Feldregulirung eintretende (§ 65) Operation ist die Ermittelung oder Abschätzung der Bodengüte, sog. Bonitirung. Das hierbei zu beobachtende Verfahren ist schon seiner Natur nach sehr schwierig und in den meisten Ländern verschieden. In Mecklenburg beruht es auf dem landesgrundgesetzlichen Erbvergleich vom 18. April 1755¹). Hiernach zerfallen die einzelnen Bodenarten in mehrere Klassen, welche mit dem natürlichen Bedarf weniger oder mehrerer □R. auf 1 Rost. Schffl. Aussaat, also größerer oder geringerer Productionskraft des Erdreichs, für besser oder geringer gelten:

---

⁹) C. v. 22. Mai 1843, Ra. 4012, Landmesserordnung cit. § 42.
¹⁰) C. v. 22. Mai 1843 cit., Landmesserordnung cit. § 44.
¹¹) Landmesserordnung cit. § 53.
¹²) C. v. 22. Mai 1843 cit.
¹³) C. v. 29. Octbr. 1827, v. 18. April 1829, Ra. 388, Rgbl. 18, Landmesserordnung cit. § 48.
¹⁴) Erbvergleich v. 18. April 1755, Num. III., § 10, H. III. 1.
¹) S. in H. III. 1.

A. Acker.

1. Klasse, bester Weizenacker . . . . . . bis 75 □R. à Schffl.
2. „ für Gerste und Erbsen . . . . 76— 90 „ „
3. „ noch für Gerste . . . . 91—110 „ „
4. „ für Roggen und weißen Hafer . . 111—150 „ „
5. „ für Roggen und weißen Hafer je im 4. Jahr . . . . 151—200 „ „
6. „ für Roggen und bunten Hafer je im 6. oder 7. Jahr . . . . . 201—300 „ „

B. Wiesen.

1. Klasse bis 100 □R. auf 1 Bauerfuder = 2 Schffl., zu 8 Centner gerechnet[2]).
2. „ 101—150 „ desgl.
3. „ 151—200 „ desgl.
4. „ 201—300 „ desgl.

C. Weide.

1. Klasse von 100 □R. à Schffl.
2. „ „ 101—120 „ „
3. „ „ 121—150 „ „
4. „ „ 151—210 „ „
5. „ „ 211—300 „ „
6. „ „ 301—500 „ „

Nur die natürliche Bodengüte, nicht die Meliorationen von nur temporärer Wirkung, kommen in Betracht. Die Gärten werden als Acker, Moore und Waldungen nur hinsichtlich des Graswuchses, Gewässer nach dem Reinertrag (§ 64), Wohnstätten, Lustgärten, Straßen, Gräben gar nicht abgeschätzt.

Aber diese Abschätzung ist für den Werth eines Grundstückes nicht zutreffend, denn kein Landmann wird in der Wirklichkeit eine solche Menge □R. auf 1 Schffl. Aussaat rechnen. Und in der That ist sie

---

[2]) Durch C. v. 10. Juni 1851 ist über Centnerzahl bonitirter Fuder Bericht eingefordert. — In Unteranlage D. der Statuten des ritterschaftl. Credit-Vereins v. 19. Decbr. 1839, Ra. 2849, Rgbl. 1840, St. 2, ist ein bonitirtes Bauerfuder zu 8, ein Hoffuder zu 14 Centnern angenommen.

nur eine Fiction, stammt aus ganz heterogenen Verhältnissen — aus einer Ermittelung der Grundsteuerkraft.

§ 64.
Fortsetzung.

Als nämlich letztere im landesgrundgesetzlichen Erbvergleich für die Landgüter fixirt werden sollte, wurde als Maß für Entrichtung des vollen Steuersatzes die alte mecklenburgische sog. Hufe gewählt. So hieß eine Landfläche, welche auf eine bestimmte, aber im Laufe der Jahrhunderte wechselnde Anzahl von Scheffeln Aussaat gerechnet, und nun zu 300 Rost. Schffl. vereinbart wurde. Weil aber hierbei nächst dem Areal-Umfang auch die Ertragsfähigkeit zu berücksichtigen war, und schlechte Hufen vor ergiebigen durch den für jede Hufe gleichmäßigen vollen Steuersatz prägravirt werden mußten, griff man zu dem Ausgleichungsmittel, die mangelnde Bodengüte durch verhältnißmäßige Anrechnung größeren Arealumfangs zu ersetzen. Wenn schon im wirklichen Leben 1 Schffl. Aussaat auf schlechterem Boden wegen dessen geringerer Productionskraft dünner gesäet werden muß und mehr □R. erfordert als auf gutem Acker, so rechnete man nun bei Feststellung der Hufen in Grundlage vorstehender Klassen (§ 63) mit zunehmender Dürftigkeit des Bodens eine um so größere den wirklichen Bedarf übersteigende □Ruthen-Zahl, so daß letztere in der That viel mehr als einen einzigen Scheffel Aussaat aufnahm, und ihr umfänglicherer Ertrag dem intensiveren eines Scheffels Aussaat auf gutem Boden annähernd gleichkam.

Solche Scheffel hießen nun bonitirte, und eine zur Ermittelung ihrer Steuerkraft also abgeschätzte, sog. katastrirte Hufe hatte deren 300, wurde aber bei Gewässern schon mit reinem Fischereipacht-Ueberschuß von 120 Thlrn. meckl. Val. angenommen. Die Zahl der bonitirten Scheffel resp. Hufen bildet den sog. Hufenstand. — Jetzt freilich zählt die Ritterschaft auf die katastrirte Hufe 600 bonitirte Scheffel; denn da sie früher die Hälfte ihrer Hufen steuerfrei hatte und ihren Hufenstand nur nach der Anzahl der steuerbaren, weil allein interessirenden Hufen rechnete, hat sie nach Verlust solcher Immunität im Jahr 1808, um den einmal hergebrachten Hufenstand und Kataster nicht zu verändern, nicht Anzahl, sondern Inhalt der einzelnen Hufen verdoppelt

§ 65.

Fortsetzung.

Das Domanium wurde anfänglich nicht bonitirt, sondern hier ein Aversional-Hufenstand von 2684¹/₂₀ Hufen angenommen, nach solchem Verhältniß auch seine Steuerkraft gegenüber den anderen Landestheilen bestimmt. Im Anfang dieses Jahrhunderts aber begann man auch hier mit der Bonitirung, zunächst eben deshalb, um seine wirkliche Steuerkraft zu ermessen, und jetzt ist wol schon das ganze Domanium bonitirt. Dies ist bis jetzt freilich von Bedeutung nur für die einzelnen Domanial-Grundstücke, deren Steuerkraft unter einander nach ihrem wirklichen, hiernach festgestellten Hufenstand ermessen, während diejenige des Gesammt-Domanium noch immer nach dem alten, in der That bedeutend größeren Aversionale berechnet wird. Jedes Amt hat jetzt seinen Grundkataster¹), jede Ortsfeldmark eine besondere General-Classificationstabelle²), welche zunächst die gesammte Vertheilung der Feldmark nach Hofländereien, Bauerhufen, Mühlen-, Schmiede-, Krugländereien, Büdner-, Häusler-, Einlieger-, Armenacker, Reservaten, Dienstländereien für Schulzen, Schule, Schleusenwärter, Zoll, Förster und Holzwärter, geistlichen Ländereien für Kirche, Pfarrer und Küster, Forst, Eisenbahn, Chaussee, gemeinschaftlichem Unbrauchbaren, dann aber auch speciell Größe, Gattung und Güte der Ländereien jeder einzelnen landwirthschaftlichen Grundbesitzung auf der Gesammt-Feldmark nachweist — die einzelne ländliche Nahrungsstelle endlich in gleicher Weise ihre Special-Classifications-Tabelle.

Die einmal vorgenommene Bonitirung bleibt regelmäßig auch bei allen späteren Feldregulirungen unverändert, und wird nur bei offenbaren Mängeln und Unrichtigkeiten oder bei Bodenveränderungen über die ganze Feldmark oder ihre einzelnen Theile wiederholt (§ 63). Betreffs des Verfahrens bei allen Bonitirungen herrscht aber im Domanium

---

¹) Dessen Errichtung durch E. v. 27. Septbr. 1836, renov. durch E. v. 4. März 1840, Ra. 411, durch E. v. 8. Juli 1837, v. 4. März 1840, v. 30. Mai 1840, Ra. 413, bestimmt ist.

²) Vgl. E. v. 19. Jan. 1863, wodurch das Schema in § 39 der Landmesserordnung (§ 62, Note 1) veraltet ist.

gegenüber den anderen Landestheilen die Abweichung, daß hier nicht 6 Taxanten zu je 2 in 3 sog. Schürzen, sondern nur 3 einzelne, erfahrene, vorher beeidigte³) Oekonomen, unter Leitung eines Kammer-Ingenieurs, das Geschäft vornehmen; die Durchschnittssumme ihrer separat abzugebenden Taxen entscheidet. Der hierdurch gewonnene Hufenstand (§ 64) normirt übrigens im Domanium nicht nur seiner eigentlichen Bedeutung gemäß für die Enquotirung der Grundsteuern, sondern auch für Uebertragung der meisten Communallasten (§ 4).

Die Classifications-Tabellen werden nach jeder Feldregulirung mit Berücksichtigung der eingetretenen Veränderungen rectificirt oder ganz erneuert (§ 61).

§ 66.
Veranschlagung.

Diese, d. i. Ermittelung der Ertragsfähigkeit der Grundstücke und der hierauf beruhenden Normen für Höhe der von ihnen zu entrichtenden Pacht, ist bei dem zahlreichen und umfänglichen Pachtbesitz im Domanium von großer Wichtigkeit, und tritt bei Gelegenheit der Feldregulirungen, der Ertheilung neuer Zeitpachtcontracte und Gründung von Erbpachtstellen ein. Weil sie auf der Bodengüte basiren muß und für letztere die Bonitirungsklassen normiren, so sind diese auch für die Veranschlagung adoptirt.

Wie bei der Bonitirung je nach der natürlichen Bodenbeschaffenheit in bestimmten Klassenstufen (§ 63) mehr oder weniger ☐Ruthen auf 1 Schffl. Aussaat gerechnet werden, so sollen hiernach bei der Veranschlagung in umgekehrtem Verhältniß die für bonitirte Scheffel fixirten Pachtsätze stufenweise sinken oder steigen. Je mehr und je schlechtere ☐Ruthen auf 1 bonitirten Scheffel Aussaat, desto geringer die Pacht dafür; je weniger und je besser jene, desto höher diese (§ 64).

Die Gefahr einer Benachtheiligung des herrschaftlichen Interesses durch Bemessung der einzelnen Pachtsätze nach bonitirten Scheffeln, welche doch nur bloße Fictionen (§ 63) und in der Wirklichkeit den

---

³) Eidesformular s. Anl. Num. VI. zum Erbvergleich v. 18. April 1755, §. III. 1.

eigentlichen Scheffeln Aussaat an Größe bedeutend überlegen sind, ist hierbei freilich dadurch gehoben, daß auch die einzelnen Pachtsätze hier weit höher gehalten sind, als sie für wirkliche Scheffel Aussaat füglich passiren könnten. Jedoch haben die nur wenigen Klassen der Bonitirung an sich schon den Uebelstand, daß besonders in den mittleren zu wenig Stufenfolgen angenommen, die Differenzen der einzelnen deshalb zu groß sind, und dies mußte bei der nach der Bonitirung sich richtenden Veranschlagung unbillige Preisdifferenzen und Benachtheiligungen der Pächter von Grundstücken besonders mittlerer Bonität herbeiführen.

§ 67.

Fortsetzung.

Aus diesem Grunde sind deshalb in neuester Zeit[1] die einzelnen Stufen der Bonitirungsklassen für die Veranschlagung verlassen und hier beim Acker auf 9:

1. Klasse 75— 90 □R., 2. Klasse 91—100, 3. Klasse 101—110,
4. „ 111—130 „ 5. „ 131—150, 6. „ 151—170,
7. „ 171—200 „ 8. „ 201—250, 9. „ 251—300

pro bonit. Scheffel, bei Wiesen auf 6:

1. Klasse —120 □R., 2. Klasse 121—150, 3. Klasse 151—170,
4. „ 171—200 „ 5. „ 201—250, 6. „ 251—300

pro bonit. Fuder, vermehrt, wodurch die Unterschiede der einzelnen sich natürlich mindern, dagegen die der weniger wichtigen Weide auf 5:

1. Klasse 100—120 □R., 2. Klasse 121—150, 3. Klasse 151—210,
4. „ 211—300 „ 5. „ 301—500

pro bonit. Scheffel, reducirt. — Ganz zutreffend freilich ist nur eine schon von □R. zu □R. sich ändernde Preisscala[2]). Schon bei Gartenland geht die Veranschlagung nicht nach bonitirten Scheffeln, sondern innerhalb dreier Hauptklassen nach einzelnen □R.

---

[1]) Vgl. Veranschlagungsprincipien für Höfe v. 7. Octbr. 1854, für Bauerhufen v. $\frac{31.\ \text{Juli}}{19.\ \text{Septbr.}}$ 1855.

[2]) Wie in den Statuten des ritterschaftl. Creditvereins, vgl. § 63, Note 2. Uebrigens sind durch C. v. 6. Septbr. 1864 neue Veranschlagungs-Grundsätze für

Billige Berücksichtigung finden daneben locale, communale, agrarische Verhältnisse, z. B. Nähe des Ackers bei den Wirthschaftsgebäuden, Gelegenheit zum Absatz, zum Ankauf von Dünger, zur Bewässerung, bergige Lage, bedeutende Nebenleistungen. — Acker, Wiesen, Weide zerfallen außerdem durch alle Klassen in mehrere Columnen verschiedener Preise, je nachdem die Ackercultur durch mehr oder weniger Wiesenland gefördert, dieses ferner oder näher belegen und auch die Weide endlich in größeren oder kleineren Flächen zerstreut ist.

Auf solcher Basis sind für die verschiedenen Arten der ländlichen Grundstücke (§§ 70, 82, 109, 117, 121, 137, vgl. § 16) unter einander wieder abweichende Veranschlagungsprincipien gegründet. Ueber die Pachtsätze jedes einzelnen Besitzthums werden hiernach sog. Ertragsanschläge oder Anschlagstabellen formirt und besonders bei Gelegenheit der Feldregulirungen mit Berücksichtigung der dadurch herbei geführten Veränderungen revidirt und erneuert (§ 61).

B. Klassen der Landbewohner und der ländlichen Grundstücke.

I. Hofpächter.

§ 68.

Geschichte der Pachthöfe.

Schon seit alter Zeit gab es in Mecklenburg Höfe, aber von verschiedener Gestalt. Die Meierhöfe[1]) wurden direct durch die Beamten selbst oder deren Vertreter auf fürstliche Rechnung, die Amtsbauhöfe von denselben statt baaren Dienstgehaltes für die eigne Tasche administrirt,

---

Bauerhufen, welche dem Vernehmen nach jenen, wenngleich mit einigem Preis-Aufschlag, gleichen sollen, den Aemtern im Voraus angekündigt.
[1]) Vgl. Amtsordnung v. 19. Decbr. 1660, H. IV. 2.

und nur wenige eigentliche Pachthöfe oder Vorwerke gegen bestimmte Pachtabgabe an Oekonomen zum mehrjährigen Fruchtgenuß überlassen. Dabei war die Ergiebigkeit der Höfe auch nur gering. Kräfte und Mittel genügten nicht zur Cultur weiter Flächen, und besonders die Bestellung derselben durch leibeigene Bauern im Hofedienst (§ 79), so wie die dadurch begründete Meinung von der Entbehrlichkeit eignen Wirthschaftsinventars, war ein Hemmniß jeder rationellen Cultur. Als freilich, besonders nach dem 30jährigen Kriege (§ 78), mit erwachendem Speculationsgeiste der Werth des großen Grundbesitzes mehr hervortrat, wurde auch Vermehrung wie Verbesserung der Pachthöfe erstrebt. Umfängliche wüste Ländereien wurden urbar gemacht, die Grundstücke mancher während der langen Kriege und durch verheerende Epidemien ausgestorbener oder aus ihren Besitzungen gedrängter, sog. gelegter Bauernfamilien zu Hofäckern consolidirt (§ 60), letztere auch durch Ankauf ritter- und landschaftlicher, sog. incamerirter (§ 1) Güter vermehrt, und selbst die früheren Meier- sowie Amtsbauhöfe in die einträglicheren Pachthöfe verwandelt. Dennoch waren ihre Verhältnisse noch lange Zeit verwirrt und wenig erquicklich. Die Pachtcontracte wurden ohne gehörige Sorgfalt abgefaßt, die Rechte der Grundherrschaft nicht gesichert, die Pachtgebote niedrig und unter der Hand verhandelt. Erst der Neuzeit gelang es, diese und viele andere Uebelstände zu beseitigen und die Pachthöfe zu Hauptträgern des jetzigen bekannten Reichthums unseres Domanium zu machen.

Die 252 großen Pachthöfe (§ 57) bilden den sog. Latifundien-Besitz unseres Domanium. Die Hofschlachterei oder blinde, unvernünftige Parcelirung (§ 60) ist ihm bis jetzt fern geblieben, und derselbe in ungeschwächter Kraft für die Zukunft und für die Zeit erhalten, welche eine auf dem Bedürfniß zunehmender Bevölkerung beruhende allmälige und mit Maß durchzuführende Zerstückelung einzelner, besonders in der Nähe von Städten belegener, großer Pachthöfe zu mittlerem und kleinem Erb- und Zeitpachtbesitz fordert und fordern wird. Geboten dürfte es deshalb sein, die Zahl der Domanial-Pachthöfe durch Ankauf, etwa für die aus den Vererbpachtungen aufkommenden reichen Geldmittel (§ 105) immer noch zu vermehren, damit trotz fortgesetzter Vererbpachtungen und zukünftiger Parcelirungen dennoch stets dem Landesherrn im großen Grundbesitz eine gleich wichtige finanzielle und politische Stütze, insbesondere seine Unabhängigkeit von ständischen Geldbewilligungen, conservirt bleibe (§ 138 a. E.).

§ 69.
Ertheilung, allgemeiner Inhalt, Sicherung, Ablauf der Hofpachtcontracte.

In Grundlage bestimmter, von der Kammer jedes Mal mitzutheilender Contractsformulare[1]), unter den im einzelnen Falle gebotenen Modificationen, werden nach beendigter Feldregulirung (§ 61) vollständige Contracts-Entwürfe[2]) von der Amts-Forst-Baubehörde sorgfältig aufgestellt, dem Kammer- und Forst-Collegium berichtlich[3]) zur Bestätigung in duplo vorgelegt, hiernach die Original-Contracte angefertigt, vom Landesherrn vollzogen und in einem Exemplare dem am Meistgebot gebliebenen (§ 71) und von der Grundherrschaft angenommenen Hofpächter auf eine Reihe von Jahren[4]) gegen Stempel-Abschrifts-Beglaubigungs-Gebühr und die sog. Kammergebühr von $1\frac{1}{3}$ pCt. des Gesammtbetrags sämmtlicher Pachtjahre verliehen, während das andere Exemplar der Grundherrschaft verbleibt. Alle pächterischen Verhältnisse sind in den Pachtcontracten umfänglich und übersichtlich enthalten. Der Antreter wird zu Johannis vom Amte angewiesen (§§ 75, 76).

---

[1]) Jetzt von 1864; frühere sind v. 26. Mai 1826, 27. März 1841, 24. Decbr. 1849, 8. Januar 1859. Hierin zu berücksichtigen sind auch die pächterischen Verpflichtungen des E. v. 23. Mai 1862 zur Gestellung einer gewissen Anzahl Pferde, pro 10 Last Acker 1 Pferd, bei Mobilisirungen gegen Zahlung des vollen durch beeidigte Taxanten festzustellenden Werthes — des E. v. 11. Juli 1862 zur Lieferung gewisser Heu- und Strohdeputate an die Amtsunterbedienten — des E. v. 4. Novbr. 1853 zu Strohlieferungen für civilen Preis an Marstall, Cavallerie, Artillerie, nach Localgelegenheit der einzelnen Höfe.

[2]) E. v. 24. Juni 1864.

[3]) Diese Berichte sollen nach E. v. 28. Jan. 1831, Ra. 71 (§ 124, Note 1) auch auf die Verhältnisse der Hofkathenleute, nach E. v. 8. Decbr. 1847, Ra. 3925, auf etwa bauliche Ansprüche abziehender Pächter sich erstrecken. Nach E. v. 13. Jan. 1826, Rgbl. 69, Rgbl. 3, sollen ferner gleichzeitig Specificationen der edictmäßigen Nebensteuer eingereicht werden.

[4]) Die Pachtperioden richteten sich bis jetzt gewöhnlich nach mehreren Umläufen oder Roulancen der Ackerwirthschaft (§ 159); doch wird jetzt auch unabhängig hiervon schon eine runde und passende Zahl von Pachtjahren bestimmt. Ueber Verhütung gleichzeitigen Ablaufs zu vieler Pachtcontracte vgl. § 80, Note 5.

Verafterpachtungen des Hofes oder seiner einzelnen Bestandtheile sind ohne Kammergenehmigung nicht gestattet[5]), doch dürfen einzelne zu den Höfen gehörige Betriebsstellen und Einnahmequellen, z. B. Krüge (§ 147), Ziegeleien, Holländereien (§ 179), Schäfereien (§ 181), Fischereien (§ 185) an Andere, sog. Unterpächter, unter besonderen, auf gegenseitiger Vereinbarung beruhenden Contracten überlassen werden — im letzten Pachtjahr freilich nur mit Zustimmung des Amtes betreffs Dauer und Fälligkeit der Unterpacht, wie denn auch die von den Unterpächtern den Verpächtern gestellten Pachtvorschüsse auf die neu antretenden Hofpächter ohne alles Retentionsrecht übergehen. Veräußerungen von Heu, Stroh, Dung, Grünfutter sind verboten. Cessionen bedürfen der Kammergenehmigung, die nur aus besonderen Gründen und gegen Consensgebühr von 1 pCt. des Gesammtbetrags der rückständigen Pachtjahre, außer den sonstigen Stempel-, Kammer- und Amtsgebühren, ertheilt wird; Cedent bleibt bis zum wirklichen Eintritt des Cessionars in den Pachtcontract und Pachtbesitz verpflichtet, ohne Rücksicht auf die ertheilte Bestätigungs-Urkunde oder Translations-Acte und event. ohne Erstattung der gezahlten Consensgebühr. Auf die Erben geht das Pachtrecht über; bei Insolvenz Einiger unter ihnen haften die Uebrigen solidarisch ohne Einrede der Theilung und Excussion und übernehmen, ohne creditorische Einmischung zum Antheile der Cridare, die Pachtrechte und Verbindlichkeiten der zur Contractserfüllung Unvermögenden. Bei eintretenden Concursen, vergeblicher Execution (§ 70), Nichterfüllung der bei der Uebernahme zu leistenden Praestanda (§§ 75, 76) gelten die Contracte sofort für aufgerufen und erloschen, Conventionalstrafen für verfallen, und die Pachtungen werden ohne gerichtliche Einmischung oder Einlassung mit den Creditoren von der Kammer zurückgenommen; die Pachtvorschüsse erlöschen dann ipso jure bis auf die Höhe der schuldigen Praestanda und Schadensansprüche. Gleicher Aufruf und Geldstrafen der Contravenienten werden reservirt, wenn heimlicher Weise Dritte die eigentlichen Pächter sind, oder wenn Pächter noch andere Grundstücke binnen 2 Meilen in Nutzung haben. Mit jeder Beendigung der Pachtcontracte hört alles Recht und aller Besitz der Pächter oder ihrer Erben von selbst auf; sie haben wegen

---

[5]) R. v. 7. Juli 1807, Ra. 64.

Gegenforderungen kein Retentionsrecht, und können von der Kammer sofort expellirt werden. Insbesondere Ansprüche auf Kriegsentschädigung gehen contractlich nur gegen den Requirenten, nicht gegen die Kammer⁶), und alle etwaigen Schadensforderungen sind binnen zwei Jahren nach Kenntniß ihrer Ursachen schriftlich bei der Kammer anzumelden. — Vermag Abtreter wegen Viehseuchen sein Vieh nicht rechtzeitig zu entfernen, so muß Antreter dasselbe einstweilen füttern, hat aber seinen administrativ festzustellenden Schadensersatz gegen die Kammer, welche wiederum am Abtreter sich schadlos hält.

§ 70.
Oeffentliche Leistungen der Hofpächter.

Auch die Pflichten gegen die Grundherrschaft, nicht minder aber auch gegen die Commune, sind in den Pachtcontracten gesichert. Zu jenen gehört vorzugsweise die prompte Entrichtung einer gewissen baaren Jahrespacht in Quartalen. Dieselbe wird jedesmal nach Ablauf der Contractsjahre vor Ertheilung der neuen Pachtcontracte, regelmäßig ohne die früheren Prolongationen und durch öffentliches, freies Meistgebot¹) vor Großherzoglicher Kammer, erzielt und hierdurch unzweifelhaft sowol der finanzielle Ertrag der Höfe auf die höchst mögliche Spitze gebracht, als auch das Streben der Pächter zur Beförderung der dauernd ergiebigsten und rationellsten Ackercultur ermuntert (§ 170). Nach den Veranschlagungsprincipien²) (§ 67) ist hier:

1. Gartenland pro 100 □R. in 3 Hauptklassen zu 4, 3, 2 Thlr.
2. Acker pro bonitirten Scheffel und mit 3 Columnen:

1. Klasse zu	3 Thlr.	16 ßl.,	2 Thlr.	44 ßl.,	2 Thlr.	24 ßl.,
2.	„	„	3	„	12	„	2	„	40	„	2	„	20	„
3.	„	„	3	„	8	„	2	„	36	„	2	„	16	„
4.	„	„	3	„	—	„	2	„	28	„	2	„	8	„
5.	„	„	2	„	40	„	2	„	20	„	2	„	—	„
6.	„	„	2	„	24	„	2	„	4	„	1	„	32	„

---

⁶) V. v. 2. Decbr. 1808, Ra. 1183, Rgbl. 1814, St. 39.
¹) Cab.-Rescr. v. 10. u. 24. Mai 1805, Ra. 62 u. 63.
²) V. 7. Octbr. 1854, wodurch die früheren v. 5. Decbr. 1815, Ra. 66, veraltet sind.

7. Klasse zu 2 Thlr. 8 ßl., 1 Thlr. 36 ßl., 1 Thlr. 16 ßl.,
8. „ „ 1 „ 40 „ 1 „ 20 „ 1 „ — „
9. „ „ 1 „ 8 „ — „ 44 „ — „ 32 „

3. **Wiesenland** pro bonit. Fuder und mit 2 Columnen:
1. Klasse zu 4 Thlr. — ßl., 3 Thlr. 32 ßl.,
2. „ „ 3 „ 32 „ 3 „ 16 „
3. „ „ 3 „ 16 „ 3 „ — „
4. „ „ 3 „ — „ 2 „ 32 „
5. „ „ 2 „ 24 „ 2 „ 8 „
6. „ „ 2 „ — „ 1 „ 32 „

4. **Weide** pro bonit. Scheffel, mit 2 Columnen:
1. Klasse zu 1 Thlr. 28 ßl., 1 Thlr. 20 ßl.,
2. „ „ 1 „ 12 „ 1 „ 8 „
3. „ „ 1 „ 8 „ 1 „ — „
4. „ „ 1 „ — „ — „ 40 „
5. „ „ — „ 28 „ — „ 20 „

taxirt — wegen des Meistgebots hier freilich nur von der Bedeutung der Gewinnung einer Norm für Annehmbarkeit des letzteren.

Zur Sicherung der Pachtzahlung wird eine volle Jahrespacht bei der Kammer bis zum Contractsablauf als zinsenlose Caution, sog. Pachtvorschuß, baar gestellt, welche getrennt vom Pachtrecht nicht ohne Kammer-Consens cedirt werden kann. Das last- und gefahrlose Eigenthum aller, selbst schon percipirter Früchte bleibt der Kammer contractlich vorbehalten. Ihr muß Pächter auch sein gesammtes jetziges und künftiges Vermögen, insbesondere das Wirthschafts-Inventarium, zur Special-Hypothek mit eventueller Besitzesübertragung bestellen und seine Erben solidarisch ohne beneficium divisionis verpflichten. Durch vergebliche Execution wird die Kammer zu sofortigem Contracts-Aufruf berechtigt. Pachtremission wird unter keinen Umständen verhießen, und ist es Sache der Pächter, die bestehenden Assecuranzvereine (§ 153) zu benutzen.

Pächter zahlt auch die Personal-Steuern und trägt die meisten aus dem öffentlichen Recht fließenden Grundlasten, während die baaren Beiträge zu geistlichen und Schul-Bauten und die allgemeinen Grund-Steuern von der Grundherrschaft übernommen werden. Sorgfältig wird in allen Pachtcontracten auch die Conservation und hauswirthliche Benutzung des grundherrschaftlichen Eigenthums, resp. der Pachtobjecte, nämlich der Gebäude und Ländereien mit Pertinenzen, vorgesehen (vgl. ff. §§).

Jeder Pachthof bildet entweder für sich allein, oder in Verbindung mit einem etwa zugehörigen Dorfe eine Ortschaft und Commune, trägt auch die desfallsigen, meistens contractlich bestimmten Lasten (§ 4), welche ebenso wie alle übrigen öffentlichen Verbindlichkeiten, auf Administrativwege geregelt werden, soweit nicht gerichtliche Competenz gesetzlich bestimmt ist.

§ 71.

Ländereien und Reservate.

Nur zum Betrieb der Ackerwirthschaft, nämlich zur Gewinnung von Feldfrüchten und zur Viehzucht, sind die Ländereien verpachtet; ihre sonstigen Einnahmequellen werden von der Grundherrschaft contractlich reservirt und gegen billigen, event. durch Schiedsmänner festzustellenden Ersatz an den Pächter für die dadurch dem Ackerbau etwa auf längere Zeit entzogenen Flächen ausgebeutet. Zu Reservaten gehören die Jagd, Mast, Waldbäume, Mineralien, Fossilien, Quellen, besonders auch die torfhaltigen Gründe. Wird auf diesen grundherrschaftliche Austorfung beliebt, so sind sie nicht nur selbst, sondern außerdem auch die nöthigen Flächen zum Aufsetzen, zu Abfuhrwegen, Entwässerungsgräben, gegen Entschädigung vom Pächter einstweilen abzutreten. Bedingungsweise wird letzterem selbst der Torfstich, jedoch nur auf kleinen und vereinzelten, mit größeren Reservaten nicht zusammenhängenden Flächen, und nur zu eignem Hofbedarf gegen Zählgeld an die Forst, jetzt gewöhnlich nur gegen volle Werthtaxe excl. Bereitekosten, gestattet. Eine amtsforstliche Untersuchung geht dann vorher, gleiche Controle dauert während des ganzen Betriebes, und die ausgetorften Gründe sind sofort wieder zu ebnen[1]). Unerlaubter Torfstich wird mit einer dem einfachen — nach dem normirenden Torfsatze der fraglichen Art excl. Bereitekosten und incl. Zählgeld zu berechnenden — Werthe des gestochenen Torfes gleichkommenden Geldstrafe an die Amtsarmen-

---

[1]) B. v. 29. Aug. 1823, Ra. 504, Rgbl. 31.

kasse²) und zugleich mit seiner Confiscation, event. bei seiner Consumtion mit dem doppelten baaren Werthe bestraft³). Die Untersuchung ist amtspolizeilich, unter Wahrnahme von Denunciations- und Protokollgebühr⁴) für die Sportelkasse⁵), mit Recurs an das Kammer- und Forstcollegium, vor welchem auch separat über die Aufkunft liquidirt wird⁶). — Unentgeltliche Abgabe von Torf und sonstiger Feurung aus der Forst zum eignen Hausbedarf der Pächter existirt nicht mehr. — Contraventionen gegen Jagd und Holzhieb unterliegen den Bestimmungen des Jagd- und Forstfrevelgesetzes. — Außer vorstehenden Reservaten muß Pächter auch das Terrain zur Anlage und Veränderung von öffentlichen und privaten Wegen, Kunststraßen rc. abgeben; seine Entschädigung wird durch Schiedsmänner (§ 72), event. nach Kammer-Ermessen nach den Expropriationsgesetzen bestimmt.

Für die Güte und Classification der verpachteten Flächen wird keine Garantie, wol aber für die Größe derselben dahin gewährt, daß Pächter für den binnen der beiden ersten Contractsjahre auf die von ihm zu beschaffende Nachmessung erwiesenen Ausfall entsprechende Pachtabminderung erhält, welche vom Amte, bei größerer Erheblichkeit aber durch die Taxen dreier vom Amte zu wählender und vorher zu beeidigender, erfahrener Landwirthe (§ 76) festgestellt wird; ganz unberücksichtigt bleiben geringere, auch gesetzlich für unerheblich geltende Vermessungsfehler.

Pertinenzen des Ackers sind besonders die Befriedigungen und die Brücken. Zu jenen zählen auch die Weiden, welche vom Pächter in contractlich bestimmter Anzahl zu vermehren sind, auch nur bei Abgängigkeit von jenem gehauen werden dürfen; für jede bei der Revision oder Ablieferung ganz fehlende, oder nicht vierjährige, noch in gutem

---

²) C. v. 26. März 1862.
³) V. v. 29. August cit., C. v. 5. Mai 1846, Ra. 4093, Rgbl. 16.
⁴) Die für sonstige Bau- und Forstfrevel der V. v. 7. Octbr. 1842, Ra. 617, Rgbl. 35, durch C. v. 26. März 1844, Ra. 4090, und die ökonom. Sporteltaxe v. 16. Febr. 1819 B. d., Ra. 4006, vorgeschriebene Denunciations- und Protokollgebühr von resp. 5 und 18 ßl. Cour. soll nach einzelnen nicht publicirten Kammerrescripten auch hier Anwendung finden.
⁵) C. v. 26. März 1862, wodurch C. v. 26. März 1844 cit. u. ökonomische Sporteltaxe in dieser Beziehung veraltet sind (vgl. § 40, Note 1).
⁶) C. v. 5. Mai 1846; vgl. Note 3.

Wachsthum befindliche, ist eine Geldstrafe zu entrichten. Ihre Abholzung ersetzt ihm theilweise die ihm jetzt nicht mehr gewährte unentgeltliche oder billige Brennholz-Abgabe aus der Forst⁷). Gleiches gilt von den lebendigen Hecken, zu deren erster Anlage die erforderlichen Pflänzlinge aus der Forst gegen Haulohn geliefert zu werden pflegen⁸). Zur Anfertigung aller übrigen Befriedigungen incl. Stacketten, Thore, Pforten, werden dem Pächter keine Materialien gegeben⁹), sondern er muß sie ankaufen, oder aus seiner Weidenzucht entnehmen. Ebenso ist die Erhaltung und Herstellung aller Ackerbrücken vom Pächter unentgeltlich zu beschaffen¹⁰).

§ 72.
Gebäude.

Jeder Pachthof enthält je nach seinem Umfange eine bestimmte größere oder kleinere Anzahl der für den Aufenthalt des zum Wohnen auf dem Hof contractlich obligirten Pächters, seiner Familie, seiner Leute und Feldarbeiter, sowie für den ganzen Wirthschaftsbetrieb erforderlichen Wohnhäuser, Kathen (§ 125), Scheuern, Vieh-¹), Back- und Milchenhäuser, Stallgebäude, welche regelmäßig sämmtlich Eigenthum der Grundherrschaft sind. Wie in der ganzen Cameralverwaltung, so wird auch hier die massive Bauart, entweder von gebrannten Steinen oder von Kalk- und Lehm-pisé erstrebt²).

Die Baulast wird contractlich genau bestimmt³). Bei Verschuldung des Pächters trifft ihn allein der ganze Ersatz nach den gemeinrechtlichen Grundsätzen. Unverschuldete Bauausführungen geschehen billiger Weise nicht auf alleinige Kosten des nur zeitlichen Pächters, sondern mit Unterstützungen Seitens der Grundherrschaft. Pächter ist aber zur

---

⁷) V. v. 17. Jan. 1814, Ra. 491, v. 28. März 1840, Ra. 530.
⁸) E. v. 14. Decbr. 1841, Ra. 74.
⁹) E. v. 25. Octbr. 1854.
¹⁰) Cab.-Rescr. v. 13. Septbr. 1836, Ra. 72.
¹) Ueber deren innere Dimensionen vgl. E. v. 16. Octbr. 1845, Ra. 3922.
²) Besonders bei Wohn-, Milchen-, Viehhäusern, Schweine-, Pferde-, Schafställen. Ueber sonstige Bauarten vgl. die Neubauwerths-Zusammenstellung vom 19. April 1851, vgl. noch § 85, Noten 7 u. 8, welche auch hier gelten.
³) Die nachfolgend wiederholten Bestimmungen der neuesten Contracts-Formulare v. 1864 weichen wesentlich von den früheren ab; vgl. § 73, Note 1.

möglichsten Schonung der Gebäude und zur baldmöglichen, entweder sofort oder bei Gelegenheit der jährlichen Zimmerbesichtigung zu machenden Anzeige der ihm bekannten Mängel⁴) verpflichtet. Stets und zu allen Bauten muß er alle Hand- und Spanndienste, alles Stroh, Kaff, Häckerling excl. des bei Brandschäden zur Neudeckung mindestens eines ganzen Gebäudes erforderlichen Dachstrohs, die Weeden und Deckschächte, Bauplätze, Quartier für Handwerker, Unterhalt des Bauaufsehers, Aufsicht auf Handwerker und auf Materialien leisten, auch nach Ermessen der Grundherrschaft die Bauausführung selbst übernehmen oder der Amtsbaubehörde überlassen. Endlich muß er, abgesehen von erheblichen Brand- und Sturmschäden, eine contractlich specialisirte Anzahl vieler, nicht bei Gelegenheit größerer Bauten, sondern allein für sich eintretender Reparaturen und Erneuerungen von Decorationen, Fundamenten, Bohlen-, Bretter-, Leisten-, Lattenbelag, Mauern, Wänden, Dächern, Fußböden, Treppen, Fenstern, Thüren, Koch- und Heizungs-Apparaten, Privets, Stallutensilien ꝛc. ganz aus eignen Mitteln beschaffen. Dagegen überträgt zu den übrigen, im Ermessen der Verwaltung stehenden Reparaturen diese die Kosten; der Pächter darf jene in eiligen Fällen selbst ohne Anfrage, aber salva revisione, bis zum Betrage von je 10 Thlrn. sofort ausführen.

Die wegen ersichtlicher Hinfälligkeit oder aus wirthschaftlichen Gründen auszuführenden größeren Reparaturen und Neubauten der zukünftigen Contractsperiode werden bei den Revisionen vor und während der Abnahme des Pachthofes (§ 75) sorgfältig erwogen und mit Vorbehalt noch anderer, im Ermessen der Verwaltung stehender, in den neuen Contract aufgenommen⁵), darin auch die Leistungen des Pächters und der Grundherrschaft fixirt. Doch sollen solche contractliche Bauten, zur Vermeidung sowol bestimmter Ansprüche des Pächters auf ihre Ausführung, als einer Erschöpfung der herrschaftlichen Kassen bei anderweitigen, durch plötzliche Unglücksfälle herbeigeführten Bauten möglichst nicht auf bestimmte Jahre gesetzt werden, um sie im Nothfall auf-

---

⁴) Vgl. C. v. 21. Juni 1836, Ra. 320.
⁵) C. v. 5. Juli 1850, Ra. 3991. Die genehmigten Baustipulationen der neuen Contracte sind den Baubeamten sofort mitzutheilen; C. v. 18. Februar 1826, Ra. 276, Rgbl. 8.

schieben zu können⁶). Bei allen erheblichen Brand- und Sturmschäden geschehen die Bauten ebenfalls in dem von der Verwaltung zu ermessenden Umfange, daß die Wirthschaft gegen die Zeit vor derselben nicht leidet.

§ 73.

Fortsetzung.

Bei diesen größeren Reparaturen und Neubauten trägt die Grundherrschaft ebenfalls allein die baaren Kosten¹), bestimmt aber dagegen die ganze Art und Weise der Bauausführung. Diese angemessen abzurundenden Kosten, mit Ausnahme der durch Unglücksfälle vor Uebergabe der Pachtung entstandenen, werden vom Pächter mit 4 pCt., bei Brand- oder Sturmschäden mit 2 pCt., seit dem nächsten auf die Vollendung der Bauten folgenden Johannistermine ganzjährig postnumerando als Aufschlag zur Pachtzahlung verzinst. Bei der dem Pächter selbst überlassenen Bauausführung erhält dieser die Baugelder erst nach Abnahme der Bauten Seitens der Amtsbaubehörde, vorherige Abschlagszahlungen nur nach freiem Ermessen der Verwaltung. Sowol dieser Ersatz als die Verzinsung geschieht wesentlich unter billiger Berücksichtigung erheblicher nachträglicher Aenderungen, in Grundlage des vorher formirten, auch den Forsttaxwerth incl. Bereitelohn der nach Belieben der Grundherrschaft in natura herzugebenden Holzmaterialien und den Nutzwerth der von dem Bauausführer zu liefernden Rüstungsmaterialien, enthaltenden Anschlags; nur bei Nicht-Ausführung durch den Pächter entscheiden die wirklich verwandten, den Anschlag etwa nicht erreichenden Kosten.

Zu den auf alleinigen Wunsch des Pächters zu errichtenden, weder contractlich stipulirten, noch durch Unglücksfälle veranlaßten Bauten erhält jener regelmäßig höchstens die Holzmaterialien²) nach specieller Vereinbarung. Ganz eigenmächtige Bauten endlich muß er beim Abzug

---

⁶) Cab.-Rescr. v. 7. Mai 1833, Ra. 303, C. v. 25. Mai 1833, Ra. 304.

¹) Nach den früheren Contracten (§ 72, Note 3) regelmäßig nur eine, wenngleich die größere Quote, deren Rest dann vom Pächter aus eignen Mitteln übertragen wurde, wogegen letzterer dann jene nicht zu verzinsen brauchte.

²) Z. B. bei Milchenkellern, wozu die Grundherrschaft nie baare Kosten bewilligt, weil es fraglich ist, ob der Nachfolger des jetzigen Pächters die Holländerei selbst behalten will; C. v. 26. Aug. 1836, Ra. 323.

nach Belieben der Kammer entweder unentgeltlich zurücklassen, oder auf seine Kosten Alles wieder in vorigen Stand setzen.

Auch alle jetzigen und künftigen Brunnen muß Pächter im Uebrigen ohne Beihülfe erhalten und nöthigenfalls erneuern; jedoch überträgt die Kammer die baaren Kosten für Erneuerung der Brunnenkessel, nicht minder für Vertiefungen, sonstige Veränderungen alter und erste Anlage neuer Brunnen gegen Verzinsung des Pächters nach vorstehenden Principien.

Betreffs aller Gegenstände endlich, deren Erhaltung und Erneuerung nicht contractlich vorgesehen ist, gilt der Grundsatz, daß Pächter letztere allein aus eignen Mitteln leisten muß.

§ 74.
Wirthschafts-Inventarium.

Die Objecte desselben waren früher gering und beschränkten sich wesentlich auf das Hausmobiliar, weil die nöthigen Bestellungsarbeiten im Hofedienst der leibeigenen Bauern verrichtet, und dadurch besondere Wirthschafts-Inventarien entbehrlich gehalten wurden (§ 68). Mit dem Aufhören des Hofedienstes aber erkannten Pächter bald den Nutzen eigenthümlicher und guter Inventarien, und jetzt entsprechen dieselben regelmäßig der Größe und Ergiebigkeit der Höfe. Von Illation eines angemessenen Viehstapels wird sogar die Gültigkeit des ganzen Pachtcontractes abhängig gemacht. Das ganze lebende und todte Wirthschafts-Inventar ist Eigenthum des Pächters, mit Ausnahme der sog. Inventarien-Saaten — eines Anklangs an alte Zeit. Dieselben inclusive Bestellungsarbeiten wurden bei erster Errichtung vieler Höfe zur Erleichterung des Antreters von der Grundherrschaft hergegeben, als herrschaftliches Eigenthum fortan conservirt und von den Nachfolgern im Pachtbesitz fortdauernd für eine gewisse Taxe[1]) in Grundlage des Feldinventars übernommen. Im Gegensatze zu ihnen, die mit fortschreitender Ackercultur und Beurbarung immer größerer Ackerflächen in den seltensten Fällen ausreichten, ließen die von den Pächtern selbst

---

[1]) V. v. 1773, H. IV. 99, v. 2. Jan. 1819, Ra. 67, Rescr. v. 17. Juni 1824, Ra. 68; durch (L. v. 7. März 1806, Ra. 77, sind Verzeichnisse sämmtlicher Hof-Inventariensaaten eingefordert.

dazugegebenen Einsaaten Uebersaaten, und diese mußten nach marktgängigen Preisen stets gekauft werden. Jetzt freilich²) sind die Inventariensaaten incl. Bestellungskosten den Uebersaaten gleich gestellt (§ 76).

§ 75.
Verfahren bei Ablieferung und Rückgabe der Pachtung.

Besonderer Erörterung bedarf schließlich noch das Verfahren sowol bei Ablieferung des Pachthofs nach geschehener Feldregulirung (§ 59 ff.) und Neuverpachtung (§ 69) als bei dessen Rücknahme nach Beendigung der Contractsjahre. — Die Grundherrschaft selbst und allein contrahirt dann mit dem An- und dem Abtreter, läßt den Pachthof überweisen und abnehmen, ohne daß letztere beide dadurch zu einander in rechtliche Beziehungen treten. Der Antreter muß Alles moniturfrei annehmen, selbst das periculum seit dem Zuschlag (§ 70) tragen, nöthigenfalls Abhülfe vorfindlicher Mängel beschaffen, und erhält dagegen die für letztere vom Abtreter an die Grundherrschaft zu leistenden Vergütungen nach deren freiem Ermessen. Abtreter aber ist der Grundherrschaft zum Ersatz jeglicher Mängel verpflichtet. Die Rücklieferung geschieht in Grundlage eines, nach der zu Johannis stattfindenden Uebergabe der Pachtung und spätestens bis zum nächsten November¹) von der Amtsforstbaubehörde²) aufzunehmenden und bei der Kammer in Reinschrift einzureichenden Hof- und Feld-Inventars³), an welchem Pächter Theil nehmen, gegen welches er auch Monituren erheben kann und wovon er demnächst eine Abschrift erhält. Dasselbe erstreckt sich auf die Gebäude und auf die Ländereien c. p.

---

²) E. v. 28. Juni 1855.
¹) E. v. 24. Juni 1864.
²) Früher nur von der Amtsbaubehörde; E. v. 19. Novbr. 1828, Ra. 280, Rgbl. 46.
³) Vgl. E. v. 16. Mai 1846, Ra. 3924, v. 20. Decbr. 1849, Ra. 3928. Das Hofinventar ist Zwecks späterer Nachträge auf gebrochenen Bogen zu schreiben, E. v. 20. Febr. 1840, Ra. 334, und enthält das Alter der Gebäude wie ihre Reihenfolge nach dem anzuheftenden Situationsplan; E. v. 16. Mai 1846. Ra. 3924, vgl. E. v. 20. Febr. 1840 cit., v. 25. Octbr. 1845, Ra. 3923. Letzterer weis't in dem Maßstabe von 1 Zoll pro je 50 Fuß die Länge und Breite der in schwarzer Tusche und bestimmten Figuren nach der Nordlinie zu zeichnenden Gebäude, auch ihre

Vorzugsweise die Conservation und unversehrte Rücklieferung der Gebäude, als des vergänglichsten Theils des grundherrlichen Eigenthums, wird erstrebt. Zu diesem Zwecke prüft die Amtsforstbaubehörde zwei Jahre vor Ablauf jedes Pachtcontracts im Juni oder Anfang Juli sämmtliche Hofgebäude, um die dem Pächter noch obliegenden erheblichen Reparaturen und Bauten zu ermitteln und die Ausführung zu sichern. Das Revisionsprotokoll ist bis zum 14. Juli bei der Kammer einzureichen, die Lieferung der dem Pächter etwa zu gewährenden Materialien (§ 72) aber schon im nächsten Winter so zeitig zu beschaffen, daß jener 1½ Jahre zur Erledigung behält[4]). Selbst noch bei der endlichen Rückgabe muß das Inventarium von der Amts-Forstbaubehörde[5]) schließlich revidirt und die Taxation etwaiger vom Abtreter zu ersetzenden Mängel sofort vorgenommen werden[6]). Aehnliche Grundsätze gelten auch bei Pachtmühlen (§ 150).

§ 76.
Fortsetzung.

Auch die Ländereien muß Pächter besäet und wohlbestellt, insbesondere mit zwei Brachfurchen (§ 159), offenen Brachgräben, halber Dungabfuhr zurückgeben. Er ist verpflichtet, im letzten Pachtjahr seinen Nachfolger oder dessen Bevollmächtigten, einen sog. Saatenempfänger[7]), mit und ohne Pferd gegen billige Entschädigung bei sich aufzunehmen und zu beköstigen, auch dessen Anforderungen bezüglich der Wirthschaft, Aussaat, Bestellung thunlich Folge zu geben, insbesondere auf dessen Wunsch die frischen Schläge (§ 159) im Frühling vor seinem Abzug ganz oder theilweise mit aller Hut zu verschonen und als Mähklee abzuliefern. Zweifelhaften Zustand der Saaten von der Art, daß Umackerung und erneuerte Einsaat sich vernothwendigt, muß Pächter schriftlich dem Nachfolger oder Bevollmächtigten, resp. wenn dies schon vor dem Zu-

---

Entfernung von einander durch Zahlen, endlich ihre Bestimmung nach; E. v. 20. Febr. 1840 cit., v. 25. Octbr. 1845 cit., v. 16. Mai 1846 cit.

[4]) E. v. 24. Juni 1864, wodurch E. v. 9. Octbr. 1846, Ra. 3986, und Bau-Instruction v. 10. Novbr. 1858, § 19, veraltet sind.
[5]) V. v. 20. April 1813, Ra. 65, Rgbl. 19.
[6]) Bau-Instruction v. 10. Novbr. 1858, § 21.
[7]) Rescr. v. 9. Jan. 1829, Ra. 70.

schlag eintritt, dem Amte anzeigen und dessen Anordnungen befolgen. Gegen Hagelschlag werden alle Saaten auf Antrag und Kosten des Antreters im Jahr seines Zuzugs für sein Interesse durch das Amt versichert. Befindet sich sonst das Grundstück am Ende der Pachtjahre muthmaßlich in solchem Zustand, daß Antreter dadurch erheblichen Schaden besorgt, so wird dieser auf des Letzteren Antrag bei der Kammer durch drei Schiedsmänner festgestellt. Einer wird vom Amte, einer vom Abtreter, event. vom Amte, ein dritter von diesen beiden Schiedsmännern, event. vom Amte gewählt. Nach geschehener Beeidigung geschieht die Abschätzung, in welcher bei verfehlter Einigung für Taxen der Durchschnitt, für andere Gegenstände aber die Mehrheit der Stimmen entscheidet. Auf Einwendung des Abtreters kann die Taxe der Schiedscommission wiederholt werden, bleibt demnächst aber ohne weitere Anfechtung von Bestand. Bei Verschuldung des Abtreters trägt dieser, sonst bei specieller desfallsiger Stipulation der Antreter die Kosten.

Abtreter erhält dagegen von der Grundherrschaft sämmtliche gut bestandene Saaten incl. Uebersaaten (§ 74) nach den zur Saatzeit geltenden Marktpreisen, die Bestellung excl. der unentgeltlich zu leistenden zwei Brachfurchen, offenen Brachgräben, halben Dungabfuhr, nach den zur Zeit der Ablieferung geltenden Kammerpreisen, die Gartenbearbeitung nach einem Ueberschlag unter Anrechnung des im Frühjahr vor dem Abzug vom Abtreter bereits bezogenen Fruchtgenusses und den Kleesamen der frischen Schläge ganz oder halb vergütet, je nachdem letztere als Mähklee abgeliefert oder schon einmal abgehütet sind.

Dazu kommen noch die Auseinandersetzungen wegen Unterpächter und kranken Viehes (§ 69), Anpflanzungen (§ 72) incl. Obstbäume (§ 171), Hoftagelöhner (§ 128), Dienstboten (§ 141). — Sämmtliche Liquidationen werden im Administrativwege aufgemacht. Die Grundherrschaft nimmt ihre Forderungen gegen Abtreter direct aus den von diesem gestellten Pachtvorschuß- oder Saatengeldern wahr, und erhält ihre sämmtlichen an denselben zu leistenden Zahlungen vom Antreter vergütet, welcher dereinst beim Abzuge wiederum gleiche Ansprüche wie jener gegen die Grundherrschaft hat, aber auch ebenso ihr verhaftet ist.

Beamte müssen im April des Jahres, in welchem der Hof zurückzunehmen und zu überweisen ist, eine Uebersicht über die dabei nach Vorstehendem zu leistenden und zu erwartenden Zahlungen zwecks

Benachrichtigung der Hauptkammerkasse einreichen, ferner binnen acht Tagen nach geschehener Rücknahme und Ueberweisung mit der Hauptkammerkasse liquidiren, endlich im Laufe des Juli über Rücknahme und Ueberweisung abgesondert zu den Acten der verschiedenen Pachtperioden mit Anschluß der Protokolle und Auskunft über die im Laufe der verflossenen Pachtzeit stattgefundenen Feldrevisionen (§ 169) berichten und gleichzeitig die Quittung der Hauptkammerkasse über den Pachtvorschuß des Antreters anlegen*).

II. Bauern (Hüfner, Hauswirthe).

§ 77.

Geschichte.

Die 4121 jetzigen Bauern mit ihrem meist separirten (§ 59), zuweilen selbst bis zu etwa 30,000 □R. und selbst noch höher steigenden Mittelbesitz (§ 57), ihrer Anhänglichkeit an der von den Vätern ererbten Hufe und Sitte, ihren conservativen, freilich ihnen selbst noch unbewußten Eigenthümlichkeiten, bilden bei ihrer eigenen günstigen Stellung freilich nicht die Hauptquelle der landesherrlichen Einnahmen, gewiß aber den Kern der Landbevölkerung, und neben der Ritterschaft wie den Städten den dritten ebenbürtigen Stand. Von Alters her haben sie manche Wandlungen erfahren¹).

Von den wendischen Bauern wissen wir Nichts; auch gab es ihrer in dem sumpf- und waldbedeckten Lande gewiß nur wenige, und diese sanken wol größtentheils unter den Streichen der im 12. Jahrhundert eindringenden Germanen, während der Rest noch Jahrhunderte lang in elenden Dörfern²) fortvegetirte, und erst in neuerer Zeit mehr und mehr in die übrige Landbevölkerung übergegangen zu sein scheint (§ 4).

---

*) E. v. 24. Juni 1864.
¹) Vgl. Lisch, Jahrbücher, Bd. 2, pag. 141, 294 ff.; Bd. 6, pag. 1 ff.; Bd. 13, pag. 57, 113 ff.; Bd. 14, pag. 108, 197 ff.; Bd. 15, pag. 76, 173.
²) Die ursprünglich wendischen Dörfer sind häufig noch kenntlich durch den Zusatz: „wendisch" oder „klein" zu den Namen des Mutterortes, aus welchem sie durch die Christen verdrängt wurden.

Aus den christlichen Siegern mit altdeutschem Sinne für Ackerbau erwuchs bald ein neuer, kräftiger Bauernstamm, dessen Verhältnisse aber noch lange nicht ganz aufgeklärt sind. Zweifelsohne waren sie als Eroberer und deren Nachkommen ursprünglich persönlich frei, folgten dem Heerbanne, und nach Urkunden trugen sie bei feierlichen Gelegenheiten Degen, fanden das Urtheil in den Landgerichten, führten selbst erbliche Familiensiegel mit heraldischen Zeichen. Ihre Rechte an den ihnen eingegebenen Ländereien sind aber nicht bestimmt erforscht, wenngleich ein dem altdeutschen allgemeinen Kolonat mit erblichem Besitz-, Nutzungs- und beschränktem Verfügungsrechte gleichendes Verhältniß in mittelalterlichen Urkunden hervortritt, und sich dagegen wol bei den Nachkommen der wendischen unterjochten Bauern größere Beschränkung muthmaßen läßt. Unter dem milden Krummstab der Geistlichkeit bildete sich jenes Besitzrecht ungestört weiter aus, und so sollen sich in Klosterdörfern des früher mit Mecklenburg-Schwerin combinirten Mecklenburg-Strelitz seit uralter Zeit freie Bauern auf freiem Erbe gehalten haben.

§ 78.
Fortsetzung.

Anders in den weltlichen Landestheilen. Der Heerbann drückte den fleißigen Ackerbauer, und gern übertrug er die persönliche Folge auf den stets kriegsbereiten Ritterstand, der dafür gewisse Naturalabgaben, besonders zu seinem Unterhalte, sich leisten ließ. Mehr und mehr, mit wachsender Uebermacht der ritterlichen Schutzvoigte und sinkender Wehrkraft der Bauern, steigerten sich jene, persönliche Dienstleistungen auf den Ländereien der Mächtigeren kamen hinzu, die Bauern wurden Frohn- oder Dienstbauern. Als endlich gar im Anfange des 17. Jahrhunderts das Streben nach großem Grundbesitze und damit beim Mangel lohnbarer Feldarbeiter gleichzeitig das Bedürfniß steter und fester Arbeitskräfte erwachte (§ 68), bemühten sich die Ritter und erreichten es, daß der herkömmliche Bauernbesitz in bloße Zeitpacht auf willkürlichen Widerruf, die Frohndienste in persönliche Unfreiheit, glebae adscriptio, Schollenpflicht, Leibeigenschaft sich verkehrten. So sollen denn nach Reversalen vom 23. Februar 1621 sub XVI[1]):

---
[1]) Abgedruckt in H. III. 3.

die Bauersleute die ihnen um Zins und Pacht eingegebenen Hufen, Aecker und Wiesen, dafern sie keine Erbzins-Gerechtigkeit, jus emphyteuticum 2c. gebührlich beizubringen vermögen, dem Eigenthumsherrn, auf vorhergehende Loskündigung, nulla vel immemorialis temporis detentatione obstante, unweigerlich abzutreten und einzuräumen schuldig sein,
und nach XLIX ibid.:
sollen ausgetretene Bauern in den Aemtern nicht aufgehalten, sondern auf gebührliches Ansuchen und Beweisthum ihren Herren wiederum verabfolgt werden.

Mit solcher gesetzlichen Sanction sanken nun die Bauern tiefer und tiefer, wurden nach Belieben der nunmehrigen Grundeigenthümer von ihren Hufen geworfen oder „gelegt", starben zum größten Theil im Elende des 30jährigen Krieges und in verheerenden Seuchen aus, und ihre erledigten Ländereien wurden zu großem Grundbesitze consolidirt (§ 60, 68). Erst die Aufhebung der Leibeigenschaft durch Verordnung vom 18. Januar 1820[2]) und die Gesetzgebung der neuesten Zeit haben den ritterschaftlichen Bauern eine solidere Stellung zurückgegeben.

§ 79.
Fortsetzung.

Aehnlich wie in der Ritterschaft, jedoch auf den größeren Flächen und unter milden Landesherren, die im Bauernstande oft kräftige Stützen fanden, nicht so drückend, entwickelten sich die Verhältnisse im Domanium. Auch hier Frohnden bei Bestellung landesherrlicher Pachthöfe im sog. Hofedienst (§ 68), und bei Leistung von Hand- und Spannkräften zu landesherrlichen Bauten und zum Amtshaushalt in sog. Extradienst - Leibeigenschaft mit Schollenpflicht — bloßer Pachtbesitz der Hufen mit freiem grundherrlichen Dispositionsrecht. Aber die Frohndienste waren bald nicht mehr ungemessen, sondern wurden nach bestimmten Gesetzen[1]), auch theilweise gegen Vergütung[2]) geleistet, die Leibeignen

---

[2]) Vgl. Ra. 1188, Rgbl. 6; schon nach E. v. 8. Mai 1818 war dieselbe beabsichtigt.
[1]) Vgl. Hofdienstordnung v. 4. Juni 1753, H. IV. 17.
[2]) Vgl. V. v. Septbr. 1768, H. IV. 27.

waren regelmäßig nicht auf bestimmte Ortschaften, sondern nur überhaupt auf das ganze Domanium beschränkt und deshalb weniger abhängig, die Hufenländereien wurden nur mit großer Schonung ihrer altangestammten Besitzer (§ 60) und fast nur gegen ihre Entschädigung und bei ihrem Aussterben zu Hofacker gelegt. Dennoch war die Lage der Bauern auch hier recht traurig. Die Leibeigenschaft und der immerhin unsichere Besitz ertödteten jedes freie und selbstständige Streben, die freilich geregelten, aber doch stets zeit- und kraftraubenden Frohndienste nöthigten zu übermäßiger Anspannung, und ließen nicht an gehörige Cultur der eignen Ländereien denken. Auch die Grundherrschaft selbst litt durch solche Bauern. Sie mußte ihnen bei ihrer Armuth das nöthigste todte und lebende Wirthschafts-Inventarium stellen, ihnen alle Bau- und Feuerungsmaterialien unentgeltlich liefern, und konnte dagegen im Mittelalter außer den Frohnden nur geringe Naturalleistungen an Korn und Victualien mit Mühe von ihnen erschwingen. Früher aber als in der Ritterschaft wurde durch weise Landesherren hier möglichst geholfen, und wenngleich die meisten Dienste, die Leibeigenschaft und Besitzunsicherheit bis in dies Jahrhundert hinein rechtlich bestanden, so waren ihre gemilderten Wirkungen doch gewiß viel weniger lastend für den fleißigen Bauersmann. Aber auch dem Namen nach verschwanden in neueren Decennien jene Institute des Mittelalters, die Hofedienste[3]), Leibeigenschaft (§ 78), die Extradienste und ihre Aequivalente (§ 82), selbst das Anrecht am Gehöfte erscheint jetzt durch billige Observanz zur Genüge geregelt (§ 80, 92). Möglichst sichere Ertragsanschläge über die einzelnen Bauerhufen bestimmen die von denselben zu entrichtende baare Pacht (§ 82), wodurch die früheren Frohnbauern jetzt Pachtbauern geworden sind. Bei Gelegenheit der Feldregulirungen werden fortwährend die Bauerhufen separirt oder doch verkoppelt (§ 59) und dann in ihrem Umfange möglichst erhalten[4]). In bleibender Größe sind dieselben sonach die Wiegen einer kräftigen, conservativen Bevölkerung (§ 77), die Erhalterinnen der Prästationsfähigkeit, der Steuer- und Spannkraft des fundus, die Erzeugerinnen selbst der Ueberproduction,

---

[3]) Nach C. v. 28. Aug. 1778, H. IV. 46 (§ 90, Note 1) wurde der Hofdienst stellenweise schon im vorigen Jahrhundert aufgehoben.

[4]) C. v. 22. Juli 1852; vgl. §§ 116, Note 1, 119, Note 4, 136, Note 4; vgl. noch § 80.

d. i. des die eigne Consumtion durch die Producenten übersteigenden Kornbaues, und in Mecklenburg um so mehr an ihrem Platze, als hier Industrie und Gewerke des platten Landes verfassungsmäßig beschränkt (§ 143 ff.) und die flachen, fruchtbaren Felder schon durch die Natur vorzugsweise zum Ackerbau geeignet sind. Nichtsdestoweniger aber bleiben jene noch immer größeren ökonomischen und finanziellen Aufschwungs fähig, und sie durch die Vererbpachtung weiter zu bilden ist das Streben unserer Tage (§ 103 ff.).

§ 80.
Ertheilung, allgemeiner Inhalt, Sicherung, Ablauf der Dorfscontracte.

Die jetzigen Hauswirthe heißen nur Zeitpächter ihrer Hufen, und ihr ganzes Besitzesrecht beruht anscheinend nur auf den nur auf Zeit ertheilten Pachtcontracten. Nach Ablauf der Contractsjahre müßten somit ihre Ländereien zur freiesten Disposition der Grundherrschaft zurückfallen, welche dann beliebig darüber verfügen, sie verändern, vertauschen, ja ihren bisherigen Besitzern ganz nehmen, diese also legen dürfte[1]. Wie aber dies schon früher nur ausnahmsweise geschah, so sind die Bauern jetzt in der That durch allmäliges Herkommen und landesherrliche Gnade hinlänglich sicher gestellt, und ihr Besitz dauert — abgesehen vom Falle wohlverdienter Abmeierung (§ 81) — über die Zeitpacht-Periode hinaus bis an ihren Tod oder freiwilligen Rücktritt, geht auch selbst auf ihre Descendenz nach dem Nachfolgerecht (§ 92) über. Hat gleich die Landesherrschaft sich ihres Rechts sowol beliebiger Einwirkung auf das Object der Hufen als der Pachterhöhung (§ 82) nach Ablauf der Zeitpacht-Contracte zu keiner Zeit begeben, so werden doch jetzt observanzmäßig den Bauern nach Beendigung der früheren Zeitpacht-Contracte neue über dieselben oder doch wenigstens gleichartige Hufen wieder verliehen, und letztere im Nothfalle nur insoweit geschmälert, daß jene auf ihnen noch immer die Möglichkeit selbstständiger bäuerlicher Existenz behalten, in neuester Zeit endlich überhaupt in ihrem früheren Bestande möglichst conservirt (§ 79), die Pachtsätze ferner immer nur billig formirt.

---

[1] Vgl. § 60.

Die Ertheilung der neuen Contracte nach Ablauf der früheren und nach beendigter Feldregulirung, sowie die damit verbundene Neuverpachtung der Dorfsfeldmarken (§ 61) erfordert große Aufmerksamkeit. Alle bisherigen Bauern desselben Dorfes erhalten einen einzigen, gemeinschaftlichen Zeitpacht-, sog. Dorfscontract. Zu Grundlage bestimmter Formulare[2]), mit möglichster Berücksichtigung der vorher zu erkundenden bäuerlichen Wünsche, im Uebrigen aber nach freiem nützlichen Ermessen, werden die Specialbedingungen desselben[3]) von der Amts-Forstbehörde[4]) entworfen, und der Kammer zur Bestätigung vorgelegt. Der hiernach wie bei Hofpächtern gebildete, von der Grundherrschaft vollzogene Original-Contract wird den Bauern verliehen, und muß von ihnen, gegen die übliche Kammergebühr von $1\frac{1}{3}$ pCt. des Gesammtbetrags sämmtlicher Contractsjahre außer den sonstigen Sporteln, angenommen werden, widrigenfalls sie Gefahr laufen, durch Abmeierung (§ 81) ihr Besitzesrecht in Frage gestellt zu sehen. Der Contract umfaßt regelmäßig zunächst immer nur 12—14 Jahre, wobei möglichst zu erstreben ist, daß zur Vermeidung zu großer Geschäftslast jährlich eine gleiche Anzahl von Dorfscontracten desselben Amtes abläuft[5]). Selbst außer der Zeit wird sein Aufruf reservirt, falls durch Abbrand oder Heimfall eines oder mehrerer Bauergehöfte eine neue Feldregulirung sich vernothwendigen oder eine allgemeine Vererbpachtung der Domanial-Bauerhufen (§ 106) beschlossen werden sollte. Alle bäuerlichen Verhältnisse sind in den Contracten übersichtlich enthalten, und die Ueberwachung ihrer Erfüllung ist mit Ausschluß jeglicher gerichtlichen Competenz alleinige Sorge des Amtes[6]).

§ 81.
Fortsetzung.

Nur zu eigner Wirthschaft und zu eignem Zweck haben die Bauern ihre Hufen. Ganze oder theilweise Verafterpachtung der Bauerhufen

---

[2]) Jetzt v. 1864, während frühere v. 26. Mai 1826 und v. 14. Octbr. 1850, 16. Octbr. 1854 sind.
[3]) R. v. 25. Mai 1838, Ra. 122.
[4]) C. v. 29: Octbr. 1835, Ra. 449.
[5]) R. v. 8. Juli 1834, Ra. 105 (§ 69, Note 4).
[6]) R. v. 29. Octbr. 1831, Ra. 59 (§ 39, Note 6).

ist null und nichtig und bewirkt nach Befinden Abmeierung, wie für den After-Pächter Verlust der Einsaat und Bestellungskosten¹). Selbst schon das zur Hälfte-Säen mit Anderen²) oder das Kornsäen für Andere, z. B. Knechte³), Altentheiler⁴), ist verboten. Kraft der den Bauern contractlich und herkömmlich obliegenden Meliorationspflicht (§ 83) gegen die Hufen dürfen Heu, Stroh, Dung nie von dort entfernt, sondern müssen zu deren Nutzen verwandt werden⁵).

Es steht nicht in der Macht der Hauswirthe, die nur pachtweise ihnen verliehenen Gehöfte weder im Rechtsweg zu vertreten, noch mit Schulden zu beschweren⁶), oder selbst zur Umgehung dieses Verbotes solche persönlichen Schuldverbindlichkeiten zu übernehmen, welche hauptsächlich doch immer das Gehöft treffen würden⁷). Gehöftsschulden sind deshalb⁸) nur entweder solche, welche schon an sich nach öffentlichem oder bäuerlichem Recht auf dem Gehöfte als Reallast ruhen, deshalb auch die Grundherrschaft treffen, und von dieser den Hauswirthen für den Besitz und Genuß der Stelle ausdrücklich auferlegt sind, oder ipso jure als auferlegt gelten (§§ 94, 96, 99), nämlich Abgaben und Leistungen an Staat, Kirche, Gehöftsfamilie, z. B. Altentheil (§ 96), Aussteuer (§ 99)⁹), ferner unverbindliche Meliorationen, soweit sie nicht auf Gehöftsinventarien gemacht sind (§ 87), — oder die von der Grundherrschaft ausdrücklich als Gehöftsschulden, jedoch nicht mit dem Charakter einer Reallast, sondern nur als speciell zu stipulirende Verpflichtungen der jedesmaligen Hufeninhaber consentirt sind, z. B. besonders Anleihen zu geistlichen Bauten, zur Anschaffung von Hofwehrpferden, Dienst-,

---

¹) Schulzen- und Bauernordnung v. 1. Juli 1702, § 5, H. IV. 4, R. vom 30. Octbr. 1817, Ra. 86.
²) Schulzenordnung citat.
³) Ibid. § 26 (vgl. § 141, Note 3).
⁴) C. v. 2. Mai 1839, Ra. 127, Rgbl. 19 (vgl. § 97, Note 2).
⁵) Cab.-Rescr. v. 14. Novbr. 1805, Ra. 54, R. v. 7. Febr. 1852, Ra. 5114 (§ 93, Note 2, § 130).
⁶) Schulzen- und Bauernordnung cit. §§ 29, 37; Verordn. v. 8. Jan. 1770, H. IV. 32.
⁷) Vgl. § 96, Note 2.
⁸) R. v. 9. März 1840, Ra. 130.
⁹) Cab.-Rescr. v. 15. Jan. 1837, II. 1. b., Ra. 116, R. v. 9. März 1840, Ra. 130, vgl. freilich R. v. 6. Jan. 1824, Ra. 92. Illatenforderungen sind keine Gehöftsschuld, R. v. 29. Juni 1841, Ra. 5110.

Weber-, Schmied-, Rademacherlohn des laufenden Wirthschaftsjahres, resp. ihr einjähriger Rückstand, zuweilen auch Beerdigungskosten. Executionen gegen Hauswirthe gehen nur in ihre eigenthümliche Ueberwehr (§ 88), von der dann die herrschaftliche Hofwehr amtlich zu trennen ist[10]); wird aber dadurch die ganze Ueberwehr, demnach auch unter Umständen die spätere Completirung der etwa defecten herrschaftlichen Hofwehr aus jener bedroht (§ 90), so hat das Amt über das weitere Verfahren Kammer-Entscheidung einzuholen[11]).

Bei anhaltenden und größeren Rückständen an Pacht, Nachlässigkeit in Tilgung der Gehöftsschulden, resp. ihrer Zunahme in dem Grade, daß ihr Abtrag bei der fortdauernden Wirthschaftsweise unmöglich erscheint, bei vorliegender Deterioration des Gehöftes, der Hufe (§ 169) und der herrschaftlichen Hofwehr, bei doloser Brandstiftung, Verafterpachtung der Hufe, bei Dereliction, Verweigerung der Annahme des Dorfcontractes (§ 80), endlich bei Concurs erfolgt Abmeierung oder Entsetzung der Hauswirthe[12]), wodurch ihr eigenes und ihrer Descendenz Anrecht am Gehöft selbst im Laufe des Pachtcontractes erlischt (§ 92, Note 2).

Nach Ablauf der Dorfscontracte oder sonstiger Beendigung des Pachtrechtes müssen Gehöfte und Ländereien ohne alle Einreden und Retentionsrechte einstweilen zurückgegeben werden; Kriegserleidungs-Forderungen gehen nur gegen den Requirenten, und solche aus der Vergangenheit sind contractlich der Amtskasse zu cediren[13]).

§ 82.

Oeffentliche Leistungen der Bauern.

Die Hauswirthe haben eine bestimmte baare Jahrespacht in Quartalraten an die Grundherrschaft zu zahlen. Dieselbe wird beim

---

[10]) Laub- und Hofgerichts-Ordnung v. 2. Juli 1622, pars 2, tit. 38, H. I. 1; R. v. 28. Septbr. 1818, Ra. 87, v. 29. Octbr. 1831, Ra. 101.

[11]) R. v. 9. April 1839, Ra. 126.

[12]) Amtsordnung v. 19. Decbr. 1660, tit. 2, § 2, H. IV. 2, V. v. 8. Jan. 1772, H. IV. 32. Unfähigkeit, Verbrechen, Laster begründen nur insoweit Abmeierung, als die im Text angegebenen Uebelstände damit verbunden sind — was freilich gewöhnlich der Fall sein wird.

[13]) Das C. v. 18. Jan. 1839, Ra. 123, ist deshalb jetzt veraltet.

— 113 —

Beginn und für die Dauer jeder Contractsperiode in Grundlage bestimmter Veranschlagungsprincipien¹) (§ 67) festgestellt. Sie beträgt hiernach:

1. bei Gartenland pro 100 □R. in 3 Hauptklassen je 3 Thlr. 24 ßl., 2 Thlr. 16 ßl., 1 Thlr. 12 ßl.;
2. bei Acker pro bonitirten Scheffel und mit 3 Columnen
in 1. Klasse 2 Thlr. 8 ßl., 2 Thlr. 4 ßl., 2 Thlr. — ßl.,
„ 2. „ 2 „ 4 „ 2 „ — „ 1 „ 40 „
„ 3. „ 2 „ — „ 1 „ 40 „ 1 „ 32 „
„ 4. „ 1 „ 40 „ 1 „ 32 „ 1 „ 24 „
„ 5. „ 1 „ 28 „ 1 „ 20 „ 1 „ 12 „
„ 6. „ 1 „ 12 „ 1 „ 4 „ — „ 44 „
„ 7. „ 1 „ — „ — „ 40 „ — „ 32 „
„ 8. „ — „ 40 „ — „ 32 „ — „ 24 „
„ 9. „ — „ 32 „ — „ 24 „ — „ 20 „

3. bei Wiesen pro bonit. Fuder in 2 Columnen:
in 1. Klasse 4 Thlr. — ßl., 3 Thlr. 16 ßl.,
„ 2. „ 3 „ 32 „ 3 „ — „
„ 3. „ 3 „ 16 „ 2 „ 32 „
„ 4. „ 3 „ — „ 2 „ 16 „
„ 5. „ 2 „ 24 „ 2 „ — „
„ 6. „ 2 „ — „ 1 „ 24 „

4. bei Weide pro bonit. Scheffel in 2 Columnen:
in 1. Klasse 1 Thlr. 28 ßl., 1 Thlr. 20 ßl.,
„ 2. „ 1 „ 12 „ 1 „ 8 „
„ 3. „ 1 „ 8 „ 1 „ — „
„ 4. „ 1 „ — „ — „ 40 „
„ 5. „ — „ 28 „ — „ 20 „

Um bei der Veranschlagung des auf den einzelnen Hufen in sehr verschiedener und oft unbestimmter Größe befindlichen Gartenlandes einige Gleichförmigkeit der Preissätze zu gewinnen, sollen bei Hufen bis zu 75 bonit. Scheffeln 100 □R., von 76—100 Scheffeln 150 □R., bei allen größeren 200 □R., bei bestimmten Grenzen der Gärten aber die

---

¹) V. 31. Juli 1855, mitgetheilt durch C. v. 19. Septbr. ejd. anni, deren ähnliche schon nach C. v. 28. Aug. 1850 und v. 27. Decbr. 1851 versucht sind.) Aeltere sind v. 7. Decbr. 1815, Ra. 84.

wirklich dazu benutzten Flächen, als Gartenland veranschlagt werden, sobald letztere nicht unter das vorstehende Minimum herabsinken²).

Die Anschläge umfassen jetzt eine einzige baare Summe und die früheren besonderen Nebensätze für Befreiung von Extradienst (§ 79), Mahlzwang (§ 149, Note 5), Schmiedezwang (§ 151, Note 6), Ausfütterung herrschaftlicher Jagdhunde, die sog. Extradienst-, Mahl- und Schmiedezwangs-Befreiungs- und Hundesurrogat-Gelder, ferner die Post- und Quittungsgebühr, sind weggefallen. Geringer Rabatt wird gegeben für etwa noch bestehende Communion (§ 59), geringen Hufenstand (§ 64) und für eigenthümliches Wirthschaftsinventar (§ 88).

§ 83.

Fortsetzung.

Zur Sicherung der Pachtzahlung brauchen die Bauern einen zinsenlosen 1jährigen Pachtvorschuß als Caution erst dann zu stellen, wenn sie durch schlechte Wirthschaft oder Deteriorationen die Besorgniß cessirender oder verzögerter Pachtzahlung erregen. Dagegen ist ihr ganzes Vermögen, besonders die Ueberwehr (§ 88), der Kammer verpfändet. Bei Unglücksfällen an Feldfrüchten auf dem Halme, ausgenommen Wildschaden und Hagelschlag, gegen welchen letzteren Hauswirthe in Assecuranzen (§ 153) sich decken können und sollen¹), wird auf sofort zu machende Anzeige kurz vor der Ernte der Ernteertrag und der erlittene Verlust abgeschätzt, und je nachdem dieser die ganze Ernte oder ³/₄, ½, ¼ umfaßt, die halbe resp. ³/₈, ¼, ⅛ Jahrespacht contractlich remittirt²). Bei sonstigen Ereignissen, z. B. Viehsterben ꝛc., werden die nur unter Umständen, nach freiem Kammer-Ermessen, bewilligten Erlasse nur creditirt und in günstigen Jahren wieder eingezogen, auch durch Zuschreibung nützlicher Ueberwehrstücke zur herrschaftlichen Hofwehr getilgt³).

Hauswirthe tragen die Personal-, die ordentlichen und 4 Simpla der außerordentlichen Realsteuern, sowie alle sonstigen öffentlichen Verbindlichkeiten. Sie bilden gemeinschaftlich mit den übrigen Dorfs-

---

²) C. v. 10. März 1840, Ra. 131.
¹) C. v. 24. Febr. 1849, Ra. 4029.
²) R. v. 18. Septbr. 1835, Ra. 109.
³) Cab.-Rescr. v. 12. Novbr. 1836, Ra. 114 (§ 90 a. E.).

bewohnern eine Commune (§ 4), deren freie und vollkommene Entwickelung übrigens erst jetzt allmälig beginnt. Sämmtliche Grundlasten werden regelmäßig nach der Größe des Hufenstandes (§ 65), übrigens aber auf administrativem Wege, repartirt. Hiernach zerfallen die Bauern in 8 Klassen: Achtelhüfner oder Kossaten von $37\frac{1}{2}$—74, Viertelhüfner von 75—99, Drittelhüfner von 100—149, Halbhüfner von 150—199, Zweidrittelhüfner von 200—224, Dreiviertelhüfner von 225—261, Siebenachtelhüfner von 262—299, Vollhüfner von 300 und mehr bonitirten Scheffeln[4]). Um hierbei unter den hinsichtlich ihrer übrigen Verhältnisse etwa gleichgestellten Hauswirthen desselben Dorfes aus Anlaß einer Differenz ihrer bonitirten Scheffelzahl keine Ungleichheit in ihrer Classification entstehen zu lassen, sollen in jedem Falle die bonitirten Scheffel aller Hufen — wenn die Differenz die beiden zunächst auf einander folgenden Klassen nicht überschreitet[5]) — addirt, die Summen mit der Hufenzahl dividirt, und die Quotienten als Normen der Classification angenommen werden[6]). Auch die ausgebauten (§ 87) Hauswirthe gehören nach wie vor zur Dorfscommune und tragen zu den Dorfslasten, wenngleich zum Nachtwächterlohn gewöhnlich in abgemindertem Maße (§ 14), nach demselben Verhältnisse bei.

Endlich sind in den Dorfscontracten auch die Verbindlichkeiten der Hauswirthe, insbesondere die ihnen stets obliegenden herkömmlichen Meliorationspflichten gegenüber ihren Hufen (§§ 81, 84) nebst Gebäuden (§ 85) und Inventarium (§ 88) vorgesehen.

§ 84.

Ländereien und Reservate.

Wie bei den Pachthöfen (§ 71) sind die Ländereien, für deren Güte- und Größengarantie hier ähnliche Grundsätze als dort gelten, auch hier nur zur Acker- und Viehwirthschaft mit hauswirthlicher Benutzung und Meliorationspflicht (§ 169) hingegeben, und ihre sonstigen Erträge an Wild, Mast, Waldholz, Mineral-, Metallstrichen, Quellen und Torf von der Grundherrschaft zu eigner Ausnutzung, gewöhnlich gegen

---

[4]) B. v. 9. Octbr. 1838, Rgbl. 41, R. v. 19. Juni 1839, Ra. 128.
[5]) C. v. April 1852.
[6]) C. v. 31. März 1839, Ra. 125.

billigen Ersatz für die dadurch dem Ackerbau temporär entzogenen Flächen, reservirt. Nach älterer Verordnung freilich¹) sollen die von den Hauswirthen oder ihren Vorfahren auf ihren Wohrten (§ 59) und Hofplätzen gepflanzten Bäume unter Aufsicht der Forst von jenen zur Feurung geköpft oder zu sonstigen nothwendigen eignen Zwecken benutzt werden können, wogegen Ueberschreitungen hierbei im amtspolizeilichen Verfahren mit dem Ersatz des einfachen, im Wiederholungsfalle des doppelten Werthes bestraft werden²). Bei landesherrlicher Austorfung auf ihren Ländereien erhalten die Bauern für Abgabe der hierzu erforderlichen Strecken die doppelte anschlagsmäßige Vergütung. Eigner Torfstich wird ihnen nur unter gleichen Bedingungen wie bei Hofpächtern (§ 71), auch in neuester Zeit³) nur gegen den vollen Taxwerth incl. Zählgeld und excl. Bereitelohn gestattet. Torfdeputate aus der Forst werden ihnen jetzt nicht mehr geliefert⁴); wo dieselben aus älteren, noch nicht abgelaufenen Contracten sich bis jetzt erhalten haben, werden Contraventionen dagegen, besonders heimliche Verkäufe jener Deputate, wie bei den Einliegern (§ 139) bestraft. Contraventionen gegen Jagd und Holznutzung unterliegen den Strafbestimmungen des Jagd- und Forstfrevelgesetzes.

Anlage und Conservation der hölzernen wie der vorzugsweise zu wählenden steinernen Befriedigungen gehört zur Meliorationspflicht der Hauswirthe. Sie beziehen dazu, wie zu Staketten, Thorwegen, Pforten, überall gar keine Bauhülfen⁵). Bis jetzt mußten sie contractlich eine bestimmte Anzahl von Weiden und laufenden Ruthen Hecken, besonders auf den Kegelgräben der Wiesen und Aecker, bei Geldstrafe und unter Aufsicht, auch zweijähriger periodischer Revision der Forstbehörde, jährlich anpflanzen⁶), und konnten dieselben zum Ersatz für die gleich den

---

[1] Cab.-Rescr. v. 9. April 1802, H. IV. 153, R. v. 28. Septbr. 1802, Ra. 75.
[2] V. v. 7. Octbr. 1842, Ra. 617, Rgbl. 35 (vgl. § 71, Noten 4—6).
[3] Nach einzelnen Rescripten.
[4] Cab.-Rescr. v. 28. März 1840, Ra. 530, C. v. 21. Aug. 1840, Ra. 531, v. 7. April 1843, Ra. 4082, v. 21. April 1853; auch die Holzdeputate sind hiernach weggefallen.
[5] R. v. 6. Septbr. 1824, Ra. 274, v. 24. Novbr. 1828, Ra. 281, C. vom 25. Octbr. 1854.
[6] R. v. 23. März 1836, Ra. 554, C. v. 7. April 1843, Ra. 4082, vom 19. April 1850, R. 4083.

Torfdeputaten ihnen auch genommene freie Holzfeuerung (Note 4) in bestimmten Kaveln abholzen; doch ist jene Verpflichtung zuweilen in den neuesten Dorfcontracten auf Bepflanzung der Wege mit Alleebäumen beschränkt.

Zur Neufertigung und Conservation von Feldbrücken erhalten Hauswirthe überall keine Unterstützung[1]).

Zu Wegen und Chausseen müssen die Bauern das Terrain unentgeltlich hergeben, wogegen sie bei Anlage von Eisenbahnen für nothwendige Abtretungen doppelte anschlagsmäßige Vergütung erhalten.

§ 85.

Gebäude.

Die Bauergehöfte selbst bestehen aus den für Wohnungen und Wirthschaftsbedarf nothwendigen Localitäten. In den alten sog. Langhäusern leben Menschen und Vieh unter demselben Dache; doch wird jetzt von der Kammer bei Neubauten die Einrichtung ausschließlicher Wohn- sog. Querhäuser[1]) und besonderer Viehhäuser möglichst erstrebt[2]). Außer diesen, den nothwendigen, zuweilen auch mit den Viehhäusern verbundenen Scheuern[3]) und besonderen Backöfen, soweit dieselben nicht durch gemeinschaftliche Dorfsbacköfen ersetzt werden können[4]), werden alle kleineren separirten Gebäude, besonders für Altentheiler, ferner kleine Ställe, Wagenschauer, Thorhäuser vermieden, und die erforderlichen Räume nach amtlicher Bestimmung in den Wohn-, Viehhäusern und Scheuern möglichst geschaffen. Nur für die Gehöftstagelöhner werden in neuester Zeit einhüsige sog. Arbeiterkathen (§ 130), womöglich aber nicht auf der Gehöftsstätte selbst, sondern in der Nähe auf der Wohrte (§ 59) gebaut. — Alle Gehöftshäuser haben bestimmte Nummern, welche in Feldregistern und Karten (§ 62), Amts- und Kammer-

---

[1]) Cab.-Rescr. v. 13. Septbr. 1836, Ra. 72.
[1]) Risse zu Querwohnhäusern mit Altentheilsgelaß (§ 97) sind durch C. vom 9. März 1864 mitgetheilt.
[2]) C. v. 20. Juli 1850, Ra. 3992.
[3]) Durch ein C. v. 8. Jan. 1816, Ra. 4028, ist hier Bewehrung der Bodenluken mit Stangen zur Sicherung gegen Herabstürzen vorgeschrieben.
[4]) Cab.-Rescr. v. 17. Jan. 1814, Ra. 491; nach Rescr. v. 15. Juli 1829, Ra. 2276, werden die Materialien dazu unentgeltlich hergegeben.

Acten⁵) auf die resp. Hufenländereien übertragen, und wonach die einzelnen Bauerhufen in Amtsberichten bezeichnet werden⁶).

Die Bauart der Querwohnhäuser und Arbeiterkathen ist meistens massiv und mit Steindach, diejenige der Langhäuser massiv oder von gemauertem Fachwerk mit Stroh- und Rohrdach, der übrigen Gebäude ebenso oder auch von geklehmtem Fachwerk⁷). Die sonst 200 Schritte von Gebäuden zu entfernenden Backöfen dürfen sich auf 50 Schritte nähern, wenn sie Steindach nebst Schornstein, massive Ringe oder solche von gemauertem Fachwerk erhalten⁸).

Alle Gebäude stehen regelmäßig in herrschaftlichem Eigenthum, werden in Grundlage des Gehöftsinventarium den Hauswirthen sowol

---

⁵) Nach Circ. v. 30. Octbr. 1823 sind für jedes Gehöft specielle Amtsacten formirt.

⁶) R. v. 23. Febr. 1816, Ra. 85, C. v. 23. März 1824, Ra. 93, Rgbl. 14, v. 21. Febr. 1825, Ra. 94, Rgbl. 8, v. 12. Jan. 1832, Ra. 102, Rgbl. 3, vom 9. Octbr. 1852, Ra. 3935.

⁷) Vgl. Neubauwerths-Zusammenstellung v. 29. April 1859. Als Bauarten für alle Domanialbauten sind schon früher empfohlen: Lehm- und Luftstein mit Verblendung von Mauerstein, Cab.-Reser. v. 10. Juni 1824, C. v. 28. April 1829, Ra. 284, erneuert durch Cab.-Rescr. v. 13. April 1832, Ra. 297; Lehmwände nach Sachse'scher Methode, C. v. 28. April 1829 cit.; Fachwerk von Tannenholz, Cab.-Rescr. v. 13. April 1832 cit., C. v. 26. Aug. 1836, Ra. 323; Fachwerk mit geklehmten Wänden, C. v. 4. April 1835; massiv von Mauerstein oder Lehm-pisé, C. v. 8. Febr. 1802, H. IV. 152, vgl. V. v. 17. Juni 1831, Ra. 2569, Rgbl. 25; Hundt'sche Methode, V. v. 29. April 1811, Ra. 263, Rgbl. 1813, St. 5, vom 10. März 1813, Rgbl. 13.

Wo baare Bauhülfen gegeben werden, sollen sowol alle Fundamente als die Mauertafeln in Kalk gemauert werden, C. v. 16. Febr. 1841, Ra. 339, v. 9. Mai 1845, Ra. 3983; ebenso die Seitenwände neben Schweinställen, C. v. 15. Decbr. 1851, Ra. 3934; über sonstige Maßregeln gegen Schwamm vgl. V. v. 13. Juli 1831, Ra. 2794, Rgbl. 34.

Ueber Steinbach der Querwohnhäuser vgl. C. v. 20. Juli 1850, Ra. 3992. Nach C. v. 22. Septbr. 1843, erneuert durch C. v. 10. Jan. 1852, ist bei allen Verpachtungen und Vererbpachtungen für Neubauten und Feuerstellen ein Steinbach zu bedingen, und keine Anlage neuer Feuerstellen unter Strohbach zu bulden. Alle Steinbächer herrschaftlicher Gebäude sind doppelt als Ritter- oder Kronbächer anzulegen, C. v. 8. Aug. 1846, Steinpapp-Dächer sind empfohlen durch C. v. 17. Febr. 1860, platte Dächer durch C. v. 13. Novbr. 1840. Innerhalb 10 Ruthen von Eisenbahnen sind Strohdächer verboten, V. v. 25. Juni 1845, Ra. 2430, Rgbl. 20.

Ueber Heerde, Schornsteine, Rauchkammern vgl. V. v. 28. März 1772, H. IV. 34, v. 22. u. 31. Jan. 1840, Ra. 333.

⁸) C. v. 11. Juli 1850, wodurch V. v. 12. März 1706, H. IV. 6, v. 28. März 1772, H. IV. 34, v. 6. Jan. 1824, Ra. 2263, Rgbl. 3, modificirt sind.

bei ihrer Einweisung übergeben, als auch bei ihrem Zurücktritt abgenommen, dürfen von ihnen in Bestand und Eigenthum nicht willkürlich verändert, und müssen von ihnen kraft der ihnen obliegenden Meliorationspflicht hauswirthlich conservirt werden.

§ 86.

Fortsetzung.

Die einzelnen Baulasten sind contractlich regulirt. Bei doloser Verschuldung erhalten die Bauern gar keine Bauunterstützung und werden abgemeiert (§ 81), bei bloßer Fahrlässigkeit aber nach Kammer-Ermessen und dem Grade der Schuld nur abgeminderte Bauhülfen[1]). Auch werden zur Unterhaltung von Wagenschauern[2]), Altentheilskathen[3]), kleinen Ställen[4]), endlich gewöhnlich zu Umfangserweiterungen der Scheuren, gar keine herrschaftlichen Unterstützungen verhießen. Unentgeltliche Holzabgabe fällt ferner weg bei Fuß-, Korn- und sonstigem Bodenbelag, Haustreppen, Seiten- und Wandbekleidungen, Kuhkrippen[5]), Baugerüsten[6]) und in beschränktem Maße bei Schleeten[7]). Vorschriftswidrig abgegebenes Bauholz soll von dem schuldigen Beamten erstattet werden[8]).

Hiervon abgesehen, erhalten die Bauern zu gewöhnlichen, durch Zeitablauf herbeigeführten Reparaturen die rohen Holzmaterialien incl. erstmaligen Belag der Pumpen gegen Bereitelohn zu eigner Anfuhr, mit Ausnahme der Bohlen, Bretter, Schleete, Pumpenbäume, wie

---

[1]) C. v. 25. Juli 1838, Ra. 329.
[2]) Cab.-Rescr. v. 27. Novbr. 1792, H. IV. 143, Circ. v. 22. Febr. 1840, Ra. 335, C. v. 6. Novbr. 1850, Ra. 4079.
[3]) Cab.-Rescr. v. 27. Febr. 1806, Ra. 76.
[4]) Z. B. Schweineställen, R. v. 10. Aug. 1837, Ra. 325, C. v. 15. Decbr. 1851, Ra. 3934, vgl. C. v. 25. Juli 1838, Ra. 329.
[5]) R. v. 3. Jan. 1827, Ra. 277, Cab.-Rescr. v. 13. April 1832, Ra. 297, C. v. 22. Febr. 1840, Ra. 335.
[6]) Nach contractlicher Bestimmung.
[7]) Nach C. v. 22. Febr. 1840, Ra. 335, v. 6. Novbr. 1850, Ra. 4079, bei Häusern nur zu Neubauten, soweit der Bedarf aus dem abgebrochenen Gebäude nicht entnommen werden kann, bei Scheunen nur zur Dreschdiele, in den zu Ställen benutzten Abseiten nur 3 Stück auf 2 Fuß Breite.
[8]) C. v. 6. Novbr. 1850, Ra. 4079.

der aus der Weidenzucht (§ 84) zu entnehmenden Deckelweeden und Wräudelstöcke; dies gilt auch bei den durch Unglücksfälle veranlaßten Reparaturen, wenn wegen ihrer geringen Bedeutung keine Entschädigung aus der Brandkasse gezahlt wird, oder nach Ermessen der Kammer das bäuerliche Eigenthum und die Wirthschaft nicht bedeutend darunter leidet[9]).

Bei den größeren Reparaturen und allen Neubauten müssen alle Hauswirthe desselben Dorfes incl. der bauenden, nach den Bestimmungen des etwa bestehenden Fuhrvereins[10]), sonst nach Repartition des Amtes, sämmtliche Dienste und Fuhren leisten, auch alles erforderliche Stroh, bei Anlage von Steindächern aber das Brenn- und Zählgeld für die Ziegeln geben; nur bei Brandbauten soll die eine Hälfte des Strohs vom Beschädigten allein, die andere Hälfte aber von allen Hauswirthen incl. des Betroffenen hergegeben werden[11]) — welche Bestimmung auch analog auf die Repartition des Bereitelohns der Dachziegeln anzuwenden ist. Die bauenden Hauswirthe müssen bei Massivbau die erforderlichen Mauermaterialien kaufen, stets auch die Bauplätze unentgeltlich abtreten und die ganze Bauausführung riß- und anschlagsmäßig selbst beschaffen.

§ 87.

Fortsetzung.

Die Bauenden erhalten dagegen dann die Holzmaterialien exclusive Deckelweeden und Wräudelstöcke gegen Bereitelohn zu eigner Anfuhr, event. die Dachziegeln und eine baare Summe. Diese beträgt für die durch Zeitablauf nöthigen Bauten bei Fachwerk mit geklehmten Wänden für ein Wohn- und zugleich Viehhaus 200 Thlr., ein einzelnes Wohnhaus 120 Thlr., ein einzelnes Viehhaus beim Vorhandensein eines Querwohnhauses ohne Viehställe 100 Thlr., eine Scheure 80 Thlr.,

---

[9]) C. v. 25. Juli 1838, Ra. 329.
[10]) Die Verpflichtung der Hauswirthe zum Beitritt ist durch Cab.-Rescr. vom 7. Mai 1833, Ra. 303, u. C. v. 25. Mai 1833, Ra. 304, bestimmt. Die Repartitionsgrundsätze für die Genossen schwanken zwischen Hufenstand (§§ 4 u. 65) oder Größe der Anspannungskraft.
[11]) C. v. 15. Aug. 1853.

wozu bei Anwendung gebrannter Steine weitere billige Vergütung¹) und endlich beim Abbruchs-Verkauf der alten Gebäude nach Abnahme des dem Hauswirth verbleibenden Strohes ¼ resp. ⅙ des Verkaufspreises kommt, je nachdem das abzubrechende Gebäude ein Wohnhaus, resp. eine Scheure oder ein Stall ist. Bei Brand- oder Unglücksfällen erreicht die baare Bausumme aber ¾ des Anschlags, in welchem jedoch die in natura herzugebenden Holzmaterialien resp. Ziegeln, die Hand- und Spanndienste, Strohlieferungen nicht aufgenommen werden. Brandbauten müssen übrigens jetzt die Hauswirthe nach Kammer-Ermessen für die Brand-Assecurancegelder beschaffen, woneben ihnen dann nur ausnahmsweise noch weitere Unterstützung an Materialien wird.

Bei Einrichtung von Altentheils-Gelaß am Wohnhause (§ 85), Bau von Altentheils- und Arbeiterkathen (§ 85), Umfangserweiterungen von Viehhäusern, werden willkürliche, nach den einzelnen Fällen ermessene Bauhülfen an baarem Gelde und an Materialien gegeben. Ganz eigenmächtige und aus eignen Mitteln der Hauswirthe aufgeführte Gebäude werden sofort herrschaftliches Eigenthum²) und bei gefährlicher Anlage auf Kosten jener wieder niedergerissen. Betreffs unverbindlicher, nicht zu den Gehöftsinventarien gehörender Meliorationen gelten die gemeinrechtlichen Grundsätze³).

Die einzelnen Bauergehöfte liegen regelmäßig in engen Dörfern nahe beisammen. Feuersbrünste werden deshalb leicht gefährlich, und außerdem wird bei ausgedehnten Feldmarken und großer Entfernung der im Dorfe befindlichen Gehöfte von den separirten Hufen (§ 59) die Bewirthschaftung der letzteren sehr erschwert. Die beste Abhülfe wird hier durch Ausbauten, d. h. Versetzung der Gehöftsgebäude aus den Dörfern auf die Hufen selbst, geschaffen, und für den Fall eines Abbrands der Wohnhäuser ausdrücklich contractlich reservirt. Die Bauern erhalten auch hierzu nach den speciellen Verhältnissen bemessene Bauhülfen, event. Rabatt von der Pacht, endlich selbst zuweilen das Eigenthum der Gebäude, wenn sie dieselben auf ihre alleinigen Kosten

---

¹) Nach Cab.-Rescr. v. 10. Juni 1824 bei Bau mit Lehmstein-Wänden und Verblendung von gebrannten Steinen ⅓ der gewöhnlichen Bauhülfe.

²) Cab.-Rescr. v. 27. Febr. 1806, Ra. 76.

³) Die desfallsigen Ansprüche haben selbst den Charakter einer Gehöftsschuld (§ 81), R. v. 9. März 1840, Ra. 130.

ausbauen. Von größter Bedeutung sind die Ausbauten bei der Vererbpachtung (§ 105), weil festen Besitzesverhältnissen auch möglichst inniger Zusammenhang der zusammengehörigen Gebäude und Ländereien entspricht. Uebrigens bleiben die Ausgebaueten Mitglieder des Dorfsverbandes (§ 83), zu dessen Kräftigung diese locale Trennung seiner Hauptträger freilich wenig dient.

§ 88.
Wirthschafts-Inventarium.

Dieses begreift den ganzen beweglichen, lebendigen oder todten, zur Bewirthschaftung dienenden Gehöftsbesatz incl. Saat- und Brodkorn, sonstige Victualien, Dung, Heu, Stroh, Acker- und Saatenbestellung.

Die Eigenthumsrechte daran variiren. Zuweilen gehört es als herrschaftliche Hofwehr ganz der Grundherrschaft, zuweilen als eigenthümliche Hofwehr ganz dem Hauswirth, am häufigsten aber zu verschiedenen Theilen beiden gleichzeitig, wobei derjenige der Grundherrschaft dann vorzugsweise Hofwehr, der des Bauern aber Ueberwehr heißt[1]). Ursprünglich freilich ist das ganze Inventarium dem ersten Gehöftsbesitzer von der Grundherrschaft zur zeitlichen Benutzung übergeben (§ 79) und auf die Nachfolger übertragen, deshalb präsumtiv herrschaftlich[2]), im Lauf der Zeiten aber entweder durch Kauf etc. (§ 91) ganz oder theilweise in das Privateigenthum der Gehöftsbesitzer übergegangen, oder häufig von diesen wegen seiner Unzulänglichkeit für die spätere vervollkommnete Ackercultur aus eignen Mitteln vermehrt.

Das Verhältniß der Hauswirthe zu ihrer eigenthümlichen Ueberwehr ist nach gemeinrechtlichen Grundsätzen zu betrachten. Anders dagegen bei der herrschaftlichen Hofwehr. Ist dieselbe freilich Eigenthum der Grundherrschaft, und dieser die freieste Disposition darüber dorfscontractlich reservirt, wird jene ferner einstweilen den Hauswirthen und ihren Gehöftsnachfolgern zwar unentgeltlich, aber unter der Bedingung der Melioration, hauswirthlicher Benutzung, moniturfreier Ablieferung gelassen, so haben doch ihre zeitlichen Nutznießer nach jetzigen Kammer-

---
[1]) Cab.-Rescr. v. 15. Jan. 1837 Pr., Ra. 116.
[2]) R. v. 6. Septbr. 1823, Ra. 90, Cab.-Rescr. v. 18. Febr. 1829, Ra. 98.

Principien das Recht unbeschränkter Verfügung darüber³), können Eigenthum daran auch auf Andere übertragen, nach wirthschaftlichen Bedürfnissen dieselben verkaufen, vertauschen, verzehren, mit Ueberwehr vermischen, brauchen nicht ihre species, sondern nur ihre Anzahl und ihr genus von gleichem Gesammtwerthe dereinst wieder abzuliefern, stehen dagegen auch die Gefahr sowohl der einzelnen Stücke, als des Ganzen. Wegen der Executionen in Hof- und Ueberwehr vgl. § 81.

§ 89.
Fortsetzung.

Diese den Bauern zur Benutzung belassenen herrschaftlichen Inventarien enthalten ein bedeutendes ruhendes Kapital, und ihre Conservation, die Sorge für Fortdauer ihres Bestandes, die dadurch gebotene Aufnahme genauer und richtiger Hofwehrverzeichnisse (§ 100, Note 1) bei Gelegenheit der Veränderungen in den Personen der Gehöftsbesitzer, ist eine sehr wichtige Pflicht des Verwaltungsbeamten. Jene bestehen aber hauptsächlich in Mobilien und Fungibilien, welche an sich schon den Einflüssen der Zeit und ferner den directen unmittelbaren Einwirkungen ihrer zeitlichen Nutznießer (§ 88) unterworfen sind. Die Festhaltung des ursprünglichen Hofwehrbestandes für alle Zeit bedarf deshalb sehr genauer Controle. Die Landesherrschaft hat freilich im Jahr 1806 beim intendirten Verkaufe der herrschaftlichen Hofwehren (§ 91) zur Gewinnung eines Anhaltspunktes für Werth und damit zugleich auch für Bestand aller nach Größe und Ergiebigkeit der einzelnen Hufen schon ursprünglich verschieden ausgetheilten herrschaftlichen Inventarien in den einzelnen Aemtern sog. General-Hofwehrtabellen cum taxa formirt¹); doch sind diese unter Kriegswirren, beim Mangel fester Principien entstanden, durch die im Lauf der Zeiten an vielen Hofwehren vorgegangenen Veränderungen unrichtig geworden, und vermochten nie einen ganz zutreffenden Ueberblick zu gewähren. Deshalb sind zur Feststellung der Hofwehren andere Auskunftsmittel herangezogen. Vor Allem die Hofwehrverzeichnisse der von der Kammer genehmigten Ein-

---

³) Ctra. V. v. 8. Jan. 1770, H. IV. 32.
¹) Cab.-Rescr. v. 7. März 1806, Ra. 77, erläutert durch R. v. 9. April 1806, Ra. 78, v. 29 Juli 1819, Ra. 88.

weisungsprotokolle (§§ 100, 101) sind zu berücksichtigen; fehlt darin eine hinlängliche Bestimmung der Hofwehr, so entscheidet der Bedarf anderer Gehöfte gleicher Größe und gleichen Werthes in demselben oder in einem andern Amtsdorfe; ist endlich das darin verzeichnete Hofwehr-Inventarium unrichtig befunden, so bleibt nichts übrig, als dem neuen Erwerber angemessene Vermehrung der herrschaftlichen Hofwehr aufzugeben (§ 90)²). Jetzt endlich sind mit Sorgfalt und Berücksichtigung aller inzwischen eingetretenen Verhältnisse neue General-Hofwehrtabellen von 1862 — freilich unter Beibehaltung der alten niedrigen Taxe — formirt³) und dadurch, wenn sie richtig sind, dauernde gleichmäßige Anhaltspunkte auch für Umfang der herrschaftlichen Hofwehren gewonnen, dessen Erhaltung bei allen Besitzesveränderungen zu wahren ist (§ 90).

Schon nach gesetzlicher Vorschrift⁴) aber soll stets für herrschaftliche Hofwehr gelten, resp. ihr gleichgezählt werden: nicht allein die Ausbrödung⁵), d. i. der Brod- und Futterbedarf nebst sonstigen Victualien für Menschen und Vieh, sowie das Saatkorn, sondern überhaupt die ganze Ernte incl. Einschnitt des von Johannis zu Johannis laufenden Wirthschaftsjahres, welche zur Fortführung der Gehöftswirthschaft in allen Beziehungen bis zur nächsten Ernte, daher auch für die Wirthschaftskosten, den Altentheil, alle sonstigen Abgaben und die Pacht erforderlich ist — endlich der ganze Dungvorrath⁶). Erst das dann Verbleibende gehört zum Allod; läßt es sich bei Erbauseinandersetzungen nicht von vornherein zur Genüge feststellen, so behält der Hauswirth die ganze Ernte, ist aber zur Rechnungsablage, nach Befinden in Grundlage einer eidlichen Specification, und am Ende des Wirthschafts-

---

²) Cab.-Rescr. v. 18. Febr. 1829, Ra. 98; das darin auch erörterte Verfahren bei Nicht-Genehmigung der Einweisungen wird wegen jetziger steter Einberichtung derselben (§ 101) nicht mehr zur Frage kommen.

³) Nach C. v. 25. Nov. 1861.

⁴) V. v. 31. Juli 1858, Rgbl. 22, vgl. Cab.-Rescr. v. 14. Novbr. 1805, Ra. 54, R. v. 29. Juli 1819, Ra. 88, v. 29. Octbr. 1831, Ra. 101, v. 29. März 1832, Ra. 103.

⁵) R. v. 18. Jan. 1831, Ra. 100, v. 29. Octbr. 1831, Ra. 101.

⁶) Cab.-Rescr. v. 14. Nov. 1805, Ra. 54, R. v. 15. Octbr. 1851, Ra. 5113, v. 7. Febr. 1852, Ra. 5114, V. v. 31. Juli 1858, Rgbl. 22.

jahrs zur Herausgabe des sich dann ergebenden Allods an die Erben verpflichtet[1]).

§ 90.
Fortsetzung.

Findet sich nun der nach diesen Grundsätzen zu fixirende herrschaftliche Hofwehrbestand bei den Gehöftsregulirungen (§ 100 ff.) vollständig vor, und entspricht er dem Wirthschaftsbedarf, so wird er dem neuen Gehöftsbesitzer mit der Verpflichtung seiner hauswirthlichen Benutzung und Melioration, auch dereinstiger moniturfreier Ablieferung übertragen; ergeben sich hier aber für die Gehöfts-Wirthschaft überflüssige, jetzt entbehrliche Stücke, so werden diese öffentlich für Kammerrechnung verauctionirt[1]) oder auch dem Hauswirth gegen mittleren Preis überlassen, und von dem Bestande auf der Hofwehrtabelle (§ 89) rein gestrichen; reicht endlich jener trotz seiner Vollständigkeit für die jetzigen Anforderungen der Gehöftswirthschaft nicht aus, so bleibt es entweder dem Antreter überlassen, eine desto größere zur Wirthschaft erforderliche Ueberwehr zu halten, oder es wird ihm bei sonst günstigen Einweisungs-Bedingungen selbst die Vermehrung der herrschaftlichen Hofwehr aufgegeben und das plus auf die Hofwehr-Tabelle übertragen[2]). Zeigen sich dagegen Defecte des ursprünglichen Hofwehrbestandes, so kommt es darauf an, ob ungeachtet derselben die restirende Hofwehr für den Wirthschaftsbetrieb genügt oder nicht. Im ersteren Falle wird der jetzige mittlere Werth der fehlenden resp. mangelhaften, aber entbehrlichen Stücke nach amtlicher Schätzung aus dem Allodialvermögen des Vorwirths baar an die Kammer erstattet, resp. diese Erstattung dem Antreter auferlegt und auch die Hofwehrtabelle dahin verändert. Im andern häufigsten Falle dagegen werden statt der fehlenden oder schadhaften Stücke gleich- resp. ungleichartige aus den besten der Ueberwehr, unter gegenseitiger Berechnung und Ausgleichung, nach der Hofwehrtaxe von 1806 (§ 89) eingeschossen[3]), worauf jedoch dann, zur Vermeidung steter Veränderung der Hofwehrtabellen, nicht dieser neue, sondern noch

---
[1]) V. v. 31. Juli 1858, Rgbl. 22.
[1]) Wie es z. B. nach Aufhebung des Hofedienstes (§ 79) mit den dadurch überflüssig gewordenen Hofwehrpferden geschah; C. v. 28. Aug. 1778, H. IV. 46.
[2]) Cab.-Rescr. v. 18. Febr. 1829, Ra. 98.
[3]) R. v. 9. März 1840, Ra. 130.

immer der frühere Hofwehrbestand in jenen fortgeführt wird und bei künftigen weiteren Ausgleichungen wieder normiren soll[1]), oder bei Fehlen und Mangelhaftigkeit auch der Ueberwehr wird dem Antreter die Completirung und dereinstige moniturfreie Ablieferung des eigentlichen Hofwehrbestandes aufgegeben.

Auch bei Gelegenheit der Tilgung von Pachtrückständen wird auf Zuschreibung nützlicher Ueberwehrstücke zur herrschaftlichen Hofwehr Bedacht genommen (§ 83).

§ 91.
Fortsetzung.

Große Sorgfalt und Mühe verwendet also die Grundherrschaft auf Erhaltung und Sicherung ihrer Hofwehren, und hat für sich daraus doch nicht den geringsten Vortheil. Anders freilich früher, als die Bauern noch zum Entgelt Hof- und Extradienste leisteten (§ 79). Seit Wegfall derselben aber nutzen die Bauern die herrschaftlichen Hofwehren ganz unentgeltlich, und ein Kapitalwerth von mehreren Millionen ist bis auf Weiteres nur ein todter[1]). Diese Rücksicht erweckte freilich schon im Anfange dieses Jahrhunderts[2]) den Plan zum Verkauf der herrschaftlichen Hofwehren an ihre Nutznießer, doch die billigsten Bedingungen, selbst die niedrigsten Preisberechnungen der Hofwehr-Tabellen von 1806 (§ 89), scheiterten an dem sehr natürlichen Widerstreben, auch an der damaligen Dürftigkeit der Bauern, und verhältnißmäßig nur wenige haben damals oder später ihre Hofwehren käuflich erworben. Die Jetztzeit erscheint wieder günstiger für diese Finanzoperation. Die Bauern, wenigstens der mehrsten und besseren Aemter, sind meistens in guten Vermögensverhältnissen, und ihr Widerstreben wird ohne Bedeutung sein, wenn die Grundherrschaft von der ihr contractlich reservirten freiesten Disposition über die herrschaftliche Hofwehr (§ 88)

---

[1]) C. v. 25. Novbr. 1861.
[1]) Schon nach der niedrigen Hofwehrtare von 1806 beträgt der Gesammtwerth sämmtlicher herrschaftlichen Hofwehren etwa $1\frac{1}{2}$ Millionen Thaler, doch wird nach jetzigen Preisen wol das Dreifache anzunehmen sein.
[2]) Cab.-Rescr. v. 12. Januar 1808, Ra. 80. Für Theilzahlungen erhielten Hauswirthe nach beamtlicher Auswahl auch immer nur einen entsprechenden Theil der Hofwehr als Eigenthum überwiesen; C. v. 27. Decbr. 1828, Ra. 97.

Gebrauch macht, und letztere den Bauern nur unter der Bedingung sofortigen oder allmäligen Ankaufes läßt. Ohne Härte gegen die Bauern und nur im gerechten Interesse der Grundherrschaft dürften diese Verkäufe aber nicht wieder nach der billigen Taxe von 1806, sondern nach jetzigem mittleren Werthe zu realisiren sein.

Freilich ist bei eigenthümlicher Hofwehr der Uebelstand, daß der neu eintretende Bauer von ihr als Allod die Erbquoten der allodialen Miterben auszahlen, also das Gehöft häufig unter ungünstigen pecuniären Verhältnissen übernehmen muß; doch läßt sich hier durch eine Art Hofwehrfideicommiß helfen. Dem Ab- oder Antreter ist nämlich die Disposition gestattet, daß die eigenthümliche Hofwehr, so lange das Gehöft in absteigender directer Linie der Familie verbleibt, dem zukünftigen Antreter ohne Werthauszahlung überlassen werden, und erst beim Aussterben der Gehöftsdescendenz und Heimfall des Gehöftes an die Herrschaft (§ 95 a. E.) zum Allodial-Nachlaß des letzten Hauswirths gehören soll [*]).

§ 92.
Gehöfts-Nachfolge.

Das Successionsrecht am Bauerngehöfte ist keine Erbfolge, denn es kann auch schon bei Lebzeiten der Vorbesitzer, im Falle ihres Zurücktretens von der Gehöftswirthschaft, existent werden, und obendrein ganz unabhängig vom Erwerb oder Ausschlag etwaiger allodialer Verlassenschaft. Es beruhet auf Kammer-Observanz und ist durch landesherrlichen Ausspruch begrenzt [1]). Ob es ein Nachklang früheren freien Eigenthums, oder ein Ausfluß des deutschrechtlichen Kolonates, oder nur eine allmälig entstandene Milderung früherer reiner Leibeigenschafts-Verhältnisse ist, bleibt fraglich (§§ 77—79). Es wird in den Dorfscontracten (§ 80) ausdrücklich, wenngleich nur „nach Befinden" verhießen, gewährt also während ihrer Dauer einigen bedingten Anspruch auf Berücksichtigung, erscheint aber bei ihrem Ablauf wieder in Frage gestellt — in der That freilich ohne Bedeutung, da die beendigten Dorfscontracte, wenngleich unter Erhöhung der Pacht und unter Vor-

---

*) Cab.-Rescr. v. 15. Jan. 1837 a. E., Ra. 116, v. 4. März 1837, Ra. 117.
1) C. v. 25. Octbr. 1836, Ra. 113.

nahme der Feldregulirungen, nach Herkommen und landesherrlicher
Gnade erneuert werden (§ 80). Die ganze Gehöfts=Nachfolge wird
auf administrativem Wege, mit Ausschluß gerichtlicher Einmischung,
geregelt (§ 31).

Eröffnet ist die Nachfolge entweder durch Tod der männlichen oder
weiblichen Vorbesitzer, oder durch ihren Zurücktritt bei Lebzeiten,
z. B. bei Altentheilsübergang (§ 96), Abmeierung (§ 81). Durch letztere
wird aber nicht unbedingt, sondern nur nach landesherrlicher, freier
Gnade die weitere Nachfolge der Gehöftsdescendenz gewährt[2]).

Zur Succession berufen[3]) sind aber nur die vor oder während der
Gehöftswirthschaft der männlichen oder weiblichen wirklich eingewiesenen
Vorwirthe aus der Gehöftsfamilie, also nicht die erst nach Zurücktritt
derselben, gezeugten ehelichen oder per subsequens matrimonium legiti-
mirten[4]) Kinder derselben mit Vorzug zunächst des Mannsstammes und
dann der Erstgeburt, nie die Geschwister oder Enkel[5]). Durch den vor
der Einweisung erfolgenden Tod, den nach erreichter Volljährigkeit entweder ausdrücklich und persönlich vor Amt, oder durch unzweifelhafte
concludente Handlungen[6]) stillschweigend erklärten Verzicht, die vor der
Einweisung vorhandene oder eingetretene Unfähigkeit der zunächst Berufenen zur Gehöftsübernahme (§ 93) erfolgt weitere Berufung der
Nächstfolgenden.

§ 93.
Fortsetzung.

Nothwendige Vorbedingungen der Gehöftsübernahme[1]) sind bei
Gehöftserben: Majorennität oder venia aetatis, Militairfreiheit, körper-

---

[2]) Cab.=Rescr. v. 10. Aug. 1837, Ra. 118 (§ 95, Note 2).

[3]) Nach C. v. 25. Octbr. 1836, Ra. 113, und nach einzelnen Kammer=Prä-
judicien.

[4]) Legitimatio per rescriptum principis genügt nicht zur Successionsfähigkeit,
ebensowenig Adoption.

[5]) Kinder des vor der Einweisung verstorbenen Gehöftserben, also Enkel des
letzten Hauswirths, succediren nicht.

[6]) Z. B. Entfernung von der Stelle ohne Sorge um Succession, Nicht=Ver-
heirathung der Gehöftserbin nach erreichter Majorennität und gleichzeitiger Eröffnung
des Gehöfts, vgl. Note 2, § 94.

[1]) Vgl. übrigens § 94, Note 1; vgl. noch § 170 über das früher geforderte
„Arbeiten an der Stelle".

liche²), geistige³), moralische⁴) Befähigung, bäuerliche Lebensstellung⁵), wirthschaftliche Tüchtigkeit, Nichtbesitz eines Bauerngehöftes⁶). Die also Qualificirten werden sofort persönlich eingewiesen (§ 101) und Hauswirthe zu voller Wirkung.

Anders bei den in Ermangelung des Mannesstammes berufenen Gehöftserbinnen⁷). Diese können als Frauen nicht gut die herrschaftlichen Gehöfte vertreten, und werden deshalb nicht selbst, sondern ihre Ehemänner als sog. Aufgeheirathete, eingewiesen. Weil letztere sonach die Hauptpersonen sind, brauchen auch nur sie die vollen Eigenschaften der Gehöftserben zu besitzen, während die hier mehr zurücktretenden Gehöftserbinnen nur einen nach Vorstehendem qualificirten Mann geehelicht, d. i. nicht abgeheirathet⁸), zu haben brauchen, auch nicht gerade absolut unfähig zur inneren Gehöftswirthschaft erscheinen dürfen — in welchem Fall sonst weitere Delation eintritt (§ 92). Uebrigens werden die Aufgeheiratheten nur uxorio nomine eingewiesen, gelten auch ohne solche ausdrückliche Bezeichnung und so lange für solche, als ihnen nicht das Gehöft ausdrücklich zu eignem Rechte übertragen ist. Dies hat sehr wichtige singuläre Folgen für das Gehöftsrecht sowol der Ehegatten untereinander, wobei im Zweifel die Gehöftserbin ihrem Ehemanne vorgeht⁹), als der gemeinschaftlich¹⁰)

---

²) Unheilbares Siechthum ꝛc. schließt aus, nicht aber Taubstummheit, wenn der Betroffene sich ohnehin verständlich zu machen versteht.

³) Freilich nur soviel, als zur Bewirthschaftung einer Bauerhufe gehört; Wahnsinnige sind keinesfalls qualificirt.

⁴) Fortdauernde Laster und Zügellosigkeiten schließen aus, nicht aber erlittene öffentliche, selbst nicht einmal Zuchthausstrafen, wenn Besserung eingetreten ist.

⁵) Z. B. als Knecht, Häusler, Bübner, Tagelöhner — dagegen Studirte, Lehrer, städtische Handwerker sind ausgeschlossen.

⁶) Besitz von Erbzinsstellen schadet nicht, wenn der Gehöftserbe vor der Einweisung dieselben verläßt und das Bauerngehöft bezieht. Hufenpächter (§ 95), Interimswirthe (§ 94), aufgeheirathete Hauswirthe (§ 93) dagegen, welche schon Bauergehöfte noch zur Zeit der Delation besitzen, können die ihnen aus eignem Rechte angefallenen Gehöfte nicht übernehmen. Gehöftserben, die mit Gehöftserbinnen verehelicht, aber noch nicht auf deren Gehöfte aufgewiesen sind, haben die Wahl zwischen eigenem Gehöfte und demjenigen ihrer Ehefrauen.

⁷) Cab.-Rescr. v. 21. Aug. 1835, Ra. 108, C. v. 25. Octbr. 1836, Ra. 113.

⁸) Cab.-Rescr. v. 21. Aug. 1835 cit.

⁹) So ist es controvers, ob die Gehöftserbin bei Altentheilsübergang oder Abmeierung ihres Ehemannes das Gehöft behalten kann, event. dann doch wenigstens

erzeugten Kinder, welche freilich vor der den Vater überlebenden Mutter, nicht aber vor dem überlebenden Vater zurückstehen¹).

§ 94.
Fortsetzung.

Ein complicirtes Verfahren tritt ein, wenn bei Erledigung des Gehöftes die im Uebrigen erwerbsfähige¹) Descendenz noch nicht reif, d. i. der Gehöftserbe noch nicht majorenn, resp. die Gehöftserbin noch nicht mannbar ist oder noch nicht heirathen will²). Hier richtet sich vorerst Alles nach Existenz oder Fehlen einer Wittwe. Letztere hat zunächst ein gesetzliches, der Kammergenehmigung nicht bedürfendes Trauerjahr³), welches nach wirthschaftlichen Bedürfnissen auch um einige Monate verlängert oder verkürzt werden kann. Sie setzt hier für eigne Rechnung, aber unter Aufsicht und Verantwortlichkeit der Vormünder minorenner Kinder die Wirthschaft fort, wie ihr verstorbener Ehemann es gethan hätte, und Alles bleibt unverändert, insbesondere Hof- und

---

nach dessen Ableben ihr Anrecht wieder erwacht? Bei Ehescheidung erhält der unschuldige Theil das Gehöft. — Sonst bleibt beim Tode des Aufgeheiratheten Alles beim Alten, keine neue Gehöftsregulirung tritt ein, die Wittwe wirthschaftet selbst weiter; vgl. Note 11.

¹⁰) Kinder des Aufgeheiratheten aus einer andern Ehe, als mit der Gehöftserbin, succediren nicht. Bei Kindern der Gehöftserbin aus mehreren Ehen mit Aufgeheiratheten gilt das gewöhnliche Nachfolgerecht nach Mannesstamm und Erstgeburt.

¹¹) Die überlebende Gehöftserbin behält das Gehöft proprio jure vor ihren Kindern. Der überlebende Aufgeheirathete müßte eigentlich der schon successionsfähigen und materno jure auftretenden Descendenz seiner verstorbenen Ehefrau weichen, wird aber aus Humanitätsgründen stets vor seinen eignen mit der Gehöftserbin erzeugten Kindern, jedoch vor Kindern aus früherer Ehe der Gehöftserbin nur dann conservirt, wenn letztere weiblichen Geschlechtes sind, unter seinen eigenen mit der Gehöftserbin erzeugten Kindern aber männliche Descendenz sich befindet.

¹) Ist es schon bei Minorennen ersichtlich, daß sie demnächst auch nach erlangter Altersreife die übrigen zur Annahme des Gehöfts erforderlichen Eigenschaften (§ 93) nicht besitzen werden, z. B. wegen unheilbarer Krankheit u. s. w., so werden sie schon dann als unfähig zu betrachten sein (§ 92 a. E.).

²) Hierzu wird ihr bis zum 25. Lebensjahr Frist gegeben, § 92, Note 6.

³) V. v. 3. Decbr. 1810, II., Ra. 83, R. v. 8. Jan. 1850, Ra. 5112. Bei Majorennität der Anerben findet das Trauerjahr nicht statt, R. v. 24. Juli 1855, Ra. 5320.

Ueberwehr ungetrennt. Nach Ablauf des Trauerjahrs kommt es aber darauf an, ob die Wittwe ledig bleiben will oder nicht.

Im ersteren Falle kann sie bei vorliegender wirthschaftlicher und moralischer Qualification die Wirthschaft als sog. prorogirte väterliche⁴) unter Aufsicht des Dorfsschulzen bis zum nöthigen Alter des Anerben fortführen, wobei der status quo erhalten, auch Hof- und Ueberwehr ungetrennt bleibt, aber die Erträge für Rechnung der Curatel den ebenfalls stets zur Controle verpflichteten Vormündern ausgeliefert werden. Diese Wirthschaft empfiehlt sich und ist vom Amte möglichst zu erstreben, besonders dann, wenn die Successionsberechtigten nicht mehr fern von dem zu eigner Uebernahme des Gehöftes erforderlichen Alter sind⁵), und die Wittwe in einem zur Wiederverheirathung sich füglich nicht mehr schickenden Alter sich befindet. — Will aber die Wittwe wieder heirathen, so wird unter Umständen ihrem zweiten Ehemanne das Gehöft einstweilen übertragen, eine Interimswirthschaft begründet⁶). Der preponirte Interimswirth muß aber gleich wirklichen Gehöftserben qualificirt (§ 93) und obendrein bemittelt, die Wittwe in rüstigem, heirathsfähigem Alter, die successionsberechtigte Descendenz noch in oder nahe dem Kindesalter sein. Ausdrücklicher Consens der Vormünder und selbst der Dorfschaft ist erforderlich. Der Interimswirth übernimmt das Gehöft gleich einem Hauswirth, tritt ohne Weiteres gegen Staat, Commune, Hufe, aber nur bei besonderen Stipulationen (§§ 81, 96, 99) auch gegen die Gehöftsfamilie in die Verpflichtungen eines Hauswirthes. Er erhält mit Genehmigung der Vormünder die vorhandene Ueberwehr gegen Bezahlung ihres nach dem Maße dereinstiger Wiederablieferung zinsenlos zurückzuerstattenden und bis dahin zugleich als Caution für Conservation des Gehöfts dienenden Taxwerthes, und soll bei günstigen Verhältnissen selbst den vollen Taxwerth der von ihm genutzten herrschaftlichen Hofwehr verzinsen, obendrein auch zuweilen, außer der Pacht an die Grundherrschaft, eine sog. Ueberpacht zum Nutzen der Gehöftsfamilie entrichten. Häufig wird auch Hof- und Ueberwehr öffentlich meistbietend verkauft und der Interimswirth zur Anschaffung eines eignen, bei seinem Abgange von ihm mit-

---

⁴) V. v. 3. Decbr. 1810, IV., Na. 83.
⁵) V. v. 3. Decbr. 1810, VII., cit.
⁶) V. v. 1. Novbr. 1808, Na 82, v. 3. Decbr. 1810 cit.

zunehmenden Wirthschafts-Inventars angehalten, auch selbst dann noch, bei guter sonstiger Stellung, zur Entrichtung einer Ueberpacht, zur Tilgung von Gehöftsschulden, und obendrein zu einer separaten zinsenlosen Caution von 1—200 Thlrn. verpflichtet. Ueber Berechnung und Verwendung der also gesammelten Kapitalien vgl. § 102. — Die Dauer der Interimswirthschaft wird auf eine bestimmte Zahl von Jahren gesetzt und darf das 25. Lebensjahr des Anerben, sowie regelmäßig das 20. der Anerbin nicht überschreiten. Sie endigt mit dem Ablauf der Wohnjahre, oder auch schon früher mit dem Tode des Interimswirths, resp. seiner eintretenden Unfähigkeit und Abmeierung (§ 81), event. auch mit ehelicher Scheidung, für welchen Fall stets weitere freie Kammerresolution in den Einweisungsbedingungen ausdrücklich zu reserviren ist. Seine Descendenz hat überall kein Anrecht am Gehöft. Auch für den Todesfall des etwa einzigen Anerben oder seine eintretende völlige Unfähigkeit zur dereinstigen Gehöftsübernahme, also für den Heimfall des Gehöfts, pflegt die Beendigung der Interims-Wirthschaft reservirt zu werden.

§ 95.

Fortsetzung.

Anders dagegen, wenn der zweite Ehemann der Wittwe nicht zum Interimswirth, resp. letztere nicht mehr füglich zur Wiederheirath auf der Hufe qualificirt ist oder ohnehin nicht wieder heirathet, dabei aber auf die prorogirte Wirthschaft verzichtet, resp. nicht dazu gelassen wird, oder endlich eine Wittwe gar nicht existirt, z. B. auch bei Abmeierung (§ 81) von Hauswirthen. Ist hier der successionsfähige Anerbe schon nahe der erforderlichen Altersreife, so wird zuweilen entweder ihm selbst unter Aufsicht der Vormünder, oder diesen unter Assistenz der Anerben, interimistisch und für Rechnung der Curatel die Wirthschaft übertragen. Sonst aber und gewöhnlich tritt interimistische Zeitverpachtung des Gehöftes ein. Gesetzlich[1]) soll dieselbe an einen oder gemeinschaftlich an alle Hauswirthe desselben Dorfes geschehen, doch ist letzteres nur bei der früheren Communionwirthschaft möglich und mit deren allmäligem Aufhören selbst im Veralten (§ 59). Häufig wird jetzt eine meistbietende

---

[1]) V. v. 1. Novbr. 1808, Ra. 82.

und allerdings pecuniär sehr vortheilhafte freie Concurrenz unter moralisch und wirthschaftlich tüchtigen Oekonomen eröffnet. Object des Meistgebotes ist dann die Ueberpacht (§ 94), welche häufig für sämmtliche Pachtjahre in einer einzigen zusammengerechneten Summe im Voraus zu bezahlen ist. Hof- und Ueberwehr werden regelmäßig ebenfalls verauctionirt. Diese Zeitpacht endigt nicht ohne Weiteres mit dem Tode des Pächters, und ihr Nichtübergang auf dessen Erben muß ausdrücklich stipulirt werden. Im Uebrigen gelten für die Zeitpacht auch die Bestimmungen der Interimswirthschaft (§ 94). Wenn letztere sowol wegen der an sich im Allgemeinen billiger zu stellenden Einweisungsbedingungen eines Interimswirths, als wegen der fehlenden Ueberpachts-Concurrenz, pecuniär weniger vortheilhaft für die Gehöftsdescendenz, und gesetzlich[2]) deshalb besonders die Zeitverpachtung zu erstreben ist, so dient diese dadurch wieder weniger dem Interesse der Minorennen, daß dieselben an einem oft den höheren Ständen angehörigen und demnächst wieder aus allen Beziehungen zum Gehöft tretenden Zeitpächter selten einen Anhalt finden, den sie doch an dem Interimswirth, ihrem Stiefvater, zu haben pflegen. Nicht selten wird außerdem bei nicht gehöriger beamtlicher Aufsicht Gehöft und Hufe durch den demnächst völlig abtretenden Zeitpächter deteriorirt und ausgesogen, während der Interimswirth wegen seines resp. seiner Ehefrau Altentheils (§ 96) auch in späteren Jahren immer in näheren Beziehungen zum Gehöfte verbleibt und bei dessen hauswirthlicher Conservation interessirt ist.

Bei Mangel, Verzicht, Unfähigkeit aller Successionsberechtigter, nach landesherrlichem Ermessen auch bei Abmeierung[3]), fällt das erledigte Bauergehöft sofort nach Abgang des letzten Besitzers in die freieste Disposition der Grundherrschaft zurück[4]). Ein Trauerjahr wird der Wittwe nur ausnahmsweise auf dem Gnadenwege verliehen. Privatgläubiger oder Allodialerben des letzten Hauswirths haben überall keinen Anspruch an's Gehöft oder an dessen fernere Erträge, und ihnen gebührt nur das ausgeschiedene (§ 89) Allod.

---

[2]) V. v. 3. Decbr. 1810, V., Ra. 83.
[3]) Cab.-Rescr. v. 10. Aug. 1837, Ra. 118 (§ 92, Note 2).

§ 96.

Altentheil.

Nicht allein die zur Einweisung gelangenden Gehöftsdescendenten haben als solche ihren Nutzen vom Gehöfte, sondern auch die schon bei Lebzeiten abgetretenen Vorwirthe (§ 92) beziehen aus demselben einige Emolumente. Dies sind die auf dem Gehöfte selbst ruhenden Altentheilspräftationen, welche als wirkliche Gehöftsschulden (§ 81) aus der Person der Grundherrschaft den Hauswirthen aus der Gehöftsfamilie schon herkömmlich ipso jure, anderen Gehöftsinhabern, z. B. Interimswirthen und Zeitpächtern, aber nur kraft ausdrücklicher Stipulationen (§ 94), obliegen und bei ihrem Wegfall, z. B. beim Heimfall des Gehöftes, von ersterer selbst zu leisten sind. Ihre Bestimmung geschieht ausschließlich auf administrativem Wege (§ 31) bei Gelegenheit der Gehöftsregulirungen (§ 101) und bedarf der Kammer-Genehmigung[1]. Es steht nicht in der Macht der Gehöftsbesitzer, die also fixirten Leistungen einseitig und ohne Consens zu vermindern, noch dieselben, wenngleich unter dem Gewande privater Verpflichtung, zu erhöhen[2].

Altentheil erhalten nach Abgabe des Gehöftes stets der eingewiesene Gehöftserbe, seine Frau, ferner die Gehöftserbin, deren aufgeheiratheter Ehemann eingewiesen ist; regelmäßig der nach der Aufweisung abgemeierte Anerbe und der aufgeheirathete Hauswirth selbst; nur bedingungsweise und nach Verhältniß seines Betragens, seiner Thätigkeit, beschaffter Ablieferung, gemachter Verwendungen der Interimswirth[3], nur bei ausgezeichneter Thätigkeit in der Gehöftswirthschaft die zweite Ehefrau des Interims-[4] und aufgeheiratheten Hauswirths, nie die erst vom Altentheiler geheirathete Frau und der Zeitpächter einer Bauerhufe.

---

[1] R. v. 9. Juni 1836, Ra. 111, v. 7. Febr. 1852, Ra. 5114.

[2] Denn selbst solche persönlichen Leistungen würde Hauswirth schließlich doch immer aus seinem Gehöfte, zu dessen Nutzen gerade die geringeren bestimmt sind, ziehen und letztere illusorisch machen. Dies ist auch im Jahre 1856 in einem Rescripte des Justizministerium an das Ober-Appellations-Gericht ausgesprochen (vgl. § 81, Note 7).

[3] V. v. 3. Decbr. 1810 a. E., Ra. 83, R. v. 29. Novbr. 1823, Ra. 91, v. 2. Septbr. 1847, Ra. 5111.

[4] R. v. 2. Septbr. 1847, Ra. 5111.

Die gehörige Regulirung des Altentheils ist von hoher Wichtigkeit, denn ein zu großer belastet zu sehr das Gehöft, und ein zu kleiner schreckt alte, unfähige Wirthe von Abgabe der Wirthschaft zurück[5]). Vor Allem soll hierbei eine wirklich nachgewiesene Dorfsüblichkeit[6]) entscheiden, in ihrer Ermangelung aber, oder bei ihrer Uebermäßigkeit, eine durch einzelne Kammerrescripte[7]) allmälig entstandene und nach den speciellen Kräften der betreffenden Gehöfte bemessene Kammerobservanz. Die wichtigsten Bestandtheile des Altentheils sind jetzt gesetzlich[8]) fixirt, und sollen nur aus ganz besonderen, allemal ausreichend zu erörternden Gründen, durch höhere Dorfsüblichkeit aber nur bei deren überzeugendem Nachweise, erweitert werden.

§ 97.
Fortsetzung.

Nach vorstehenden Principien enthält nun der Altentheil:
1. freie Wohnung, nämlich Stube, Kammer, Küche, Stall, Bodenraum entweder in dem, ein bei Neubauten möglichst herzustellendes besonderes Altentheilsgelaß enthaltenden, Gehöftshause[1]) (§ 85) oder im separirten Altentheilskathen. Das Recht ist ein personalissimum, welches der Altentheiler selbst ausüben muß, wenngleich er andere Personen, z. B. zu seiner Pflege, bei sich aufnehmen kann. Bei seinem Wegzuge erlischt es in der Art, daß der Hauswirth den disponibeln Altentheilskathen für eigne Rechnung vermiethen kann, erwacht aber wieder bei seiner nach rechtzeitiger Anzeige erfolgenden Rückkehr. Die bauliche Erhaltung der Altentheilswohnung ist Pflicht des Gehöftsbesitzers gegen Verabreichung der etwa bewilligten herrschaftlichen Bauhülfen (§ 86);

---

[5]) Nöthigenfalls bleibt nur übrig, dieselben abzumeiern (§ 81, Note 12).
[6]) D. i. was unter gleichen Umständen und in gleichen Verhältnissen allgemein gewöhnlich ist, R. v. 27. Octbr. 1840, Ra. 133.
[7]) Besonders v. 2. Novbr. 1839 an das Amt Doberan.
[8]) C. v. 17. Juni 1861.
[1]) Risse zu Altentheilswohnungen sind durch C. v. 9. März 1864 mitgetheilt. Dieselben finden sich gewöhnlich also im Gehöftshause angelegt, daß sie bei Nichtexistenz von Altentheilern durch die Gehöftsfamilie selbst, und nicht gut durch fremde Miether (§ 134), benutzt werden können.

2. reines Korn von der Diele*) bis auf das maximum von 16, 24, 32, 36 Schffl. Rost. Maß, ²/₃ Winter- und ¹/₃ Sommerkorn, je nachdem der Hufenstand bis zu 50, 51—100, 101—200, 201 und mehr bonitirte Scheffel (§ 83) beträgt. Zwischen diesen einzelnen Maximalgrenzen sind die Kräfte des Gehöftes, die speciellen Verhältnisse, die übereinstimmenden Wünsche der Betheiligten, zu berücksichtigen. Wenn hierzu bei Existenz mehrerer unerwachsenen Kinder des Altentheilers ausnahmsweise eine Zulage bewilligt wird, so ist diese immer nur als solche, abgesondert von dem eigentlichen Altentheilskorn, im Protokolle zu verheißen, und auf die Zeit der Confirmation oder Dienstannahme jener Kinder zu beschränken;

3. an Ländereien einen ausreichenden Garten mit den nöthigen Obstbäumen, ferner bis zu 30 □R. für Lein und 120 □R. für Kartoffeln, neben denjenigen des Hauswirths. Die Einsaat liefert der Altentheiler, besorgt auch die Gartenbestellung, das Behacken der Kartoffeln, das Flachsgäten, der Hauswirth dagegen leistet die Ackerbestellung, Abfuhr des Dunges, welchen beim Füttern des Altentheilsviehes zwischen demjenigen des Hauswirths dieser, sonst der Altentheiler, hergiebt (vgl. sub 5);

4. zu Pfingsten jedes Jahres ein kleines Pölk oder seinen marktgängigen Werth. Sein sonstiges Vieh muß Altentheiler aus eignen Mitteln anschaffen, in welchem Falle es auch dereinst an die Allodialerben kommt, erhält aber bei seinem Unvermögen 1 Kuh, 4 Schafe, 1 Schwein aus der herrschaftlichen Hofwehr, die im Falle ihres Crepirens oder sonstiger Abgängigkeit immer wieder daraus erneuert werden, auch beim Ableben des Altentheilers dorthin zurückfallen, soweit sie noch vorhanden sind; die dadurch in der herrschaftlichen Hofwehr entstandenen Defecte muß der Hauswirth übernehmen;

5. für solches Altentheilsvieh außer der Sommerweide auf der Gehöftshufe mit freier Hütung und ohne Beitrag zum Hirtenlohn entweder noch Stallfütterung zugleich mit dem Vieh des Hauswirths, oder besondere ausreichende Altentheilswiese, nebst 1½ Schock Winter- und 1 Schock Sommerstroh, das Schock zu 60 Bund à 20 Pfd.;

6. nothdürftige freie Feurung, soweit die von der Grundherrschaft verabreichte nicht ausreicht, und für letztere Uebertragung der Bereite-

---

*) C. v. 17. Juni 1861. Besonderes Kornsäen für Altentheiler ist verboten durch C. v. 2. Mai 1839, Ra. 127, Rgbl. 19 (vgl. § 81, Note 4).

kosten und des Zählgeldes durch den Hauswirth. Die bisherigen Hauswirthsaltentheiler erhalten von der Grundherrschaft regelmäßig die Feurung der Einlieger (§ 139), doch soll sie den nach dem 30. Juni 1864 auf Altentheil Gegangenen nur noch bei Existenz besonderer Rechtstitel aus der Cameral-Forstverwaltung gewährt werden[3]), wenngleich das Stämmeraden und Holzsammeln auch fernerhin wol Allen freisteht;

7. die nöthigen unentgeltlichen Fuhren für Anholung der Feurung, des Arztes ꝛc., die erforderlichen Handreichungen;

8. zuweilen Taschengeld, und nur selten bei unbestreitbarer und angemessener Dorfsüblichkeit freie Beerdigung.

Dagegen sind Altentheiler nach ihren Kräften und häuslichen Verhältnissen auch zur Aushülfe bei solchen landwirthschaftlichen Arbeiten verpflichtet, welche von Hauswirthen selbst gewöhnlich übernommen werden, ohne daß bei völligem Unvermögen jener hierzu — wol aber bei eigenwilliger Arbeitsverweigerung, oder bei Wegzug arbeitskräftiger Altentheiler von der Hufe (§ 98) — auch ihre Altentheilsemolumente gemindert werden dürfen.

§ 98.
Fortsetzung.

Die genannten vollen Altentheilsemolumente gebühren nur einem beiderseits vollberechtigten Altentheilspaar, z. B. dem eingewiesenen Gehöftserben nebst seiner Ehefrau (§ 96), und werden einem nur einzelnen Berechtigten von vornherein nur zur Hälfte gegeben, soweit sie überhaupt theilbar sind, weshalb hier auch letzterer Wohnung, Pölk, Kuh nebst Futter vollständig behält. Der in zweite Ehe tretende und dadurch nicht wieder zugleich, z. B. durch Aufheirath, in den Stand einer vollen Bauernwirthschaft zurückkehrende — in welchem Fall der ganze Altentheil wegfällt — Altentheiler behält Alles, so lange er auf dem Gehöfte bleibt und arbeitet, im entgegengesetzten Falle aber, sowie überhaupt bei jedem Verlassen des Gehöftes und bei unmotivirter Arbeitsverweigerung (§ 97), regelmäßig nur das Korn und etwaiges

---

[3]) C. v. 11. April 1864.

Taschengeld, welches aber dann den einen Altentheil genießenden früheren Interims- und aufgeheiratheten Hauswirthen noch weiter gemindert oder ganz entzogen zu werden pflegt. Für den Fall entstehender Streitigkeiten zwischen Gehöftsbesitzer und Altentheiler und ihrer nothwendigen Trennung soll — wie überhaupt wol für alle späteren Veränderungen des Altentheils — freiestes Kammer-Ermessen zum Einweisungsprotokoll ausdrücklich reservirt werden [1]. Bei Auseinandersetzungen über den Nachlaß eines nur einzigen Altentheilers verbleiben nach jetzigem Kammerprincip [2] die noch nicht percipirten Früchte, gegen Erstattung der vom Altentheiler übertragenen Einsaat und Bestellungskosten an die Erben, ferner die zu bestimmten Terminen fälligen, z. B. das Pölt, aber beim Tode des Altentheilers noch nicht fällig gewordenen Prästationen dem Gehöfte, während die schon percipirten Früchte excl. des vom Gehöfte nicht zu entfernenden Heues, Strohes, Dunges [3], auch die schon vor dem Todestage fällig gewordenen Emolumente, an die Erben fallen. — Anders bei einem Altentheilspaar, wo der überlebende Theil halben Altentheil behält. Letzterer soll auch hier vor den Erben sowol die Einsaat und Bestellungskosten der im Uebrigen auch hier, freilich nur zur theilbaren Hälfte an das Gehöft fallenden, weder percipirten noch fälligen Emolumente, als obendrein die vollen, bei Lebzeiten des Gestorbenen schon percipirten und fälligen Nutznießungen behalten, dann aber fernerhin nur den schon vorstehend definirten halben theilbaren Altentheil eines einzelnen Berechtigten beziehen.

§ 99.

Aussteuer.

Wie die abtretenden Hauswirthe für Zurückgabe des Gehöftes durch Altentheil, so werden die nachgeborenen Kinder der Gehöftsfamilie für den durch Existenz näher berechtigter Geschwister ihnen entstehenden

---

[1] C. v. 16. März 1839, Ra. 124.
[2] Welches in einem unlängst an das Amt Schwaan ergangenen Rescripte ausgesprochen ist.
[3] Cab.-Rescr. v. 14. Nov. 1805, Ra. 54, R. v. 15. Oct. 1851, Ra. 5113, v. 7. Febr. 1852, Ra. 5114 (§ 81, Note 5).

Verlust der Gehöftsnachfolge durch die sog. Aussteuer¹) entschädigt. Betreffs ihres Charakters als Gehöftsschuld (§ 81) und ihrer Constituirung gelten auch hier die beim Altentheil erörterten Grundsätze (§ 96).

Nur die an sich zur Gehöftsnachfolge berechtigten, aber durch Vorgehen ihrer qualificirteren Geschwister ausgeschlossenen Kinder aus der eigentlichen Gehöftsdescendenz, daher an sich nur diejenigen aufgewiesener Hauswirthe und Gehöftserbinnen (§ 92), erhalten stets eine Aussteuer; Kindern der Altentheiler, sowie denen aus zweiter Ehe der Interims- und aufgeheiratheten Hauswirthe, wird sie selten, endlich Kindern der Interimswirthe mit der Gehöftswittwe gewöhnlich nur dann verliehen, wenn die Interimswirthe selbst während ihrer Gehöftswirthschaft Kinder aus der Gehöftsfamilie ausgesteuert haben, und muß in allen diesen Ausnahmsfällen immer ausdrücklich stipulirt werden.

Vorbedingung ist aber stets, daß jene Kinder nicht schon vom Vorbesitzer ausgesteuert sind. Der rein persönliche, nicht auf die Erben übergehende Anspruch auf Aussteuer darf aber nie schon gegen den Parens, sondern an sich immer erst gegen die eingewiesenen Geschwister, und nur bei specieller Stipulation (§ 94) gegen einen Interimswirth, Zeitpächter und gegen die Wittwe im Falle prorogirter väterlicher Wirthschaft erhoben werden. Nicht schon jede Anlegung einer separata oeconomia, sondern nur erst wirkliche Verheirathung ermächtigt die resp. Geschwister zur Geltendmachung ihrer desfallsigen Rechte. Uebrigens bedürfen letztere hierzu keiner weiteren körperlichen, geistigen oder moralischen Qualification.

Inhalt und Größe dieser Gehöftslast stehen an sich nicht fest, richten sich im Gegensatz zu der allodialen Abfindung auch überall nicht nach dem sonstigen Vermögen, sondern werden durch Amts- resp. Dorfsublichkeit (§ 96, Note 6) bestimmt, welche wiederum je nach Größe und Güte der Hufen, wirthschaftlichen Verhältnissen, Anzahl der auszusteuernden Kinder, durch Amt und Kammer modificirt wird. In der Regel enthält sie eine trächtige Starke und eine Lade, wozu bei Töchtern, herkömmlich auch zuweilen bei Söhnen, halbe Hochzeit oder ein Hoch-

---

¹) Vgl. besonders Cab.-Rescr. v. 15. Januar 1837, Ra. 116. Der frühere sog. Ausspruch, d. i. Abfindung der Geschwister aus dem Gehöftsbesatze ex aequo et bono, kommt nicht mehr vor, R. v. 23. Decbr. 1829, Ra. 99.

zeitsmahl, resp. 6 Thlr. und ein Ehrenkleid kommt, wogegen Betten, Bettstellen, Schränke, regelmäßig nicht dazu gehören, sondern nur aus dem Allodialvermögen abgegeben werden können⁰). Noch nicht abgesonderte, gebrechliche Geschwister, deren Verheirathung und Aussteuer nicht gut zu erwarten steht, erhalten statt der Aussteuer lebenslänglichen, vollständigen Unterhalt auf dem Gehöft, wogegen sie selbst ihren Kräften angemessene Dienste leisten müssen; Gleiches gilt bei unerwachsenen, aus dem etwa nicht ausreichenden Allodialvermögen nicht gut zu alimentirenden und zu erziehenden Kindern bis zu deren eigner Dienst- und selbstständiger Existenzfähigkeit. Gesunde und Erwachsene dürfen solchen Anspruch nicht erheben, sondern müssen sich durch eigne Kräfte weiterhelfen.

§ 100.
Gehöftsregulirungen.

So heißen die Einrichtungen neuer Gehöftswirthschaften nach dem Abgang der Vorwirthe und die Auseinandersetzungen mit diesen und der Gehöftsfamilie. Gleich allen andern Gehöftssachen werden auch sie ausschließlich auf administrativem Wege geregelt (§ 31). Wegen ihrer Mannigfaltigkeit und Abweichungen erfordern sie nicht geringe Sorgfalt und Umsicht der Beamten.

Jede Gehöftsregulirung beginnt mit einer sofort nach Wegfall des Vorwirthes zu beschaffenden genauen Inventur¹) sowol des Gehöftes als der Hof- und der Ueberwehr (§ 88), welche letztere aber dann natürlich unterbleibt, wenn bei vorhergegangener Interimswirthschaft oder Zeitverpachtung das Inventarium verauctionirt und deshalb nicht mehr vorhanden ist (§§ 94, 95). Die Inventur geschieht entweder von den Subalternen oder Auditoren, wobei die Hof- und Ueberwehr nicht getrennt und die Gehöftsfamilie zur Registratur verzeichnet wird; oder durch die Beamten selbst, wobei dann Hof- und Ueberwehr sofort getrennt und die Gehöftsfamilie zu Amtsprotokoll aufgeführt wird²). Einer gleichzeitig beizufügenden Taxe der Hof- und Ueberwehr soll es nur dann bedürfen, wenn deren Nutzen bei voraussichtlich demnächst

---

⁰) R. v. 6. Jan. 1837, Ra. 115.
¹) V. v. 3. Decbr. 1810, Ra. 83, C. v. 4. Febr. 1846, Ra. 3929.
²) C. v. 4. Febr. 1846, Ra. 3929, v. 30. Mai 1850, Ra. 3933.

einzurichtender Interimswirthschaft und darin stattfindender Ueberlassung des Inventarium an den Interimswirth gegen die Taxe (§ 94) von vornherein erhellt³).

Das weitere Verfahren⁴) beschränkt sich bei einfallendem Trauerjahr einer Wittwe (§ 94) auf einfache Anzeige vom Ableben des Vorwirths an die Kammer. Demnächst aber und sonst sofort tritt auf dem Gehöfte selbst unter Direction des Beamten⁵) und in Gegenwart der Interessenten resp. des abgehenden Vorwirths event. seiner Wittwe, des Anerben oder Antreters, majorenner Gehöftsdescendenz, der Vormünder Minorenner, allodialer Erben, zweier Dorfsdeputirten, umständliche protokollarische Verhandlung ein. Dieselbe umfaßt bei der prorogirten väterlichen Wirthschaft (§§ 94 und 95) die nöthige Rücksprache mit der Wittwe und sonstigen Interessenten, sowie gehörige Instruction des Dorfschulzen und der Vormünder, und bedarf der Kammergenehmigung, wogegen keine förmliche Einweisung und Auflassung stattfindet. Sonst aber beginnt sie mit Revision des Inventars, Trennung der Hof- und Ueberwehr, wenn solche nicht schon gleichzeitig mit der Inventur durch die Beamten stattfand, Feststellung der vom Vorwirthe resp. während des Trauerjahrs von der Wittwe herstammenden Defecte, Completirung der Hofwehr nach schon bekannten Grundsätzen (§§ 89 und 90), Abgabe des Verzeichnisses der restirenden Ueberwehr an die allodialen Erben, resp. beim Vorhandensein solcher Minorennen an das Amtsgericht und die obervormundschaftliche Behörde⁶).

§ 101.

Fortsetzung.

Hieran schließt sich die völlige Auseinandersetzung⁷) des Abtreters resp. seiner Erben mit dem zukünftigen Gehöftsinhaber, die Verpflichtung

---

³) C. v. 1. Decbr. 1858, vgl. V. v. 3. Decbr. 1810, I., Ra. 83.
⁴) Vgl. hierüber besonders V. v. 1. Novbr. 1808, Ra. 82, v. 3. December 1810, Ra. 83.
⁵) Auditoren (§ 11, Note 6) dürfen keine wichtigeren Gehöftsregulirungen vornehmen, R. v. 5. Jan. 1828, Ra. 16.
⁶) C. v. 4. Febr. 1846, Ra. 3929, vgl. Cab.-Rescr. v. 15. Januar 1837, I., Ra. 116.
⁷) Wegen der Gehöftsdienstboten vgl. § 141 a. E.

jener zur Prästation der aus der Revision der Auflassungsbedingungen[1a] sich ergebenden Rückstände, ihre Entschädigung für gehabte Auslagen, insbesondere Erstattung der sog. kleinen Liquidationen[2] — d. i. pränumerirte Hufensteuer und Amtsabgaben, bezahlte Contractsgebühren für die noch nicht abgelaufenen Contractsjahre, etwaiger Pachtvorschuß, Salzgeld[2a], Kriegserleidungsforderungen[2b], Kathenmiethe[2c], Feurungskosten, Deckgeld — und endlich die Abnahme des Gehöftes. Demnächst werden mit den Interessenten die neuen Einweisungsbedingungen — unter besonderer Rücksprache mit den Vormündern und Dorfsdeputirten über die Gründe und Vortheile einer event. einzuführenden Interimswirthschaft, resp. einer vor dieser zu erstrebenden Zeitverpachtung (§ 95) — und Verpflichtungen des Antreters gegen Herrschaft, Gehöft, Gehöftsfamilie, in spec. betreffs Altentheils und Aussteuer, regulirt, und ihm selbst die nöthigen Verheißungen hinsichtlich seines eignen künftigen Altentheils gemacht. Bei männlichen Gehöftserben erfolgt endlich schon jetzt die förmliche Einweisung unter der üblichen Ermahnung zur Treue gegen den Landesherrn und Folgsamkeit gegen die Obrigkeit, während bei Aufheirathenden, Interimswirthen, Zeitpächtern hierzu vorher die Genehmigung der Kammer unter Einreichung des abgehaltenen Protokolles zu erwirken, bei Aufheirathungen und Interimswirthschaften auch schon vorher die Ehe der Gehöftserbinnen und Wittwen zu vollziehen, und dann erst die Einweisung vorzunehmen ist. Alle geschehenen Einweisungen bedürfen ebenfalls der Kammergenehmigung, als Zeugnisse derselben werden an die Eingewiesenen Hausbriefe vom Amte ertheilt. Alle bei Gelegenheit der Gehöftsregulirungen an die Kammer einzusendenden mundirten Protokolle müssen originalisirt sein[3], und dürfen Bezüge auf frühere

---

[1a] Nach Kammer-Conclus. v. 5. Novbr. 1833, Ra. 104, kann hiermit auch gleichzeitig eine Revision der Dorfscontracts-Erfüllung durch den Abtreter verbunden werden.

[2] Die früher ebenfalls dazu gerechneten Brandassecuranzgelder sind durch C. v. 1. Mai 1858 davon ausgenommen.

[2a] Ebenfalls bald wegfallend, da nach R. v. 2. Juli 1864 von Sommer 1865 an der frühere Zwang zur Saline von Sülz aufhören wird.

[2b] Vgl. übrigens § 81, N. 13.

[2c] Dieselbe wird beim Wechsel des Gehöftsbesitzers zu Johannis nach Landüblichkeit gleich getheilt.

[3] C. v. 22. April 1839, v. 4. Febr. 1846, Ra. 3929.

Vorgänge nicht nach den Nummern der darüber erwachsenen Amtsacten, die auch nicht mehr mit eingesandt werden⁴), sondern nach auch ohnehin erkennbaren bestimmten Daten enthalten⁵).

Beim Heimfall erledigter Bauerngehöfte (§ 95) tritt, resp. nach Ablauf des ausnahmsweisen Trauerjahrs (§ 95 a. E.), ebenfalls das vorstehende Verfahren in allen seinen Theilen bis auf die wegfallenden Einweisungsbedingungen des hier fehlenden Anerben ein. An des letztern Stelle steht hier die Grundherrschaft selbst, welche sich mit dem Abtreter resp. den Allodialerben auseinandersetzt, ihnen die nach Completirung der herrschaftlichen Hofwehr restirende Ueberwehr, auch den aus dem laufenden Wirthschaftsjahre sich ergebenden Ueberschuß von Korn, Futter, Victualien auskehrt, die kleinen Liquidationen erstattet, die Gehöftsschulden⁶) fixirt, selbst tilgt, oder nach Belieben dem zukünftigen Inhaber des Gehöftes reservirt. Unter Vorlegung des Protokolles wird demnächst von der Kammer weitere Resolution erbeten, welche sich vorzugsweise auf Vererbpachtung richtet (§ 105).

§ 102.
Berechnung und Verwendung der Gehöftskapitalien.

Schließlicher Erwähnung bedarf hier noch das Verfahren sowol bei Verwendung als bei Berechnung der gelegentlich der Interimswirthschaften und Zeitverpachtungen aus dem verkauften Inventar, den Cautionen und der Ueberpacht aufgekommenen Summen (§§ 94, 95)¹). Die Auctionserträge aus der allodialen Ueberwehr werden natürlich

---

⁴) E. v. 1. Decbr. 1846, Ra. 3930.

⁵) R. v. 22. Aug. 1840, Ra. 132, E. v. 4. Febr. 1846, Ra. 3929.

⁶) Der Gesindelohn des letzten Jahres trifft die Wittwe, wenn sie ein Trauerjahr hatte (vgl. übrigens § 81).

¹) Vgl. E. v. 1. Novbr. 1808, Ra. 82, v. 3. Decbr. 1810, Ra. 83, R. v. 3. Octbr. 1834, Ra. 106, v. 2. Febr. 1838, Ra. 120, E. v. 22. Octbr. 1839, Ra. 129, v. 11. Decbr. 1840, Ra. 134. Schemata zur Rechnung sind durch E. v. 13. März 1836 mitgetheilt. Nach R. v. 14. April 1837, Ra. 241, können alle diese Summen auch bei der Relutionskasse in runden Posten à 4 pCt. belegt, und sollen solche unkündbaren Obligationen, wenn ihre Cession an Dritte zur Zeit der erforderlichen Baarerhebung sich nicht effectuiren läßt, von der Renterei gegen Auszahlung des Capitals acquirirt werden, sobald das Finanzministerium ein halbes Jahr vorher hiervon in Kenntniß gesetzt ist.

den Erben oder ihrer Curatel zu eignem Gebrauche ausgekehrt. Dagegen sind die Auskünfte der herrschaftlichen Hofwehr zu dereinstiger Wiederanschaffung derselben beim Antritt des Anerben, alle Cautionen aber zur Wiedererstattung nach Maßgabe der Ablieferung bestimmt, und werden deshalb nach eingeholter Kammerinstruction zinstragend sicher vom Amte belegt, die Originalien Amtswegen asservirt. Die Ueberpacht endlich soll an sich zum Besten der allodialen Erben dienen und wird diesen oder ihrer Curatel zur Berechnung überlassen, bei Abmeierung des Vorwirths auch zum Abtrag solcher Privatschulden desselben, aus deren Creditirung den Gläubigern kein Vorwurf erwächst, verwandt.

Singulair aber sind die Vorschriften für die Zinsen aus dem herrschaftlichen Hofwehrkapitale, aus der Caution und der Ueberpacht. Eigentlich sollen jene den Kindern des Vorwirths Erziehung, Unterhalt und die herkömmliche Aussteuer gewähren, soweit der interimistische Hauswirth bei seiner Einweisung nicht etwa selbst dazu verpflichtet worden ist, ihnen auch ein kleines Vermögen verschaffen, werden deshalb regelmäßig den allodialen Erben oder ihrer Curatel zur Berechnung überlassen. Doch haften sie auch, sobald Rückstände des Vorwirths oder etwa restirende Hofwehrdefecte zu decken sind, oder das belegte Hofwehrkapital wegen Preisconjuncturen zur späteren Wiederanschaffung der Hofwehr nicht genügt, oder endlich während der laufenden interimistischen Wirthschaft neue Rückstände entstehen, zu deren Tilgung der interimistische Wirth unvermögend ist. Soweit diese Uebelstände schon nach dem Verkauf der Hofwehr und beim Beginn der interimistischen Wirthschaft sich als gewiß oder wahrscheinlich herausstellen, hat das Amt selbst jene Zinsen zu erheben und zu berechnen, bis der nöthige Deckungsfonds gesammelt, und demnächst nach Vorlage desselben bei der Kammer von dieser die nunmehrige Ueberweisung der späteren Zinsen an die allodialen Erben befohlen ist. In keinem Fall aber dürfen die event. von letzteren oder den Vormündern von vornherein oder später gesammelten Zins-Ueberschüsse früher als bis nach Beendigung der interimistischen Wirthschaft und erst dann möglichem sicheren Ueberblicke über die etwa neu entstandenen Rückstände, resp. nach ihrer Tilgung, vertheilt werden.

III. Erbpächter.

§ 103.

Geschichte, Verfahren bei der Vererbpachtung.

Unsere Erbpächter sind eine Fortbildung der Bauern, und aus dem Streben nach Hebung der an diesen, trotz ihrer im Ganzen günstigen Situation haftenden Mängel hervorgegangen. Letztere sind bekannt, und führen sowol für sie selbst, als für die landesherrliche Grundherrschaft unverkennbare Nachtheile und Gefahren mit sich. — Die Bauern heißen nur Zeitpächter, haben freilich ein dauerndes Besitzesrecht, sind aber am Ablauf ihrer Contractsjahre bei Gelegenheit der Feldregulirung unentgeltlichen Veränderungen ihrer Hufen und daneben der Erhöhung ihrer bisherigen Pacht ausgesetzt (§ 80); ferner giebt das nur beschränkte Nachfolgerecht (§ 92 ff.) ebensowenig feste Sicherheit zur Conservation der Gehöfte in den Familien. Die Bauern hüten sich deshalb wohl, bedeutendere Meliorationen ihrer nach wenig Jahren vielleicht an Andere ausgetheilten Ländereien vorzunehmen, und ihre Feldcultur schreitet nicht zeitgemäß vorwärts (§ 170). Die Zeitpacht verschafft ihnen ferner keinen Realcredit, keine Hypothek — bei Mißernten fehlen ihnen deshalb die Mittel zur Erschwingung der Pacht, und die Industriellen haben beim besten Willen keine Anlagekapitalien, wodurch wiederum der Ackerbau leidet. Endlich leben die Bauern überhaupt in zu unselbstständiger Lage, und wenngleich die früheren drückenden Wirthschaftsbeschränkungen (§ 169) in neuester Zeit weggefallen sind, so lastet doch immer noch die ihnen vollständig fehlende Disposition über ihre Ländereien (§ 81) und die oft zu weit ausgedehnte beamtliche Controle auf ihnen und läßt sie nicht zu recht kräftigem Gemeindesinn erwachen (§ 4).

Die Grundherrschaft aber wird natürlich ebenfalls durch die zurückbleibende Cultur der ihr eigenthümlichen Bauerländereien betroffen, weil sie davon nicht die zeitgemäße Pacht erzielen kann. Bei Pachtverzögerungen der Bauern hat sie wegen deren mangelnder Realhypothek oft keine geeigneten Executionsobjecte, und dadurch schwankt wieder in weniger günstigen Jahren der landesherrliche Einnahme-Etat. Durch die bisherige unentgeltliche Ueberlassung der Gebäude (§ 85) und der Hofwehren (§ 91) entgehen ihr Millionen. Auf Neubau und Conservation der Bauerngehöfte verwendet sie jährlich baar viele Tausende (§ 87), und die Pacht mancher Bauerstelle erreicht wol kaum die Zinsen des Baukapitals. Ein unendlicher Werth steckt auch in den jährlich zum Bau unentgeltlich hingegebenen rohen Holzmaterialien (§§ 86 und 87). Durch dies Alles werden die Einkünfte aus den Bauerhufen sehr geschmälert, und entsprechen durchaus nicht ihrer Güte und ihrem großen Arealumfange.

§ 104.

Fortsetzung.

Schon frühe wurden diese damals theilweise noch größeren und drückenderen Mängel erkannt. Im Anfange vorigen Jahrhunderts unter Herzog Carl Leopold brachte der Kammerpräsident Luben von Wulffen[1]) nach verunglückten Versuchen in Preußen die Erbpacht auch in Mecklenburg in Anregung. Die Bauern sollten den taxirten Werth ihrer Gebäude und Hofwehren, ferner für das ihnen zugestandene Erbrecht an den Ländereien eine nach den Umständen ermessene Summe als sog. Erbstandsgeld zahlen. Doch dies Unternehmen scheiterte an Kriegswirren, Armuth, mangelnder Umsicht — nur die zur Annahme von Erbpachtcontracten vielfach gezwungenen Erbfrohner nach Patent vom 30. Januar 1715 datiren aus jener Zeit.

Dringend offenbarte das Bedürfniß einer Umänderung sich wieder, als während der Kriege im ersten Viertel dieses Jahrhunderts die Unergiebigkeit der mit geringer Pacht stets im Rückstande bleibenden Bauern, und dadurch um so greller die Kostspieligkeit der auf sie fortdauernd gemachten herrschaftlichen Verwendungen, hervortrat. Wieder sollte ein festes Besitzesrecht der Bauern und ihr Ankauf der herrschaftlichen Gebäude und Hofwehren Abhülfe schaffen. Daneben aber sollten die jährlichen Pachtabgaben conservirt bleiben, weil aus diesen die Kosten des Landesregiments bestritten werden (§ 1), und das corpus domanii den Staatsgläubigern haftet, deshalb nicht verringert werden darf — nicht freies Eigenthum, wol aber eigentliche Erbpacht an Grund und Boden in Grundlage der

---

[1]) Vgl. Lisch, Jahrbücher, Bd. 13, pag. 197 ff. (vgl. § 163).

römischen Emphyteusis²), ein erbliches und veräußerliches Recht auf vollen hauswirthlichen Gebrauch und Fruchtgenuß, neben Kauf der Gebäude und Hofwehren zu Eigenthum, wurde deshalb gewählt. Sie sollte nicht allein auf einzelne, nach Aussterben der Gehöftsfamilie heimgefallene Bauerngehöfte (§ 95), sondern auch bei Gelegenheit der Feldregulirungen auf ganze Bauerndörfer, unter Conservation der bisherigen Hufner, Anwendung finden³).

§ 105.
Fortsetzung.

Im Uebrigen sind die noch jetzt normirenden Bedingungen des Erbpachtübergangs nach den einzelnen Verhältnissen verschieden und ohne ganz feste Principien bestimmt. Am einfachsten noch bei Vererbpachtung heimgefallener Gehöfte (§ 95, 101): hier wird regelmäßig die Hofwehr verauctionirt und der Preis für Gebäude und Einsaat gleichzeitig mit dem Erbstandsgeld in Einer Summe durch Meistgebot gewonnen. Ohne Schwierigkeit ferner bei den durch die Feldregulirungen (§ 60) besonders aus entlegenen Außenäckern neu gebildeten Erbpachthufen: hier wird das Erbstandsgeld ebenfalls durch Meistgebot erzielt, und die unentgeltliche Beschaffung der nothwendigen Gebäude¹) zur Bedingung gemacht. Anders aber bei denjenigen bisherigen Bauern, welche ihre Hufen selbst in Erbpacht nehmen (§ 104); die verschiedenartigsten Verhältnisse kommen hier zur Frage. Zu berücksichtigen sind besonders die Gebäude, ob wohlerhalten oder schon schlecht und beim Verbleiben der Besitzer im Bauernstand deshalb bald bedeutende herrschaftliche Verwendungen erfordernd, — die Ländereien, ob einträglich oder nur unergiebig und durch ihre Pacht kaum die Zinsen etwaiger Baukapitalien deckend (§ 103), — selbst das ohnehin schon bestehende

---

²) Vgl. Buchka und Budde, Entscheidungen, Band 2, pag. 167 ff., Band 4, pag. 136 ff.

³) Nach Cab.-Rescr. v. 4. April 1822, Na. 137. Auch nach Publication des — später wieder aufgehobenen (§ 1, Note 2) — Staatsgrundgesetzes wurden die Vererbpachtungen fortgesetzt, C. v. 16. Juli 1850, Na. 3938; doch auch gleichzeitig nach C. v. 23. März 1849 genaue Verzeichnisse der neu vererbpachteten Hufen entworfen.

¹) Ueber die Anwendung von Steinbächern beim Neubau vgl. § 85, Note 7.

Besitzes- und Nachfolgerecht der Bauern (§§ 80, 92), wodurch natürlich der Preis des nicht vollständig neuen, sondern nur erweiterten Erbstandes billiger Weise verringert werden muß. Hiernach haben solche auf Erbpacht gehende Bauern ihre Hufen nebst Gebäuden und Hofwehren schon ganz umsonst oder wenigstens gegen eignen unentgeltlichen Ausbau der Gebäude (§ 87), ihre Ländereien gegen ein Erbstandsgeld vom Betrage des Kanons nur weniger oder mehrerer oder selbst vieler Jahre, ihre Hofwehren gegen die billige Taxe von 1806 (§ 89) oder jetzigen Mittelpreis, ihre Gebäude gegen den Brandkassenwerth oder mittlere resp. volle jetzige Taxe erworben[2]). Dieser eigne Erbgang der Bauern ist natürlich nicht so einträglich als die nicht durch Rücksichten eingeengte meistbietende Vererbpachtung heimgefallener Gehöfte — deshalb auch dann nie gestattet, wenn die Gehöftsfamilie auf zwei Augen und baldiger Heimfall (§ 95 a. E.) zu erwarten steht. Außer mehr als 1300 Bauergehöften (§ 57) sind auch selbst kleinere Pachthöfe auf vorstehende analoge Weise zu Erbpacht übergegangen[3]).

§ 106.
Fortsetzung.

In neuerer Zeit ist der eigne Erbpacht-Uebergang der Bauern noch mehr erschwert und nur ganz ausnahmsweise zugegeben. Beim bisherigen Mangel ganz fester Principien (§ 105) waren hier die Bedingungen zuweilen bald zu billig, bald zu theuer. Natürliche Folge davon war theils speculativer Verkauf der soeben erworbenen Erbpachthufen durch ihre Besitzer und Selbstbezug der pecuniären Vortheile, auf welche die Grundherrschaft liberal verzichtet hatte — theils Verarmung der Erbpächter und deshalb auch hier wieder häufiger Verkauf der Grundstücke, welche dadurch feile Handelsobjecte wurden, wo sie die Wiegen mäßigen Wohlstandes und dauernden, ruhigen Genusses werden sollten. Hierdurch und durch die bei neugebildeten Erbpachthufen, sowie beim Heimfall der Bauergehöfte (§ 105), ebenfalls stattfindende freie Meist-

---

[2]) Anhalt hierzu geben die Taxprincipien v. 8. März 1851, Ra. 3939, und die Neubauwerths-Zusammenstellungen v. 28. April 1859.

[3]) Durch C. v. 2. April 1853 ist Bericht über Anzahl der im Laufe dieses Jahrhunderts vererbpachteten Gehöfte eingefordert; vgl. Circ. v. 23. März 1849 (§ 104, Note 3).

gebots-Concurrenz, sind die Erbpachthufen zuweilen in Hände von
Besitzern gekommen, welche den erworbenen Grundbesitz nur als einen
Handelsartikel ansehen und baldmöglich wieder an den Ersten Besten
zu verkaufen streben — oft auch wol tüchtig wirthschaften und hierdurch
vortheilhaft auf die Ackercultur der Bauern wirken, aber, meistens nicht
aus dem bäuerlichen Stande hervorgegangen, mit Verachtung auf die
Bauern und den Dorfsschulzen herabsehen, Zwietracht und Haß im
Dorfe und unter ihrem eignen Gehöftsgesinde (§ 142) erregen, Amt
und Amtsgericht mit ihren Querelen überschütten, nur gezwungen die
Dorfslasten tragen, und gar von freiwilligen Beiträgen, z. B. zu Kirchen-
glocken, Orgeln, Feuerspritzen, den Naturalien für Dorfsarme u. s. w.,
worin die Opferfreudigkeit des alten mecklenburgschen Bauernstammes
so glänzend hervortritt, vollends sich fernhalten. Der finanzielle Gewinn
aus solchen Erbpächtern wird durch ihren moralischen Schaden für die
Bevölkerung mehr als aufgewogen.

Jetzt endlich ist das Project allgemeiner Vererbpachtung der
Bauerhufen wieder lebendig geworden und soll Gegenstand sorgfältiger
Prüfung der Oberbehörden sein. Für diesen schon früher vorgesehenen
Fall ist Aufruf aller Dorfscontracte außer der Zeit reservirt (§ 80),
und hierin liegt der indirecte Zwang der Bauern zur Annahme von
Erbpachtcontracten, weil bei Verweigerung der neuen, im Ermessen der
Grundherrschaft stehenden, also event. auch zu einzelnen Erbpachtcontracten zu formulirenden, Dorfscontracte ihr Besitzesrecht an die Hufen
in Frage gestellt und event. durch Abmeierung völlig geendigt wird
(§§ 80, 81). Die Erbstandsbedingungen werden hier jedenfalls liberal
zu stellen sein, denn gezwungenen Erbpächtern muß billig ein gutes
Fortkommen gesichert werden. Ob ferner beim Ausgebot erledigter
Bauergehöfte und neuer Erbpachtstellen nicht die bisherige freie Concurrenz einzuengen und solche nur sicheren und bewährten Individuen
zu gestatten — zur Erhaltung des bisherigen kräftigen und conservativen
Bauernstammes im Grundbesitz der beim eignen Erbpachtübergang
erwachende Speculationsgeist desselben einstweilen wenigstens durch
Veräußerungserschwerungen niederzuhalten — endlich zur Verhütung
bedeutender, zum Verkauf drängender Ueberschuldung der Realcredit zu
beschränken sein dürfte — sind Fragen, welche eine sorgfältige Erwägung
erfordern.

§ 107.

Ertheilung, Bestätigung, allgemeiner Inhalt, Sicherung, Endigung der Erbpachtcontracte.

Bei der ersten Hingabe eines Grundstücks zu Erbpacht (§ 105) wird dem Erwerber ein Erbpachtcontract, gegen die Kammergebühr von 1⅓ pCt. der ganzen Kauf-Erbstandssumme und laufenden Kanonperiode außer den sonstigen Sporteln, verliehen. In Grundlage bestimmter Formulare[1]) wird derselbe vom Amte gleich sonstigen Pachtcontracten zusammengestellt, von der Kammer bestätigt und Allerhöchst vollzogen. Er normirt für alle Zeit, bei allen zukünftigen Singular- und Universal-Successionen, und kann einseitig weder von der Behörde noch vom Erbpächter selbst verändert werden. Doch bedarf er bei jedem Wechsel in der Person des Besitzers und des regierenden Fürsten landesherrlicher, gegen Entrichtung eines laudemium in besonderer Confirmationsacte zu ertheilender Anerkennung oder Recognition; außerdem müssen dann die sonstigen Sporteln und bei Universalsuccessionen an Fremde, sowie bei allen Singularsuccessionen, die Kammer resp. Consensgebühren von 1 pCt. des Erbwerthes resp. des Kaufpreises bezahlt werden, in welchem bei solcher Berechnung die Gebäude, Ländereien und Einsaaten zum Ansatz kommen. Die Recognition muß binnen drei Monaten nach eingetretener Personalveränderung, bei Singular-Successionen unter Anschluß originalisirter Contracte und Protokolle[2]) vom neuen Erwerber nachgesucht werden, und ist am besten von dem auf rechtzeitige Anträge ex officio[3]) haltenden Amte berichtlich aus der Kammer zu erwirken, nur bei Concurs und Erbfällen braucht nicht schon die Gesammtheit der Gläubiger oder Erben, sondern erst der Käufer oder Erwerber aus Erbtheilung die Recognition zu erlangen[4]). Handelt es sich neben letzterer auch zugleich um Confirmation von Privilegien, z. B. bei Erbfrohnern (§ 104) so werden beide Bestätigungen gleichzeitig von den beiden verschiedenen

---

[1]) Aus d. Jahre 1863; ältere sind v. 25. Septbr. 1850 und v. 10. Jan. 1854.
[2]) R. v. 12. Juli 1836, Ra. 138, v. 27. Juli 1836, Ra. 139, v. 23. Aug. 1842, Ra. 150.
[3]) C. v. 13. Juni 1840, Ra. 146, v. 4. April 1842, Ra. 148.
[4]) C. v. 20. Febr. 1860, wodurch C. v. 13. Juni 1840, Ra. 146, theilweise veraltet ist.

competenten Oberbehörden nach deren gegenseitiger vorheriger Communication gegeben.

Bei allen Verkäufen hat die Kammer das Vorkaufsrecht, dessen Verzicht am passendsten gleichzeitig mit dem Recognitions-Antrage des Erwerbers dort durch den Veräußerer nachzusuchen und nach 4wöchigem Stillschweigen der Kammer als geschehen anzunehmen ist.

Jede Consolidation oder auch nur wirthschaftliche Zusammenlegung mit einem andern Grundstück ist verboten und wird nöthigenfalls auf administrativem Wege durch öffentliche Veräußerung der Erbpachthufe getrennt, weil eine jede solche eine selbstständige Nahrungsstelle sein soll; ebensowenig darf dieselbe parcelirt oder auch von mehreren Personen dauernd besessen werden; nur ungetheilter Besitz Mehrerer bis zur Auseinandersetzung in Erbfällen oder Concursen ist zulässig (§ 58). Belastung mit Realdienstbarkeiten römischen und deutschen Rechtes ist unstatthaft und nichtig. Zur Sicherung des Contractes muß Erbpächter sein ganzes Vermögen, besonders das auf seiner Hufe befindliche, der Kammer verpfänden und sich für alle contractlichen Verpflichtungen sofortigem administrativen Executionszwange unterziehen. Dagegen steht es in der Macht des Erbpächters, seine Hufe zu ihrem ganzen Werthe zu verschulden[5]); doch darf der vorbesitzende Erblasser die Verschuldung letztwillig beschränken[6]).

Besondere Privationsgründe sind in den Erbpachtcontracten nicht enthalten, und werden deshalb als solche die gemeinrechtlich für die Emphyteusis (§ 104) geltenden, nämlich Verkauf ohne Anzeige, Verheimlichung des Preises zur Verringerung des laudemium, dreijährige Verweigerung der öffentlichen Abgaben resp. des Pachtkanons — auch hier Anwendung finden.

§ 108.

Oeffentliche Leistungen der Erbpächter.

Auch sämmtliche Rechte und Pflichten gegenüber Grundherrschaft, Commune und Hufe sind in den Erbpachtcontracten enthalten. — Zu den Dorfscommunen sind die Erbpächter in dem Verhältnisse von

---

[5]) Domanial-Hyp.-Ordnung v. 2. Januar 1854, Na. 4324, Rgbl. 2.
[6]) V. v. 3. Jan. 1860, § 6, Rgbl. 4.

Bauern (§ 83), volle Mitglieder des Dorfsverbandes und eo ipso allen desfallsigen Lasten und Pflichten nach freier amtlicher Repartition unterworfen[1]).

Außer der auf administrativem Wege und nur bei ausdrücklicher gesetzlicher Vorschrift durch die Gerichte zu regelnden Uebertragung aller Real- und Personalsteuern, geistlicher und Schullasten, überhaupt aller aus dem öffentlichen Recht fließenden Verbindlichkeiten, zahlen sie an die Grundherrschaft in Quartalraten jährliche Pacht oder Kanon. Bei Zeitpacht-Grundstücken läßt sich dieser jedesmal nach Ablauf der früheren und vor Beginn der neuen Pachtperiode nach den grade normirenden zeitgemäßen Veranschlagungsprincipien fixiren und dadurch für alle Zukunft auf entsprechender Höhe erhalten (§ 82). Nicht so aber bei Erbpachtgütern, deren Werth und Realcredit durch eine im freien Ermessen der Staatsgewalt liegende fortwährende und unbegrenzte Steigerung des Kanon völlig in Frage gestellt würde. Der bei ihrer ersten Errichtung ermittelte Kanon muß deshalb stets wesentlich derselbe bleiben. Daß hierbei aber auch gleichzeitig das Interesse der Grundherrschaft gesichert, und diese nicht im Laufe der Zeiten und beim Sinken des Geldwerthes auf verhältnißmäßig immer geringer werdende Erträge des von ihr in Erbpacht weggegebenen Grundbesitzes angewiesen werde, muß ihre dringende Sorge sein (§ 104).

Eine Fixirung des für alle Zeit bleibenden Kanon zu baarem Gelde würde durch steigende Werthminderung des letzteren den zu vermeidenden Nachtheil bald herbeiführen. Durch die, freilich naturgemäßeste, Bestimmung des Kanon zu gewissen Naturallieferungen an Korn würde die Grundherrschaft zum großen Kornhandel genöthigt, und dadurch außer anderen naheliegenden Unzuträglichkeiten von dessen Preisconjuncturen in ihren Einnahmen abhängig sein. In Mecklenburg-Schwerin wird deshalb zu allseitig passender Bestimmung des Erbpacht-Kanon ein eigenthümlich gemischtes Verfahren beobachtet und erbpachtcontractlich gesichert.

---

[1]) Vgl. R. v. 1. April 1820, Na. 136, v. 15. Juli 1839, Na. 145.

§ 109.

Fortsetzung.

Zunächst wird bei Neuerrichtung von Erbpachtstücken in Grundlage bestimmter Veranschlagungsprincipien[1]) die jährliche baare Pacht, der sog. Geld-Kanon, ermittelt. Für Erbpachthöfe normirt hier die Veranschlagung der Zeitpachthöfe (§ 70). Für Erbpacht-Bauerhufen aber findet die Veranschlagung der eigentlichen Bauern (§ 82) unter nachstehenden Modificationen hier Anwendung. Beim Acker nämlich fällt hier die dritte Columne ganz weg, und die zweite Columne passirt nur bei zu geringen Wiesen für die vier letzten Ackerklassen der Taxe (§ 67), wogegen bei ausreichlichen Wiesen für alle Ackerklassen noch ein Aufschlag nach Procenten stattfindet. Bei Wiesen ferner fehlt ebenfalls die zweite Columne; doch soll die Ueberlassung von Zeitpachtwiesen (§ 110) zu Erbpachthufen auf die Berechnung der Erbpacht keinen Einfluß üben, dagegen aber die Zeitpacht der Wiesen nach dem Ermessen Großherzoglicher Kammer und mindestens um so viel höher bestimmt werden, als der nach erster Columne berechnete Betrag der Erbpacht den nach zweiter Columne berechneten übersteigt. Wo eine Melioration der Wiesen thunlich erscheint, können die Wiesen event. um mehrere Klassen höher veranschlagt werden. Bei Zeitpachtwiesen erster Columne gilt ein bonitirtes Fuder 1. Klasse 4 Thlr. 32 ßl., 2. Klasse 4 Thlr. 16 ßl., 3. Klasse 4 Thlr., 4. Klasse 3 Thlr. 32 ßl., 5. Klasse 3 Thlr., 6. Klasse 2 Thlr. 24 ßl. — Auch die Weide wird nur nach erster Columne berechnet. Endlich findet der Rabatt für Communionwirthschaft, sowie für eignes Wirthschafts-Inventarium hier keine Anwendung.

Der also ermittelte Geld-Kanon wird demnächst in abzurundende ganze Scheffel Roggen, à Scheffel zu 1 Thlr. gerechnet[2]), umgesetzt, so daß z. B. ein Geld-Kanon von 150 Thlrn. eine gleiche Anzahl Kornscheffel ergiebt, und letztere ist der eigentliche Kanon. Aber auch er wird nicht in natura entrichtet, sondern nach je 20jährigen Durchschnittspreisen des Roggens, sog. Preisperioden, baar umgerechnet und in den jährlichen Fälligkeitsterminen in viertheiligen Summen gezahlt. Am

---

[1]) Jetzt v. 31. März 1856, früher v. 28. Aug. 1850.
[2]) C. v. 22. März 1848, Ra. 3936.

Ende jeder solchen Preisperiode tritt demnach gegen Kammergebühr von 1¹/₃ pCt. des Gesammtbetrags der laufenden Kanonperiode und gegen sonstige Sporteln neue Regulirung des baaren Kanon-Aequivalentes ein, aber nur, wenn die neue Periode sich höher gestaltet, gilt letztere, wogegen bei sich ergebendem niedrigeren Betrage der höhere der ersten Periode bis zur nächstfolgenden höheren, und event. noch weiter von Bestand bleibt. — Zu genauer Bestimmung der jährlichen Roggenpreise sind in Schwerin, Wismar, Rostock, Boizenburg, Grabow beeidigte Kornmakler angewiesen, jene alljährlich 8 Tage vor dem Antoni-Termine gewissenhaft zu notiren und die Zeugnisse bei der Kammer einzureichen, von der sie dann im Regierungsblatte publicirt und demnächst bei Regulirung des Kanon derjenigen Erbpächter, für welche die Kornmärkte dieser Städte normiren, zu Grunde gelegt werden[3]). Eine Ablösung des Kanon wird nur ausnahmsweise gestattet[4]), und mit Recht, denn große Kapitalien schwinden im Laufe der Zeiten, und gerade durch die jährlichen Pachtgefälle wird das Landesregiment unabhängig und aufrecht erhalten (§ 104).

Remissionen wegen Unglücksfällen, Wildschäden ꝛc. werden nur aus Gnaden ertheilt[5]).

§ 110.
Gebäude, Wirthschafts-Inventarien, Ländereien.

Jede Erbpachthufe muß ihrer Bestimmung als selbstständiger, landwirthschaftlicher Nahrungsstelle gemäß (§ 107) mit den erforderlichen Wohn- und Wirthschaftsgebäuden, sowie dem nöthigen Viehstapel, versehen sein und darf nicht von benachbarten Grundbesitzungen aus bewirthschaftet werden. Art und Menge der Gebäude und Inventarien entspricht dem Bedürfniß der Bauerhufen gleicher Größe. Jene inclusive Saaten sind Eigenthum des Erbpächters (§ 104), welcher auch zur Conservation seiner Gebäude freilich überall keine herrschaftlichen Bauunterstützungen genießt, aber dennoch dieselben eigenmächtig weder vermehren, noch zur Gewinnung neuer Wohnungen durchbauen darf. Wie

---

[3]) C. v. 7. Jan. 1820, Ra. 135, Rgbl. 3.
[4]) Ablösungssumme ist dann gewöhnlich der zu 3½ pCt. zu kapitalisirende Kanon.
[5]) R. des Ober-Appellat.-Ger. v. 24. Juli 1838, Ra. 144.

die Bauergehöfte, sind die Erbpachtgehöfte mit den dazu gehörigen Ländereien gleichmäßig zu numeriren¹) (§ 85).

Die Ländereien incl. Pertinenzen liegen zu Erbpachtrecht, sind zu erblichem Fruchtgenuß und hauswirthlichem Gebrauch dem Erbpächter hingegeben (§ 104). Contractlich wird dieser aber auf Gewinnung eigentlicher Feldfrüchte beschränkt, während alle sonstigen Nutzungen und Einnahmequellen (vgl. § 84) wie bei den Zeitpächtern für die Grundherrschaft reservirt und von dieser beliebig, aber gegen entsprechende Entschädigung der dadurch dem Ackerbau entzogenen Flächen, ausgebeutet werden. Der Erbpachtbesitz darf wegen des landesherrlichen Grundeigenthums (§ 57) von den Erbpächtern nicht deteriorirt, d. i. in seinem Gesammtwerthe nicht gemindert werden, und hiernach entscheidet sich auch die Streitfrage über erbpächterliche Berechtigung zum Torfstich in Ermangelung desfallsiger contractlicher Bestimmungen²). Letztere sind aber in allen neueren Erbpachtcontracten und gestatten Torfstich in der Ausdehnung, als er für den Wirthschaftsbedarf des Erbpächters, seiner Familie, seiner Leute erforderlich und für das Grundstück unnachtheilig ist; bedingen auch vorherige Concession der Amts-Forstbehörde, forstordnungsmäßigen Betrieb, Entrichtung von Zählgeld. Contraventionen werden mit dem einfachen Werth der unerlaubten Nutzung gebüßt³), und die desfallsige Untersuchung gleicht derjenigen bei Hofpächtern (§ 71). Unentgeltlichen oder ermäßigten Torfbezug aus landesherrlicher Forst haben die Erbpächter nie genossen. Unerlaubte Jagd und Holznutzung wird nach den Bestimmungen des Jagd- und Forstfrevelgesetzes bestraft. Für Werth und Größe der Ländereien wird auch hier gar keine oder nur beschränkte Garantie geleistet (§ 72). Von Wiesen werden übrigens gewöhnlich nur die unmittelbar an den Erbpachtacker angrenzenden ebenfalls auf Erbpacht, die entlegenen nur zu Zeitpacht beigelegt und dadurch zu demnächstiger weiterer beliebiger Disposition reservirt (§ 109). — Auch das Terrain zu Wegen, Kunststraßen ꝛc. müssen Erbpächter hergeben, erhalten aber eine nach dem Verhältniß des Kanon zum gesammten Superficialinhalt excl. Unbrauchbares berechnete Vergütung des doppelten Kanonbetrags.

---

¹) E. v. 9. Octbr. 1852, Ra. 3935.
²) Vgl. Buchka und Budde, Entscheidungen des Ober-Appellat.-Ger., Bd. 4, pag. 136 (vgl. § 169, Note 1).

§ 111.

Gehöfts-Nachfolge.

Jeder Erbpächter darf auf Grundlage des gemeinen Rechts letztwillig über sein Besitzthum frei verfügen, insbesondere auch den Gehöftserben, den anzunehmenden Werth des Gehöftes, die Abfindungen der übrigen Erben bestimmen. Die Intestat-Erbfolge aber ist in neuester Zeit besonders geregelt[1]. Sie gilt sowol im Kammer- als im Hausgut (§ 1)[2], und bezieht sich auf alle bäuerlichen Erbpachtgüter, soweit dieselben von 37½—350 bonit. Scheffeln (§ 83), bebauet, nicht in Händen von Rittergutsbesitzern, nicht schon mit besonderer contractlicher Erbfolge-Ordnung versehen, nicht mit gewerblichem excl. Krug-Betriebe[3] verbunden sind. Alle hiernach geeigneten Erbpachtgrundstücke sind und werden, auch innerhalb des Hausgutes[4], vom Amte, im Zweifel aber erst nach Verhandlung mit den Besitzern und nach eingeholter Entscheidung des Justiz-Ministerium, unter gleichzeitiger Benachrichtigung der Besitzer, in eine besondere Matrikel[5] eingetragen und dadurch der neuen Erbfolge unterworfen. Recurse gegen den Eintrag sind binnen 14 Tagen nach erlangter Kenntniß beim Amte einzulegen und werden von diesem unter Acteneinsendung an das Justizministerium einberichtet. Auf Antrag der Besitzer können jedoch auch alle an sich nicht matrikelpflichtigen Erbpachtgrundstücke in die Matrikel aufgenommen werden.

Der Intestats-Gehöftserbe wird im Uebrigen auf Grundlage des gemeinen Erbrechts, jedoch mit Vorzug zunächst des männlichen Geschlechtes und dann der Erstgeburt, bestimmt. An Stelle des hiernach zunächst Berufenen, aber Vorverstorbenen, dem auch lebende Successionsunfähige, besonders Blinde, Taubstumme, zu Bevormundende gleichstehen, treten vor Allen seine Nachkommen mit gleichem Vorzug des Geschlechtes und der Geburt. Immer nur Einer darf Gehöftserbe sein, bei mehreren Gleichberechtigten entscheidet das Loos, beim Vorhanden-

---

[1] V. v. 25. Jan. 1860, Rgbl. 4.
[2] C. v. 23. Jan. 1861.
[3] C. v. 25. Aug. 1860.
[4] C. v. 23. Jan. 1861.
[5] Durch C. v. 4. Aug. 1860 ist ein Formular dazu mitgetheilt.

sein mehrerer Erbpachtgrundstücke hat der zunächst Berufene die Wahl, und die ausgeschlagenen fallen den Nächstfolgenden zu.

Der Intestat-Gehöftserbe erhält außer dem Gehöft als Zubehör desselben das lebende und todte Inventarium, den Vorrath von Heu, Stroh, Dünger, den Bedarf für Einsaat, für Menschen und Vieh, für Abgaben, Altentheil, kurz für die ganze Wirthschaftsführung bis zur nächsten Ernte, die ganze Feldbestellung⁶). Ihn treffen die hypothekarischen, jedoch die übrigen Schulden nur subsidiär, soweit der Allodial-Nachlaß nicht dazu ausreicht.

Bei gleichzeitiger Minderjährigkeit des Anerben und seiner Geschwister wird das Gehöft bis zu dem auf die Volljährigkeit des Ersteren folgenden Johannistermine für gemeinschaftliche Rechnung bewirthschaftet. Auf Antrag volljähriger Miterben, resp. der Curatel des minorennen Anerben, aber erfolgt sofortige Auseinandersetzung.

§ 112.

Gehöftsabfindungen[1]).

Die dem Anerben nachstehenden Geschwister sind zu Abfindungen aus dem Gehöfte berechtigt. Dieselben können letztwillig oder vereinbarungsmäßig festgestellt werden; sonst aber wird das Gehöft nebst Inventarien, aber excl. der dem Anerben unentgeltlich verbleibenden Vorräthe, Bedürfnisse ꝛc. (§ 111) taxirt, von dem Taxwerth die Summe der hypothekarischen und der subsidiären Allodialschulden, ferner des nach jährlichem Betrage zu 4 pCt. zu kapitalisirenden etwaigen Altentheils und Unterhalts kranker Geschwister abgezogen, und von dem bleibenden Werthe nur einem einzigen Berechtigten $\frac{1}{2}$, mehreren aber zusammen $\frac{1}{2}$ ausgezahlt. Bei späterem Wegfall des Altentheils und Unterhalts wird dieselbe Berechnung ohne Anrechnung der dann cessirenden Leistungen erneuert. Gesetzliche Conferenda werden als aus dem Gehöfte gegeben betrachtet und hiernach angerechnet. Die Abfindungssummen werden mit 4 pCt. verzinst, stehen auf landesübliche Kündigung und müssen auf Antrag der Berechtigten intabulirt werden. — Der

---

⁶) Vgl. noch V. v. 31. Juli 1858, Rgbl. 22 (§ 89, Note 4).
[1]) Auch hierüber s. V. v. 25. Januar 1860, Rgbl. 4.

Anerbe muß nach dem Ermessen des Amtes seine vollbürtigen und seine vom Erblasser herstammenden halbbürtigen hülfsbedürftigen Geschwister gegen den Zinsgenuß ihres Vermögens bis zu ihrem vollendeten 16. Lebensjahre alimentiren und erziehen, Kranke, welche weder abgefunden noch niedergelassen sind, auch noch später unter gleichen Bedingungen und gegen Ueberweisung des Nachlasses der in solchem Zustande Gestorbenen.

Der überlebende Ehegatte erhält einen Altentheil, welcher vom Amte nach Gehör des Interessenten und mit Rücksicht auf die Tragfähigkeit des Gehöftes, sowie auf Orts- und Amtsüblichkeit (§ 96, N. 6) festgestellt wird. Beim Vorhandensein mehrerer Erbpachtgrundstücke hat der Berechtigte die Wahl, aus welchem er den Altentheil empfangen will. Herrschaftliche Feurungsabgabe an solche Altentheiler wird aber nicht gewährt[2]).

Die hauptsächlichste Intention des Gesetzes — Erleichterung der Gehöftsübernahme durch Minderung der Erstattungen an die allodialen Erben, und Verhütung der sonst so zahlreichen Verkäufe aus Erbtheilungen — erscheint hierdurch wesentlich erreicht. Selbst im Falle des Verkaufes durch den Anerben, ausgenommen an seine Kinder und nächstberechtigten Erben, haben die übrigen Miterben in der Reihenfolge der sonstigen Gehöftsuccession (§ 111) ein Vorkaufsrecht, wenn der Landesherr auf das seinige verzichtet, müssen jedoch ihre desfallsige Absicht binnen 4 Wochen nach Mittheilung des Kaufcontracts oder auf Proclamation des zuständigen Amtsgerichts erklären.

§ 113.
Gehöftsregulirungen.

Diese finden nach Vorstehendem, wie bei Bauernachfolge (§ 100), nunmehr auch bei Erbpächtern statt. Competent sind auch hier, selbst im Umkreis des Großherzoglichen Haushalts[1]), die Aemter, und hier vorzugsweise die Beamten für Feldregulirungen[2]). Bei Existenz von Minorennen concurriren natürlich die obervormundschaftlichen Gerichte;

---

²) C. v. 11. April 1864.
¹) Vgl. C. v. 23. Januar 1861.
²) C. v. 4. Aug. 1860.

doch ist eine allzustarre Scheidung der administrativen Gehöfts- und der gerichtlichen Nachlaßregulirungen hier jedenfalls zu vermeiden[3]).

Gering ist die Einwirkung der Aemter, wenn die Abfindung der nachgeborenen Geschwister durch diese selbst vereinbart oder vom Erblasser festgesetzt ist, und hier wesentlich auf Bestimmung des Gehöftsantreters, Ueberweisung des Gehöfts nebst Zubehör und die Constituirung des Altentheils beschränkt. Anders dagegen, wenn zur subsidiären Taxe geschritten werden muß (§ 112). Das dann zu beobachtende Verfahren ist genau vorgeschrieben[4]).

In jedem Amte ist eine Anzahl erfahrener und redlicher Landwirthe, besonders aus dem Stande der Bauern und Erbpächter zu künftigen Taxanten, sog. Vertrauensmännern, vom Amte zu erwählen und in ein Verzeichniß einzutragen, welches event. ergänzt und im Januar jedes Jahres der Kammer zur Einsicht vorgelegt werden muß. Ablehnungs- und Austrittsgründe der von ihrer Wahl zu Benachrichtigenden stehen zur Beurtheilung des Amtes. Aus ihrer Anzahl, selbst aus derjenigen benachbarter Aemter nach vorheriger Communication mit letzteren, bildet das Amt im einzelnen Falle eine Commission von Dreien, welche bei ihrem ersten Eintritt in eine solche vor Amt besonders vereidigt werden, kein Honorar beziehen, und nur ihre nothwendigen Kosten event. nach amtlicher Moderatur von den Interessenten erstattet erhalten. Etwaige Einwendungen der von ihrer Wahl sofort in Kenntniß zu setzenden Betheiligten stehen zur Beurtheilung des Amtes, welches bei ihrer Verwerfung zugleich die 14tägige Recursfrist bestimmt, event. besonders bei Zweifelhaftigkeit der Unparteilichkeit die Ersatzwahl, und endlich in einer Sitzung die Constituirung und Beeidigung der Commission vornimmt.

§ 114.

Fortsetzung.

Die Besichtigung des Grundstückes und der übrigen Gegenstände der commissarischen Wirksamkeit geschieht unter Leitung des zuständigen Amtes durch die Commission gemeinschaftlich. Das Amt kann hierzu

---

[3]) E. v. 4. Aug. 1860.
[4]) V. v. 25. Januar 1860, Rgbl. 4.

obendrein den Wirthschaftsführer und andere mit den betreffenden Verhältnissen Instruirte hinzuzuziehen, und hat vor oder während der Besichtigung alle einschlagenden Materialien, namentlich die Classifications-Tabellen, Ertragsanschläge, Brandversicherungssummen, ebenso nöthige Auskunft über Gerechtigkeiten und öffentliche wie private Belastungen des Grundstückes, der Commission vorzulegen. Mittelpreise dienen zur Grundlage der Taxation; das dem Anerben zu übergebende sog. Zubehör des Gehöftes (§ 111, Note 6) wird nicht berücksichtigt. Bei Schätzungen entscheidet der Durchschnitt, bei andern Gegenständen aber die Mehrheit der Stimmen. Die Schätzung und Regulirung zwecks Abfindung eines oder einiger Miterben (§ 112) normirt auch für spätere Auseinandersetzungen von Miterben desselben Falles; jedoch kann jeder der letzteren wegen inzwischen eingetretener zur Berücksichtigung geeigneter Veränderungen wiederholte commissarische Feststellung verlangen, mit Ausnahme bei Wegfall früher geschätzter Altentheile und Alimentationen kranker Geschwister, wo dann keine neue Schätzung, sondern nur die Anrechnung des vorher dafür abgerechneten Kapitalwerthes stattfindet.

Die Schätzungen der Commission unterliegen keiner Anfechtung. Beschwerden über andere Theile der commissarischen Thätigkeit gehen an das Amt, und zwar als Vorstellungen, wenn die vom Amte selbst geleiteten Vorgänge angegriffen werden. Wegen aller das eigne Verfahren und die Bestimmungen des Amtes betreffenden Beschwerden führt der Recurs an das Justizministerium. Die Beschwerde ist binnen 14 Tagen mündlich oder schriftlich bei dem Amte anzubringen, welches dieselbe sofort ex officio mit den Acten dem Justizministerium vorlegt, bei dessen Entscheidung es schließlich bewendet.

IV. Büdner.

§ 115.

Geschichte.

Diese sind eine in der Mitte des vorigen Jahrhunderts entstandene Schöpfung der Herzöge Christian Ludwig und Friedrich, welche dadurch in dem durch lange Kriege und Auswanderungen entvölkerten Domanium Gelegenheit und Antrieb zu neuen Niederlassungen geben wollten[1]). Die Bewerber erhielten zu gewöhnlichem Bauerrecht, welches aber bald in gemeines Erbrecht übergegangen ist[2]), meistens Haus-, Hof- und Gartenplatz von 100 ☐R. oder mehr aus wüsten Ländereien, Holzmaterialien zu erstem Anbau und künftigen Reparaturen, später auch selbst zur Feurung[3]), mit freier Anfuhr, Erlaubniß des Torfstichs auf ihrem Areal und des Holzsammelns, auch Stämmerabens in den fürstlichen Waldungen, freie Weide auf der communalen Dorfsweide (§ 59) für 1 Kuh und 1 Stück Jungvieh, auch für 1 Paar Pölke und Schafe — Alles für die jährliche Recognition von 4 Thlrn. meckl. Val. oder wenig mehr[4]), nebst zwei Freijahren. Eine Menge kleiner Grundbesitzer entstand damals also.

Nicht so günstig mehr waren die Grundbedingungen der im Anfang dieses Jahrhunderts angesetzten Büdner[5]). Nur nach vorheriger sorgfältiger Cognition wurden sie überhaupt zugelassen, und erhielten dann nie mehr als 100 ☐R. zum Haus-, Hof- und Gartenplatz auf Erbstandsrecht gegen eine, bei sterilem Gartenland freilich zu ermäßigende[6]) Recognition von 4 Thlrn. meckl. Val. mit nur Einem Freijahr, keine Weidefreiheit, kein Holz zum Bau noch zur Feurung[7]), dagegen aber außer dem auch ihnen gestatteten Holzsammeln und Stämmeraben

---

[1]) V. v. 14. März 1753, H. IV. 16, v. 19. Jan. 1754, H. IV. 18, vom 7. Jan. 1765.
[2]) Vgl. C. v. 29. Juli 1815, Ra. 154, R. v. 23. Novbr. 1841, Ra. 165.
[3]) C. v. 19. Aug. 1805, Ra. 479.
[4]) V. v. 27. März 1767.
[5]) V. v. 8. April 1809, Ra. 153, C. v. 4. Febr. 1828, Ra. 158.
[6]) C. v. 4. Novbr. 1835, Ra. 160.
[7]) Vgl. noch C. v. 27. Jan. 1810, Ra. 484.

4000 Soden Torf gegen Stechlohn⁸). Zur Verhütung von Forstfreveln durften sie keine Pferde halten⁹).

§ 116.
Fortsetzung.

In neuerer Zeit bei Gelegenheit der Feldregulirungen sind diese beiden Arten von Büdnern sehr umgeformt. Zunächst bei den älteren vernothwendigte die Aufhebung der Dorfscommunion und Einführung der Separation (§ 59) auch das Aufhören der büdnerrechtlichen Weidefreiheit auf der bis dahin communalen, jetzt aber zu separirenden Dorfsweide. Die Büdner verzichteten aber auf diese nur gegen Entschädigung durch eine separirte, nach vorheriger Bonitirung für ihre Viehweide ausreichend befundene Ackerfläche, welche bei weiterem Verzicht auf die anderen älteren Privilegien selbst noch entsprechend vermehrt und zu Erbpachtrecht verliehen wurde. So sind aus diesen Büdnern kleine Erbpächter von selbst zuweilen einigen Tausend ☐Ruthen geworden. — Ein anderes Resultat der Feldregulirung wirkte gleichmäßig auf alle. Bei der Separation kamen nämlich häufig kleine, besonders entlegene und sterile Feldabschnitte (§ 60) zur Disposition, welche oft nicht anders nutzbar werden konnten, als durch ihre Hingabe an schon bestehende Büdner zu intensiver Cultur auf Erbpacht, bei welcher Gelegenheit wieder der Verzicht auf frühere Privilegien möglichst erstrebt wurde. — Unter den beiden älteren Arten der Büdnereien sind deshalb verhältnißmäßig nur noch wenige auf den ursprünglichen Büdnerbesitz von 100 ☐R. beschränkt.

Selbst zahlreiche ganz neue Büdner von mehreren hundert bis einigen tausend ☐R. entstehen fortwährend durch die Feldregulirungen sowol auf disponiblen oder sterilen kleinen Ackerflächen, als bei hervortretendem Bedürfniß kleinen Grundbesitzes selbst aus entbehrlichen Abschnitten schon separirter Bauerhufen¹), am besten in der Nähe von Städten und an guten Absatzwegen, und bilden sogar ganz neue Ort-

---

⁸) C. v. 27. Jan. 1810 cit., v. 20. März 1811, Ra. 486, Rgbl. 1813, St. 7., R. v. 15. Mai 1838, Ra. 526.
⁹) C. v. 30. Jan. 1808, Ra. 152, Rgbl. 1815, St. 17.
¹) C. v. 22. Juli 1852; vgl. § 79, Note 5.

schaften, sog. Büdnercolonien (§ 60). Gewöhnlich wird dann der Preis für Land und Erbstand öffentlich meistbietend in einer einzigen Summe aufgebracht und die Bedingung zu unentgeltlicher Bebauung[2]) damit verbunden. Die früheren Privilegien werden auch dann nie wieder verliehen, und die Büdner-Verhältnisse sind, abgesehen von dem bedeutend geringern Areal, denen der bäuerlichen Erbpächter wesentlich identisch.

Die jetzigen 7284 Büdner leben entweder bei größerem Areal ausschließlich von Garten- und Feldbau (§§ 170 und 171), wozu sie bei etwaiger Nichtverwendung des Rindviehs zur Feldbestellung jetzt auch Pferdeanspannung halten dürfen[3]), oder machen sich, wenn ihr Grundbesitz zu ihrer selbstständigen Subsistenz nicht ausreicht, Nebenverdienst durch Tagelohn oder durch Handwerk und Gewerbe unter den gesetzlichen Beschränkungen[4]) (§ 143 ff.).

§ 117.
Verhältnisse.

Die Büdner erhalten bei erster Verleihung (§ 116) einer Büdner-Parcele gegen bestimmte Gebühren einen vom Amte ertheilten und bestätigten Büdnerbrief von bestimmtem Formulare[1]) als Besitzesurkunde, welchem zur Nachachtung eine Zusammenstellung der Ueberlassungsbedingungen[2]) als Norm für ihre Verhältnisse angeheftet wird. Diese Urkunde nebst Anlage gilt einseitig unveränderlich für alle Zeit, bedarf aber bei jedem Wechsel der Besitzer in Erb- oder Veräußerungsfällen grundherrschaftlicher Recognition, welche unter Vorlage der Erblegitimationen und der Contracte beim Amte durch die neuen Erwerber nachgesucht und hier in einer Confirmationsacte gegen übliche Sporteln ertheilt wird[3]). Nur bei Umfangserweiterungen der Büdnerländereien

---

[2]) Mit Steinbach bei Gebäuden mit Feuerstellen vgl. die auch hier geltende Note 7 des § 85.
[3]) C. v. 2. Febr. 1825, Ra. 156, Rgbl. 5 (§ 180, Note 1).
[4]) Durch C. v. 8. Septbr. 1852 ist über den Zustand der Büdnereien Bericht eingefordert.
[1]) Ein altes s. H. IV. 19; spätere sind von 1823.
[2]) V. 27. Septbr. 1838, Ra. 162.
[3]) Die Bestimmung der Bedingungen v. 27. Septbr. 1838, § 11, 3, Ra. 162, und der V. desselb. Dat., Ra. 361, Rgbl. 40, wonach bei bloßen Besitzesveränderungen ganz neue Büdnerbriefe zu ertheilen sind, ist nie praktisch geworden.

werden neue Büdnerbriefe mit den dann gerade normirenden Ueberlassungsbedingungen gegeben, und da jene im Laufe der Zeiten fast allgemein eingetreten sind (§ 116), so gelten wol nur noch wenige alte und ursprüngliche Büdnerbriefe. Bei allen Veräußerungen hat die Grundherrschaft das Vorkaufsrecht, dessen Verzicht gewöhnlich gleichzeitig mit dem Recognitionsantrage des Käufers beim Amte durch den Verkäufer nachgesucht und hier, wiewol unter ausdrücklichem Vorbehalt des Vorkaufs für zukünftige Veräußerungsfälle, regelmäßig sofort ertheilt wird.

Die Büdnereien sollen selbstständige Nahrungsstellen sein, daher weder parcelirt⁴) noch consolidirt, noch von ihren Gebäuden getrennt werden (§ 58). Auch Belastungen mit Servituten ꝛc. sind nichtig. Dagegen dürfen sie frei verschuldet werden, sofern die Vorbesitzer hierin keine Beschränkungen bestimmt haben⁵).

Die Büdner sind Glieder des Dorfsverbandes und den Communallasten (§ 4) nach Größe ihres Hufenstandes und Amtsobservanz unterworfen, wobei mehrere Büdner den Antheil eines Hauswirthes zu übertragen pflegen. Außer der administrativ und nur bei specieller desfallsiger Vorschrift gerichtlich zu regelnden Leistung der Real- und Personalsteuern, sowie aller öffentlichen Lasten, zahlen sie an die Grundherrschaft von ihren Erbpachtländereien einen zu einer viertheiligen Summe abzurundenden⁶), wie bei Erbpächtern zu regulirenden Kanon (§ 109). Als Veranschlagung normirt die erste Columne der Pachthoftaxe (§ 70), sowol für die eigentlichen Erbpacht- als auch für die in Zeitpacht etwa beigegebenen Ländereien, wobei die in Erbpacht überlassene und zur Ackercultur sich eignende Weide auch als Acker zu bonitiren und zu veranschlagen ist⁷). Von den ursprünglichen Büdnerländereien (§ 115) entrichten sie daneben die ursprüngliche feste Geldrecognition, welche aber zur Vereinfachung in neuester Zeit mit dem Erbpacht-Kanon zu einer einzigen Summe möglichst verschmolzen und in Scheffel Roggen umgerechnet wird.

---

⁴) C. v. 29. Jan. 1825, Ra. 155.
⁵) V. v. 2. Jan. 1854, § 1, Ra. 4324, Rgbl. 2, vgl. V. v. 25. Jan. 1860, §§ 2 sub 4, 6 sub 3, Rgbl. 4.
⁶) C. v. 2. Novbr. 1838, Ra. 163.
⁷) C. v. 4. Octbr. 1856, wodurch frühere Veranschlagungsprincipien v. 4. Febr. 1828, Ra. 158, 4. Novbr. 1835, Ra. 160, 24. Jan. 1838, Ra. 161, 11. Novbr. 1840, Ra. 164, veraltet sind.

Kanon-Ablösung und Remission wird nicht gestattet (§ 109). Alle öffentlichen und büdnerbrieflichen Lasten unterliegen sofortigem administrativen Executionszwange.

§ 118.

Fortsetzung.

Jede Büdnerparcele muß selbstständig bebauet sein und darf nicht von benachbarten Besitzungen aus bewirthschaftet werden. Die Gebäude bestehen nur aus einem Wohnhause nebst dem erforderlichen Einschnitts- und Stallraum, resp. separater Scheure und Stallung. Sie sind, wie das Wirthschafts-Inventarium, Eigenthum des Büdners, welcher überall keine Bauunterstützungen genießt, aber die Gebäude eigenmächtig weder vermehren noch vergrößern darf. Ihre Bauart ist verschieden, in neuester Zeit häufig massiv; die Bedeckung mit Steindach ist stets, sowol bei erster Anlage von Büdnereien als bei Einrichtung neuer Feuerstellen in den alten Büdnereien, auszubedingen[1]. Auch die Büdnereien sind mit den dazu gehörigen Ländereien gleichmäßig zu numeriren[2] (§ 110). Ueber die Ländereien mit Pertinenzen und Reservaten gelten die Grundsätze der Erbpacht (§ 110). Wiesen werden auch hier regelmäßig nur in Zeitpacht beigegeben[3]. Zum Torfstich auf den Büdner- (Erbpacht-) Ländereien zu eignem Wirthschaftsgebrauche der Besitzer bedarf es[4] der Erlaubniß der competenten Forstbehörde, welche von dieser, in zweifelhaften Fällen nur nach Verständigung mit dem Amte, bei Meinungsverschiedenheit nach eingeholter Entscheidung des Kammer- und Forst-Collegs, schriftlich mit Angabe der Bedingungen regelmäßig ertheilt werden soll. Forstliche Betriebs-Controle tritt nur ausnahmsweise, dann aber auch gegen Entrichtung des Zählgeldes, ein. Nur beim Zusammenhängen der Büdner-Torfstrecken mit größeren, zum herrschaftlichen Betrieb sich eignenden Lagern ist durch die Amts-Forstbehörde stets zuvorige Resolution des Collegs einzuholen. Dagegen erhalten die Büdner, soweit sie nicht besondere Rechtstitel darauf erworben

---

[1] C. v. 22. Septbr. 1843, v. 10. Jan. 1852.
[2] C. v. 9. Octbr. 1852, Ra. 3935.
[3] V. v. 8. April 1809, Ra. 153.
[4] C. v. 3. April 1861.

haben, wie schon seit langer Zeit (§ 115) keine Holz-, so auch jetzt keine
Torfdeputate mehr⁵), und ist event. deren Wegfall zur Bedingung
eignen Torfstichs zu machen⁶). Holzlesen und Stämmeraden aber bleibt
ihnen, wenngleich ohne Gebrauch von Wagen⁷), gestattet⁸). Contraventionen gegen Torfstich werden wie bei Erbpächtern (§ 110), sonstige
Feurungscontraventionen wie bei Einliegern (§ 139) bestraft.

Für die mit Anspannung nicht versehenen Büdner werden die
Hauswirthe, auch der Hofpächter desselben Ortes, zur Leistung mehrerer
nöthigen Fuhren, wie bei Häuslern und Einliegern (§ 140) contractlich
obligirt.

Für die Erbfolge der Büdnereien normirt das gemeine Erbrecht⁹),
und etwaige Erbregulirungen, auch Constituirung von Altentheil¹⁰) und
sonstigen Abfindungen, stehen zur Competenz der Gerichte. Herrschaftliche Feurung an Büdneraltentheiler wird nie verabreicht¹¹). Auf Antrag
der Besitzer kann jetzt aber auch das Intestat-Erbrecht der bäuerlichen
Erbpächter hier Anwendung finden¹²) (§ 112).

V. Häusler.

§ 119.

Geschichte.

Schon in älteren Zeiten gab es in hiesigen Landen Brinksitzer oder
Häusler, die entweder nur eigenthümliches Haus ohne Garten, oder
auch letzteren incl. Hofplatz mit weniger als 100 ☐R. in erblichem

---

⁵) V. v. 14. Febr. 1859, Rgbl. 11; wegen Pächter von Büdnereien vgl. § 139,
Note 3.
⁶) C. v. 3. April 1861.
⁷) V. v. 30. Novbr. 1825, Ka. 600, Rgbl. 49.
⁸) C. v. 3. Novbr. 1834.
⁹) Vgl. § 115, Note 2.
¹⁰) R. v. 29. Juni 1841, Ka. 61.
¹¹) C. v. 11. April 1864.
¹²) V. v. 25. Jan. 1860, § 2 sub 4, Rgbl. 4.

Besitz hatten¹). Sie wurden allmälig selten, meistens in Büdner verwandelt. In neuerer Zeit sind wieder ähnliche Häusler angesetzt, und nach den Kammer-Circularen vom 18. Mai 1846²), 20. Februar 1857, 28. Januar 1862 noch in steter Ausbildung begriffen. Besonders die Besitzesverhältnisse der Häusler sind hierin modificirt. Zuerst nämlich sollten sie nur ein eigenthümliches Haus incl. Haus- und Hofplatz von etwa 15—25 ☐R. gegen jährliche Recognition von 28 ßl. Cour., aber überall keine Erbpachtländereien haben. Demnächst war die erbpachtliche Hingabe eines kleinen Gartens von wechselnder Größe in unmittelbaren Anschluß an Haus- und Hofplatz gegen Erbstandsgeld und Kanon nur gestattet. Jetzt endlich bildet solche Vererbpachtung eines kleinen Gartens bis zu 60 ☐R. die Regel, so daß also die jetzt angesetzten Häusler incl. Haus- und Hofplatz von regelmäßig 25 ☐R. in Summa durchschnittlich 85 ☐R. Grundbesitz haben. Die jetzigen 2619 Häusler (§ 57)³) scheiden sich demnach in die beiden Klassen mit und ohne Erbpachtgarten.

Die Häuslerparcelen werden bei Gelegenheit der Feldregulirungen (§ 60) aus disponiblen herrschaftlichen Grundstücken reservirt; jedoch sind die Bauern auch im Laufe ihres Zeitpachtcontractes zur Hergabe derselben aus ihren Ländereien bei eintretendem Bedürfniß contractlich verpflichtet⁴). Nur ansässige Bewerber aus dem Umkreise des ganzen Domanium werden zur Concurrenz auf Bebauung jener Parcelen beim Amte gelassen⁵), müssen sich über das ihnen selbst oder ihren Ehefrauen zustehende Eigenthum von ⅔ des Baukapitals ausweisen⁶), ein Erbstandsgeld von 25fachem Betrage des Erbpacht-Kanon (§ 121) erlegen⁷), und nach ihrer von der Kammer genehmigten Annahme die Parcele

---

¹) Vgl. z. B. Contribut.-Edict v. 4. Octbr. 1843, erster Abschnitt, Anmerkung; Ra. 762, Rgbl. 26.

²) Abgedruckt Ra. 3940.

³) Durch Circ. v. 5. Aug. 1852 ist über ihre damalige Anzahl Bericht eingefordert.

⁴) Wenngleich mit möglichster Schonung separirter Hufen, nach C. v. 22. Juli 1852 (vgl. § 79, Note 5).

⁵) C. v. 18. Mai 1846, § 6, Ra. 3946.

⁶) C. v. 18. Mai 1846 cit.

⁷) C. v. 28. Jan. 1862, § 5.

demnächst bebauen. Erst mit vollendetem Bau tritt die volle Wirkung des Häuslerrechtes ein[8]).

Die Häusler haben den kleinsten ländlichen Grundbesitz, können von dessen Ertrage nicht leben, keine Anspannung darauf halten, sind auf Verdienst durch Tagelohn, Handwerk und Gewerbe unter den gesetzlichen Beschränkungen (§ 143) angewiesen. Hauptsächliche Rücksichten bei ihrer Ansetzung müssen deshalb immer Gelegenheit zu freier, gutgelohnter Tagelöhner-Arbeit, mangelnde Handwerker-Concurrenz, Möglichkeit der erforderlichen Fuhren gegen billige Vergütung sein (§ 122).

§ 120.
Zweck der Häuslereien.

Nicht die Erleichterung der Niederlassungen durch Vermehrung der Wohnungen ist Zweck der Häuslereien, sondern die Gewinnung gesunder und geräumiger Häuser. Deshalb wird, abgesehen von dem Falle einer durch die Kammer zulässig befundenen Vermehrung der ländlichen Arbeiter, regelmäßig nur beim Nachweis sicheren Eingehens einer bisherigen Arbeiterwohnung[1]), oder beim Mangel guter Wohnungen, oder beim Bedürfniß abgesonderter Werkstätten für Handwerker, oder bei unverhältnißmäßig hohen Miethspreisen[2]), auch nur schon Seßhaften[3]), die Concession zum Häuslerbau ertheilt. Nur eine einzige Wohnung soll darin angelegt werden, nur eine einzige Familie dort Obdach finden[4]). Vermiethung leerer Häuslereien findet nur an Ansässige statt; ebenso Schenkung, Verkauf, Vererbung, ausgenommen an Ehegatten, rechte wie Stief-Kinder und -Eltern, Schwiegersöhne. Veräußerungen an nicht

---

[8]) Durch ein Rescript v. 20. Febr. 1857 an Amt Schwaan ist bestimmt, daß die wirkliche Bauausführung aufschiebende Bedingung der ganzen Häuslereiconcession ist, der Grundbrief erst nach beschafftem Bau zu ertheilen steht, und die Erben des Anbauenden bis dahin einen Rechtsanspruch an den bloßen Bauplatz nicht haben.

[1]) C. v. 7. April 1856, v. 20. Febr. 1857, II., § 1.

[2]) C. v. 18. Mai 1846, § 2 cit.

[3]) C. v. 18. Mai 1846, § 6 cit., Grundbedingungen v. 20. Febr. 1857, § 5, v. 28. Jan. 1862, § 8.

[4]) C. v. 18. Mai 1846, § 2 cit., Grundbedingungen v. 20. Febr. 1857, § 1.

erwerbsfähige Personen sind nichtig; bei erbrechtlichem Titel genießt der Berechtigte einer einjährigen Frist, um entweder die Niederlassung zu erlangen oder die Häuslerei zu veräußern, wonächst administrative Zwangsveräußerung eintritt⁵). Der ausnahmsweise von den schon genannten, nicht ansässigen Verwandten erworbene Besitz einer Häuslerei gewährt diesen an sich nie das Recht der Niederlassung⁶), welches immer an ihre eigenen Bedingungen gebunden bleibt.

Die Häuslereien geben auch dem unbemittelten Landbewohner Gelegenheit, durch Fleiß, Ordnung, Sparsamkeit dereinst ein festes Besitzthum zu erwerben, und sich also gegen die Willkür der größeren Grundbesitzer, welche nur zu oft ihre Tagelöhner aus der Miethswohnung und Arbeit auf die Straße drängen (§§ 128, 131, 134) zu sichern. Gewiß bedarf es eines so bedeutenden Aequivalentes gegen die mit dem Eigenthum auch verbundenen Grund- und sonstigen Lasten, sowie gegen die den Betrag gewöhnlicher Hausmiethe um mehr als das Doppelte übersteigenden Zinsen des Baukapitals.

§ 121.

Verhältnisse.

Die neu angesetzten Häusler erhalten gegen übliche Gebühren als Besitzesurkunde vom Amte einen Häuslerbrief nach bestimmtem Formular¹), welchem in besonderer Anlage die einen förmlichen Contract vertretenden, das Verhältniß der Häusler erörternden Grundbedingungen angeheftet sind. Jederzeitige Umänderung derselben durch die Grundherrschaft wird darin ausdrücklich reservirt, und ist demnach der Häusler selbst zur Annahme ganz neuer Bedingungen verpflichtet²), hierdurch auch die Möglichkeit zur allmäligen Gleichstellung der älteren Häusler mit den neueren (§ 119) geboten, wie denn auch jene gelegentlich der

---

⁵) E. v. 18. Mai 1846, § 10 u. 11 cit., Grundbedingungen v. 20. Febr. 1857, §§ 5—7, v. 28. Jan. 1862, §§ 8—10.

⁶) E. v. 20. Febr. 1857 a. E. und v. 28. Jan. 1862, § 9.

¹) E. v. 20. Febr. 1857, vgl. E. v. 8. Decbr. 1849, Ra. 3942.

²) E. v. 18. Mai 1846, § 16 cit., Grundbedingungen v. 20. Febr. 1857, § 13, v. 28. Jan. 1862, § 16.

Feldregulirungen ebenso groß als letztere möglichst dotirt werden. Auf nachfolgende Besitzer werden die Häuslerbriefe antragsmäßig durch einfache amtliche Confirmationen oder Anerkennungsbriefe gegen Gebühr übertragen, denen die gerichtlichen Erbenzeugnisse resp. Kaufcontracte anzuschließen sind[3]). Bei allen Veräußerungen hat die Grundherrschaft das Vorkaufsrecht, dessen Verzicht binnen 4 Wochen nach eingetretener Veränderung unter Einreichung des Kaufcontractes beim Amte durch den Verkäufer nachgesucht und bei zweimonatlichem Stillschweigen als gegeben angenommen wird[4]).

Die Häuslereien sollen unveränderlich für sich bestehen, weder parcelirt noch consolidirt (§ 58), ohne amtliche Erlaubniß mit Real-Servituten überall nicht, mit Personal-Servituten und Altentheilen nur zu Gunsten der Ehegatten, rechten wie Stief-Eltern und -Kinder, Schwiegereltern beschwert werden[5]). Ihre Verschuldbarkeit dagegen ist unbeschränkt[6]).

Die Häusler sind Mitglieder des Dorfsverbandes und allen Communallasten (§ 4), die mit einem Erbpachtgarten dotirten zu einem Hufenstande (§ 4) von 1 Scheffel[7]) unterworfen[8]). Außer der gewöhnlich administrativ zu regelnden Uebertragung der öffentlichen Lasten und Realsteuern mit Ausnahme der außerordentlichen Hufensteuer[9]), und außer den Personalsteuern, zahlen sie an die Grundherrschaft für Haus- und Hofplatz eine jährliche Recognition von 28 ßl.[10]) und für den Erbpachtgarten einen wie bei Erbpächtern zu regulirenden Kanon (§ 109). Zu dessen Ermittelung wird das Land als Garten nach der Pachthoftaxe (§ 70) veranschlagt; ist dasselbe jedoch ganz oder theilweise nicht

---

[3]) C. v. 8. Decbr. 1849, Ra. 3942.
[4]) Grundbedingungen v. 18. Mai 1846, § 13 cit., v. 20. Febr. 1857, § 11, v. 28. Jan. 1862, § 14.
[5]) Grundbedingungen v. 20. Februar 1857, §§ 8—10, v. 28. Januar 1862, §§ 11—13.
[6]) V. v. 26. Jan. 1852, Ra. 4323, Rgbl. 4, v. 2. Jan. 1854, § 1, Ra. 4324, Rgbl. 2.
[7]) C. v. 28. Jan. 1862 cit., § 5.
[8]) C. v. 18. Mai 1846 cit., § 15, vgl. Anl. A. § 8 zum C. v. 20. Febr. 1857 cit.
[9]) C. v. 28. Jan. 1862 cit., § 5.
[10]) C. v. 18. Mai 1846 cit., § 7, Grundbedingungen v. 20. Febr. 1857, § 2, v. 28. Jan. 1862 cit., § 5.

als Acker bonitirt, so geschieht die Veranschlagung auf amtliches Erachten
nach Beschaffenheit des einzelnen Falles. Die ersten Preisperioden des
Kanons der neuen Häuslereien sind thunlichst immer so abzukürzen, daß
sie demnächst mit denen älterer Häuslereien desselben Dorfes gleichzeitig
ablaufen, und alle insgesammt in Zukunft gleichzeitig neu regulirt werden
können¹¹). Remissionen und Kanon-Ablösungen werden nicht verhießen
(§ 109). Alle Leistungen unterliegen sofortiger amtlicher Execution.

§ 122.

Fortsetzung.

Die Häusslereiparcelen müssen nach erwirkter Kammergenehmigung
(§ 119) besonders bebauet und dürfen von anderen Grundstücken aus
nicht bewirthschaftet werden. Die Häuslereigebäude sollen nach bestimmten
Normalrissen¹) jetzt entweder nur aus einem aus- und inwendig massiven,
mit feuerfestem Dache versehenen²) und auch den nöthigen Stall- und
Scheurenraum gleichzeitig enthaltenden Wohnhause, oder außer diesem
aus besonderen Ställen mit feuerfesten Dächern und vermauerten Fach-
werks- oder massiven Ringwänden, bestehen³). Das nur für Einen
Hausstand bestimmte Wohngelaß umfaßt 2 Stuben incl. Werkstätte
nebst 1—2 Kammern, oder 1 Stube nebst 2—3 Kammern, Küche,
Speise- und Vorrathskammer⁴). Die Gebäude sind Eigenthum des
Häuslers, welcher überall keine Bauunterstützungen bezieht⁵). Vor dem
Bau muß Häusler dem Amte 2 gleiche, den Normalrissen entsprechende
Baurisse vorlegen, von denen nach ihrer Genehmigung der eine, unter
genauer Bestimmung des Bauplatzes und der Dimensionen, sowie unter
dem Anfügen an den Häusler, daß der Bau nach seiner Vollendung
amtlich revidirt und jede eigenmächtige Abweichung gestraft, resp. auf
Kosten des Häuslers selbst rückgängig gemacht werden solle, dem Dorfs-

---

¹¹) C. v. 28. Jan. 1862 cit., § 5, Grundbedingungen ibid. § 5.
¹) V. v. 24. Mai 1850, Ra. 3944, v. 20. Juni 1853, v. 20. April 1864.
²) C. v. 18. Mai 1846 cit., § 5, Grundbedingungen v. 20. Febr. 1857, § 1
cit., v. 28. Jan. 1862, § 2 cit.
³) Vgl. die Grundrisse in Note 1, C. v. 5. Febr. 1853, v. 28. Jan. 1862 l.
⁴) Vgl. vorstehende Grundrisse.
⁵) C. v. 18. Mai 1846 cit. § 5, Grundbedingungen v. 20. Febr. 1857 cit.,
§ 1, v. 28. Jan. 1862 cit., § 4.

schulzen zur Controle mitgetheilt, der andere aber bei den Amtsacten aufbewahrt wird[6]); ebensowenig darf Häusler spätere Veränderungen ohne Amtsconsens vornehmen[7]). Die Numerirung der Häuser mit Blechplatten geschieht auf Kosten der Amtskasse[8]). Zu besserer polizeilicher Aufsicht liegen die Häuslereien meistens in der Nähe der Dörfer, und möglichst gerade Anlagen und Reihen werden erstrebt[9]).

In unmittelbarem Anschluß an die Gebäude sollen Hofplatz und Erbpachtgarten sein[10]), für welchen im Uebrigen die Grundsätze der Erbpacht (§ 110) gelten werden. Ebenso wie die Einlieger (§ 136) werden die Häusler auch mit zeitpachtlichen Einliegercompetenzen dotirt, welche aber zu den Häuslereien in überall keinen rechtlichen Beziehungen stehen[11]) und deshalb, um solche Trennung dauernd anzudeuten und zu erhalten, nicht unmittelbar an jene angrenzen sollen[12]), wenngleich die den bisherigen Häuslern in unmittelbarer Nähe bei Haus- und Hofplatz einmal gegebenen und zu neuen Häusler-Anlagen nicht erforderlichen jenen, jedoch nur für die Zeit ihres eigenen Besitzes, sowie unter der Bedingung gehöriger Scheidung zwischen eigentlichen Häuslerländereien und Einliegercompetenzen, auf Widerruf wol gelassen werden.

Die Häusler erhalten die Anspannung (§ 140), sowie die herrschaftliche Feurung[13]) (§ 139), regelmäßig auch die ärztliche Behandlung und Medicin (§ 140) der Einlieger. Als Erbrecht gilt das gemeinrechtliche, unter den schon (§ 120) erörterten Modificationen[14]).

---

[6]) C. v. 20. April 1864, vgl. C. v. 22. Septbr. 1850, Ra. 3943, v. 18. Mai 1846 cit., § 5, Grundbedingungen v. 20. Febr. 1857 cit., § 1, v. 28. Jan. 1862 cit., § 3.

[7]) Vgl. Citate sub 6 und Grundbedingungen v. 28. Jan. 1862 cit. § 2.

[8]) C. v. 10. Juli 1847, Ra. 3941.

[9]) C. v. 18. Mai 1846 cit., § 3.

[10]) C. v. 18. Mai 1846 cit., § 4, v. 20. Febr. 1857 cit. § 6.

[11]) C. v. 18. Mai 1846 cit., § 12, v. 20. Febr. 1857 cit., § 7, erläutert durch C. v. 28. Jan. 1862 cit., § 3.

[12]) C. v. 28. Jan. 1862 cit., § 4.

[13]) C. v. 28. Jan. 1862 cit., § 8, wodurch die entgegengesetzte Bestimmung des C. v. 20. Febr. 1857 cit., § 6, aufgehoben ist.

[14]) Nach V. v. 25. Jan. 1860, § 2 sub 4, Rgbl. 4, findet das Erbrecht bäuerlicher Erbpachthufen (§ 111) auf Häuslereien keine Anwendung.

VI. Miethseinwohner.

§ 123.

Verschiedene Arten derselben.

Die etwa 25000—26000 Familien der Miethsbewohner (§ 57) bilden die an Zahl bei Weitem überwiegende Klasse der Landbevölkerung. Sie haben keinen Grundbesitz, selbst keine eigenthümlichen Häuser, sondern leben in ländlichen Miethswohnungen. Ihren Lebensunterhalt ziehen sie deshalb nicht aus eignen Ländereien, sondern vorzugsweise aus dem Erwerb ihrer Hände, dem Arbeitsverdienst. Durch Gesundheit und Fleiß ist somit ihre selbstständige Existenz bedingt, und aus ihnen gehen besonders die Armen hervor.

Gelegenheit zum Arbeitsverdienst bieten hauptsächlich die ländlichen Grundstücke, welche fremder Arbeitskräfte bedürfen. Früher war es nicht so. Die großen Höfe wurden theils von den leibeignen Bauern im Hofedienst (§ 68), theils von deren dem Dienst- oder Gesindezwang unterworfenen Kindern (§ 141) bestellt, und für die bäuerlichen Wirthschaften genügte die Gehöftsfamilie selbst. Ländliche, zum Grundstück, dem sie dienten, an sich nicht gehörige, freie Feldarbeiter oder Tagelöhner gab es deshalb nur wenige. Mit dem Aufhören des Hofedienstes (§ 79), und der noch immer in größerer Ausbildung begriffenen, stets umfänglichere Kräfte erfordernden Ackercultur wuchs aber auch die Zahl der Tagelöhner. — Das stete Bedürfniß der größeren Grundstücke, besonders der Höfe und Bauern-, resp. Erbpacht- und Pfarrhufen und der umfänglicheren Dienstländereien, gebietet ferner auch die stete Gegenwart solcher Tagelöhner. Im eignen Interesse der Grundbesitzer liegt es deshalb, mit denselben ein dauerndes contractliches Dienstverhältniß einzugehen, wonach dieselben gegen bestimmte Emolumente ihre Kräfte ausschließlich ihren Dienstherren und deren Besitzungen widmen. So entstehen die Hof- und die Gehöftstagelöhner (§ 124 ff., 130 ff.).

Im Gegensatz zu diesen suchen die sog. Einlieger (§ 132 ff.) als freie Feldarbeiter oder als kleine Handwerker täglichen Verdienst, wo sie ihn finden können; doch auch ersteren, wenn sie fleißig und tüchtig sind, gelingt es nicht selten, besonders auf benachbarten großen Höfen wenigstens dauernde Beschäftigung gegen entsprechende Vergütung an baarem Gelde oder an Korn zu erlangen.

1. Hoftagelöhner.

§ 124.

Tagelöhner - Regulative.

Das contractliche Dienstverhältniß der Hoftagelöhner zu den Hofpächtern war früher freier gegenseitiger Vereinbarung überlassen, welche aber oft zum Nachtheil der ersteren sich wandte und jedenfalls nach Willkür der Arbeitgeber im ganzen Domanium sehr verschiedenartige Verhältnisse herbeiführte. Deshalb normiren jetzt hierfür besondere Dienstregulative mit untereinander ziemlich gleichmäßigen Rechten und Pflichten. Sie sind Anlagen der Hofpachtcontracte, und Pächter zu ihrer strengen Befolgung contractlich obligirt. Vor jeder neuen Hofverpachtung und Contractsertheilung unterliegen sie sorgfältiger Prüfung der Administrativbehörden, und die Beamte sollen allemal gleichzeitig mit Einreichung der Contractsentwürfe (§ 69) an die Oberbehörde auch die Verhältnisse der Hoftagelöhner erörtern, und Verbesserungsvorschläge für die künftigen Regulative aufstellen[1]). Aber auch das Recht sowol ihrer beliebigen Veränderung während des laufenden Pachtcontractes ohne pächterische Entschädigung, als der Entscheidung entstehender Differenzen, pflegt die Kammer dem Amte und sich contractlich zu reserviren, und beide üben es dann auf administrativem Wege ohne alle gerichtliche Einmischung aus[2]). Daneben ist das Ministerium des Innern seit 1848 fortdauernd für Neuregulirung der Hoftagelöhnerverhältnisse und für Entwerfung von Regulativen competent, und wird hier durch Schiedscommissionen thätig, deren Ausspruch ohne alle Entschädigung Pächter annehmen müssen; spätere Differenzen werden dann nur auf gerichtlichem Wege entschieden[3]).

---

[1]) C. v. 28. Jan. 1831, Ra. 71.
[2]) C. v. 15. Septbr. 1846, Ra. 3921; V. v. 15. Mai 1848, § 12, Ra. 4385, Rgbl. 23 (§ 31, Note 7).
[3]) V. v. 15. Mai 1848 cit.

Die gegenseitige Stellung der Hoferbpächter (§ 105 a. E.) und ihrer Tagelöhner pflegt dagegen nicht regulativmäßig bestimmt, sondern freier privater Vereinbarung überlassen zu werden.

§ 135.
Einkünfte der Hoftagelöhner.

Regulativmäßig gehören dazu:

1. Wohnung in den Hofkathen, welche nach Größe und Bedarf jedes Pachthofes in bestimmter Zahl dort erbauet werden (§ 73). Die neueren sind gewöhnlich zweihüsig, d. h. sie enthalten zwei Wohnungen[1]), und diese umfassen meistens 2 Stuben mit Heiz- und Kochofen[2]), 1 Kammer, 1 Speisekammer, Küche und Diele zugleich, Keller und Hausboden, mit dem Wohnhaus verbundenen Stall- und Futterraum, nebst Hofplatz[3]). Die Bauart ist entweder massiv von Mauerstein oder von eichen und tannen Fachwerk mit Stein- und Strohdächern[4]). Ihre allgemeine bauliche Erhaltung ist Pflicht des Pächters gegen die contractlichen Bauhülfen (§§ 72 und 73), wogegen die kleineren Reparaturen, besonders das Ausweißen und Ausklemen, gegen pächterische Verabreichung der erforderlichen Materialien, ferner die Reinigung der Sohlen und Uebertragung des durch Naturgewalt veranlaßten Fensterscheibenbruchs den Hoftagelöhnern selbst obliegen;

2. an Ländereien 50—60 □R. naheliegendes Gartenland, dessen Befriedigung Tagelöhner gegen Lieferung der Materialien unterhält, ferner auf dem Hofacker in denjenigen Schlägen, wo Pächter seine Kartoffeln und seinen Flachs bauet, etwa 100 □R. Kartoffeln und 30 □R. Leinland, noch 15 □R. für jeden Hofgänger (§ 127, 142). Der Tagelöhner giebt die Einsaat und bestellt den Garten, wogegen der sonstige Acker zugleich mit dem Hofacker vom Hofe aus bearbeitet und incl. Garten bedungt wird. Nur wo die Tagelöhner-Kuh am Hofkathen gehalten

---

[1]) Vgl. die Normalrisse des E. v. 20. Mai 1862 u. v. 28. Septbr. 1863.
[2]) Ueber Modelle dazu vgl. E. v. 19. Septbr. 1853; vgl. § 139, Note 12.
[3]) Vgl. Citate der Note 1 und E. v. 23. Juli 1849, Ra. 3927.
[4]) E. v. 19. April 1851, vgl. E. v. 28. April 1829, Ra. 284, Cab.-Rescr. v. 13. April 1832, Ra. 297, E. v. 4. April 1835, v. 26. Aug. 1836, Ra. 323 (vgl. übrigens § 85, Note 7).

wird und nicht bei den Hofkühen steht, giebt Pächter blos für das halbe Kartoffel- und Leinland den Dung, leistet aber alle Dungfuhren.

3. Sommerweide und Hütung der Tagelöhner-Kuh unter den Hofkühen, und nach amtlicher Entscheidung entweder ihre Durchfütterung auch mit jenen, oder ihre besondere Haltung am Hofkathen, in welchem letzteren Falle dem Tagelöhner zur Futtergewinnung eine Wiese oder Dreschkavel mit einem Ertrage von 25 Ctnr. Heu, und ferner 1200 Pfund Winter- nebst 600 Pfund Sommerstroh angewiesen werden. Selbst bei Durchfütterung der Kühe auf dem Pachthofe erhält Tagelöhner zu sonstigem Wirthschaftsbedarf etwa 600 Pfd. Winterstroh).

Die Vorräthe an Heu, Stroh, Dung dürfen nicht verkauft, sondern müssen bei Umzügen zur Stelle gelassen werden, wenngleich freilich Tagelöhner bis zu seinem Abzug aus jenen nach billigem, wirthschaftlichem Bedarf futtern kann. Damit er nun nicht bis dahin die ganzen Vorräthe muthwillig verschleudert, wird ihm vom Pächter auch nur die Nothdurft daran bis zum Abzuge auszukehren, und der Rest bis zum Zuzug des neuen Tagelöhners aufzubewahren sein.

§ 126.

Fortsetzung.

Außer einer Kuh werden dem Tagelöhner 2 Schafe unter den Hofschafen geweidet und gefüttert. Ferner erhält er Weide für 2 Gänse gegen eigne Hütung und gegen Abgabe der 10. Stoppelgans. Tagelöhner darf aber nur gesundes Vieh, resp. nur nach vorheriger Untersuchung durch den Pächter, halten. Letzterer kann die Schaf- und Gänsezucht des Tagelöhners gegen dessen baare Entschädigung von 3—4 Thlrn. verbieten (§ 185). Haltung von Ziegen und kleinem Federvieh ist gegen den Willen des Pächters unzulässig. Seine Schweine muß Tagelöhner am Stalle füttern;

4. an Tagelohn für die Männer 10 ßl., für die Frauen und Hofgänger (§ 127) 6 ßl. mit freier Beköstigung, wozu während der Ernte eine Lohnerhöhung oder ein Korndeputat kommt. Oft auch beziehen die Tagelöhner statt aller baaren Löhnung bestimmte Korndeputate und heißen dann Deputatisten. Die sonst übliche Auszahlung des

Dienstlohns, d. i. die Ablöhnung, an Sonntagen, streitet gegen die Sonntagsheiligung und ist verboten[1]);

5. an Drescherlohn beim Handdrusch den 16. oder 17. Scheffel von der Diele; bei Anwendung von Maschinen entscheidet anderweitige Vereinbarung und amtliche Bestimmung[2]). Mehrbedarf an Brodkorn ist vom Pächter gegen den Marktpreis, jedoch nicht über 1 Thlr. 8 ßl. pro Scheffel, an den Tagelöhner zu überlassen;

6. endlich alle nöthigen Fuhren, Backofen zum Backen und Braachen, Brunnen, Waschplatz, Leinbleiche, Benutzung der Scheurendiele zum Ausdrusche.

Nicht regulativmäßig vom Pächter, sondern von der Grundherrschaft aus den fürstlichen Waldungen und Mooren, werden für jede Kathenwohnung auf den Zeitpachts, nicht aber auf den Erbpachthöfen[3]), ein Faden Abfallholz und 6—8 mille Torf gegen Bereitelohn und Zählgeld, für jede überzählige Familie aber die gewöhnlichen Einliegerfeurungs-deputate abgegeben (§ 139). Pächter leistet die Anfuhr, trägt die Gefahr nach geschehener Anweisung, und muß für jegliche Unterschlagung den doppelten Werth als Strafe zahlen. Betreffs des auch hier noch erlaubten Holzsammelns und Stämmeradens[4]), sowie der Strafen bei Verkauf der Deputatfeurung, gelten auch hier die bei Einliegern zu erörternden Grundsätze (§ 139). Endlich haben alle Hoftagelöhner in Krankheitsfällen Amtsarzt und Medicin der Einlieger (§ 140).

§ 127.

Leistungen der Hoftagelöhner.

Gegenüber der Grundherrschaft und der Commune sind Hoftagelöhner wegen Mangels eigner Ländereien sowol von Realsteuern als von den nach dem Hufenstand zu repartirenden Communalleistungen (§ 4) befreit, dagegen zur Uebertragung sonstiger Communal- und

---

[1]) V. v. 8. Aug. 1855, § 2 a. E., Ra. 4817, Rgbl. 32, welche Bestimmung durch districtsräthliches Schreiben v. 30. Mai 1863 erneuert ist.

[2]) Auch hier wird häufig der gewöhnliche Lohnscheffel, und dagegen von den Tagelöhnern für Gebrauch der Maschinen eine entsprechende Vergütung gegeben.

[3]) S. Citate in Note 2, § 130.

[4]) R. v. 14. Aug. 1806, Ra. 481.

öffentlicher Lasten nach amtlichem Repartitionsmodus, und der Personal=
steuern, verpflichtet.

Die regulativmäßigen Gegenleistungen gegenüber dem Pächter
bestehen beim Hoftagelöhner in Verrichtung aller ihm aufgetragenen
Feldarbeiten für obstehenden, ermäßigten Tagelohn, bei seiner Ehefrau
aber sowol in unentgeltlicher Leistung von 80 Arbeits=, sog. Hof= oder
Frauentagen, als auch in sonstigen, auf vorherige Ansage gegen vor=
stehenden geringeren Tagelohn entweder selbst oder durch einen zu hal=
tenden männlichen oder weiblichen Dienstboten, sog. Hofgänger (§ 143),
in dringenden Fällen selbst neben letzterem, zu verrichtenden Arbeiten.
Dagegen ist aber auch Pächter zur täglichen Beschäftigung seiner Tage=
löhner und Ermöglichung ihres Arbeitsverdienstes verpflichtet, wenn=
gleich auch nebenbei an Haltung fremder Arbeiter nicht verhindert,
wogegen die Beschäftigung der Frauen und Hofgänger zu seinem freien
Ermessen steht.

Die Arbeitszeit dauert von Ostern bis Michaelis von etwa der
6. Morgenstunde bis Sonnenuntergang, in der übrigen Zeit von der
7. Morgenstunde bis zum Eintritt der Dunkelheit. In Nothfällen,
besonders während der Ernte, kann sie noch verlängert werden, jedoch
dann nur gegen billige Erhöhung des Tagelohns. Sie wird unter=
brochen durch 1½ freie Stunde zum Mittagsessen, und von Ostern bis
Michaelis durch je ½ freie Stunde zum Morgen= und Vesperbrod.
Letzteres muß stets, doch das Mittagsbrod auf Verlangen des Pächters
nur in der Ernte und bei Arbeiten auf entlegenen Theilen der Feldmark,
auf der Arbeitsstelle verzehrt werden.

§ 129.

Kündigung und Abzug.

Wechselseitige Kündigung steht frei, jedoch bei nicht entgegengesetzter
ausdrücklicher Vereinbarung nur auf Ostern jedes Jahres zum Abzuge
nach völlig beschaffter Ernte, nämlich am 24. October oder, wenn dieser
ein Sonntag, am nächstfolgenden Montage[1]). Nach rechtzeitiger Kün=

---

[1]) V. v. 15. Juli 1800, H. I. 344, v. 2. Septbr. 1800, H. II. 184, vgl.
V. v. 9. Juli 1853, Ra. 4345, Rgbl. 28, v. 2. Mai 1853, Ra. 4344, Rgbl. 19,
v. 8. Aug. 1855, § 2 a. E., Ra. 4817, Rgbl. 32.

digung muß Pächter dem Tagelöhner ohne alles Retentionsrecht einen Dienstschein geben²), ohne welchen weder Jemand, bei 5 Thlr. Strafe an die Armenkasse, einen Tagelöhner miethen, noch letzterer, bei Verlust von ⅕ seines Dienstlohns zu Gunsten seiner bisherigen Dienstherrschaft, sich vermiethen darf³); die nach vorheriger Annahme eines Dienstes nicht rechtzeitig Zuziehenden können auf amtspolizeilichem Wege in Dienst gebracht werden⁴). Bei dem zu Johannis eintretenden etwaigen Wechsel der Pächter bleiben die auf vorhergehenden Ostern zu kündigenden Hoftagelöhner ebenfalls bis zur üblichen Umzugszeit auf dem Hofe und haben bis dahin dem neuen Pächter die Hälfte ihrer regulativmäßigen Leistungen zu gewähren, dagegen aber auch von demselben die Hälfte ihrer Einkünfte zu gewärtigen.

Bei der gemessenen Anzahl von Wohnungen im Domanium (§ 134) läßt sich ein Umzug der Tagelöhner nach vorhergegangener Kündigung nicht immer realisiren, und letztere müssen dann häufig auf den Pachthöfen bleiben. Damit sie nun aber nach Auflösung des Dienstcontractes nicht in bedrängte Lage kommen, und zugleich Gelegenheit zum Arbeitsverdienst haben, sind sowol Pächter contractlich verpflichtet, den nicht Abgezogenen Wohnung und Arbeit, ja auf Verlangen des Amtes selbst die früheren theilweisen oder vollen regulativmäßigen Emolumente unentgeltlich weiterzugeben, als die Tagelöhner verbunden, nach Kräften auf dem Hofe gegen ermäßigten Tagelohn fortzuarbeiten⁵). Sind letztere hierzu nicht mehr im Stande, so erhalten Pächter billige baare Vergütung für Wohnung, Garten und Viehfutter aus der Armenkasse. Die Verpflichtung zur Haltung von Hofgängern und zur Leistung der Frauentage hört bei gekündigten, wenngleich nicht fortgezogenen Hoftagelöhnern mit dem Zeitpunkt des sonstigen Fortzuges auf.

---

²) Polizei=Ordnung v. 1572, tit. „Dienstboten", § 1, H. V. 1, Reversalen v. 23. Febr. 1621, Art. 47 u. 48, H. III. 3, Gesinde=Ordnung v. 1654, tit. III. § 1, H. V. 2, Erbvergleich v. 18. April 1755, § 485, H. III. 1; V. v. 15. Juli 1800, H. I. 344, renov. durch V. v. 7. März 1814, Ra. 1378, Rgbl. 12; über Formulare zu Kündigungsscheinen s. V. v. 18. Jan. 1820, Ra. 1188, Rgbl. 6, vgl. Buchka u. Budde, Entscheidungen des Ober=Appell.=Gerichts, Bd. 4, pag. 211.
³) V. v. 15. Juli 1800, H. I. 344, v. 20. Mai 1801, H. IV. 80.
⁴) V. v. 15. Juli 1800 VII. cit.
⁵) Vgl. Allgem. Arm.=Ordnung v. 21. Juli 1821, § 11, Ra. 2095, Rgbl. 26.

§ 129.

Fortsetzung.

Den Hoftagelöhnern ist somit auf alle Fälle geholfen, und der Pächter wird um so mehr seine regulativmäßigen Pflichten gegen sie erfüllen, als er jene, wegen des Umfangs seiner Ländereien, nicht gut entbehren kann, selbst im Fall der Kündigung bei der beschränkten Anzahl der Wohnungen (§ 134) sie nicht immer los wird, dann obendrein gegen geringe Entschädigung ihnen einen großen Theil ihrer Emolumente fortzugewähren hat, selbst im günstigsten Fall ihres Abzugs nicht immer die Gewünschten, z. B. bei abgeschlagener Niederlassung gemietheter, aber nicht qualificirter Knechte, wieder erhält, und dann die amtliche Verfügung (§ 135) über seine dann leeren Wohnungen zur Unterbringung beliebiger Obdachsloser sich gefallen lassen muß, als ferner sein Eigennutz wegen der relativ nur geringen Prästationen nicht rege wird, er durch kleinliche Knausereien seine Autorität preisgiebt und endlich sein persönlicher Widerwille gegen einzelne Individuen wegen seiner doch immerhin ferneren und indirecten Beziehungen zu ihnen und völliger Trennung der Hofkathen vom Herrenhause, ihm selbst nicht so peinlich wird.

Anders dagegen bei den Hoftagelöhnern gegenüber ihrem Pächter. Ihre regulativmäßigen Gegenleistungen absorbiren ihre ganze Arbeitskraft und einen großen Theil der Thätigkeit ihrer Ehefrauen, denen dieselbe wegen Schwangerschaft, Hausstand, Kinderaufsicht ꝛc. oft drückend ist, nöthigen außerdem zur Haltung eines erwachsenen und deshalb für den kleinen Hausstand sehr kostbaren, obendrein nicht hinlänglich vergüteten (§ 125, 2, § 126, 4), endlich jetzt nur mit Mühe und Noth aufzutreibenden (§ 142) Hofgängers — werden dagegen nur ermäßigt baar und sonst durch Naturalien remunerirt. Letztere aber rechnet der Hoftagelöhner selten, wird widerwillig über die geringe baare Löhnung, welche von derjenigen der auf dem Hofe etwa beschäftigten auswärtigen Einlieger (§ 133) oft um mehr als das Doppelte überstiegen wird, und versucht auf jegliche Weise seinen eignen Tagelohn zu erhöhen, gleichzeitig aber auch seine Prästationen abzumindern. Er weiß nun, daß er im Fall der Kündigung, wegen des Wohnungsmangels (§ 134 f.) nicht immer eine anderweitige Translocation riskirt, auf dem

Pachthofe einen guten Theil seiner bisherigen Emolumente fortbehält, von Hoftagen und Haltung eines Hofgängers entbunden wird, und kündigt oder läßt sich kündigen. Wie schwer es ist, seine ihm dann noch obliegende eigne Arbeitspflicht zu erzwingen, wie gern oft selbst der Pächter seinen insolenten Tagelöhner dann freiwillig vollständig aus der Arbeit entläßt, ist bekannt — und der Tagelöhner hat dann seinen Zweck erreicht, verdient als freier Arbeiter in der nahen Umgegend, besonders auf den Rittergütern, auch beim Bau von Kunststraßen ꝛc. hohen Lohn und hat seinen gesicherten Wohnsitz auf dem Zeitpachthofe. — Helfen läßt sich hier nur durch vorzugsweise Berücksichtigung der Hofpächter bei Beschaffung der jährlichen Umzüge und polizeilichen Unterbringungen — durch rücksichtslose Strenge bei Ueberschreitungen der regulativmäßigen Pflichten.

2. Gehöftstagelöhner.

§ 130.

Regulative, Emolumente, Leistungen.

Auch die Verhältnisse der bei Bauern in Wohnung und Arbeit stehenden Gehöftstagelöhner sind in besonderen Regulativen festgestellt, welche wie bei Hoftagelöhnern, aber hier nur durch die Administrativbehörden, ertheilt werden (§ 124), Anlagen der Dorfscontracte bilden und bei Streitigkeiten administrativer Entscheidung unterliegen[1]). Selbst die bäuerlichen Erbpächter werden jetzt contractlich obligirt, sich betreffs ihrer Gehöftstagelöhner demjenigen zu unterwerfen, was für andere Hufen ähnlichen Umfangs im Dorfe oder in anderen Dörfern gilt. Die Stellung der Tagelöhner in den Kathen der Amts-, Pfarr- und Forstgehöfte bleibt dagegen freier Vereinbarung der Interessenten überlassen. Die regulativmäßigen Einkünfte enthalten gewöhnlich:

1. Wohnung in einem Gehöftslocale unter denselben Bedingungen wie bei Hofpächtern (§ 125). Jene ist regelmäßig entweder in besonderen sog. Gehöftskathen, oder in alten Thorhäusern, Scheuren, Back-

---

[1]) Administrative Competenz pflegt auch in den Regulativen gegenüber den Interessenten reservirt zu werden; vgl. § 31. Note 7.

häusern; in neuester Zeit werden auch besondere einhüsige Arbeiter-kathen erbauet, und dagegen die Wohnungen in den andern Gehöfts-localen aufgegeben (vgl. §§ 85 ff.);

2. an Ländereien nahe am Hause ein Gartenstück von 20—25 ☐R., in den verschiedenen Schlägen des Hufenackers je 60 ☐R. zum Winter-, zum Sommerkorn, zum Kartoffelbau, auch 16—20 ☐R. zu Flachsland. Der Tagelöhner giebt den Dung und die Einsaat, bestellt auch den Garten, während der Hauswirth die Dungabfuhr, Ackerbearbeitung und Einholung der Feldfrüchte leistet;

3. freie Sommerweide und Hütung auf dem Dreeschschlage für 1 Kuh oder 2 Ziegen, 4 Schafe, einige Gänse, wenn der Hauswirth selbst Gänsezucht betreibt. Winterfutter und Heu soll Tagelöhner selbst aus eignen Mitteln beschaffen und gewinnt es meistens aus den hierzu reservirten herrschaftlichen Einlieger-Pachtwiesen (§ 136) gegen den Anschlag, in deren Ermangelung aber oft von den dann hierzu verpflichteten Vermiethern aus deren Bauerwiesen gegen billige Pacht. Die Vorräthe an Heu, Stroh, Dung dürfen nicht verkauft, noch bei Umzügen mitgenommen werden (§ 81, Note 5), sondern müssen unter gleicher Controle wie bei Hoftagelöhnern (§ 125) zur Stelle bleiben;

4. Tage- und Drescherlohn nebst freier Beköstigung wie bei Hoftagelöhnern (§ 126), jedoch fehlt hier die Verpflichtung des Miethsherrn zur Verabreichung des nöthigen Brodkorns;

5. alle nöthigen Fuhren, jedoch bei Anholung des Viehfutters und der Feurung für billige Entschädigung, desgleichen Mitbenutzung des Backofens, Brunnens, Wasch- und Leinplatzes, Benutzung der Scheurendiele zum Ausdrusch.

Dazu kommt von der Landesherrschaft für die Tagelöhner der Amts-, Forst-, Pfarr- und Bauergehöfte dieselbe Feurung wie bei Einliegern (§ 139), während Erbpächter die Feurung ihrer Gehöftstagelöhner aus eignen Mitteln beschaffen müssen und letztere nicht einmal das Recht des Holzlesens und Stämmerabens haben[2]).

Betreffs freier ärztlicher Behandlung der Pflichten gegenüber Grundherrschaft, Commune rc., Gehöftsarbeit gilt auch hier Bekanntes

---

[2]) R. v. 11. Novbr. 1816, Ra. 497, C. v. 24. Mai 1841, Ra. 535, vergl. Cab.-Rescr. v. 3. April 1838, Ra. 143, und C. v. 15. Aug. 1840.

(§§ 126, 127), Aequivalent für sämmtliche Einkünfte sind hier aber außer dem ermäßigten Tagelohn regelmäßig nicht Hof- und Arbeitstage der Frauen und Hofgänger (§ 127), sondern baare Miethspreise von 10—15 Thlrn.

§ 131.
Kündigung und Abzug.

Diese finden auch hier unter denselben Bedingungen wie bei Hoftagelöhnern (§ 128, 129) statt. Auch hier behalten die nach vorheriger Kündigung nicht Abgezogenen, ebenso wie die mit der Miethzahlung Rückständigen, nur einen Theil der früheren Emolumente, nämlich Wohnung nebst Stall, Gartenstück und nach amtlichem Ermessen 100, regelmäßig aber nur 60 ☐R. Land für Kartoffeln und Flachs, Weide für 1 Ziege und 2 Schafe, die nöthigen Fuhren, Mitbenutzung des Back- und sonstigen Gelasses — Alles gegen eine jährliche Miethe von etwa 12 Thlr., welche nöthigenfalls aus der Armenkasse entrichtet wird, wogegen dann die Pflicht zur Arbeit am Gehöfte aber wegfällt.

Aber auch hier verfehlen die Regulative häufig ihren wohlthätigen Zweck. Zwar die Gehöftstagelöhner sind wegen der hier nicht geforderten Frauentage und Hofgänger nicht immer so widerwillig als die Hoftagelöhner und lassen sich ihren eigenen billigeren Tagelohn für ihre Arbeit am Gehöfte gefallen, wiewol sie daneben auch nicht selten — wenn wegen fehlender und anderweitig besetzter Wohnungen (§ 134 f.) ihr Umzug nicht realisirbar und ihr Verbleiben auf der Gehöftsstelle durch die Umstände geboten erscheint, — ungescheuet kündigen, dadurch ihrer Arbeitspflicht am Gehöfte entgehen und gleich den Hoftagelöhnern freien höheren Arbeitsverdienst auswärts suchen. Noch häufiger aber liegt die Schuld auf Seiten der Vermiether. Theils mißgönnt ihr Eigennutz den Gehöftstagelöhnern ihre regulativmäßigen Emolumente, besonders die aus den eignen Hufen abzugebenden Ländereien, theils können sie wegen eigner und ihrer Familie Thätigkeit, sowie wegen Dienstannahme lediger Knechte (§ 142) die Arbeit voller Tagelöhner für die kleineren Hufen mehr entbehren, theils sind ihre persönlichen Antipathien wegen engeren Beisammenseins drückender, theils endlich nehmen sie am liebsten Anverwandte und sehen sich der schon vorher bei ihnen wohnenden fremden Gehöftstagelöhner gern entledigt. Sie kündigen, erhalten bei der beschränkten Wohnungszahl ihre eignen Tagelöhnerwohnungen freilich nicht immer geräumt, brauchen dann aber immerhin den Gekündigten und nicht Abgezogenen nur einen Theil ihrer bisherigen Einkünfte zu belassen, und fühlen so wenigstens ihre Habsucht theilweise befriedigt. An manchen Stellen sogar nehmen sie von vorneherein nie einen vollen Gehöftstagelöhner, sondern nur einen bloßen Miethsmann oder Einlieger, und lassen sich sogar — was noch bequemer — selbst diesen nur auf polizeilichem Wege in ihrer leeren Wohnung unterbringen, wo dann obendrein die sichere Armenkasse für die Miethe aufkommt (§ 135). Durchgreifend helfen läßt sich hier nur durch wirklichen Zwang zu Annahme und steter Haltung eines vollen Gehöftstagelöhners, welcher aber wegen häufiger Entbehrlichkeit des letzteren für manche Bauerhufen mit zahlreicher Gehöftsfamilie seine ernsten Bedenken hat und obendrein die Gehöftsbesitzer dem Trotze der auf solchem Privilegium fußenden Gehöftstagelöhner preisgeben würde.

3. Einlieger.

§ 132.

Allgemeine Verhältnisse.

Die Einlieger (§ 123) leben ebenfalls ohne eignen Grundbesitz, in ländlichen Miethswohnungen, stehen aber regelmäßig zu ihren Vermiethern in bloßem Mieths- und keinem bestimmten Dienstverhältniß. Als freie Feldarbeiter oder durch Handwerk und Gewerbe unter den gesetzlichen Beschränkungen (§ 143 ff.) suchen sie Verdienst, wo sie ihn finden können. Nur dies haben sie mit kleinen Büdnern und Häuslern, die aus dem Ertrage ihrer Grundstücke ebenfalls keine selbstständige Existenz gewinnen können und auf Nebenverdienst durch ihrer Hände Arbeit angewiesen sind (§§ 116, 119), im Uebrigen aber Nichts mit jenen Grundbesitzern gemeinsam. Von den Hof- und Gehöftstagelöhnern aber ferner unterscheiden sie sich wesentlich durch den Mangel fester Dienstcontracte. Unter ihnen selbst endlich wird durch den verschiedenen Betrieb der Feldarbeit und eines Handwerks oder sonstigen Gewerbes keine stete und durchgreifende Differenz begründet, weil Handwerk und Gewerbe bei den gesetzlichen Beschränkungen und den Conjuncturen mancher Gegenden nicht immer seinen Mann zu ernähren vermag, sondern ihn auch nebenbei zu Verdienst durch Feldarbeit treibt.

§ 133.

Arbeitsverdienst.

Das Fehlen jedes festen dienstcontractlichen Verhältnisses führt für den Erwerb der Einlieger manchen Uebelstand mit sich. Freilich haben sie die Gelegenheit zum Gewinn größeren baaren und vollen Tagelohns, der durch die hier nicht gewährten regulativmäßigen Natural-Prästationen der Arbeitgeber nicht herabgedrückt wird, und denjenigen der Hof- und Gehöftstagelöhner oft um mehr als das Doppelte übersteigt. Dafür aber müssen sie oft stundenweit bis an die Stätte der aufgefundenen Arbeit und zurück wandern, wodurch schon ein Theil der Arbeitszeit, des Arbeitslohns, der nöthigen Ruhe ihnen entgeht, auch) größerer kostbarer Abnutz des Schuhzeugs herbeigeführt wird, — auf der entfernten Arbeitsstelle im Freien ihr Mittagsbrod verzehren, welches deshalb nicht in warmen billigeren Speisen, besonders Kartoffeln, sondern in theurer kalter Nahrung, hauptsächlich in Butter, Käse, Fleisch, Brod besteht — statt des gesunden, aber wegen größerer Quantität schwerer fortzubringenden Bieres den leichter transportablen, gefährlichen Branntwein zur Stärkung bei sich führen — jede Arbeit, besonders die lohnendere, aber schwerere auf Torfmooren, Kunststraßen ꝛc. annehmen — durch Ueberanstrengung, Feuchtigkeit, unverdauliche Speise (§ 4) ihre Gesundheit gefährden — im Winter oft ohne Feldarbeit wochenlang im Zimmer sitzen, und auf andern Erwerb, z. B. durch Anfertigen von Körben, Deck- und Bindeweeden, Pantoffeln, Besen ꝛc. sinnen, wozu ihnen aber wieder die Materialien fehlen, die dann nur zu oft auf unredliche Weise herbeigeschafft werden[1]. Bei den früheren Hof- und Gehöftstagelöhnern, welche ihre Kündigung betrieben haben, aber nicht abgezogen sind, und dann als freie Feldarbeiter auswärtige Arbeit

---

[1] Durch C. v. 11. Jan. 1855 ist deshalb accordmäßige Uebertragung der Lieferung von Deck- und Bindeweeden an Arbeiter, welche keine Welden besitzen, verboten.

suchen (§§ 129, 131), fallen jene Uebelstände weniger in die Augen, weil sie wolweislich auf Kündigung nur dann denken, wenn gute und nahe Arbeit vorhanden ist, entgegengesetzten Falls aber in ihren festen dienstcontractlichen Verhältnissen vortrefflich auszuharren verstehen.

Der beste Damm gegen solche Arbeitsnoth der Einlieger ist bei Mangel großer, viele Menschenhände erfordernder Fabriken und industrieller Unternehmungen, Vermeidung jeglicher Ueberfüllung von Einliegern in Gegenden, wo gute Arbeit fehlt — und doch sind gerade diese bei uns von jenen am zahlreichsten bevölkert, wodurch ihre Bewohner selbst über die Grenzen unseres Vaterlandes hinaus zum Aufsuchen von Arbeit gezwungen werden.

§ 134.
Wohnungen.

Die Zahl der Miethswohnungen ist eine geregelte und nicht ins freie Ermessen der Hausbesitzer gestellt, sondern von vorheriger Erlaubniß der Amtsbehörde abhängig gemacht[1]) (§§ 73, 85, 110, 118, 120), wie denn eigenmächtige Miethswohnungen auf Kosten ihrer Errichter sofort wieder abgebrochen, oder durch Einreißen von Heerd und Ofen wieder unbewohnbar gemacht werden. Hiernach sind gestattete besondere Miethswohnungen für Einlieger nur in den an Zahl und Umfang contractlich bestimmten Hofkathen, soweit diese nicht, was freilich fast immer der Fall ist, von Hoftagelöhnern besetzt sind (§§ 72, 125); auf Pfarr-, Erbpacht- und Bauergehöften in den nicht schon von Gehöftstagelöhnern bewohnten und überhaupt nie mehr als 2 erlaubte Wohnungen enthaltenden Thorhäusern, Gehöftskathen ꝛc. (§§ 85, 110, 130), in denen außerdem immer eine Wohnung für etwa vorhandene oder in naher Aussicht stehende Altentheiler, die am Gehöftshause selbst kein besonderes, ebenfalls nicht vermiethbares Altentheilsgelaß erhalten können (§§ 85, 97), reservirt und frei bleiben soll; hauptsächlich in den zahlreichen Büdnereien, welche früher eine unbegrenzte Anzahl von Miethswohnungen hatten, jetzt aber deren büdnerbrieflich nur 1,

---

[1]) Vgl. z. B. die büdnerbrieflichen Bedingungen im § 3 des C. v. 27. Septbr. 1838, Ra. 162. Aehnliche Stipulationen stehen in fast allen Erb- und Zeitpachtcontracten.

höchstens 2 haben sollen (§ 118); in den nur für 1 Familie eingerichteten Häuslereien nur dann, wenn dieselben von ihren Besitzern ausnahmsweise nicht bewohnt sein sollten (§ 120); nie in Armenkathen, welche nur für Obdachslose und Unterzubringende bestimmt sind, denen dann freilich eine billige Miethszahlung an die Amtsarmenkasse nachträglich auferlegt zu werden pflegt. — Das Verhältniß der Miether zu ihren Miethsleuten ist im Allgemeinen ein freies contractliches und gemeinrechtliches, woneben freilich den Bauern resp. Pächtern bestimmte Prästationen an Ländereien, Fuhren ꝛc. außer Einräumung der Miethswohnung auferlegt werden (§ 136, 140).

Jeder Einlieger muß nun freilich vor seiner Niederlassung eine erlaubte besondere Miethswohnung gewonnen haben und nachweisen, doch hat er sie dadurch nicht auf alle Zeit erworben, weil, abgesehen von seiner Kündigung, die Wohnungen selbst steten Veränderungen unterworfen sind. Sie werden abgebrochen wegen Baufälligkeit und aus polizeilichen Gründen, sie brennen ab, sie werden verkauft, und der frühere Hausbesitzer bezieht in Ermangelung sonstigen Obdachs nun selbst die Miethswohnung — dazu kommt der Widerwille der Hausbesitzer zur Wiedereinrichtung von Miethsgelassen. Letzterer ist nach der jetzigen Sachlage leicht erklärlich. Gerechte Voraussetzung jeder freiwilligen Vermiethung ist die Aussicht und Möglichkeit sowol des Bezuges von Miethe als demnächstiger Abnahme Gekündigter und des Zuzuges Neugemietheter — dies Alles aber fehlt hier häufig. Wenn der Einlieger will, kann er es beim regelmäßigen Mangel entbehrlicher Executionsobjecte dahin bringen, daß der Vermiether keine Miethe von ihm erhält, und dies geschieht leider nur zu oft. Der Mangel anderweitiger Miethswohnungen ferner bewirkt nicht selten, daß der Gekündigte bleiben, oder selbst nach vorausgegangener Klage und Räumung trotz der amtlichen Disposition über leere Miethswohnungen in die bisherige wieder immittirt werden muß, wodurch nicht nur der Zuzug Neugemietheter verhindert wird, sondern jener im Trotz auf sein Verbleiben sich obendrein nicht scheuet, seinen Miethsherrn auf jegliche Weise zu veriren. Wo die Miethswohnungen in besonderen, vom Wohngelaß des Vermiethers separirten Localitäten, z. B. besonderen Kathen, sich befinden, läßt sich nöthigenfalls noch ein Zusammentreffen mit dem ungern gesehenen Miether vermeiden; völlig unerträglich aber wird solche Lage, wenn Vermiether und Miether, wie bei allen jetzigen Büdnereien, unter demselben Dache, oft Thür an Thür, selbst mit gemeinschaftlichem Dielen-, Küchen-, Hof-, Stall-, Bodenraum, leben. Die also empfindlich betroffenen Hausbesitzer bemühen sich deshalb entweder um völlige Absperrung und Legung ihrer an sich schon nach der Zahl beschränkten Miethswohnungen[1]), oder enthalten sich aller Miethsverträge, oder suchen Entschädigung in unverhältnißmäßigen und unerschwinglichen Miethspreisen.

§ 135.

Fortsetzung.

Auch hier wird gewiß jetzt jede mögliche Abhülfe erstrebt. Zwar nicht durch unbedingte Freilassung der Vermehrung von Miethswohnungen[2]), die entweder von vornherein am Widerwillen der Hausbesitzer (§ 134) scheitern, oder, bei noch größerer Wohnungsbeschränkung in andern Landestheilen, zu Gunsten letzterer im Domanium Ueberfüllung und demnächst Pauperismus bewirken würde; noch durch Häuslereien, die regelmäßig nur beim nachgewiesenen Eingehen bisheriger Miethswohnungen gestattet werden (§ 120). Heilsam aber ist dagegen der contractliche Zwang der keine Gehöftskathen besitzenden Bauern und neu angesetzten Erbpächter (§ 130) zur Errichtung von Arbeiterkathen — die Herstellung besonderer Altentheilswohnungen in Büdnereien, welche von den abtretenden Hausbesitzern bezogen werden können und die Kündigung der die Miethswohnung innehabenden Einlieger ersparen — das Verbot eigenmächtiger Legung von Miethswohnungen — die büdnerbriefliche Reservation sowol amtlicher Bestimmung über die Höhe der Miethspreise als des Vorzugs von Orts- und Amtseinliegern vor sonstigen Miethern. Die Justiz muß ferner bei Miethsklagen besonders prompt sowol in Beitreibung der Miethe, als bei Ejection der zum Abzug Verurtheilten sein — die Administrativbehörde sich alle Mühe geben, ejicirte und obdachslose Einlieger in andere Wohnungen und nicht in

---

[1]) Vgl. z. B. Berichtseinforderung des Minist. des Innern v. 19. März 1851.

[2]) Wie sie freilich durch einen Gesetzentwurf des damaligen Abgeordnetenhauses vom 27. November 1848, Rgbl. 56, proponirt wurde; vgl. § 136, Note 3.

die bisherigen zurückzulegen, zumal wenn Vermiether schon Andere wieder gemiethet und dadurch doch ihren guten Willen zur Annahme von Miethsleuten gezeigt haben, in welchem Falle sich regelmäßig durch einen Wohnungstausch der ab- und zuziehenden Familien helfen läßt, oder wenn die Verhältnisse zwischen jenen und den bisherigen Vermiethern getrübt sind. Wenn aber Alles vergeblich — dann bleibt als ratio ultima nur das odiöse Recht der eine Branche der Armenpflege bildenden und dort weiter zu erörternden Unterbringungen, und die gekündigten freiwillig räumenden oder gerichtlich ejicirten Obdachslosen werden kraft desselben entweder in andere disponible und leere Wohnungen ein-, oder noch einfacher in die bisher innegehabten und soeben erst verlassenen zurückgelegt, zumal wenn die bisherigen Vermiether gar nicht wieder gemiethet und dadurch ohne Weiteres ihre Miethswohnungen für Unterbringungen preisgegeben haben. Im letzten Augenblick, nachdem sie abgewartet und gesehen haben, wer ihnen gebracht wird, einigen sie sich wol noch mit einem anderen passenderen Miethsmann, aber man thut wohl daran, durch ihre Lamentationen die dann etwa schon beschlossenen Unterbringungen nicht stören zu lassen, sondern diese schnell auszuführen, damit schon bald nach dem Umzugstermine (§ 128) und noch vor Einbruch des Winters die Obdachslosen nebst Vieh und Vorräthen unter Dach und Fach kommen. Häufig freilich ist den Vermiethern mit solchen amtlichen Unterbringungen nur gedient, weil sie dann jedenfalls sicher sind, ihre Miethe aus der für Untergebrachte stets direct eintretenden Armenkasse zu erhalten (§ 131), ohne auf processualische Weitläufigkeiten mit den Miethern angewiesen zu sein.

§ 136.

Einliegerländereien.

Eigner Anbau von Gartenfrüchten, Kartoffeln, Lein auf einem kleinen Pachtgrundstück, womöglich auch Halten einer Kuh, wenigstens einer Ziege, gelten für wesentliche Hülfen der sonst besitzlosen Einlieger. Bei den Miethsbewohnern der Bauern ist hierfür theilweise insoweit gesorgt, daß diese an ihre bloßen Miethseinwohner wesentlich dieselben Emolumente gegen denselben Miethsbetrag zu verabreichen contractlich verpflichtet sind, welche von ihren gekündigten Gehöftstagelöhnern bezogen werden (§ 131).

Anders dagegen bei den Einliegern im Büdnerkathen, deren Besitzer wegen ihres eignen nur geringen Grundbesitzes billiger Weise zu Dotationen ihrer oft selbst mehreren Miethsbewohner nicht herangezogen werden können. Hier tritt die Grundherrschaft selbst aushelfend ein. Schon vor einer Reihe von Jahren wurden bei Gelegenheit der Feldregulirungen aus den dann zu grundherrschaftlicher Disposition stehenden Bauerhufen (§§ 60 und 80), wenn deren Größe und Wirthschaftsbetrieb es erlaubte, kleinere Ackerstücke, jedoch Weiden und Wiesen nur, sobald sie zweifellos entbehrlich waren, abgetrennt, ihren bisherigen Nutznießern nicht wieder zurückgegeben, sondern in geeigneten Parcelen, jedoch an Ackerland höchstens bis zu 200 ☐R., an bedürftige Einlieger mit eignem Heerd gegen bestimmten Anschlag verpachtet¹), denen der Besitz solcher kleinen Kaveln selbst Vorbedingung der amtlichen Ertheilung ihrer Niederlassung war²). — In neuerer Zeit wurde solche Pachtdotation der Einlieger und Reservation von Einliegerkaveln — von Wiesenflächen selbst für die Tagelöhner und Miethsbewohner auf Bauergehöften (§ 130) — nach Anzahl der zur Zeit der Feldregulirung gerade vorhandenen oder demnächst zu erwartenden Familien zur allgemeinen Regel³) und selbst auf die Häusler ausgedehnt (§ 122). — In neuester Zeit endlich, mit besonderer Rücksicht auf Conservation der Bauerhufen (§ 80), soll die nach vorstehenden Grundsätzen in den einzelnen Dörfern etwa schon stattgehabte Austheilung von Einliegerkaveln bei künftigen Feldregulirungen nicht weiter ausgedehnt, demnach die Anzahl jener auf die schon vorhandenen beschränkt — entgegengesetzten Falls aber bei noch nicht durchgeführter Abtrennung derselben diese auf separirte Bauerhufen nur insoweit, als es ohne Störung ihres wirthschaftlichen Bestandes geschehen kann, auf Wiesen und Weiden aber nur dort erstreckt werden, wo beide reichlich und Weiden beständig vorhanden sind⁴). In den Domanial-Flecken und in Neukloster sollen aber alle sich niederlassenden Einlieger,

---

¹) Cab.-Rescr. v. 10. Octbr. 1838, Ra. 167, C. v. 12. Novbr. 1838, Ra. 168.
²) C. v. 15. Jan. 1836, Ra. 175.
³) C. v. 11. April 1848, Ra. 3946. Durch Gesetzentwurf v. 27. Nov. 1848 (§ 135, Note 1) wurde selbst unbeschränkte Dotation der Besitzlosen in der Art vorgeschlagen, daß die bisherigen Erb- und Zeitpachtgrundstücke gegen einige Pachtentschädigung ihrer Besitzer selbst bis auf 12,000 ☐R. reducirt werden sollten; vgl. § 138, Note 2.
⁴) C. v. 22. Juli 1852 (vgl. § 79, Note 5).

welche ein Handwerk betreiben, mit solchen Competenzen gegen Anschlag überall nicht mehr dotirt, sondern nur bei gelegentlicher, öffentlich meistbietender Verpachtung kleiner disponibler Ackerstücke zu freier Concurrenz gelassen werden⁵). Für alle Nothfälle werden übrigens noch immer sowol die Bauern als die neu angesetzten Erbpächter zu jederzeitiger Hergabe von Einliegerländereien gegen Ersatz des einfachen Ertragsanschlags contractlich verpflichtet.

§ 137.

Fortsetzung.

Die Nutznießer der herrschaftlichen Einliegercompetenzen stehen zu ihnen in zeitpächterischem Verhältnisse, dessen Einzelheiten in besonderen, an jene bei Ueberlassung der Ländereien gegen bestimmte Gebühren zu übergebenden Bedingungsformularen enthalten sind¹). Auch hier Verpflichtung zu bauswirthlicher Benutzung, zu Anfertigung der Brücken und Befriedigungen aus eignen Mitteln, Reservationen der nicht aus eigentlichem Fruchtbezug hervorgehenden Einnahmequellen (§§ 71 u. 72), keine Remissionen für Wild, Hagelschaden und Mißwachs (§ 70), Unveränderlichkeit des Umfangs durch die Nutznießer (§ 59). Letztere zahlen an das Amt jährliche Pacht, deren Anschlag für Acker nach 2ter, für Wiesen nach 1ster Columne der Domanial-Hoffeldmarktaxe (§ 70) festgestellt wird, während von der Weide 150 □R. 1. und 2. Klasse zu 2 Thlrn., 300 □R. 3. und 4. Klasse eben so hoch, 500 □R. 5. Klasse zu 1 Thlr. 24 ßl. als Kuhweide zu taxiren sind, wobei auch die Weide für 6 Ziegen oder 8 Schafe einer Kuhweide gleichsteht²). Bei nichterfolgender Zahlung ist sofortige Beschlagnahme des Grundstücks und Veräußerung der Früchte auf dem Halm zulässig. Für etwa nöthige Gebietsabtretung wird das Doppelte der anschlagsmäßigen Pacht vergütet. Gegenseitige einjährige Kündigung zur Rückgabe auf Michaelis

---

⁵) C. v. 3. April 1858. Die Beschränkung auf „sich niederlassende" ist erst in späteren Kammerrescripten ausgesprochen.

¹) Die neuesten sind von 1863, ältere v. 22. Octbr. 1839, Ra. 170, vgl. C. v. 7. Septbr. 1848, Ra. 3917, und v. 28. Jan. 1851, Ra. 3949.

²) C. v. 1. Octbr. 1856, wodurch frühere Veranschlagungen v. 14. Febr. 1839, Ra. 169, v. 7. März 1851, Ra. 3950, v. 7. Juli 1851, Ra. 3951, veraltet sind.

wird jetzt stipulirt. Ohne Kündigung erlischt das Pachtrecht bei einmaliger Nichtbestellung des Ackers, ganzer oder theilweiser Ueberlassung desselben an Andere, vergeblicher Execution auf die Pacht, beim Ausscheiden der Pächter aus ihrem bisherigen Stande, bei ihrem Wegzug aus dem Ort, Wegfall eignen Haushalts, ihrer Versetzung in eine Arbeitsanstalt. Bei Rückgabe oder gestattetem Personenwechsel werden nur Einsaat und Bestellungskosten excl. Gräben, Dung, Dungfuhren vergütet.

Die hiernach und durch Tod zur Disposition kommenden Ländereien wurden bis jetzt vom Amte an anderweitige Bedürftige unter den früheren Bedingungen überlassen. Nach Einführung der Ortsarmenpflege gehen sie aber an die Ortschaft der betreffenden Feldmark über, welche in das Pachtverhältniß der bisherigen Nutznießer eintritt, die Pacht nöthigenfalls aus der Ortskasse direct entrichtet, und dagegen als Unterpächterin die Competenzen wieder an Individuen aus der früheren Klasse verpachtet, hierbei aber, sowie betreffs Höhe der Unterpacht, amtlicher Controle unterliegt[3]).

Alle und jede Streitigkeiten hinsichtlich der Ländereien stehen zu amtlicher Entscheidung, mit Recurs an die administrativen Oberbehörden.

§ 138.

Fortsetzung.

Feldbestellung, Ernte, Dung, alle dazu erforderlichen Fuhren werden hier nicht, wie bei Hof- und Gehöftstagelöhnern (§§ 125, 130), von den Vermiethern ganz oder theilweise geleistet, sondern müssen von den Nutznießern der Einliegerparcelen aus eignen Kräften und Mitteln beschafft werden. Wegen fehlenden eignen Gespannes ist es ihre Sache, sich hierüber mit den größeren, Anspannung haltenden Grundbesitzern zu vereinbaren, welche natürlich angemessene, oft selbst übertriebene Vergütung fordern und obendrein nur diejenige häufig schon durch die Witterung nicht mehr begünstigte Zeit wählen, welche ihnen selbst nach eigner Ackerbestellung übrig bleibt. Durch ihren Beruf ferner sind

---

[3]) Arm.-Ordnung v. 9. Mai 1859, § 4 sub 5, C. v. 24. Octbr. 1859, Ueberlassungsbedingungen § 12 cit. in Note 1, § 137.

erstere auf fremde Arbeit gegen baaren Lohn angewiesen (§§ 132, 133) haben aber gerade dann, besonders zur Bestellungs- und Erntezeit, ausschließlich mit eignen Ländereien vollauf zu thun, wenn sie anderswo am gesuchtesten sind, verlieren dadurch hohen Tagelohn, und bei Concurrenz die Arbeit überhaupt. Bei einiger, für Häusler selbst principmäßiger (§ 122) Entfernung der Ländereien vom Dorfe können jene schon zu gewöhnlicher Zeit mit den oft spärlich bemessenen Mußestunden der Werktage zu eigner täglicher Ackercultur nicht ausreichen, von ihren an Haus und Garten hinlänglich beschäftigten Ehefrauen nicht die nöthige Hülfe erhalten und müssen auch hier wieder Arbeitsverdienst opfern, wenn sie es nicht nur zu oft vorziehen, den Kirchenbesuch der Sonntage einzustellen und dann die gesetzlich nur bis 1 Stunde vor Anfang und für ihre Gärten seit 1 Stunde nach Beendigung des öffentlichen Gottesdienstes ihnen gestatteten[1]) landwirthschaftlichen Arbeiten vorzunehmen. Mit allen Hof- und Gehöftstagelöhnern theilen sie endlich die Gefahr der Mißernten, des Viehsterbens, und wegen mangelnden Betriebskapitals bringt schon ein einziges Unglücksjahr sie dauernd zurück. Durch dies Alles wird der Nutzen eigner, auf dem Lande ohnehin meistens ohne Mühe käuflich zu erstehender Vieh- und Ackererzeugnisse häufig illusorisch, und die Erfahrung zeigt selbst nicht selten, daß mit Ländereien dotirte Arbeiter schlechter situirt sind als diejenigen, welche bei der Möglichkeit naher und einträglicher fremder Arbeit dieser und dem Erwerb von Tagelohn ausschließlich ihre Kräfte widmen. Abgesehen von diesem Allen, wird durch Ländereidotationen zwar der angeborene und an sich edle Trieb jedes mecklenburgschen Landbewohners zum Bebauen einer eignen Scholle Landes einigermaßen gestillt, — gleichzeitig aber auch eine communistische Richtung erweckt und genährt. Die Dotation einer ganzen Volksklasse mit fremden Ländereien ist immer bedenklich, denn ihre Kinder folgen nach, halten bald für ihr wohlerworbenes Recht, was jetzt eben nur noch Gnade, treten mit quantitativ und qualitativ immer ungemesseneren Ansprüchen hervor. Woher aber weitere Dotationen nehmen? Von den Privatgrundbesitzern[2])? Das aber wäre offener Bruch mit jedem Rechte und schon vorher Unter-

---

[1]) V. v. 8. Aug. 1855, § 2, sub 8, Ra. 4817, Rgbl. 2, v. 18. Aug. 1856, Ra. 4818, Rgbl. 28, v. 6. Febr. 1858, Rgbl. 6.

[2]) Vgl. § 136, Note 3.

grabung jedes Realcredits. Oder allein aus dem Zeitpachtbesitz des landesherrlichen Domanium? Der Fürst aber hat an seinem Eigenthum (§ 57) dieselben Rechte, wie sein letzter Unterthan — weshalb freilich die Revolution das Domanium zunächst für Staatseigenthum zu erklären liebt, um dann dasselbe ungehindert zerstückeln zu können. Obendrein beruht die Selbstständigkeit und dauernde Macht des Landesherrn gerade auf dem Reichthum seines unbeschränkten Eigenthums, des Zeitpacht= besitzes im Domanium (§ 68). Die jetzigen Einschränkungen jener allgemeinen Dotationen (§ 136) erscheinen deshalb nur zeitgemäß.

§ 139.

Feurung.

Allen Einliegern (wie auch den Häuslern § 122, ferner den Haus= wirths=Altentheilern § 97, den Hoftagelöhnern § 126, den Gehöftstage= löhnern § 130, endlich den Armen) ist das Holzsammeln und Stämme= raden in den herrschaftlichen Forsten gestattet[1]). Zur Vermeidung der Schulversäumniß durch die hierzu zu verwendenden Kinder sollen die sog. Holztage immer nur auf schulfreie Zeit, nämlich auf Mittwoch und Sonnabend, resp. auf Sonnabend allein verlegt werden[2]). Außerdem beziehen[3]) die mit eignem Heerd versehenen und — was bis auf Wei= teres stets präsumirt wird — zum vollen Ankauf der Feurung unver= mögenden Einlieger (auch Häusler § 122, Gehöftstagelöhner § 130 und beschränkt die Gehöfts=Altentheiler § 97) aus den landesherrlichen Forsten jährlich 2—4 mille, bei fehlender Gelegenheit zum Holzlesen und Stämmeraden selbst 6—8 mille Torf, ferner 1 Fuder Abfall=, resp. Buschholz, oder ½ Faden 3= und 4füßig Abfallholz ohne Auf= pricken, in Ermangelung des Torfes aber die doppelte, bei Verweigerung der Torfannahme[4]) jedoch nur die einfache Holzfeurung, bei Unmöglich=

---

[1]) V. v. 14. Mai 1780, H. IV. 126, C. v. 3. Novbr. 1834.
[2]) C. v. 2. Decbr. 1852, Ra. 4081.
[3]) C. v. 3. Novbr. 1834; durch C. v. 24. Mai 1841, Ra. 535, auf wirkliche Einlieger (nicht auf Tagelöhner vgl. § 130, Note 2) auf Erbpachtgehöften, ferner in Pfarrkathen landesherrlichen Grunds und Bodens, durch einzelne Rescripte auf solche bei Kirchen= und Pfarrbüdnern ausgedehnt. Pächter von Büdnereien gelten nicht als Einlieger, ebensowenig auch als Büdner (§ 118, Note 5).
[4]) C. v. 23. Novbr. 1848, Ra. 4075, v. 10. Jan. 1860.

keit ganzer oder theilweiser Holzabgabe wegen Mangels daran noch ein erhöhetes Torfdeputat[5]) — bei nicht eignem Heerde ein nach den Umständen vermindertes Feurungsdeputat. Für den Torf müssen sie aber den Arbeitslohn und das Zählgeld[6]), für jedes Fuder Holz 16 ßl., bei weiterem Holzbedarf jedoch die volle Taxe[7]), für das bei Verweigerung des Torfes dennoch abzugebende 1 Fuder Holz endlich den Haulohn und das übliche Holzgeld[8]) bezahlen. Bei Insolvenz hierzu müssen sie solchen Betrag durch Forstdienste abarbeiten[9]), und erhalten beim Unvermögen auch hierzu wegen Körperschwäche die Feurung der wirklichen Beneficiaten[10]).

Zu möglicher Einschränkung solcher bedeutenden Feurungsdeputate sollen sowol die Forestalen auf gehörige Aufbewahrung und Verwendung derselben achten[11]), als auch in den ländlichen Miethswohnungen praktische Kochöfen[12]), sowie möglichst luftdichte Fenster und Thüren[13]), angelegt werden. Zur Vermeidung sonstigen Mißbrauchs werden Käufer und Verkäufer von Sammelholz mit Geldstrafen bis zu 5 Thlr. belegt[14]), sind ferner alle Ankäufe von Feurungsmaterialien aus den Händen feilbietender Landleute verboten[15]), falls diese keine — nur beim Verzicht auf das Feurungsdeputat zu ertheilende — amtliche Concession zu solchem Handel haben, und werden bei Contraventionen hiergegen Verkäufer mit dem doppelten[16]), Käufer aber mit dem einfachen, jedoch bei besonderer Strafbarkeit mit dem doppelten[17]) Werth des verkauften Feurungs-

---

[5]) C. v. 23. Novbr. 1848, Ra. 4075.
[6]) E. v. 3. Novbr. 1834.
[7]) E. v. 3. Novbr. 1834, v. 25. April 1848, Ra. 4072, v. 23. Novbr. 1848, Ra. 4075.
[8]) E. v. 10. Januar 1860.
[9]) Z. B. Graben, Pflanzen, Eichelnsammeln, Tannenäpfelpflücken, Raben ꝛc., Circ. v. 19. August 1805, Ra. 479, v. 3. Novbr. 1834, v. 21. April 1853, 28. März 1855.
[10]) C. v. 3. Novbr. 1834. Diese wird, gegen Bezahlung der Bereitekosten aus der Armenkasse, nach Bedarf verabreicht; C. v. 11. April 1864.
[11]) C. v. 21. April 1853.
[12]) C. v. 19. Septbr. 1853; vgl. § 125, Note 2.
[13]) C. v. 21. April 1853.
[14]) Forstfrevel-Gesetz v. 21. März 1857, § 23, Ra. 5127, Rgbl. 9.
[15]) Schon nach V. v. 23. Juli 1714, H. IV. 106.
[16]) V. v. 7. Octbr. 1812, Ra. 617, Rgbl. 35.
[17]) C. v. 1. Juli 1851, Ra. 4098, Rgbl. 24.

materials bestraft. Die Untersuchung wird in bekanntem polizeilichen Verfahren geführt (§ 71).

§ 140.
Fuhren; öffentliche Leistungen.

Die Einlieger erhalten die nothwendigen Fuhren zur Anholung von Holz und Torf, sowol innerhalb als außerhalb der Feldmark, nach dem Prediger, dem Arzte, der Hebamme, zur Saline und zur Mühle, nach Ermessen des Amtes unentgeltlich oder gegen billige Bezahlung „über's Dorf", d. i. von den contractlich dazu verpflichteten Hufenbesitzern in abwechselnder Reihefolge derselben, auch von den Hofpächtern, geleistet, wogegen sie aber auch schuldig sein sollen, um billigen Tagelohn bei diesen zu arbeiten. Sie selbst verstehen es nur zu gut, solche ohnehin generelle und unbestimmte Gegenleistung zu umgehen — für jene aber ist ihre, außer den eignen Tagelöhnern (§ 126 u. 130) auch auf die anspannungslosen Büdner (§ 118) und Häusler (§ 122) ausgedehnte Verpflichtung, zumal in denjenigen Ortschaften, wo unverhältnißmäßig viele anspannungslose Leute leben, eine schwere, nicht selten fast erdrückende Last, deren allmälige Ablösung sich vernothwendigen dürfte. Beim Wegfall desfallsiger contractlicher Verpflichtung werden sich sowol besonders kleinere Grundbesitzer finden, welche aus Haltung von Miethsfuhrwerk ein Gewerbe machen, als auch die jetzt zum Gefahrenwerden förmlich Berechtigten und hierauf Trotzenden gegen die Fuhrpflichtigen ein bescheideneres Betragen annehmen und durch fleißige Arbeit bei ihnen das nöthige Fuhrwerk zu verdienen streben, welches ihnen dann nicht entgehen wird. — Alle Einlieger haben endlich freien Amtsarzt in Maßgabe der einzelnen Medicinal-Contracte, jedoch freie Arznei nur bei wirklichem Nothstande.

Außer den Personal-Steuern werden alle Abgaben und Leistungen (über die Pacht vgl. § 137) an die Kirche, Pfarre, Schule, Gemeinde, überhaupt alle aus dem öffentlichen Recht fließenden, die Einliegerländereien ergreifenden Verbindlichkeiten, von deren Nutznießern übertragen[1]). Der Repartitionsmodus wird vom Amte bestimmt und hierbei

---

[1]) Einliegerländereien-Ueberlassungs-Bedingungen von 1863, § 6 (§ 137, N. 1).

regelmäßig nach den Beiträgen der Büdner (§ 117) in der Art fixirt, daß 4—6 Einlieger gleich 1 Büdner gerechnet werden; Handdienste zu Bauten ꝛc. werden jedoch den Einliegern nie aufgelegt²).

VII. Dienstboten.

§ 141.

Freies lediges Gesinde gab es früher wenig. Die Kinder der Leibeignen standen unter dem Gesinde- oder Dienstzwang (§ 123), d. h. mußten sich vor jeglicher Dienstannahme außerhalb ihres Wohnorts, ihrer Grundherrschaft resp. deren Pächtern zu Dienst gegen bestimmten Lohn gestellen, durften auch von jenen zur Umzugszeit von Auswärts zurückgerufen werden. Auch ohnehin blieben die früheren Dienstboten nach alter guter Sitte auf der väterlichen Haus- und Hofstätte zur wirthschaftlichen Hülfe ihrer Eltern oder Geschwister — das Band der Familie war noch ein enges und dauerndes. Erst die Aufhebung der Leibeigenschaft (§ 78) führte mit ihrem ganzen Segen das ungeregelte und stets wachsende Streben der ledigen Leute nach Auswärts, die Trennung des patriarchalischen Familienbandes mit sich. — Jetzt verbreiten die Dienstboten sich über's ganze Land, und fast mit Vorliebe in diejenigen Landestheile, denen sie nicht angehören: die aus der Ritterschaft streben ins Domanium, weil sie dort oft eine Braut und dadurch Gelegenheit zur Niederlassung finden, die ihnen bei Erfüllung der sonstigen Bedingungen dort regelmäßig nicht verweigert wird, wenn nur erstere eine Domanialeingesessene ist¹); diejenigen aus dem Domanium suchen freilich in der Ritterschaft nicht so sehr den häuslichen Heerd, als vielmehr bei dortigem Arbeitermangel höheren Dienstlohn, und kehren mit dem Ersparten erst dann in ihre Heimath zurück, wenn sie hier heirathen wollen²). Nur auf den Bauergehöften finden

---

²) E. v. 12. Mai 1850, Ra. 3948.
¹) Vgl. E. v. 15. Jan. 1837, Ra. 175. Weiteres später bei Niederlassungen.
²) Durch E. v. 21. März 1851 ist Bericht über Anzahl lediger Dienstboten eingefordert.

sich noch zahlreiche Spuren dortigen Verbleibens der aus der Gehöftsfamilie entstammten Leute.

Der jährliche Dienstlohn bestand früher überwiegend aus fertigen
Naturalien, z. B. Hemden, Kleidung, Schuhen; dagegen durfte den
Dienstboten auf besonderer Ackerfläche kein Korn gesäet werden³)
(vgl. § 81) — ebenfalls ein Anklang an ihre frühere innige Verbindung
mit der ganzen Familie. Jetzt wird mehr und mehr baarer Lohn verabreicht, welcher nach Kräften und Dienstleistungen bei Knechten wol
auf 30 Thlr., bei Mädchen auf 20 Thlr. und darüber steigt; daneben
erhalten die Knechte noch geringe Diäten bei Fuhren zur Stadt, Sack-
geld von dem zu Markt gebrachten Korn, und besonders bei Bauern
die Dienstboten wol noch bei entsprechender Abminderung des baaren
Lohns einige Dutzend Ellen flächsern und heeden Leinewand, einige
Pfund Wolle, auch 1 Baß Lein ausgesäet, wozu der Dienstherr die
Saat hergiebt. Uebrigens haben die im elterlichen Hause wohnenden,
alimentirten und ihren Eltern volle Gesindedienste leistenden Kinder
ohne ausdrückliche desfallsige Vereinbarung keinen rechtlichen Anspruch
auf besonderen Dienstlohn, weil sie dadurch nur als eine Pflicht kind-
licher Obedienz erfüllend angesehen werden⁴). — In Krankheitsfällen
haben alle Dienstboten freien Arzt und freie Medicin aus der Armenkasse. Beim Wechsel der Dienstherren zu Johannis am Ende des
Wirthschaftsjahres und nicht gleichzeitigem Abgang der erst im October
abziehenden Dienstboten (§ 142) erhalten diese auf Pachthöfen vom
Abtreter die Hälfte aller Emolumente, die andere Hälfte vom Antreter
im October, auf Bauergehöften dagegen observanzmäßig vom Abtreter
die Naturalien, vom Antreter demnächst den baaren Lohn. Beim Wechsel
zu anderer Zeit entscheidet specielle Vereinbarung.

Zu Communalleistungen sind die Dienstboten nicht verpflichtet; an
öffentlichen Abgaben zu Personalsteuern.

---

³) Schulzen- und Bauernordnung v. 1. Juli 1702, § 26, H. IV. 4, vgl. B.
v. 15. Juli 1800 a. E., H. I. 344, Polizei-Ordnung v. 1572, tit. „Dienstboten",
H. V. 1 (vgl. § 81, Note 3).

⁴) Buchka u. Budde, Entscheidungen des Ober-Appellations-Gerichts, Bd. 4,
pag. 205.

§ 142.

Betreffs Kündigung und Entlassung der mit Ackerbau in directer Verbindung stehenden Dienstboten, wozu auch die mit unmittelbarer Wartung und Besorgung des zu landwirthschaftlichen Zwecken gehaltenen Viehes betraueten gehören[1]), normiren hier die Verhältnisse der Tagelöhner (§ 128). Bei allen übrigen Dienstboten findet gesetzlich[2]) gegenseitige Kündigung binnen der ersten 8 Tage nach den vollen Quartalen, der Umzug 1/4 Jahr nachher — am Dinstag nach Ostern, am 24. Juni, am 24. October, resp. wenn diese beiden Tage auf einen Sonntag fallen, am nächstfolgenden Montage, endlich am ersten Wochentage nach dem Weihnachtsfeste — statt, wogegen betreffs der zur Erlangung anderweitigen Unterkommens erforderlichen Dienstscheine und unerlaubter Vermiethung, resp. wegen rechtzeitigen Zuzugs auch hier bekannte Grundsätze (§ 128) Anwendung finden. Schwangerschaft der Dienstboten berechtigt zu sofortiger Entlassung, doch muß die Dienstherrschaft nöthigenfalls für vorherige sichere Unterbringung derselben auf deren Kosten sorgen, oder zu solchem Zwecke die Ortsobrigkeit von der bevorstehenden Entlassung rechtzeitig in Kenntniß setzen[3]).

Der in neuester Zeit so vielseitig empfundene Mangel an Dienstboten ist im Domanium nicht so groß als in den übrigen Landestheilen, weil dort die Gründe solches Uebelstands weniger hervortreten. Dieselben liegen in der Ritterschaft in der bekanntlich schon an sich dünnen Bevölkerung und dazukommenden starken Auswanderung und Uebersiedelung in andere Landestheile (§ 141) wegen fehlender Gelegenheit zur Niederlassung, welche dagegen in dem schon an sich bevölkerteren Domanium häufiger geboten wird — in den Städten in der Unlust zum Dienen und Bevorzugung bürgerlicher Gewerbe und ähnlicher, von den Mädchen mit Vorliebe gewählter Erwerbszweige, z. B. Putzmacherei u. s. w., die aber auf dem platten Lande entweder gesetzlich beschränkt (§ 143 ff.) oder schon an sich weniger einträglich sind, wes-

---

[1]) Buchka u. Budde, Entscheidungen des Ober-Appellations-Gerichts, Bd. 4, pag. 211.
[2]) S. die Citate in Note 1 des § 128.
[3]) V. v. 31. März 1813, Ra. 1377, Rgbl. 15, vgl. V. v. 23. Juli 1813, Ra. 2781, Rgbl. 31, v. 21. Juli 1821, Ra. 2095, Rgbl. 26, v. 17. Aug. 1859, Rgbl. 35.

halb hier den Unvermögenden hauptsächlich nur Erwerb durch Dienen übrig bleibt. Der Hauptgrund ist ein socialer — die völlige Trennung der Dienstboten von der Familie des Dienstherrn, ihre Ausnutzung gleichsam als Arbeitsmaschinen, nebenbei unfreundliche Begegnung, möglichst billige und deshalb dürftige Erhaltung. Natürlich bleiben jene dort und drängen auch aus andern Landestheilen dorthin, wo sie gleichsam noch zur Familie zählen, wo sie humane Behandlung, erforderliche Ruhe, vollen Tisch finden — und dies Alles wird ihnen vorwiegend auf dem platten Lande, hier unter den zahlreichen Domanial-Bauern, noch jetzt geboten; die, besonders jüngeren, Hofpächter und die aus Meistgebot auf Bauerhufen hervorgegangenen Erbpächter (§ 106) sind freilich leider! häufig aus guten Gründen weniger gesucht. — Aus gleicher Ursache findet sich im Domanium, gegenüber den anderen Landestheilen, verhältnißmäßig geringeres Streben der ledigen Leute nach auswärtiger, freier, lohnender, aber auch demoralisirender Arbeit an Chausseen, Eisenbahnen 2c., wenngleich, unter Vermeidung fester Dienstannahme, die einträgliche Arbeit im Tagelohn, besonders auf den großen Gütern, mehr und mehr gesucht wird — und endlich gar ganz müßiges Umherliegen Dienstloser im Elternhause wird in vielen Aemtern schon aus polizeilichen Rücksichten möglichst verhindert — dadurch also auch diesen Gründen des Dienstbotenmangels begegnet. — Verkennen läßt sich hierbei freilich nicht, daß Eine Art Dienstboten, diejenige der Hofgänger (§ 127), immer rarer wird. Von unbemittelten Tagelöhnern sollen dieselben gehalten werden, welche an sich nur geringen Lohn zu geben vermögen, und dagegen selbst nur beschränkte directe Vergütung (§ 129) beziehen — Dienstgeber und Dienstnehmer sind deshalb hier gleichmäßig widerwillig. Auch in dieser Beziehung also erweisen sich die Bestimmungen der Hofregulative illusorisch. —

Hand in Hand mit solcher im Allgemeinen größeren Concurrenz der Dienstboten im Domanium geht ihre geringere Unbescheidenheit in Lohnforderung, hiermit wieder ihr Unvermögen zur zügellosen Nachjagung der Vergnügungs- und Putzsucht, jeglicher Sinnenlust. Jene ist aber leider! kein Damm gegen die auch im Domanium stets zunehmende Unzucht (§ 4), und in erschreckendem Grade wächst auch hier die Zahl der unehelichen Geburten.

VIII. Anhang.

Gewerbtreibende.

§ 143.

Vorbemerkung.

Diese bilden keine abgeschlossene und scharf getrennte Art der ländlichen Bevölkerungsklassen, sondern gehören mehreren derselben, besonders kleineren Erb- und Zeitpächtern (§ 57), den Büdnern (§ 116), den Häuslern (§ 119), den Miethseinwohnern (§ 123 und 132) an, finden deshalb auch nur schließliche Erwähnung nach vorheriger Erörterung jener. — Die Gewerbe gelten in Mecklenburg hauptsächlich für Betriebsarten der Städte und unterliegen auf dem Lande noch jetzt den Beschränkungen des Gewerbezwangs — jedoch nur auf dem eigentlichen platten Lande, während die Amtsfreiheiten in und neben Städten (§ 3) in dieser Beziehung (vgl. § 19) immer für Theile der Letzteren angesehen und auf die Domanialflecken excl. Lübtheen, auch auf die Ortschaft Neukloster, die für die Städte geltenden gesetzlichen Bestimmungen[1] selbst ausdrücklich ausgedehnt sind[2]) (§ 2), wonach die Anzahl der Gewerbtreibenden, abgesehen von den sonstigen Niederlassungs-Erfordernissen, wesentlich durch die Möglichkeit ihres Fortkommens bedingt, und die Art und Weise ihrer Betriebs-Ausübung entweder durch Zunftrollen geregelt oder ganz frei ist.

§ 144.

Handwerker.

Auf dem eigentlich platten Lande dagegen ist zunächst sowol die Anzahl der Handwerker als ihre Thätigkeit durch die Bannrechte der Städte sehr eingeengt. Gesetzlich[1]) geduldet werden nämlich hier außer

---

[1]) Der V. v. 18. Aug. 1827, Ra. 3803.

[2]) C. v. $\frac{26.\ Octbr.}{12.\ Novbr.}$ 1842, v. 4. Juni 1851, vgl. C. des Minist. des Innern v. 16. Septbr. 1852, v. 2. Aug. 1858.

[1]) Erbvergleich v. 18. April 1755, § 259, H. III. 1, V. v. 15. Mai 1863, pag. 21 ff., Rgbl. 20; vgl. Polizei-Ordnung v. 1572, tit. „vom Brauen, H. V. 1, Reversalen v. 23. Febr. 1621, Art. 40, H. III. 3.

Glashüttenmeistern, Zeglern, Kalkbrennern, Müllern, Sägern, Deckern, Lementirern, Klemern u. dgl. in jeder Ortschaft nur 1 Grobschmied mit 3 Gesellen²), 1 Grobrademacher mit 1 Gesell zur alleinigen Verfertigung der zur Landwirthschaft nöthigen Bauer- und Bauwagen, 1 Bauernschneider mit 1 Gesell, 1 Zimmermann mit 1 Gesell, 1 Maurermann und 1 Tischler, sowie ein Schuh- sog. Altflicker ohne Gesellen, der aber überall keine neue Schusterarbeit machen darf, wogegen Grobleineweber betreffs ihrer Zahl und Tauen unbeschränkt sind. Die außerdem noch in einzelnen Ortschaften etwa wohnhaften, zu selbstständiger Arbeit nicht berechtigten Gesellen, besonders Maurer- und Zimmergesellen, deren Zulässigkeit übrigens schon an sich fraglich ist, dürfen nur in den Städten und bei Stadtmeistern Arbeit suchen³). Wie auch schon theilweise in ihren Benennungen liegt, dürfen alle jene Landhandwerker nur grobe, ländliche, zum Betrieb der Landwirthschaft und dringendem Bedürfniß der Leute dienende, und überall keine Arbeit aus den Städten übernehmen⁴). Persönliche Ausübung des Handwerks ist Regel⁵), jedoch kann in Krankheits- oder andern Fällen dauernder Verhinderung eines Landmeisters diesem, resp. seiner Wittwe, auf Antrag des Amtes die Annahme eines besonderen stellvertretenden Gesellen auf bestimmte Zeit durch landesherrliche Dispensation gestattet werden, wodurch jedoch eine Vermehrung der gesetzlichen Anzahl jener Handwerker nicht zugestanden sein soll⁶). Zur Vermeidung von Contraventionen gegen die Anzahl der den Landmeistern erlaubten Gesellen sind nur die Maurer und Zimmerleute auf dem Lande berechtigt, wenn sie sich mit einem städtischen Meister darüber einigen, zu den von ihnen auf dem platten Lande auszuführenden Bauten die erforderlichen Gesellen auf den Namen des städtischen Meisters zu leihen und in Arbeit zu nehmen⁷). Im Uebrigen

---

²) Die früheren entgegengesetzten Bestimmungen der Verordn. v. 6. Juni 1787, H. IV. 60, v. 27. April 1787, H. V. 186, v. 2. Juni 1832, Ra. 2570, Rgbl. 22 gelten jetzt nicht mehr.

³) C. v. 10. Febr. 1847, v. 24. Febr. 1860.

⁴) Erbvergleich cit. § 262, vgl. B. v. 29. Septbr. 1786, H. V. 181, vom 23. Mai 1787 u. 12. April 1788, H. V. 187, v. 3. Febr. 1797, H. V. 187 Rgbl. 1817, St. 22; C. v. 24. Febr. 1860.

⁵) Cab.=Rescr. vom 9. Septbr. 1840, Ra. 2575, R. v. 26. Septbr. 1840, Ra. 2576.

⁶) B. v. 15. Mai 1863, pag. 25, Rgbl. 20.

⁷) B. v. 12. März 1829, Ra. 2567, modificirt durch B. v. 15. Mai 1863, pag. 24, Rgbl. 20.

haben die erlaubten ländlichen Handwerker mit denen der Stadt und den dortigen Zunftverhältnissen nichts gemein; nur die Meister der Schmiede, Maurer, Zimmerleute, Tischler müssen es mit einer städtischen Zunft halten, d. h. nach vorgängiger amtsrollenmäßiger Meisterprüfung bei einem städtischen Gewerksamte als Landmeister sich aufnehmen lassen[8]). Ueber die Anzahl der Landhandwerker fordern die Oberbehörden zeitweise Berichte ein[9]).

Wenn schon durch vorstehende Beschränkungen der Handwerksbetrieb in den Domanialämtern sehr niedergedrückt wird, so sind die Domanialortschaften in der Runde von 2 Meilen um Rostock, der sog. Rostocker Bannmeile, erst recht schlimm daran, weil in ihnen überall gar keine Handwerker geduldet werden sollen[10]).

§ 145.

Fortsetzung.

Pflicht der Amtspolizeibehörden[1]) ist es, bei eigner Verantwortlichkeit ex officio den Handwerksbetrieb auf dem Lande zu überwachen[2]), die Ansetzung unerlaubter Handwerker zu verhindern, bei erkundeten Contraventionen, resp. auf Anzeige der städtischen Handwerksämter[3]), nach verbotenem Machwerk Nachsuchung zu halten, dieses zu confisciren,

---

[8]) Erbvergleich v. 18. April 1755, § 260, durch V. v. 1. Septbr. 1853, Ra. 5258, Rgbl. 23, betreffs der Schmiede wiederholt, wodurch die früher für sie erforderliche Prüfung in der Thierarznei der V. vom 27. April 1825, Ra. 2735, Rgbl. 18, v. 16. Mai 1825, Ra. 2736, Rgbl. 20, abgeschafft ist.

[9]) C. v. 10. Febr. 1847, Regiminal-C. v. 30. April 1849, 1. Mai 1849, 4. Juni 1849, 20. März 1851, C. v. 5. Aug. 1852.

[10]) Rostocker Convention v. 26. April 1748, § 3, H. III. 11, welche durch § 278 des Erbvergleichs cit. so wenig als durch das neue Steuergesetz v. 15. Mai 1863, pag. 26, Rgbl. 20, aufgehoben ist; auch nach Rostocker Erbvertrag v. 13. Mai 1788, § 143, H. III. 16.

[1]) Reg.-Rescr. v. 9. Aug. 1830, Ra. 1559, R. v. 7. Juni 1841, Ra. 2523.

[2]) Erbvergleich v. 18. April 1755, § 276, H. III. 1; V. v. 16. April 1785, H. IV. 57, Rgbl. 1817, St. 36; V. v. 18. Novbr. 1786, H. IV. 57.

[3]) Nach Ausspruch des Oberappellationsgerichts haben die übrigen Landstädte gegenüber den durch den Westphälischen Frieden v. 24. Octbr. 1648 völlig aus Mecklenburg ausgeschiedenen und auch durch den Malmöer Pfandvertrag v. 26. Juni 1803, Ra. 3677, nicht wieder incorporirten Aemtern Poel und Neukloster überall kein Recht auf Verbot der Handwerker — wol aber die Stadt Wismar selbst, welche gleiche staatliche Lage mit jenen Aemtern theilt, und deren schon auf der Landpolizei-

auch) die Contravenienten in willkürliche Geldstrafe zu nehmen; das frühere eigenmächtige Nachsuchen der städtischen Handwerker ohne Zuziehung des competenten Amtes, sog. Böhnhasen-Jagen, ist aber durchaus verboten⁴). Die städtischen Gewerke sollen nicht einmal das Recht haben, selbst mit ihrem eignen freien Willen ausgedehnteren Handwerksbetrieb auf dem platten Lande zu gestatten⁵).

Die städtischen Obrigkeiten sollen dagegen für gute und billige Anfertigung der von den Landleuten in den Städten bestellten Arbeiten sorgen⁶). Unbenommen bleibt es übrigens, ausländischen Arbeitern, wenn dieselben tüchtiger und billiger sein sollten, Arbeiten im Inlande zu übertragen; jedoch soll gegenüber denjenigen deutschen Ländern, deren Gesetzgebung hierin keine Reciprocität gewährt, der inländischen Regierung das Recht zustehen, den Gebrauch von Handwerkern aus jenen zu untersagen⁷). Unter den erlaubten Handwerkern im Domanium selbst herrscht freie Concurrenz, und deshalb können selbst in kleineren Ortschaften, auch Höfen — in letzteren aber nur, wenn Pächter einverstanden und Wohnungsmangel für die Dienstleute des Hofes nicht zu besorgen ist — Handwerker angesetzt werden, besonders in der Nähe größerer Ortschaften; dazu ist in jeder Handwerks-Concession freie einheimische und auswärtige Concurrenz, und Zurücknahme der Concession bei entweder gar nicht oder für die Bedürfnisse des Ortes erweislich ungenügend betriebener Handwerks-Ausübung zu reserviren⁸).

§ 146.

Handelsleute.

Auch auf den Handelsbetrieb erstreckt sich der städtische Gewerbezwang in noch höherm Grade. Kaufleute, Krämer, Häfer dürfen auf

---

ordnung von 1572, tit. „vom Brauen" und Reversalen v. 23. Febr. 1621, Art. 40, beruhende Handwerker-Privilegien durch Art. X. § 6 des Westphäl. Friedens und Art. XVII. des Malmöer Vertrags salvirt sind.

⁴) Erbvergleich cit. § 275.
⁵) R. v. 7. Juni 1841, Ra. 2523.
⁶) Erbvergleich cit. § 263, B. v. 28. Decbr. 1767, H. V. 73.
⁷) B. v. 15. Mai 1863, pag. 25, Rgbl. 20.
⁸) C. v. 24. Febr. 1860.

dem platten Lande überall nicht wohnen¹), ebensowenig Productenhändler, d. i. Vor-, Auf- und Wegkäufer landwirthschaftlicher Erzeugnisse zum Weiterverkauf für eigne oder städtischer Einwohner Rechnung, von den Aemtern angesetzt werden²). Wie endlich ländliche Handwerker keine städtische Arbeit anfertigen (§ 144), also nicht in die Städte hineinarbeiten dürfen, so ist es ihnen auch nicht erlaubt, mit ihren Waaren in den Städten, Flecken, oder auf dem platten Lande zu hausiren, noch die Jahrmärkte zu besuchen³). Ueber den gesammten Handels- und Hausirbetrieb incl. desjenigen der Städte und Fremder auf dem platten Lande, welcher zur Competenz nicht der Aemter, sondern der Steuerbehörden steht⁴), und deshalb hier nicht weiter interessirt, entscheiden zahlreiche Gesetze, die auch für die Domanialflecken gelten (§ 2).

Sämmtlichen Amtseingesessenen steht dagegen der Handel en gros und en détail innerhalb und außerhalb Landes mit den natürlichen Erzeugnissen ihrer eignen Wirthschaft und den aus selbstgewonnenen Producten angefertigten Fabrikaten frei⁵). Die früher darauf gelegten Landeszölle, von denen nur die Pächter und Erbpächter der Höfe durch die vom Amte auszustellenden Zollfreipässe eximirt waren, sind jetzt vollständig aufgehoben⁶). Nur Brod und frisch geschlachtetes Fleisch⁷) von Rindvieh, Schafen und Schweinen darf nicht, wol aber Wild und Geflügel⁸) aller Art, ebenso geräuchertes Fleisch, Speck, Wurst zum

---

¹) Erbvergleich v. 18. April 1755, §§ 253, 254, H. III. 1, V. v. 19. Juni 1854, Ra. 4700, Rgbl. 26, vgl. Polizei-Ordnung und Reversalen loc. citat. in Note 1, § 144.

²) Erbvergleich cit. § 255, V. v. 7. Juni 1834, Ra. 2600, Rgbl. 23.

³) V. v. 16. März 1776, H. V. 115, v. 27. April 1784, H. V. 158.

⁴) V. v. 18. Nvbr. 1851, Ra. 4695, Rgbl. 38, vgl. V. v. 30. Juli 1862, Rgbl. 35, wodurch ältere V. v. 22. Octbr. 1849, Ra. 4551, Rgbl. 40, v. 7. März 1850, Ra. 4552, Rgbl. 12, aufgehoben sind. Nach V. v. 13. Jan. 1859 sub 12, Rgbl. 4, ist hier die Competenz der Aemter auf Vagabondenverfahren gegen ausländische Händler, nach ihrer Bestrafung durch die Steuerbehörden, beschränkt.

⁵) Erbvergleich cit. § 252.

⁶) Durch V. v. 15. Mai 1863, pag. 8, Rgbl. 20, wodurch der Erbvergleich cit. §§ 280—290, V. v. 29. Septbr. 1797, H. IV. 210, Rgbl. 1817, St. 22, v. 13. Aug. 1799, H. IV. 212, v. 3. Octbr. 1808, Ra. 858, Rgbl. 1829, St. 27, v. 3. April 1827, Ra. 870, Rgbl. 15, (S. v. 10. Febr. 1851, Ra. 4170, vom 20. Octbr. 1853, v. 14. Juni 1855 aufgehoben sind.

⁷) Schon nach V. v. 17. Novbr. 1791, H. V. 217.

⁸) Ueber den früher verbotenen Verkauf todter Gänse s. V. v. 9. Septbr. 1784, H. V. 160.

feilen Verkauf in die Städte gebracht werden, wenngleich die Stadtbewohner zu eignem Gebrauche sich Brod und frisches Fleisch vom platten Lande kommen lassen können, wodurch aber die Zulässigkeit der Ansetzung von Bäckern und Schlächtern auf dem platten Lande nicht ausgesprochen sein soll[9]) (§ 144).

§ 147.

Brauer, Brenner.

Krugwirthschaften kann die Landesherrschaft nach Belieben auf dem platten Lande einrichten und legen[1]) (§ 151), doch müssen dieselben, wenn sie binnen der städtischen Bannmeile, d. i. 2 Meilen von den Städten gelegen sind, wegen des letzteren verliehenen Brauerei- oder Bierzwangs[2]) das nöthige Bier aus der nächsten oder bei dortiger Braubehinderung aus einer andern in der Bannmeile belegenen Stadt von einem beliebigen Brauer nehmen, und dürfen überall nicht selbst brauen. Sonstige Amtseingesessene können es, brauen besonders Dünnbier oder Covent, aber nur zum täglichen Gebrauch ihres Haushalts und ihrer Leute, etwaiger Bauhandwerker und Erntearbeiter, nie aber, mit Ausnahme der Pächter, Prediger und Predigerwittwen, zu außerordentlichen Gelegenheiten, z. B. Hochzeiten ꝛc., noch irgendwo zum Verkauf. Schmiede und Müller, die nicht zugleich Krüger sind, dürfen den sog. Schmiede- oder Mühlencovent ihren Kunden unentgeltlich einschenken. Die Obrigkeit soll Contraventionen mit Confiscation des Brauzeugs und einer Pön von 5 Thlr. mecklb. Val. strafen, und bei eigner Connivenz in fiscalischem Proceß bis zu 30 Thlr. bestraft werden[3]). Die Lieferung schlechten oder Nichtlieferung bestellten Biers aus der Stadt führt Schadloshaltung des Krügers durch 1—3 Thlr. mecklb. Valeur und obrigkeitliche Ahndung mit sich.

---

[9]) V. v. 15. Mai 1863, pag. 21—23 u. 25, Rgbl. 20.
[1]) Erbvergleich cit. § 236, R. v. 30. Aug. 1837, Ra. 4681 (§ 151, N. 1—4).
[2]) Erbvergleich cit. § 232—250, Rostocker Convention v. 26. April 1748, § 3, H. III. 11, Rostocker Erbvertrag v. 13. Mai 1788, § 143, H. III. 16, vgl. Polizei-Ordnung, tit. „vom Brauen", H. V. 1.
[3]) Vgl. noch V. v. 18. Mai 1773, H. III. 15.

Aehnliche frühere Beschränkungen der Landbrennereien sind mit dem Brennereizwang jetzt gefallen⁴), und der Branntweinhandel auf dem platten Lande, sowie zwischen diesem und den Städten⁵), ist freigegeben. Nur binnen der Rostocker Banmmeile (§ 144) dürfen noch keine Brennereien auf dem platten Lande errichtet werden⁶).

Mülzen mit selbstgebaueter Gerste ist den Amtseingesessenen auf dem platten Lande gestattet⁷); doch darf das gewonnene Malz weder in den Städten⁸) noch auf dem Lande⁹) feilgeboten werden.

§ 148.
Müller.

Außer den städtischen Bannrechten sind auch die einzelnen Betriebsstellen und Professionisten zuweilen ertheilten exclusiven Privilegien oft sehr drückend.

Zunächst haben sowol in den Städten als auf dem Lande gelegene Mühlen durch besondere obrigkeitliche Verleihung¹) oder durch unvordenklichen Besitz oft den Mühlenbann, Mühlen- oder Mahlzwang, entweder nur für die Ortschaften selbst, wozu jene gehören, oder außer diesen auch für auswärtige. Derselbe enthält an sich nur die Berechtigung, daß die Bewohner dieser Ortschaften, die sog. Zwangsmahlgäste, mit Ausnahme der Prediger²) und Küster³), nicht ausmahlen, d. i. nur

---

⁴) Durch V. v. 15. Mai 1863, pag. 23 u. 25, Rgbl. 20, wodurch die früheren den Brennereizwang statuirenden §§ 250 u. 251 des Erbvergleichs cit., V. v. 31. März 1781, H. IV. 56, v. 4. Aug. 1786, H. V. 179, 11. Octbr. 1805, Ra. 2583, Rgbl. 1815, St. 29, 21. Octbr. 1805, Ra. 2584, Rgbl. 1815, St. 29, 13. Nov. 1818, Ra. 2594, Rgbl. 41, 21. Dec. 1822, Ra. 2595, 5. Dec. 1823, Ra. 2596, 21. Aug. 1851, Ra. 5247, Rgbl. 30, veraltet sind.
⁵) V. v. 15. Mai 1863, pag. 26, Rgbl. 20.
⁶) Rost. Convention v. 26. April 1748, § 3, H. III. 11, welche noch gilt (§ 144, Note 10), Rost. Erbvertrag v. 13. Mai 1788, § 143, H. III. 16.
⁷) Erbvergleich cit. § 244.
⁸) V. v. 15. Mai 1863, pag. 22, Rgbl. 20.
⁹) Erbvergleich cit. § 244.
¹) Durch Vertrag Privater kann kein Bannrecht mit voller Wirkung geschaffen werden, vgl. Buchka u. Budde, Entscheidungen des Oberappellat.-Gerichts, Bd. 2, pag. 159 ff.
²) Ergiebt sich aus consequenter Ausdehnung der Note 3.
³) C. v. 8. Aug. 1820, Ra. 3352, Rgbl. 24. Wenn die Küster andere als die Bannmühlen ihrer Ortschaft wählen, so haben sie nach C. v. 2. Febr. 1819,

auf der Bannmühle ihr eigenes Korn mahlen lassen dürfen[4]). Innerhalb des Bannbezirks dürfen dann von Niemandem, selbst nicht von den nicht Mahlzwangspflichtigen[5]), weder größere[6]) noch überhaupt irgend welche, selbst nur zum Privatgebrauch dienende Arten von Getreidemühlen und Mahlwerken[7]) errichtet werden. Observanzmäßig besteht daneben zuweilen die Verpflichtung der Mahlzwangsgäste zur Leistung bestimmter Dienste und Beiträge, z. B. zur Anholung der Mühlsteine. Die Mahlzwangspflichtigen wurden früher wol zur Controle und Vermeidung von Contraventionen nach ihren wirthschaftlichen und Hausstandsverhältnissen zu einer bestimmten, jährlich zu consumirenden Anzahl von Scheffeln Roggen abgeschätzt, und Mahlbücher oder Kerbhölzer der Müller wiesen dann nach, ob jene wirklich verbraucht war[8]). Im Uebrigen dürfen Mühlenfabrikate aller Art von Auswärts jetzt eingeführt werden, wobei freilich die Errichtung förmlicher Niederlagen von Mühlenfabrikaten durch Auswärtige[9]), sowie das den Handel sehr erleichternde und fördernde Umherfahren derselben mit Müller-, sog. Pungenwagen, noch besonderer obrigkeitlicher Erlaubniß bedarf[10]).

Das Ausmahlen ist nur gestattet, wenn beim Stillstand der Zwangsmühle oder aus sonstigen wichtigen Gründen der Zwangsgast entweder vom Amte eine Anweisung auf eine andere specielle Mühle erwirkt, oder den Nachweis seiner Abfindung mit dem Zwangsmüller giebt[11]).

Ra. 2992, keinen Anspruch auf die sonst nach der V. v. 18. Octbr. 1770, H. II. 35, von der Dorfschaft ihnen zu stellenden freien Mühlenfuhren.

[4]) Vgl. V. v. 15. Mai 1863, pag. 22, Rgbl. 20. Das Mahlen wird sich nicht bloß auf Mehl, sondern auch auf andere Fabrikate, z. B. Schrot, erstrecken.

[5]) Vgl. Buchka u. Bubbe cit. in Note 7.

[6]) Vgl. Reversalen v. 1621, Art. 32, H. III. 3.

[7]) Vgl. Buchka u. Bubbe, Entscheidungen des Oberappellations-Gerichts, Bd. 4, pag. 170. Für Hand- und Grützmühlen ist nach C. v. 24. Mai 1719, v. 8. Jan. 1831 u. § 18, Anl. 7 zum Erbvergleich v. 18. April 1755, H. III. 1, obrigkeitliche Erlaubniß erforderlich; vgl. § 149, Note 7.

[8]) Vgl. C. v. 19. April 1848, vgl. C. v. 8. Aug. 1820, Ra. 3352, Rgbl. 24.

[9]) Vgl. auch V. v. 15. Mai 1863, pag. 25 u. 26, Rgbl. 20.

[10]) V. v. 15. Mai cit. pag. 22, vgl. § 149, Note 6.

[11]) V. v. 29. Juli 1809, Ra. 2531, Rgbl. 32.

§ 149.

Fortsetzung.

Contravenirende Müller müssen für jeden Scheffel unrechtmäßig gemahlenen Korns 5 Thlr. N²/₃, Entschädigung des benachtheiligten Zwangmüllers vorbehältlich¹), ausmahlende Zwangsgäste aber für jeden Scheffel 1 Thlr. N²/₃ bezahlen, und jenem die entzogenen Metzen (§ 150) ersetzen²). Die Untersuchung ist amtsgerichtlich, tritt jedoch nur auf den in einem Jahr verjährenden Antrag des berechtigten Müllers ein, kann noch bis zum ersten Erkenntniß durch außergerichtliches Abfinden geendigt werden, und die erkannten Strafen unterliegen der Moderatur der Kammer³).

Die Neuzeit zeigte sich dem Fortbestehen des Mahlzwangs wenig günstig, und neue Rechte darauf werden nicht mehr verliehen⁴), ältere und erbliche durch Verhandlung mit den Müllern und Abfindung derselben mittels der sog. Immunitäts- oder Mahlzwangsbefreiungsgelder möglichst beseitigt. Wo letztere von der Kammer direct übernommen wurden, oder diese durch den aus dem Wegfall des lucrativen Mahlzwangs entstehenden Ausfall an Mühlenpacht benachtheiligt wurde, mußten die sonst mahlpflichtigen Amtseingesessenen solche Gelder an die Kammer zahlen, werden aber auch hiervon jetzt befreit⁵). Die Pungenwagenconcurrenz der Domanialmüller in den Domanialortschaften ist an sich beim Fehlen entgegenstehender specieller Rechtstitel stets unbeschränkt, für Mühlen anderer Landestheile aber auch nach Aufhebung des Mahlzwangs von amtlicher Erlaubniß abhängig, welche durch freie, gehörig publicirte Reciprocität und Nichtbenachtheiligung der Domanialmüller bedingt, und deren jederzeitiger Widerruf auf den entgegengesetzten Fall zu reserviren ist; die Amtsunterbedienten sollen auf fremde unerlaubte

---

¹) V. v. 22. März 1809, Ra. 2530, wodurch C. v. 29. December 1756 und 21. Jan. 1763 veraltet sind.
²) V. v. 29. Juli 1809, Ra. 2531, Rgbl. 32.
³) V. v. 10. Decbr. 1846, Ra. 2580, Rgbl. 33; vgl. § 32, Note 10.
⁴) Vgl. C. v. 9. April 1845.
⁵) Tagelöhner, Handwerker, ärmere Leute durch C. v. 9. April 1845, Ra. 4682, v. 3. Jan. 1849, Ra. 4684, Schullehrer durch C. v. 18. Juni 1847, Ra. 4683, Bauern nach den neuen Veranschlagungsprincipien v. $\frac{31.\ Juli}{19.\ Septbr.}$ 1855 (§ 82), die Uebrigen durch einzelne Rescripte.

Pungenwagen vigiliren⁶). Uebrigens bedarf auch nach Aufhebung des Mahlzwangs die Anlegung neuer größerer Mühlen und selbst der Handmühlen zum Verkauf des Fabrikates obrigkeitlicher, durch Zweckmäßigkeitsgründe geregelter Concession, während der Gebrauch von Handmühlen für den eignen Haushalt dann gewiß Jedem freisteht⁷).

§ 150.

Fortsetzung.

Die Müller¹) besitzen ihre Mühlen mit den dazugehörigen Gebäuden und Ländereien wechselnden Umfangs bald auf Zeit-, bald auf Erbpacht (§ 57), und werden hiernach in allen ihren Verhältnissen analog den Hofpächtern und Erbpächtern behandelt. Bei den Zeitpacht-Müllern insbesondere gelten betreffs Conservation der Gebäude die für Hofpächter aufgestellten Grundsätze (§§ 72 u. 75). Im Interesse der mit Mahlzwang versehenen Mühlen liegt es, bei Bauten nicht die frühere Triebkraft derselben zu verändern, z. B. nicht an Stelle einer früheren Wassermühle eine Wind- oder Dampfmühle zu erbauen, weil hierdurch das Mahlzwangsrecht in Frage gestellt wird²). Das sog. umgehende Zeug der Zeitpacht-Mühlen, d. i. das ganze Betriebswerk, ist entweder herrschaftliches Inventar und muß vom Antreter gegen eine bestimmte von der Amts-Baubehörde festzustellende Taxe übernommen, auf gleiche Weise vom Abtreter zurückgegeben werden — oder Eigenthum des Müllers, in welchem Falle die demnächstige Ueberlassung desselben gegen eine Schürzentaxe an den Nachfolger contractlich stipulirt zu werden pflegt.

Die Hauptrevenue der Müller besteht in dem sog. Metzennehmen, d. i. dem uralten, an die Müller verpachteten Rechte der Landesherrschaft, von jedem Rostocker Scheffel auf ihren Mühlen abzumahlenden, harten Kornes $1/12$, bei Malz-, Grütz-, Schrotkorn $1/16$, die sog. Metze,

---

⁶) C. v. 19. Juli 1858, vgl. Berichtseinforderung v. 19. Novbr. 1853; vgl. § 148, Note 11.

⁷) Vgl. § 148, Note 7.

¹) Berichtseinforderung über ihre Anzahl vgl. C. v. 4. Juni 1849.

²) Vgl. Entscheidungen des Oberappell.-Ger. v. Buchka u. Budde, Bd. 1, pag. 31.

für sich zu behalten³). Beim Metzennehmen müssen sie sich jeder Controle, sowol der Mahlgäste als des Amtes, unterziehen, insbesondere auch nur gestempelter Maße und Waagen sich bedienen; hierüber entstehende Streitigkeiten kommen zur Competenz des Amtes und nicht des Gerichtes⁴). Außerdem gebührt dem Müller das herkömmliche Sichtgeld und das sog. Staubmehl. Geistliche und Amtsofficianten haben regelmäßig Freiheit von Metzen und Sichtgeld. Eine weitere Einnahmequelle für den Müller ist der Handel mit Mühlfabrikaten (§ 148) und gewöhnlich der Aalfang, soweit derselbe durch die Strömung der Stromkiste zugeführt wird. — Für den Mahlbetrieb, die Mühlengerechtigkeit, ist eine besondere jährliche Recognition zu entrichten.

§ 151.

Krüger, Schmiede, Musikanten.

Dem Landesherrn steht es frei, in den Domainen beliebig Krüge einzurichten, zu verlegen, ganz zu legen¹) (§ 147). Zweckmäßigkeitsgründe und Rücksichten der Wohlfahrtspolizei geben hierbei den Ausschlag; so empfehlen jene sich gewiß an besuchten Landstraßen und in großen Kirchdörfern, während die nur dem Branntweinschank und sitzenden Gästen dienenden einzuziehen sind²). Sie stehen unter specieller Controle der Ortspolizei, dürfen deshalb Mitgliedern derselben, besonders Dorfsschulzen, nicht gehören³). Die Kruggerechtigkeit wird jetzt auf Kündigung gegen jährliche Recognition entweder meistbietend verpachtet oder antragsmäßig verliehen⁴). Wie die Krüge einestheils dem städtischen Brauzwang unterliegen (§ 147), haben sie selbst zuweilen im singulären Falle den Krugzwang, d. i. das Recht, daß die einheimischen und selbst die Bewohner anderer Ortschaften ihr Bier, soweit sie es nicht etwa selbst brauen, aus jenen beziehen.

---

³) Reg.-Rescr. v. 10. März 1781, H. IV. 51. Mißbräuchlicher Weise sollen die Müller häufig die Metzen nicht vom Korn, sondern vom Mehl, und zwar vom besten, nehmen.

⁴) R. v. 10. März cit., v. 17. März 1806, Ra. 55.

¹) Erbvergleich v. 18. April 1755, § 236, H. III. 1.

²) R. v. 30. Aug. 1837, Ra. 4681.

³) u. ⁴) Vgl. R. v. 30. Aug. 1837 cit.

Gleich den Krügen haben auch zuweilen die Schmiede gegen jährliche Recognition ein herkömmliches oder speciell ertheiltes Privilegium auf ihre Benutzung durch gewisse Ortschaften, den sog. Schmiedezwang. Derselbe enthält aber für die Zwangsgäste regelmäßig nur die Verpflichtung, das zu ihrer Feldarbeit erforderliche Eisenzeug dort ausbessern und neu anfertigen zu lassen, soweit sie es nicht vorziehen, dasselbe in fertigem Zustande auch anderswo neu zu kaufen oder einzutauschen[5]. Diese Privilegien werden jetzt nicht mehr neu verliehen, ältere und erbliche durch Verhandlung, wie bei Mahlzwang, möglichst beseitigt (§ 149), und auch die als Aequivalent dienenden Schmiedezwangs-Befreiungsgelder nicht mehr gefordert[6].

Die Stadtmusikanten ferner genießen gewöhnlich auch als Amtsmusikanten ein antragsmäßig ihnen gegen jährliche Recognition ertheiltes Privilegium des Musikzwangs dahin, daß die Amtseingesessenen eines bestimmten Bezirkes zu ihnen zwangspflichtig sind[7]. Jene müssen nach einer gewissen, für die verschiedenen Klassen verschieden bemessenen, Taxe aufspielen und dabei ihren Transport selbst beschaffen[8]. Die Zwangspflichtigen dürfen fremde Musikbanden nur benutzen, entweder wenn sie dem Amtsmusikus ungeachtet seiner Nichtverwendung die volle Taxe bezahlen, oder wenn letzterer trotz rechtzeitiger, bei Entfernung von 1 Meile resp. mehr binnen 24 Stunden resp. 2 Tagen zu machender Ansage zu spielen verhindert ist, müssen auch bei eigner Abkündigung jenen entschädigen[9].

---

[5] Reg.-Rescr. v. 29. April 1815, Ra. 2935.

[6] Nach den neuesten bäuerlichen Veranschlagungsprincipien v. $\frac{31. \text{Juli}}{19. \text{Septbr.}}$ 1855 (§ 82).

[7] Erbvergleich cit. § 346; hiernach ist freilich der Gebrauch einzelner auf den Dörfern wohnender Musikanten gesetzlich gestattet — jedoch wird der Wortlaut der einzelnen Privilegien entscheiden.

[8] u. [9] Vgl. Musiktaxe v. 25. März 1848, Ra. 5237, Rgbl. 14 — wodurch die Taxen v. 8. Jan. 1821, Ra. 2554, Rgbl. 2, u. v. 3. Septbr. 1825, Ra. 2559, Rgbl. 37, veraltet sind. — Nach jener Taxe haben zu zahlen: die Amtseingesessenen bis zum Büdner excl., aber incl. alle Unterpächter und die eine ländliche Betriebsstelle, z. B. Mühle, Krug etc. Besitzenden, bei größeren Festlichkeiten, z. B. Erntebieren, Hochzeiten, Tanzgesellschaften, für 6stündige Musik mit freier Beköstigung an den Vorspieler 2 Thlr. 16 ßl., an Gehülfen mit Blas- resp. anderen Instrumenten 1 Thlr. 16 ßl. resp. 1 Thlr., an Lehrlinge 32 ßl., für jede Stunde mehr 18, 12, 8 ßl. — bei kleineren Lustbarkeiten und Musik des Bauherrn 1 Thlr. 8 ßl., 40 ßl.,

§ 152.

Schornsteinfeger, Viehverschneider, Abdecker.

Auch die Schornsteinfeger haben regelmäßig gegen jährliche Recognition das persönliche Privileg zu ihrer ausschließlichen Verwendung in einem bestimmten Districte; jedoch dürfen die Domanialeingesessenen nach vorheriger Anzeige an das Amt und unter dessen Controle ihre Schwibbogen in eigner Person reinigen[1]. Jene werden nach einer bestimmten, für die verschiedenen Klassen der Landbevölkerung verschieden bemessenen Taxe salarirt[2], dürfen daneben für ihre Gesellen und Lehrlinge keine Trinkgelder beanspruchen[3], müssen für eigne und ihrer Reinigungsgeräthe Transport selbst sorgen, und die Eingesessenen brauchen ihnen höchstens die erforderlichen Leitern zu leihen[4].

Gleiche Privilegien auf ausschließliche Ausübung ihres Gewerbes innerhalb eines bestimmten Districtes[5] wurden früher auch für die

---

20 ßl., resp. für jede Stunde mehr 12, 8, 6 ßl. — beim Richten von Gebäuden an jeden Gehülfen mit Blasinstrumenten 1 Thlr. 8 ßl. — Alle Uebrigen aber entrichten à Tänzer 2 ßl. für Menuett oder polnischen Tanz, 1 ßl. für jeden andern Tanz, oder nach ihrer Wahl die Aversionalsummen der Ersteren. Bei allen Hochzeiten wird außerdem für Begleitung des Brautwagens an jeden Musikus mit Blasinstrumenten 1 Thlr. 8 ßl., für Begleitung der Brautleute in die Kirche ebenso zusammen 28 ßl., wenn aber der Weg zur Kirche über Feld führt, 38 ßl. gezahlt; für das Mittagsmahl dürfen die Musikanten nur freiwillige Gaben sammeln.

[1] Erbvergleich v. 18. April 1755, § 345, H. III. 1, vgl. Taxe v. 18. Decbr. 1843 in Note 2.

[2] Vgl. Taxe v. 18. Decbr. 1843, Ra. 2292, Rgbl. 32, in Courant convertirt durch V. v. 10. April 1848, Ra. 4567, Rgbl. 19, erläutert durch V. v. 22. Octbr. 1858, Rgbl. 35. Jene beträgt für 1maliges Fegen der Schornsteine von einem Stock bei Kathen, Häuslereien, Bübnereien, Schul-, Holzvoigts- u. Chausseehäusern 3 ßl. 6 pf., für die übrigen Wohnungen excl. der Höfe, Prediger- u. Forstgehöfte 7 ßl., bei abgesonderten Wirthschaftsgebäuden 5 ßl., für Höfe, Pfarr- u. Forstgehöfte 11 ßl., bei abgesonderten Wirthschaftsgebäuden 7 ßl. — bei jedem Stock mehr mit Zulage von 2 ßl. 3 pf. , für alle Schornsteine in 1stöckigen Häusern nur 2 ßl. 3 pf., ebensoviel stets für Rauchfang, separate Röhren u. Schwibbogen, für Schornsteine in Brennereien u. Brauereien 9 ßl. 6 pf., für Darren excl. Schornstein 2 ßl. 3 pf. — Die Schornsteine sollen je nach Gebrauch jährlich 3—8mal gefegt werden; die Meister sind hierfür, wie für ihre Gehülfen, bei einer Strafe von 10 Thlr. N²/₃ verantwortlich.

[3] Vgl. Taxe sub 2 u. V. v. 20. Novbr. 1836, Ra. 2224, Rgbl. 44.

[4] Vgl. Taxe sub 2.

[5] Erbvergleich cit. § 345, V. v. 28. Jan. 1796, H. V. 245.

Domainen von der Kammer concessionirten⁶) Schweine- oder Viehverschneidern ertheilt, existiren aber wol jetzt nicht mehr⁷).

Von besonderer Wichtigkeit ist aber endlich noch der den Abdeckern oder Frohnern gegen jährliche Recognition verliehene und bei den häufigen Erbfrohnereien (§ 104) untrennbar mit diesen verbundene Frohnereizwang, d. i. die Berechtigung und Verpflichtung, diejenigen Viehstücke eines gewissen Bezirks, welche entweder crepirt oder getödtet⁸), auch geschlachtet sind, deren Fleisch aber nicht genießbar ist, abzuledern, bei Schlachtvieh aber nur auf ausdrückliches Verlangen des Eigenthümers⁹). Die Zwangspflichtigen müssen deshalb das schon geschehene¹⁰) oder wegen offenbarer unheilvoller Krankheit ersichtlich bevorstehende Fallen jenes Viehes oder den Befund desselben auf der Schlachtbank dem Frohner sofort melden, und dieser soll dann in gemessener, gewöhnlich 24stündiger, bei Seuchen noch abzukürzender Frist mit den nöthigen Gehülfen und Geräthen zur Stelle sein. Die Frohner werden nach der Taxe ihrer Privilegien salarirt, und erhalten obendrein unentgeltlich die Haut und den Talg, soweit das Aas bei den noch durch die Frohner stets zur Anzeige zu bringenden¹¹) Viehseuchen nicht unabgehäutet und in unversehrtem Zustande sofort 3—6 Fuß tief eingescharrt werden muß¹²), haben aber kein Recht an dem auf dem Vieh gefundenen Geschirr¹³). Sie müssen auf eigne Kosten dieses abholen, entweder auf schon separirten oder doch abgelegenen und wenigstens 20 Ruthen vom Wege zu entfernenden Stellen, sog. Luderplätzen, abhäuten und sofort verscharren, wobei jedoch für die Grube vom Eigenthümer des Viehes eine Vergütung zu entrichten ist¹⁴), sind auch verpflichtet, dem von letzterem an sie gesandten Boten¹⁵) ein Trinkgeld zu verabreichen, ferner

---

⁶) C. v. 29. Jan. 1839, Ra. 420.

⁷) Theilweise schon früh aufgehoben durch C. v. 14. März 1814, Ra. 2537, Rgbl. 13, v. 9. Juni 1815, Ra. 2541, Rgbl. 25.

⁸) Nach einzelnen Regiminalrescripten.

⁹) u. ¹⁰) V. v. 8. Febr. 1789, H. V. 201.

¹¹) C. v. 18. Jan. 1847, Ra. 4747.

¹²) Vgl. V. v. 28. Febr. 1789 cit., betreffs Schafpocken V. v. 3. April 1828, § 7, Ra. 2750, Rgbl. 16, bei Pferderotz V. v. 19. Juli 1845, § 2, Ra. 2761, Rgbl. 22, bei Lungenseuche V. v. 1. Juli 1857, § 4, Rgbl. 22.

¹³) u. ¹⁴) S. Citate in Note 9.

¹⁵) Vgl. Citat in Note 9.

einige herrschaftliche Sau- und Jagdhunde unentgeltlich auszufüttern, und die Wildplätze in den herrschaftlichen Forsten mit dem nöthigen Aas zu versehen. — Dem Frohnereizwang nicht unterworfen sind die unbemittelten Klassen der Bevölkerung auf dem platten Lande, vom Büdner incl. abwärts, soweit dieselben nicht zugleich Müller, Holländer, Ziegler, Kalkbrenner, Krüger sind, und in den Flecken ebenso, soweit jene nicht irgend ein Handwerk oder Gewerbe betreiben; doch dürfen alle diese nur ihr eignes Vieh mit eigner Hand abdecken und auch die sonstigen vorstehenden polizeilichen Maßregeln nicht unterlassen [16]).

---

[16]) Erbvergleich v. 18. April 1755, § 345, H. III. 1, erläutert durch V. v. 8. Novbr. 1855, Ra. 4688, Rgbl. 43, v. 29. Jan. 1856.

Viertes Kapitel.

Landwirthschaft.

§ 153.
Vorwort.

Die Landwirthschaft ist die bei Beschränkung der Gewerke auf dem platten Lande (§ 143 ff.) überwiegende Beschäftigung der mecklenburgschen Landbevölkerung und der Hebel des ländlichen Wohlstandes. Wenn anderswo das Landvolk aus den Schächten der Erde, aus dem Qualm der Fabriken, ein mühselig Dasein rettet und fristet, wenn der Rheinbauer auf einer winzigen Ackerscholle sein Alles an ein gutes, aber nur zu seltenes Weinjahr setzt — so dürfen die Mecklenburger auf weiten ergiebigen Feldern, unter Gottes freiem Himmel, ihr sicheres Brod gewinnen und dabei gesund an Leib und Seele bleiben. Zwar ist's hier nicht Jedem gegeben, ein eignes Grundstück zu bebauen (§ 123 ff.) — aber auch die zahlreichen Tagelöhner finden, wenn sie nur wollen, ihr gutes Auskommen durch Bestellung fremder Felder, und wie mancher Sparpfennig obendrein von ihnen erübrigt wird, bezeugen ihre eignen Sparkassen und die Curatelbücher der Amtsgerichte. Nur diese Liebe für Landwirthschaft, diese dankbare Anhänglichkeit an Grund und Boden vermochte denn auch die verderblichen Wirkungen des 30jährigen, des 7jährigen und des Napoleonischen Krieges, der lange dauernden Leibeigenschaft (§ 78), böser Seuchen unter Menschen und Vieh, sobald wieder zu überwinden.

Zweckmäßige Anregung und Leitung, günstige Conjuncturen, weise, staatliche und private Einrichtungen haben ebenfalls ihren großen Antheil an dem jetzigen Flor der mecklenburgschen Landwirthschaft. Erwähnenswerth ist hier besonders der patriotische Verein. In bewegter Zeit, 1798, als speciell landwirthschaftlicher Verein von Professor Karsten und Graf Schlitz gegründet und 1817 mit seinem jetzigen allgemeineren Namen und Charakter bekleidet, verbreitet er sich in 23 Districten mit mehr als 1000 Mitgliedern über das ganze Land, und erstrebt Förderung jeglicher vaterländischen Industrie. Mit seinen jährlichen, in den größeren Städten abwechselnd gehaltenen Hauptversammlungen und den kleineren jährlichen Zusammenkünften einzelner oder mehrerer Districte sind Thierschauen, Maschinenausstellungen, Wettrennen, Austheilungen von Prämien an Producenten, Züchter, Fabrikanten verbunden, und Speculationssinn nicht minder als Erfahrung durch Anschauung wird geweckt und genährt. Gleichbedeutend sind die Einführung der Separation (§ 59), die Verbesserung und Vermehrung der Handelsstraßen durch Chausseen, Eisenbahnen, Elbschifffahrt, die Sicherung des Realcredits durch eine ausgezeichnete Hypothekenordnung, Vorkehr gegen Unglücksfälle durch Brand- und Mobiliarassecuranzen, insbesondere auch durch die Hagelassecuranzen zu Neubrandenburg seit 1797, zu Güstrow seit 1831 und 1854 nach Grevismühlen verlegt, Einrichtung von Wollmärkten in einigen größeren Städten, freie Einfuhr von Vieh und Speck in England seit 1845, Herabsetzung des englischen Eingangszolls seit 1849, hauptsächlich die langen Friedensjahre.

A. Feldwirthschaft.

I. Wirthschafts-Systeme.

§ 154.

Drei- und Vierfelder-Wirthschaft.

Nach urdeutscher Wirthschaftsart wurde der Acker in beliebigen Stücken so lange jährlich zu Getreide besamt, als er Frucht zu geben vermochte, und blieb dann längere Zeit müßig als Weide. Karl der Große aber führte ein neues Princip ein: auf dem einmal unter den

Pflug genommenen Acker sollte nur reifes Getreide, überall kein mähbares Futter, gebauet und keine dauernde Weide eingerichtet werden; für das Vieh vernothwendigten sich deshalb besondere, beständige Weiden und natürliche Wiesen. Diese neue, besonders auf Kornbau berechnete Wirthschaftsweise hat sich bald über ganz Deutschland verbreitet und ist auch in Mecklenburg die herrschende gewesen.

Durch stetig auf einander folgenden Getreidebau auf denselben Feldern vermehrte sich aber das Unkraut, besonders die einheimische Wucherblume so sehr, daß es schließlich durch die damals obendrein wenig intensiven Bestellungsarbeiten nicht mehr ausgerodet werden konnte, nur zwei, höchstens drei Getreideernten hinter einander zuließ, und im dritten oder vierten Jahre durch besondere andauernde Vorkehr zerstört werden mußte. Sonach wurden nun die Feldmarken in 3—4 Stücke getheilt, deren jedes in gegenseitigem Wechsel 2—3 Jahr hinter einander Getreide trug, aber im 3. oder 4. Jahre unbesäet blieb, um vom Unkraut gründlich gereinigt zu werden, daher der Name Drei- oder Vierfelderwirthschaft[1]).

Die Saatfelder waren jährlich wechselnd Winter- und Sommerfelder, je nachdem sie nach Natur der Frucht diese schon im Herbste vor der nächstjährigen Ernte, nämlich Waizen und Roggen, oder erst im Frühling des Erntejahres, besonders Gerste, Erbsen, Hafer, und auf schlechterem Boden Sommerroggen und Buchwaizen, in ihren Schooß aufnahmen. — Das unbesäete Stück hieß Brache, blieb nach Abtrag der letzten Ernte bis zum Eintritt des Frostes, im nächsten Frühling bis zum Juni Viehweide, wurde aber dann bedüngt, umgepflügt, im August zur Aufnahme der Wintersaat weiter bearbeitet, und darauf wieder auf 2—3 Jahre Saatfeld. Wenn auf diese Weise alle Stücke an die Reihe des Fruchttragens und Brachliegens gekommen waren, so war ein sog. Turnus, eine Roulance, vollendet.

---

[1]) Vgl. darüber auch Amtsordnung v. 19. Decbr. 1660, IV. 6, H. IV. 2.

§ 155.

Fortsetzung.

Manche Uebelstände aber führte solche Wirthschaftsart mit sich. Weil die Ackerstücke kein mähbares Viehfutter producirten, sondern hierzu höchstens das Stroh lieferten, war die Möglichkeit der Viehhaltung durch die nicht immer gegebene Existenz natürlicher Wiesen bedingt, weil ferner die Beweidung der Brache bis zum Juni und der Saatstücke in der kurzen Zeit nach der Ernte bis zur Einbringung der Wintersaat oder bis zum Eintritt des Frostes schon an sich nur eine dürftige sein konnte, und überdies vom Juni bis zur Ernte dann jegliche Ackerweide fehlte, so mußten zur Ermöglichung der Viehhaltung auch besondere beständige, nach der Localität aber auch oft an sich nicht vorhandene und dann aus urbarem Acker genommene Weideflächen da sein. Ohne Vieh aber gab es keinen Dung, ohne diesen keine Erneuerung der Productionskraft für den Acker, dessen Saaten immer schlechter wurden. Und selbst, wenn im günstigsten Falle wegen ausreichlicher Wiesen und Weiden ein angemessener Viehstapel gehalten werden konnte, so genügte der Dung noch immer nicht für die $1/3$ oder $1/4$ der ganzen Feldmark einnehmende Brache, welche selten ganz, häufig nur zu $1/2$, $1/3$, $1/4$ und nur ganz dünn zugedüngt werden konnte, so daß also auch ihr ungedüngter Theil wieder eine neue, immer nur unergiebige Saatenfolge aufnehmen mußte, bis die Reihe des Gedüngtwerdens auch endlich sie traf. Die gedüngte Brache hieß Mist- oder Mürbebrache, die ungedüngte aber Zähbrache. Dazu kam, daß die nur einjährige Ruhe zur Erholung und Bindung des Bodens nicht genügte — die so kurze und wenig intensive Bearbeitung der Brache vom Juni bis in den Herbst den Boden nicht genug auflockerte, das Unkraut nicht gründlich zerstörte — die schon im dritten oder vierten Jahre wiederkehrende Brache in trocknen Boden zu viel zersetzende Luft hineinleitete, die Dungkraft absorbirte — endlich die jährliche Bearbeitung des ganzen Ackerlandes theils zur Saat, theils zur Brache, zu viel Bestellungskräfte und Wirthschaftskosten verzehrte. Gegen diese Uebelstände kam später theilweise Abhülfe durch die im Gegensatz der früheren reinen sog. verbesserte Drei- oder Vier-Felderwirthschaft, worin sowol bei Sommerung, d. i. Bebauung der Brache mit den sog. Brachpflanzen, besonders dem Futter-Klee, das frühere Erforderniß natürlicher Wiesen, als auch bei Sommerstallfütterung und der Beschränkung freien Weideganges das frühere Bedürfniß beständiger Weiden, endlich bei Erfindung der künstlichen Düngmittel die enge Abhängigkeit des Ackerbaues von der Viehhaltung mehr wegfiel. Jenes bessere System fand aber in Mecklenburg wenig Eingang, weil hier inzwischen die folgenden rationelleren und ergiebigeren Wirthschaftsarten Platz gegriffen hatten.

§ 156.
Koppel- oder Wechsel- oder Dreeschwirthschaft.

Diese beruhet im Gegensatz zur Felderwirthschaft (§ 154) auf dem urdeutschen Wirthschaftssysteme des Wechsels von Kornbau und Weide auf demselben Felde, ist in Holstein zu Hause und von dort im ersten Viertel des vorigen Jahrhunderts durch den mecklenburgischen Oberlanddrost von der Lühe auf Panzow nach Mecklenburg übertragen, hier auch besonders durch den Wedendorfer Grafen Andreas von Bernstorf (§ 163) demnächst ausgebreitet.

Nach den Regeln ihrer weiteren Ausbildung ist das ganze Feld in verschiedene, meist 10—11, durch Kegelgräben mit buschbewachsenen Aufwürfen und Hecken oder durch breite Wassergräben befriedigte und getrennte Parcelen, sog. Koppeln, getheilt, deren jede in regelmäßiger gegenseitiger Wechselfolge 1 Jahr Brache hat, 4—5 Ernten hinter einander trägt, in den übrigen 4 oder 5 Jahren dem Vieh zur Weide dient. Die Befriedigungen machen eine besondere Hütung desselben unnöthig, und die Hecken gewähren Schutz gegen Hitze und ungestüme Witterung.

Die Brache (§ 154) der einzelnen Koppeln beginnt schon im Herbste des letzten Weidejahrs mit Umpflügen, welches im Mai des folgenden, ebenso bald darauf nach der Düngung wiederholt, und worauf später der Acker zur Wintersaat bestellt wird. Weil nur immer 1 Koppel, also $1/10$ oder $1/11$ des Feldes zur Zeit in Brache liegt, kann diese regelmäßig auch ganz und dicht zugedüngt werden; bei Ueberfluß von Dung pflegt auch nach Gewinnung mehrerer Saaten nachgedüngt zu werden. Die Saaten wechseln auch hier mit Winter- und Sommerkorn (§ 154) und endigen mit Hafer oder Roggen neben Klee, welcher seiner Natur nach mehrere Jahre hindurch aufsprießt und theils zu Heufutter gemähet, theils auf den Weidekoppeln abgeweidet wird. — Uebrigens sind diese Grundprincipien in neuerer Zeit mehrfach modificirt.

§ 157.
Fortsetzung.

Die Mängel der Drei- und Vierfelderwirthschaft (§ 155) sind freilich durch die Koppelwirthschaft vermieden. Wegen der auf dem eigentlichen Ackerlande selbst zum Theil gewonnenen Weiden und Futterkräuter sind hier beständige Weiden und natürliche Wiesen entbehrlicher und erstere können zum Ackerbau aufgebrochen werden, wodurch wieder Erweiterung des Kornbaues ermöglicht ist; die Brache beginnt früher, wird gründlicher umgearbeitet und ganz und dick zugedüngt, wozu noch der Dung des Viehes auf den Weidekoppeln diese in Kraft erhält; der Acker kommt in den mehrjährigen müßigen Weidekoppeln hinreichend zur Ruhe; die nur auf die Brache und die Saatfelder, also höchstens auf $1/2$ oder $2/3$ des ganzen Grundstücks, verwendeten Bestellungsarbeiten und Wirthschaftskosten sind erträglicher.

Dennoch paßte die besonders auf Rindvieh-Zucht berechnete Koppelwirthschaft nicht ganz für das natürliche Kornland Mecklenburg. Die Buschkoppeln, welche freilich einestheils den Acker vor Versandung und vor Ausdörrung durch Winde schützen, bieten anderntheils dem Schnee ein festes Lager, zahlreicher Vögelbrut ein gesuchtes Obdach, werden dadurch den Saaten verderblich und stören gleich den Gräben freien Zugang und Bestellung der Aecker; der hiesige, trocknere Boden vermag von derselben Düngung nicht 4—5 Ernten zu tragen, noch den Klee fast ebenso lange ergiebig zu erhalten; durch die dortigen bedeutenden Ackerweiden kommt hier sowol der Boden zu sehr in der Cultur zurück, als auch wird er in zu geringem Theile zum Kornbau benutzt; der so nutzbare Dungabfall des Viehes auf den Weidekoppeln verflüchtigt sich entweder während der mehreren Weidejahre zu sehr, oder sammelt sich an einigen Stellen zu dicht, wodurch sog. Geilstellen entstehen, deren Graswuchs dem Vieh unangenehm ist.

§ 158.

Mecklenburgsche Schlagwirthschaft.

Vorstehende Uebelstände der holsteinschen Koppelwirthschaft sind in Mecklenburg theilweise frühe erkannt und beseitigt. Schon im vorigen Jahrhundert schwanden mehr und mehr die dichten Hecken und breiten Gräben; die einzelnen Feldparcelen wurden nur noch durch Furchen, sog. Schlagfurchen, getrennt und Schläge genannt, wovon die ganze mecklenburgsche Wirthschaft ihren Namen erhielt. Das System über Anlage und Menge der Schläge, d. i. die Schlagordnung, hatte aber anfänglich wenig bestimmte Anhaltspunkte. Nur darin war man einig, daß die Anzahl der holsteinschen Koppeln, und damit diejenige der dortigen Saaten und Weiden, auf hiesigem trockneren Boden nicht beibehalten werden dürfe. So nahm man hier denn 1—2 Weiden und 2 Saaten weniger und adoptirte hiernach 7 Schläge, von denen 1 zur Brache, 3 zum Kornbau und 3 für Weide oder Dreesch bestimmt waren. Dazu kamen, wie übrigens auch schon häufig in Holstein, sog. Beischläge, d. i. besondere und eben erst urbar gemachte Ackerstücke, welche nach ihrer Lage von den Grenzen der einzelnen Hauptschläge nicht umfaßt, aber theils als deren Pertinenzen gleichmäßig, theils abweichend cultivirt wurden — ferner Nebenschläge oder Hauskoppeln, welche wegen ihrer Nähe bei den Wirthschaftsgebäuden von den eigentlichen Hauptschlägen ausgeschieden und entweder mit anderen als den gewöhnlichen Feldgewächsen bebauet oder zu separirter Weide für Jungvieh und kranke Thiere, besonders auch zur Nachtweide, benutzt wurden. Alle Hauptschläge wurden zur Begünstigung der Feldbestellung möglichst länglich quadrirt und strahlenförmig zu den Ortschaften hin, sowie von möglichst gleicher Qualität, Quantität und Entfernung angelegt. Wegen des großen Umfangs vieler Grundstücke war es oft unmöglich, mit der gewöhnlichen Anzahl von Schlägen ohne wirthschaftliche und locale Schwierigkeiten die ganze Feldmark zu umfassen, und deshalb wurden dann besondere Binnenschläge aus den näheren und meistens besseren sowie Außenschläge aus den entfernteren und gewöhnlich unergiebigeren Feldern gebildet.

War aber schon das auch hier beibehaltene, unter einander quantitativ gleiche Verhältniß der Acker- und Weideschläge immer noch eine

Begünstigung der Viehzucht auf Kosten des Kornbaues und deshalb von der holsteinischen Koppelwirthschaft mit herübergenommen, weil man möglichst starke Viehzucht, freilich nicht wie in Holstein um ihrer selbst willen, sondern zu Erzeugung möglichst großer Dungvorräthe für nothwendig hielt (§ 163), so kam hier hinzu, daß der die holsteinschen Weiden so sehr bereichernde Klee in Mecklenburg für bodenaussaugend galt und auf den Weiden nicht cultivirt wurde, wodurch der hiesige zahlreiche Viehstapel nur kümmerlich durchgebracht werden konnte, und gerade durch seinen magern Dünger den Feldern keine Kraft zu geben vermochte. Einsichtsvolle Landwirthe, unter ihnen besonders schon vor 100 Jahren der Pächter Kliefoth zu Wandrum, bekämpften aber bald das ungegründete Vorurtheil gegen den Klee, und wesentlich aus seiner Verbreitung entstand die noch jetzt vorwiegende sog. verbesserte Schlagwirthschaft.

§ 159.
Fortsetzung.

Als Schlagordnung dominirt hierbei wiederum die siebenschlägige, doch finden sich auch hier besonders 6, 8, 9 Schläge, die durch Fruchtfolge, Bodengüte, Dungreichthum bedingt werden (§ 168). Selbst die Binnen- und Außenschläge (§ 158) derselben Feldmark liegen häufig in verschiedener Schlagordnung. Der Umlauf einer solchen heißt auch hier Roulance (§ 154). Das frühere gleiche Verhältniß der Frucht- und der Weideschläge ist hier aber zu Gunsten der ersteren und des Kornbaues aufgehoben, und mehr Saaten werden je nach Productionskraft des Ackers und nach Entbehrlichkeit der Weiden und Futterkräuter wegen Existenz natürlicher Wiesen genommen.

Betreffs der Fruchtfolge wechselt regelmäßig Winterkorn mit Sommerkorn (§ 154), einzelne Theile der Schläge werden auch zu Kartoffeln, Flachs, Lein, Bohnen, Wicken bestellt. In den letzten Saat-, sog. abtragenden oder Nach-Schlag, kommt gewöhnlich zugleich mit der letzten Frucht, sog. Oberfrucht, meistens dem Hafer oder Roggen, der Klee, welcher im ersten Herbste nach Aberntung der Oberfrucht abgeweidet, demnächst im folgenden Jahr auf dem ersten Weide-, sog. frischen Schlag, ein- bis zweimal gemähet und zu Stallfutter gedörret, und darauf in den folgenden Jahren auf dem zweiten resp. dritten Weideschlag zuerst von den Kühen, dann von den Schafen, wiederum abgeweidet wird.

Sorgfältige und gründliche Behandlung des Brachschlages (§ 154) gilt für die erste Regel. Der letzte Weide- oder Dreeschschlag wird wie bei der holsteinschen Koppelwirthschaft (§ 156) schon im Herbste vor seiner Saatbestellung aufgebrochen, erhält seine erste Bearbeitung, die Dreeschfurche; im Frühling folgt dann, um dem Acker "die Gahre zu geben", die Brachfurche, ihr gegen Johannis die Wend- und dieser endlich um Michaelis die Saatfurche. Diese volle sog. Winterbrache ist Princip gegenüber der erst im Juni des Bestellungsjahres beginnenden Sommer- oder Johannisbrache der Dreifelderwirthschaft (§ 154). Nicht minder gilt reine Brache, d. i. Nicht-Anbau von Früchten in derselben durchaus erforderlich, weil sonst sowol der nachfolgenden ersten Saat die frische, durch mehrjährige Ruhe des Ackers gewonnene Kraft entzogen wird, als auch bei nassen Sommern nach Aberntung jener Brachfrüchte nicht Zeit genug für gehörige Bodenbestellung zur Aufnahme der in dem Herbst desselben Jahres einzubringenden Wintersaat übrig bleibt (§ 167). Die außer der Brache für die einzelnen Fruchtschläge erforderlichen Feldfurchen richten sich nach Boden, Getreide, Witterung. Die Winterbrache wird regelmäßig mit Stallmist gedüngt, Mist- oder Mürbebrache (§ 155); nur bei sehr gutem humusreichen Acker wird wol zuweilen aus ungedüngter oder Zähbrache eine oder sogar noch eine zweite Saat, besonders Hafer, dann Dreeschhafer, vorweg genommen und erst dann für die nachfolgenden Saaten gedüngt; auch selbst im Fall gedüngter Brache wird vor der dritten Saat, selbst auch zuweilen vor dem Klee, nachgedüngt. Die Außenschläge (§ 158) erhalten ihren Dünger besonders durch die Pferchen und Hürdenställe (§ 181).

II. Fortschritte der Neuzeit.

§ 160.
Bodenentwässerung; Drainage.

Die Agricultur-Fortschritte der Neuzeit haben auch im Kornlande Mecklenburg bereitwilligen Eingang gefunden, und sowol mechanisch durch intensivere Bearbeitung des Bodens, als auch chemisch durch Versetzung, Veränderung, Bereicherung der Ackerkrume mit befruchtenden Stoffen große Resultate erzielt. In ersterer Beziehung sind hier besonders die Entwässerungen, d. i. Entfernung des der Cultur so verderblichen Untergrundwassers, die Verbesserung der Ackerinstrumente (§ 162) und Erfindungen neuer, in letzterer aber die Bereitung des Düngers (§ 164) und Einführung neuer Düngersubstanzen (§ 163 ff.), in beider endlich die Berieselungen (§ 166) erwähnenswerth.

Schon landesgesetzlich sind Entwässerungsanlagen dadurch begünstigt, daß beim Fehlen specieller anderweitiger Rechtstitel der Besitzer höher gelegener Grundstücke sowol zu den für die gewöhnliche Ackerbestellung erforderlichen Vorrichtungen, als nicht minder zu allen sonstigen Entwässerungsanlagen auf seinem Gebiete, wenn nur dadurch die fremden, tiefer liegenden Besitzungen nicht leiden, berechtigt — dagegen der Besitzer niedriger gelegener Grundstücke zur ungehinderten Aufnahme des naturgemäßen Abflusses aus höheren fremden Grundstücken, d. i. zum Schaffen von Vorfluth, insbesondere auch nach Wahl des Besitzers der letzteren entweder zu eigner und für eigne Rechnung auszuführender Aufräumung der auf seinem Gebiete schon vorhandenen natürlichen oder künstlichen[1]) Wasserwege, oder zum Aufräumenlassen derselben durch jenen und auf dessen Kosten, sowie in bisheriger Dimension, verpflichtet ist; diese schon alten Bestimmungen sind aus Gründen der Bodencultur später noch dahin erweitert, daß in Grundlage eines bestimmten administrativen Verfahrens zwecks Entwässerung von Lände-

---

[1]) Vgl. Buchka u. Budde, Entscheidungen des Oberappellations-Gerichts, Bd. 2, pag. 73 ff.

reien die Grundbesitzer zu neuen Anlagen selbst auf fremden Grundstücken gegen volle Entschädigung derer Inhaber berechtigt sind²).

Die früheren Entwässerungen geschahen nur durch gewöhnliche offene Gräben; sog. Ableitungsgräben durchschnitten das natürliche Wassergefäll im rechten Winkel, nahmen das hervorbrechende Wasser auf und führten dasselbe in einen gemeinschaftlichen, tiefer gelegenen, ebenfalls offenen Auffange- oder Abzugsgraben. Aber solche unbedeckte Gräben sind theils kostbar zu erhalten, weil sie leicht zusammensinken, bewachsen, versumpfen, theils hindern sie die Bestellung des von ihnen durchschnittenen Terrains, entziehen durch ihre eigenen Dimensionen viel Land nützlicher Cultur und sollen endlich besonders kaltgründigen Boden niemals vollständig auszutrocknen vermögen.

§ 161.

Fortsetzung.

Man wandte sich deshalb später zu bedeckten unterirdischen Wasserabzügen, sog. Fontanellen. Sie bestanden darin, daß wiederum Gräben gezogen, diese jedoch zunächst mit Reisig, Faschinen, Steinen, Dachpfannen über flachliegenden Mauersteinen, also durchlassenden Gegenständen, darüber gegen das Nachsinken der Erdoberfläche mit Rasen, Moos, Stroh, und endlich mit gewöhnlicher Erde ausgefüllt wurden. Jedoch diese Abzüge verstopften sich leicht, waren ohnehin sehr kostbar durch Zeit- und Geldverlust und obendrein wegen der Verwendung meistens leicht vergänglicher Stoffe nicht von Dauer.

So erfand man denn in England vor 20 Jahren zur Ausfüllung jener unterirdischen Kanäle anstatt der eben genannten Substanzen gebrannte Thon-Röhren, drains, deren kunstgerechte Verwendung und Einlegung Gegenstand eines besonderen Drainage-Systems ist. Dem Wassergefäll folgend, in Zwischenräumen von 20—40 Fuß parallell neben einander, in einer Tiefe von 3—4 Fuß, mit nothwendiger Senkung von wenigstens 3 Zoll auf 100 Fuß, liegen hiernach Stränge eng hinter einander in Lehm oder Thon gestreckter, eine Mündungsweite

---

²) V. v. 31. Juli 1846, § 32, Rn. 2496, Rgbl. 22; vgl. Gesindeordnung vom 14. Novbr. 1654, tit. V. § 6, H. V. 2; Interims-Polizei-Ordnung v. 8. Octbr. 1661, § 23, H. V. 3.

von 1¼—2¼ Zoll haltender, 1—1¼ Fuß langer, gebrannter Thon-Röhren, die sog. Nebendrains. Dieselben nehmen das Wasser nicht durch die Kopfmündung, welche obendrein gegen Versandung mit flachen Steinen zugedeckt ist, sondern durch die Stoßfugen und in geringerem Maße auch durch die Porosität der Röhren selbst in sich auf, und münden entweder in einen gemeinschaftlichen, unbedeckten Abzugsgraben, oder in einen rechtwinkelig vor ihr Gefäll gelegten, bei starkem Abfluß selbst doppelten, sog. Hauptdrain von 3—4 Zoll Weite, welcher durch gemachte Seitenöffnungen die Nebendrains in sich aufnimmt und sich wiederum in einen gewöhnlichen Abzugs- oder Auffanggraben ergießt. Gegen Verschlammung und sonstige Verstopfung sind sowol die einzelnen Stoßfugen mit Muffen, d. i. lose aufliegenden, schmalen, porösen Thonstreifchen, als auch die Ausmündungen in den Abzugsgraben mit feinen Drathgittern bekleidet. Wo oberhalb des drainirten Landes noch feuchte, nicht drainirte Ackerstücke sich befinden, wird wol längs derselben rechtwinkelig vor die oberen Köpfe der Nebendrains ein sog. Isolirungsdrain zum Auffangen des oberen Wasserflusses gestreckt, so daß jene ausschließlich dem drainirten Grundstück dienen. Das drainirte Land wird bald so porös, daß es selbst die obere Feuchtigkeit der Atmosphäre an sich zieht und deshalb, wie durch die Drains gegen Wasser, so durch seine eigne Natur gegen Dürre geschützt wird. Mit mehr oder weniger Modificationen, selbst mit pecuniären Unterstützungen der Grundbesitzer durch die Regierungen (§ 169) hat sich vorstehendes englisches Drainage-System jetzt überall hin verbreitet und bei seiner Anwendung den heilsamsten Einfluß auf die Ackercultur ausgeübt. Die Drains werden in sog. Drainröhren-Pressen angefertigt[1]).

§ 162.

Ackerwerkzeuge, Maschinen.

Ihrer Form nach bekannte bisherige Ackerwerkzeuge sind der Pflug, der Haken, die Egge, die Walze, deren Zweck und Anwendung sehr von einander abweicht. Der Pflug zerschneidet den Acker in gleichmäßiger Tiefe zu geraden, gleich schmalen Streifen, wendet diese geebnet um

---

[1]) Nach E. v. 1. Novbr. 1851 auch in fürstl. Ziegeleien (§ 169, Note 4).

und an die Luft, paßt deshalb am besten für leichten, lockeren Boden. Man unterscheidet hauptsächlich Räderpflüge, wo der Hauptkörper, der sog. Pflugbaum, auf 1 oder 2 Rädern ruht, und Schwingpflüge, wo das Angespann unmittelbar an den Pflugbaum angehängt wird. — Der alt-mecklenburgsche Haken dagegen durchwühlt die Erde, wirft die Schollen ungleich zur Seite, zerreißt das Unkraut mit seinen Wurzeln, eignet sich deshalb für kalten, verwachsenen, zähen, intensiver Bearbeitung bedürfenden Boden. Zur oberflächlichen Lockerung und Pulverung des Bodens, zur Ebnung und Bedeckung der ausgestreueten Samenkörner, dienen die Eggen mit geraden und krummen, hölzernen und eisernen Zinken. — Gleichen Zweck, besonders bei hartem, den Wirkungen der Egge trotzenden Erdreich, aber obendrein noch ein Zusammenpressen zu lockeren und sandigen Bodens und Eindrücken der für die Feldbestellung hinderlichen Steine unter die Oberfläche des Ackers erstreben die Walzen deren Nutzen für die Saaten aber zweifelhaft ist.

Diese Instrumente sind in neuerer Zeit wesentlich verbessert, leichter, beweglicher, tiefergehend, haltbarer construirt. So giebt es jetzt englische, belgische, amerikanische, schottische Pflüge; statt der alten Haken mit dem Anspannungsjoch auch Räder- und 1spännige Haken mit Vordergestell und Gabel- oder Kluftdeichsel; norwegische Roll- und eiserne Eggen; eiserne Stangen-, Stachel-, Ring-, Scheibenwalzen, darunter den sehr schweren Croskill'schen Schollenbrecher. Einen Uebergang vom Pflug zur Egge bilden die Scalificatoren, Exstirpatoren oder Grubber und die Schaaregge, mit kleinen eisernen, besonders zum Ausreißen des Unkrauts, Reinigen des Ackers und Unterbringen der Saat dienenden Füßen. Viel verbreitet sind auch die Häufelpflüge und Pferdehacken zum Bestellen der sog. bodenverbessernden Gewächse (§ 168).

Besonders durch die Bestrebungen des mecklenburgschen patriotischen Vereins (§ 153) sind in neuerer Zeit vorzugsweise aus England viele neue landwirthschaftliche Geräthe zu uns gekommen. Fast auf allen größeren Gütern findet man Säemaschinen, unter ihnen besonders diejenigen der Alban'schen Fabrik zu Plau, Mäh-, Dresch-, Häcksel-, Butter-, Futterstreu-, Düngerausbreitungs-, Heuwende-, Samenreinigungs-, Kornreinigungs-Maschinen, Schrotmühlen, Kornquetschen, Rübenschneider, Rapskuchenbrecher, Saatdecker, Reißer — mit Dampfkraft getriebene sog. Locomobilen, Mühlen-Schöpfwerke, Wasserhebe-Maschinen, auch

Centrifugalpumpen — selbst verbesserte Handinstrumente, z. B. Sensen, Forken — kurz für jede Art landwirthschaftlicher Verrichtungen vielleicht bald ein eignes möglichst vollkommenes Werkzeug. Hierbei ist das Hauptbedenken des Maschinenwesens, die Arbeitslosigkeit der Tagelöhner, wegen der relativ nur schwachen einheimischen Bevölkerung (§ 3), besonders auf den Rittergütern, einstweilen anscheinend nicht zu befürchten.

§ 163.

Dungarten.

Der Dünger wurde früher fast ausschließlich von dem Wirthschaftsvieh gewonnen, welches nur deshalb für besonders nützlich galt und möglichst zahlreich gehalten wurde (§ 158, 179, 181). Durch den reinen Pferchdünger der Hürdenställe (§ 159, 181) wurden die Außenschläge (§ 158), durch den Stalldünger aber, d. i. die mit Stroh und Futterresten vermischten thierischen Excremente, die Binnenschläge (§ 158) befruchtet. Eine besondere rationelle Behandlung des Stalldüngers gab es nicht; ohne Unterschied durcheinander wurde er entweder in offenen jauchegefüllten Dunggruben einstweilen aufbewahrt oder frisch auf die Felder gebracht, wo er vor seiner weiteren Verwendung an freier Luft schimmelte und gährte und dadurch seine kräftigsten Substanzen nutzlos verlor. Aber auf keinem Gebiete mehr als hier hat die landwirthschaftliche Cultur umfassende Verbesserungen erfahren.

Zunächst sind die Düngerarten durch animalische, vegetabilische und mineralische Stoffe sowol aus der Wirthschaft und dem Grundstück selbst, als im Handel aus Fabriken und vom Ausland vermehrt. In ersterer Beziehung bergen Mecklenburgs weite Ebenen einen Schatz, welcher schon in Anfang und Mitte des vorigen Jahrhunderts durch den Kammerpräsidenten Luben von Wulffen (§ 104) und Graf Andreas von Bernstorff (§ 156) entdeckt, aber erst seit Anfang dieses Jahrhunderts erkannt ist — den Mergel. Seine Anwendung erzielt die höchste Ergiebigkeit (§ 168), doch darf zur Vermeidung von Krafterschöpfung eine zweite Mergelung, sog. Wiederholung der Felder, nur vorsichtig vorgenommen werden. — Auch die zahlreichen Landseen und Teiche liefern Dungmittel durch ihren Schlamm, Moder, womit die Felder „geklaiet" werden, durch den Post, eine Wasserpflanze, endlich

Seemoose, Seetank. — Neuere Erfindung ist auch der Grundünger, d. i. Pflanzen, besonders Buchwaizen, Spörgel, Klee, vorzüglich die Lupine, welche bis zur Blüthezeit wachsen, dann aber noch vor der Samenreife niedergewalzt, gemähet, untergepflügt werden und den Acker dadurch in Nahrung erhalten, auch besonders statt des jetzt selteneren Pferchdüngers (§ 181) auf den entfernteren, den Transport des Stalldüngers erschwerenden Außenschlägen (§ 158) ihre Anwendung finden.

§ 164.
Fortsetzung.

Durch den Handel gewinnen wir jetzt ebenfalls reiche Dungstoffe. Dahin gehört zunächst der Gyps, welcher aus dem seit 1825 eröffneten vaterländischen Gypslager zu Lübtheen, außerdem auch vielfach aus Preußen und Frankreich bezogen wird. Seine directe und unmittelbare Anwendung, das „Gypsen auf's Blatt", soll den Fruchtertrag eben nicht erhöhen, und wird er deshalb, besonders in Verbindung mit Moder, Stalldünger ꝛc. gebraucht. — Von hervorragender Wirkung ist ferner der Guano, d. i. versteinerte Excremente und Gerippe von Vögeln, welche besonders aus Afrika, Südamerika seit 10 Jahren ausgeführt werden; auch die Belgier und Engländer bereiten eine Art Guano aus den Excrementen der Hühner und Tauben. — Aus Fabriken kommen die auch zum Viehfutter gebrauchten gepreßten und geformten Hülsen des Oelsamens, sog. Oelkuchen; ferner die Poudrette und Urate, d. i. die besonders mit Kalk, Gyps, Mergel vermengten festen und flüssigen Excremente der Menschen, endlich Knochenmehl, Chilisalpeter, phosphorsaurer Kalk, Schwefel, Alkalien, Kohlen, welche alle aber theilweise noch zu kostbar und auch ohnehin vielfach nur versuchsweise gebraucht sind. Als zusammengesetzte Mischungen kommen die verschiedenen Dungarten unter dem Namen Compost zur Anwendung.

Viel wird jetzt auch zur Conservirung des Stalldüngers (§ 163) bis zu seiner Verwendung gethan. Wenngleich es an sich streitig ist, ob er besser sofort frisch auf die Felder gebracht oder vorher auf dem Hofe einige Zeit aufbewahrt und in Gährung versetzt, ob er besser auf einmal stärker oder öfter und dünner ausgebreitet wird, so wird doch in jeder Beziehung, sowol draußen als daheim, jegliche Vorkehr zu seinem

Schutze gegen atmosphärische Einwirkungen durch Bedeckung mit Erde und Torf bis zu seinem Gebrauche, sowie zu seiner passenden Verbindung, besonders mit conservirendem Gyps, getroffen. Auf den Feldern lagert er in solchem Zustande bis zu seiner Verwendung in Haufen oder Miethen; auf den Höfen aber in Dungstätten. Letztere sind am häufigsten im Freien und müssen möglichst überdacht, auch mit Gefäll und Rinnen zur Entfernung des Urins und sonstiger wässeriger Excremente, der sog. Gülle, welche separat zur Düngung verwandt wird, versehen sein; doch finden sich auch schon Kuhställe, in denen Dungplätze unter durchbrochenem Fußboden oder in Vertiefungen, wo das Vieh sich frei ergeht — dessen Excremente aber sofort mit Stroh bedeckt werden, so daß die Vertiefungen sich allmälig ausfüllen — eingerichtet sind.

§ 165.
Bewässerung, Berieselung.

Der Werth der Wiesen, ihr besonderer Zweck zur Gewinnung mähbaren Viehfutters, ist stets in Mecklenburg erkannt, zumal als zur Zeit der Felderwirthschaft (§ 154) jeglicher Bau von Futtergewächsen auf den Feldern durch den Kornbau verdrängt war. Noth aber und Unverstand verhinderten die Cultur der Wiesen. Denn einestheils genügte bei der Felderwirthschaft (§ 155) die nur temporäre Beweidung der Brach- und Ackerschläge nicht, und so mußte denn trotz gesetzlicher Verbote[1]) das Vieh beim häufigen Fehlen sonstiger beständiger Weiden sogar auf die Wiesen zur Weide getrieben werden, wodurch aber deren Grasnarben aufgewühlt und durchgestampft, die edlen Kräuter mit der Wurzel ausgerissen, und deshalb mähbare Futtergewächse nur zu oft unmöglich wurden. Anderntheils aber glaubte man das Mittel zu reicher Befruchtung der Wiesen in Zuführung möglichst vielen und dauernden Wassers gefunden zu haben, beförderte aber durch das Uebermaß nur zu oft die Versumpfung, und demnächst durch zu bedeutende unvernünftige Ableitung wieder die Dürre. So unterließ man denn weitere Mühe um die vermeintlich so undankbaren Wiesen und verwandelte sie vielfach durch völlige Trockenlegung und Umackerung in

---

[1]) V. v. 6. Septbr. 1751 u. v. 22. März 1757, H. IV. 21.

Kornfelder. — Erst seitdem mit der Koppel- und Schlagwirthschaft (§ 156 ff., 158 ff.) ausreichende Ackerweidefchläge geschaffen sind und die Wiesen nun von Hütung möglichst verschont blieben, macht sich unter den Culturfortschritten der Neuzeit auch eine rationellere Wiesenbehandlung allgemein geltend.

Je nach Beschaffenheit des Wiesengrundes, Localgelegenheit und disponiblen Mitteln wechselt das Verfahren bei der Cultur der Wiesen. Sie werden mit etwa in der Nähe befindlicher fruchtbarer Erde überkarrt, so daß die frühere schlechtere Grasnarbe erstirbt, mit Mergel oder auch mit Stallmist gedüngt, mit Feld- und demnächst erst wieder mit guten Futtergräsern besamt, also abwechselnd als Acker und Wiesen benutzt und dadurch gleichsam verjüngt. Oder auch ihre alten Grasnarben werden mit der Egge aufgerissen, die schädlichen Moose dadurch zerstört, bessere Gräser auf dem lockeren Boden dadurch befördert. Oder auch sie werden mit Schutt, Asche, Ziegelabfällen und sonst möglichst bedeckt, wodurch sie mehr Consistenz und Feuchtigkeit gewinnen. Am wohlthuendsten wirkt aber auch hier fast bei allen Wiesenarten die rationelle Be- und Entwässerung, weil jene nach ihrer Natur gerade im Wasser ihre Hauptnahrung zu finden scheinen.

Die Bewässerungen sind entweder Ueberstauungen oder Berieselungen. Erstere lassen das besonders durch Schleusen und Aufhalten naher größerer Gewässer zugeführte Wasser längere Zeit, selbst Wochen hindurch, auf den horizontal gelegenen Wiesen stehend, unterdrücken aber nur zu leicht die edleren Gräser und befördern, zumal bei einiger Unebenheit des Bodens, die Versumpfung. Das Princip der Berieselungen dagegen ist schon ihrem Namen entsprechend schnelle, möglichst gleichförmige, dünne und höchstens eine Woche, oft auch nur wenige Stunden dauernde, hauptsächlich zur Nachtzeit stattfindende Ueberführung von Wasser, und wird durch unsere Vorfluthgesetze gleich der Entwässerung wesentlich gefördert[2]).

---

[2]) Vgl. § 160, Note 2. Uebrigens darf nach § 29 der dort citirten Verordn. jeder zur Vorfluth verpflichtete Grundbesitzer das über sein Grundstück geführte fremde Wasser auch zu eignen Berieselungen gebrauchen, sofern dadurch der Hauptzweck, die Entwässerung, nicht gestört wird.

§ 166.

Fortsetzung.

Die Berieselungen werden entweder schon durch die Natur als sog. wilde, oder durch Kunst, dann Wiesenbau, bewirkt. Erstere sind nur möglich bei abhängiger und gleichzeitig nicht mit störenden Unebenheiten versehener Lage der Wiesen, und bestehen darin, daß nahe entweder an sich schon höher gelegene oder aufgestaute Gewässer über die Wiesen treten und an deren tieferen Flächen ihren natürlichen Abfluß finden. Der Wiesenbau aber erfordert außer vorheriger Planirung der Wiesen, ihrem Belegen mit gutem Rasen, ihrer Besamung mit Gräsern, besonders ein ganzes Netz künstlicher Gräben. So wird hier das Wasser aus entfernteren Gewässern entweder durch lange und tiefe Kanäle oder nur durch den Hauptzuleitungsgraben herbeigeführt, von hier aus entweder unmittelbar oder durch den vermittelst der Einlaßgräben aus jenem gespeisten Hauptvertheilungsgraben in die Bewässerungs- oder Zuleitungsgräben hinabgeleitet, welche wiederum in die einem Hauptentwässerungs- oder Hauptableitungsgraben zufließenden Entwässerungs- oder Ableitungsgräben sich entleeren. Der Kunstbau zerfällt wesentlich in den Hang- und den flachen oder Rückenbau, welche beide Arten übrigens in den zusammengesetzten Bau gleichzeitig neben einander auf denselben, aber sehr abweichendes Terrain enthaltenden Wiesenflächen sich begegnen. Ersterer findet bei Wiesen von durchgehends abhängiger Lage und natürlichem Gefäll, sog. Hängewiesen, statt und besteht darin, daß das aus dem Hauptvertheilungsgraben auf die Wiesen übertretende Wasser, welches nicht allzu rasch noch im Strome sich herniedergießen darf, von horizontalen, etwa 1½—2½ Ruthen neben einander liegenden Bewässerungsrinnen aufgefangen wird, welche aber nicht allein dieses abrieselnde und erfahrungsmäßig schon nach etwa 3 Ruthen seine Dungkraft verlierende Wiesenwasser, sondern auch durch vertical sie durchschneidende sog. Transportirgräben frischen Zufluß direct aus dem Hauptzuleitungsgraben aufnehmen. — Der Rückenbau dagegen dient zur Schaffung des erforderlichen Gefälles auf horizontalen Wiesen durch Bildung von parallelen, 8—12 Ruthen langen, 2½ Ruthen breiten, 8—15 Zoll Seitengefäll habenden sog. Rücken oder gleichmäßigen Erhöhungen. Uebrigens erleiden vorstehende Grundzüge der Berieselungen nach Localität, vorhandenen Mitteln ꝛc. die verschiedenartigsten Modificationen.

Zu Berieselungen soll sich besonders das wärmere und aus Dungstellen, z. B. gedüngten Feldern herströmende Wasser eignen. Die Bewässerung findet hauptsächlich im Frühling und Herbst, doch auch im Sommer gegen allzu große Hitze, dagegen aber zur Vermeidung des der Vegetation schädlichen Eises nur in milden Wintern statt.

III. Einwirkungen derselben.

§ 167.
Im Allgemeinen.

Solche Fortschritte der Bodencultur mußten nothwendig auch auf die Wirthschaftsweise selbst wirken und zur Erzeugung größerer Erträge, zur Gewinnung reicherer Einkünfte auffordern. In Mecklenburg zumal, wo bei der Schlagwirthschaft (§ 158 ff.) meistens $^{3}-^{4}/_{7}$ jedes Grundstücks als Brach- und Weideschläge für den Fruchtbau unbenutzt blieben und keinen directen Gewinn abwarfen, galt jene nun Vielen nicht mehr für ganz rationell und vortheilhaft. — Zunächst ist hier das frühere Princip der reinen ungenützten Brache (§ 159) schwankend geworden und deren Besömmerung, d. i. ihre Bebauung mit Sommergewächsen (§ 155), Hülsenfrüchten, besonders Erbsen, Bohnen, Wicken, Linsen, Lupinen, Buchwaizen, ferner mit Kartoffeln, Lein und Futterpflanzen begonnen. Doch dominirt noch immer und aus schon genannten guten Gründen die reine Brache, welche jedenfalls vor Oelfrüchten durchaus nothwendig ist. —

Aber auch die Weideschläge werden immer noch mehr und mehr beschränkt. Sie waren erforderlich, so lange noch in Ermangelung anderer Dungarten das Vieh allein für den Erzeuger des Felddüngers galt und als nothwendiges Uebel möglichst zahlreich gehalten wurde (§ 163), so lange man ferner längere Ruhe des Ackers für nöthig hielt und auch weder Kräfte noch Mittel zu umfassenderer Ackerbestellung ausreichten; sie sind aber entbehrlicher, seitdem die vielen neueren

Düngungen (§ 163 ff.) den Viehdünger theilweise mehr ersetzen und also der Ackerbau von der Viehhaltung unabhängiger geworden ist, seitdem auch durch die Verbesserung der Ackerinstrumente (§ 162) und das in den langen Friedensjahren gewonnene Geld umfänglichere Feldarbeiten ermöglicht sind. Ihre Verminderung und dagegen die Vermehrung des Fruchtlandes ist deshalb das Streben der jetzigen Agricultur, wobei die Mehrproduction von Stroh durch die größeren Ernten auch wieder dem Grundstücke zu Gute kommt.

§ 168.

Fortsetzung.

Hand in Hand mit Abnahme der Weide und Vermehrung des Fruchtackers ist die Veränderung der Fruchtfolge gegangen. Trotz aller mechanischen und chemischen Bodenmeliorationen erschöpft eine zu schnelle Aufeinanderfolge von Halmgewächsen, besonders Waizen, Roggen, Gerste, Hafer erfahrungsmäßig den Boden zu sehr. Aus England hat man daher das immer mehr sich verbreitende heilsame Wirthschaftssystem des Fruchtwechsels entlehnt. Dasselbe beruht auf der Erfahrung, daß viele sog. bodenschonende Feldgewächse, besonders die schon genannten Hülsenfrüchte (§ 167), auch Wurzelgewächse, z. B. Kartoffeln und Rüben, ferner Blattgewächse, z. B. Klee, Luzerne, Esparsette, theils besonders vor der Reife ihrer Natur nach die Dungkraft nicht zu sehr absorbiren, theils durch ihren dichten Stand das Erdreich gegen Verschollung und Dürre schützen, theils endlich durch ihre röhrenförmigen Wurzeln den Erdboden lockern und die organische Auflösung befördern; wozu noch kommt, daß durch die Bearbeitung der sog. Hackfrüchte, unter ihnen z. B. der Kartoffeln, Rüben, Bohnen, mit Häufelpflügen und Pferdehaken das Unkraut gründlich vertilgt (§ 162) und durch Benutzung eines Theils als Gründünger (§ 163) die Dungkraft sogar erhöhet wird. So vermeidet man denn jetzt die unmittelbare Aufeinanderfolge der bodenzehrenden Halmfrüchte, denen höchstens die Hälfte des Grundstücks einzuräumen ist, und wechselt möglichst mit diesen und den bodenschonenden Gewächsen, wobei der durch die neuen Erfindungen obendrein intensiver bearbeitete Acker ohne die frühere lange Ruhe eine größere Reihe von Fruchternten zu tragen vermag, und das alte Vorurtheil „je länger

Dreesch, desto besser die Ernte" geschwunden ist. Eben so wichtig als der Wechsel von Halm- und anderen Gewächsen ist die Vermeidung rascher Aufeinanderfolge derselben Fruchtarten auf derselben Ackerfläche, worauf auch jetzt jede Rücksicht genommen wird. In dieser Beziehung kommen besonders die Oelfrüchte, der Waizen, der rothe Klee in Betracht, welche je nach Güte des Ackers, resp. nach 6—9, nach 4—8, nach 6—7 Jahren wiederkehren dürfen — womit wiederum die Anzahl der Schläge zusammenhängt. — Endlich hat theils die Verminderung des Weidelandes eine nützliche Herabsetzung des früher oft übergroßen Viehstapels, theils der im englischen Fruchtwechselsysteme und in der modernen Wiesencultur (§ 165 ff.) erzeugte Mehrgewinn von Futtergewächsen bessere und reichlichere Ernährung und dadurch wieder sowol größere Ergiebigkeit (§§ 179, 181, 183) als auch zunehmende Mästung (§ 182, 183) desselben zur Folge gehabt. In dieser Beziehung erzielt das sog. Kraftfutter, z. B. Rüben, Kartoffeln, Korn, Rapskuchen, auch Schrot, in angemessener Verbindung mit dem Rauhfutter, dem Heu, Klee, Stroh, immer bedeutendere Resultate. Bei der hierdurch immer mehr ermöglichten, umfänglicheren Legung der Ackerweide und Einführung der Sommerstallfütterung des Viehes scheint dessen Gedeihen jetzt gesichert, und gleich dem Ackerbau schreitet auch die Viehzucht immer größerer Blüthe entgegen.

Trotz aller Fortschritte der Cultur aber ist der Anbau eigentlicher Handelsgewächse fast nur auf Oelpflanzen, besonders Raps, Rübsen, beschränkt geblieben, welche freilich beim Fehlschlagen große Verwilderung des Ackers bewirken, viele Insecten anlocken, die Bodenkraft sehr verzehren — aber dennoch dort, wo großer Reichthum der Erdschollen und die Anwendung des Mergels oder anderer bedeutender Dungkraft ein Niederlegen, sog. Lagern des Korns zur Zeit der Reife fürchten lassen, als Vorfrucht nach der Brache für unentbehrlich gelten, auch beim Gedeihen pecuniär sehr vortheilhaft sind. Farbepflanzen, z. B. Krapp, Waid, Wau, Saflor, findet man fast nirgends; Gewürz- und Arzneipflanzen beschränken sich auf sporadischen Anbau von Tabak, Karde, Cichorie, Rhabarber, Kümmel; selbst die im vorigen Jahrhundert hier florirenden Gespinnstpflanzen, besonders Flachs oder Lein, auch Hanf, werden jetzt nur noch für den Hausbedarf gebauet, ebenso Gemüse und der früher einen wichtigen Ausfuhrartikel bildende, in besonderen Hopfengärten¹) cultivirte Hopfen; endlich ist der nach unsern klimatischen Verhältnissen durchaus mögliche und erfahrungsmäßig auch rentable Seidenbau erst im Werden²). Die großen und mittleren Grundbesitzer haben keine Zeit zur Pflege jener einträglichen Culturzweige, welche sich besonders für die sog. Kleincultur der kleineren Grundbesitzer eignen, diesen aber bis jetzt unbekannt geblieben und wenig zugänglich gemacht sind (§§ 170 u. 171).

§ 169.
in spec. Wirthschaft im Domanium.

Die im Uebrigen auf vorstehenden allgemeinen Principien beruhende Wirthschaftsweise der Domanialeingesessenen ist nicht ganz frei, sondern unterliegt billiger, auf Verhütung aussaugender Cultur und Deterioration gerichteter Controle durch die Kammer. Selbst gegenüber den Erbzinsleuten reservirt letztere sich contractlich im Fall offenbarer Unordnung und Gefahr für dauernde Erfüllung der auferlegten Verpflichtungen das Recht freier Untersuchung und veränderter Wirthschaftseinrichtung¹). Bei Hofpächtern und Bauern waren die contractlichen Wirthschaftsbeschränkungen bis in die Neuzeit sehr drückend. Strenges Einhalten der eigentlichen mecklenburgischen Schlagwirthschaft (§ 158) mit möglichst großem Viehstapel zur Düngerproduction und gleichen Frucht- wie Weideschlägen war Regel²), und insbesondere der Anbau der Oelgewächse (§ 168) verboten; zu gehöriger Aufsicht hierüber sollten die Beamten die Felder periodisch revidiren³). Doch sind diese speciellen, die neueren Culturfortschritte hindernden Beschränkungen jetzt weggefallen und die

---

¹) Vgl. Amtsordnung v. 19. Decbr. 1660, IV. 4, H. IV. 2 (§ 169, Note 5).
²) Der Seidenbau ist durch Verordn. v. 22. Juni 1838, Ra. 2954, Rgbl. 26 empfohlen, und der Verein zu seiner Förderung zählt schon mehr als 300 Mitglieder. Die Anpflanzung der Maulbeerbäume dürfte sich besonders für die Landschullehrer zum Betrieb auf ihren Obstschul-Plätzen (§ 173) eignen.
¹) Vgl. büdnerbriefliche Bedingungen vom 27. Septbr. 1838, § 5, Ra. 162. Ohnehin dürfen schon gemeinrechtlich die Erbpächter den fundus nicht deteriotiren (§ 110, Note 2).
²) Nach C. v. 3. Juli 1849, Ra. 3932, wurden übrigens die bäuerlichen Wünsche möglichst berücksichtigt.
³) C. v. 22. Septbr. 1836, Ra. 419, v. 21. Aug. 1853.

Zeitpächter nur genereller Aufsicht der Administrativbehörden unterworfen, wobei aber den Bauern, die trotz ihrer herkömmlichen Meliorationspflicht (§ 83) nicht Recht an der Stelle thun, die Abmeierung (§ 81) contractlich angedrohet wird. Die Wirthschaftssysteme der Hofpächter bedürfen aber sowol bei ihrer ersten Einführung als bei späterer Veränderung der Kammergenehmigung, welche event. erst auf Untersuchung und Entscheidung sachverständiger Landleute ertheilt wird. Eigenmächtige Abweichungen hiervon ziehen für je 60 ☐R. unerlaubter Saat eine Geldstrafe von 5 Thlrn. und Abänderung auf Kosten des Pächters nach sich; zu solcher Controle sollen noch jetzt die Beamten unter Zuziehung eines Kammeringenieurs die Hoffelder periodisch revidiren, befundene Unordnungen stets, und auch bei Rücknahme der Pachtungen (§ 69) über Anzahl und Resultat der gemachten Revisionen berichten[3a]. — Selbst die Einlieger sind zu hauswirthlicher Benutzung ihrer herrschaftlichen Competenzen verpflichtet.

Auch im Domanium ist demnach, wenngleich unter gerechter Aufsicht der Landesherrschaft, den Erfindungen der Neuzeit Bahn gebrochen, und letztere werden selbst unter pecuniären landesherrlichen Opfern gefördert. So erhalten die Hofpächter sowol zu freiwilligen als zu dringend erforderlichen und deshalb contractlich ihnen auferlegten Drainagen die Röhren, müssen aber alle sonstigen Kosten und sämmtliche Fuhren leisten, die Anlagen conserviren und unversehrt abliefern. Das Amt nimmt ihre desfallsigen Anträge entgegen, setzt sie von den Bedingungen in Kenntniß, verfügt unter Zuziehung eines von der Kammer bestimmten Technikers eine Localinspection, und berichtet über das Resultat an die Kammer, im günstigen Falle unter Einreichung eines allgemeinen Plans und generellen Kostenanschlags der Röhren. Nach erfolgter Genehmigung ist der Pächter zur Erfüllung seiner Verpflichtung, event. durch Caution, protokollarisch zu obligiren, und die ganze Ausführung einem von der Kammer bestimmten, vom Pächter zu salarirenden Techniker zu überlassen, der auch die Röhren ankauft, und dessen Anordnungen, selbst bei größeren von der Kammer genehmigten Abweichungen vom ursprünglichen Plan, Pächter sich fügen muß. Drainskarte und Nivellements werden in triplo — für Pächter, Amt,

---

[3a] E. v. 24. Juni 1864.

Kammer — angefertigt⁴). Gemeinnützige Schriften über Hopfenbau⁵), Flachsbau⁶), Dungmittel⁷), Wiesenmelioration nach Siegen'scher Kunstbaumethode⁸), Behandlung der Kartoffeln und ihrer Krankheit⁹), sind auf Kosten der Amtskassen verbreitet, und auch Beamte zur Beförderung des Anbaues guter Futtergewächse angewiesen¹⁰). — Contractlich sind endlich alle Zeitpächter zur Leistung der ohnehin gesetzlichen Vorfluth (§ 160) und zur Abgabe des auf ihren Feldern etwa ausreichend vorhandenen Mergels (§ 163) an ihre Feldnachbaren verpflichtet.

§ 170.
Fortsetzung.

Unter den Domanialeingesessenen gehen die Zeitpächter der großen Höfe mit ihrer Wirthschaftsweise voran. Die freie Meistgebots-Concurrenz (§ 70) und Höhe der Pachtpreise, die Kostbarkeit der Pachtübernahme (§ 70) durch Beschaffung der nöthigen Inventarien, des Pachtvorschusses ꝛc. läßt von vornherein fast nur sehr Wohlhabende an's Pachten denken, und reizt gleichzeitig dieselben zur Erzielung des höchst möglichen Ertrags, welcher wiederum nur durch sehr intensive Ackercultur möglich ist.

Ein Zurückbleiben der Bauernwirthschaften trotz Aufhebung der Communion und Einführung der Separation (§ 59) läßt sich dagegen nicht verkennen. Die Gründe sind theilweise schon erörtert, liegen in der Unsicherheit des Bauernbesitzes und dem mangelnden Credit (§ 103), in der Entfernung vieler Gehöfte von ihren Ländereien (§ 87), in den drückenden übermäßige Anspannung erfordernden Fuhrleistungen (§ 140), und werden durch Vererbpachtung, Ausbauten, allmälige Ablösung der

---

⁴) Anlage II. zum C. v. 24. Juni 1864, wodurch das C. v. 20. Octbr. 1852 veraltet ist. Schon nach C. v. 1. Novbr. 1851 sollen Pächter und Hauswirthe aus fürstlichen Ziegeleien die Drainsröhren für den Productionspreis erhalten (§ 161, Note 1).
⁵) R. v. 17. Juni 1831, Ra. 417 (§ 168, Note 1).
⁶) C. v. 17. Aug. 1845, Ra. 4027.
⁷) C. v. 14. Juli 1852, Ra. 4032.
⁸) C. v. 31. Mai 1850 (§ 166).
⁹) C. v. 4. Novbr. 1844, v. 18. Mai 1849, vgl. V. v. 1. Octbr. 1845, Ra. 2968, Rgbl. 27.
¹⁰) C. v. 28. April 1843, Ra. 4024.

Fuhren mehr und mehr beseitigt. Bis in die neueste Zeit ferner lernte der Gehöftserbe seine Wirthschaft auf der väterlichen Hufe, und „Arbeiten an der Stelle" war sogar Vorbedingung späterer eigner Einweisung — jetzt freilich nicht mehr, und mancher Hauswirth schickt seinen Gehöftserben in die Lehre zu auswärtigen tüchtigen Landwirthen. So werden denn auch gewiß bald die Bauern an den Fortschritten der Cultur ihren vollen Antheil nehmen. Wünschenswerth bleibt hierbei, daß die vor 2 Decennien vom patriotischen Verein (§ 153) und besonders vom weiland Gutsbesitzer Pogge-Zierzow ins Leben gerufenen, aber durch die Stürme des Jahres 1848 wieder begrabenen, jährlichen Bauernversammlungen zum gegenseitigen anregenden und lehrreichen Austausch landwirthschaftlicher Fragen bald wieder mit längerer Dauer erstehen mögen[1]).

Die kleinen Grundbesitzer endlich, für die sich die ergiebige Kleincultur (§ 168) so wohl eignet, sind verhältnißmäßig am weitesten zurück. Im Kleinen ahmen sie den großen Kornbau nach und sind froh, wenn es ihnen gelingt, aus ihren schwach gedüngten Feldern das nöthigste Brodkorn, Viehfutter und Gemüse zu erzielen. Nächst den Bauern sind sie die getreuesten Anhänger der behaglichen alten Schlagwirthschaft (§ 158), und selbst der kleinste Büdner mit wenig 100 ☐R. läßt fast die Hälfte seines geringen Besitzthums jährlich zur Kuhweide und Brache, während er doch billigerweise sein weniges Vieh auf dem Stalle halten, und mit den ausreichenden eignen und seiner Familie Händen möglichst viel Land in Frucht zu setzen versuchen sollte. Hier bleibt der Zukunft noch Vieles überlassen.

[1]) Nach C. v. 15. Octbr. 1844, Ra. 4026, sollten die Beamten möglichste Frequenz der Bauernversammlungen erstreben, deren eine aus dem Amte Schwaan auch schon wieder im Jahr 1864 mit reger Theilnahme stattgefunden hat, und nach Beschluß der Anwesenden fortan jährlich abgehalten werden soll. Ebenso wurde durch C. v. 28. April 1840 auf möglichste Verbreitung der durch Amtmann Michelsen zu Ludwigslust herausgegebenen, aber inzwischen wieder eingegangenen Bauernzeitung hingewirkt, welche übrigens in neuester Zeit mehr und mehr durch die Amtsblätter (§ 22, Note 5) ersetzt wird.

B. Garten- und Obstbau.

§ 171.

Der Gartenbau hat wie die ganze Kleincultur (§ 170) auf dem platten Lande nur erst sehr geringe Fortschritte gemacht. Die großen und mittleren Grundbesitzer treiben nur Kornbau, haben zu anderer Nebenbeschäftigung weder Zeit noch Lust noch Hände genug, und die kleinen in Unkenntniß und Bequemlichkeit machen es ebenso (§ 168), suchen das auf dem Lande billig zu kaufende, aber weniger Mühe erfordernde Korn selbst zu produciren, wo sie mit etwas mehr Fleiß und Vorsicht durch Obstbau und Handelsgärtnerei gewiß ungleich größere Resultate gewinnen könnten.

Der Obstbau war schon früher, besonders im vorigen Jahrhundert, mehr in Schwung als jetzt, und selbst ein sehr frequenter Ausfuhrartikel nach den nordischen Reichen. In diesen fehlte damals jegliche Obstcultur, und so ließen sie sich an unsern Sorten genügen; die hiesigen Grundbesitzer ferner bedurften des Obstes in getrocknetem Zustande, des Backobstes, als nothwendiger Zukost bei ihren Fleischspeisen und behielten endlich bei damals noch nicht so umfassender Ackercultur mehr Zeit zur Anpflanzung von Obstbäumen. So ist denn auch schon damals im Domanium der Obstbau gesetzlich vorgeschrieben und befördert[1]. Jetzt aber hat durch Verbreitung der Obstkunde auch im Norden die hiesige Obstausfuhr keine Bedeutung mehr, als Zukost ist das Obst durch die Kartoffel verdrängt, und fast ausschließlich die Agricultur fesselt den Blick des Landmanns, wendet ihn vom Obstbau.

Nichts destoweniger sind die Verwaltungsbehörden unausgesetzt bemüht für Hebung der nützlichen Obstcultur und verpflichten dazu die Zeitpächter durch contractliche Stipulationen. So sollen die Hofpächter nicht nur den beim Antritt von ihnen übernommenen inventarienmäßigen Bestand von Stein- und Kernobstbäumen erhalten, die abgängigen durch junge edler Art ersetzen, sondern dieselben auch in

---

[1] Amtsordnung v. 19. Decbr. 1660, IV., H. IV. 2; Schulzen- und Bauernordnung v. 1. Juli 1702, § 13, H. IV. 4. Nach V. v. 24. Septbr. 1781, H. IV. 52, ist die Anpflanzung der bei der Ruhr sehr gefährlichen Eier- und Hundepflaumen-Bäume verboten.

bestimmter Anzahl vermehren und für jeden bei der Revision und
Rücklieferung der Pachtung fehlenden eine Geldstrafe erlegen. Bei den
Bauern gehört die Vermehrung und Veredlung ihrer Obstbäume schon
zu ihrer herkömmlichen, aber obendrein noch contractlich gebotenen
Meliorationspflicht (§ 83); das Maß derselben steht zum Ermessen der
Amtsbehörde und kann selbst auf Bepflanzung der Hauptwege mit
Obstbäumen ausgedehnt werden²). Aehnliche bis jetzt fehlende Ver-
pflichtungen dürften sich auch bei künftiger Ansetzung von Erbzinsleuten
empfehlen.

§ 172.

Ein Haupthebel für die Beförderung der Obstzucht ist die Unterweisung der Schuljugend in der Obstkunde und die den Landleuten
gegebene Möglichkeit zum jederzeitigen Bezug veredelter und für unser
Klima passender Obstbaumstämme. Erstere können immer nur die
Landlehrer ertheilen, und so sollen denn dieselben schon seit vielen
Jahren auf dem Lehrerseminar eignen Unterricht in der Obstkunde
erhalten, die schon früher angestellten aber auf Kosten der Schulkasse
sich nachträglich darin unterweisen lassen¹), auch allen hin und wieder
aus der Schul- und der Amtskasse Abhandlungen über Obstzucht
geliefert und diese nach gemachtem Gebrauch in der Amtsregistratur
(§ 22) aufbewahrt werden²). Betreffs des zu ertheilenden Unterrichts
herrscht Schulzwang, d. i. die Dorfskinder sind nach zurückgelegtem
12. Lebensjahr zur Theilnahme daran wöchentlich während 2 Stunden
verpflichtet³). — Die Möglichkeit zum Bezug guter Stämme ist aber
nur durch deren systematische und rationelle Anpflanzung in größerer
Menge gegeben, welche wiederum den Dorfslehrern obliegt, und bei
welcher die Schulkinder ebenfalls helfen sollen⁴). Solche Anpflanzungen
sind nach Belieben der Lehrer entweder Obstbaumschulen oder Obst-

---

²) C. v. 19. April 1850, Ra. 4083.
¹) V. v. 24. Febr. 1827, Ra. 3361, Rgbl. 12, C. v. 22. März 1827. —
Schon die V. v. 29. Aug. 1792, H. II. 154, erstrebt Unterweisung der Dorfskinder
im Baumpflanzen.
²) Z. B. Christ, Bädeker, Geiger, Meyer, Woltmann. V. v. 24. Febr. cit.,
v. 18. Febr. 1828, v. 15. Novbr. 1851, Ra. 4855, v. 9. Febr. 1858.
³) u. ⁴) V. v. 24. Febr. 1827 cit., ungedruckte Anlage zum C. v. 15. Novbr.
1851 cit.

baumgärten, in welchen ersteren junge demnächst zu verkaufende Stämme gezogen werden und jede Obstart ein besonderes getrenntes Quartier, auch jede Species hierin eine eigne Reihe hat, während in den zum Gewinn und Verkauf des Obstes dienenden Obstgärten parallel mit den Hauptreihen der vorzüglichen Obstsorten noch Nebenreihen von geringerem Werthe angelegt, und zwischen den in beiden stehenden hochstämmigen Bäumen noch Zwergbäume von allerlei Obstsorten cultivirt werden[5]). Vorzugsweise feines und Tafelobst ist zu erstreben, doch auch das geringere, besonders zum Backen dienende Wirthschaftsobst nicht zu vernachlässigen; ferner ist der Anbau feinerer Gemüse, die Anlage von Blumengärten, die Anpflanzung von Erd-, Johannis-, Stachel-, Himbeeren besserer Sorte, nicht aber von Kartoffeln, noch die Einrichtung von Rasenplätzen gestattet[6]).

§ 173.

Zu solchen Anlagen erhielten früher alle Domanial-Dorfslehrer unentgeltlich einen geeigneten größeren, demnächst zu 50 ☐ R. bestimmten[1]) Platz im Dorfe selbst oder nahe bei demselben und bei einem Wasserbehälter[2]), obendrein auch aus der Forst gegen den durch die Schulkasse zu übertragenden Bereitelohn die Materialien sowol zu todten Zäunen als zu lebendigen Hecken[3]). Weil die Lehrer aber solche zu bestimmtem Gebrauche und allgemeinem Nutzen ihnen hingegebenen Flächen nur zu oft zu willkürlichen und eigennützigen Zwecken ausbeuteten und zu allem Möglichen, nur nicht zur Anlage von Obstpflanzungen benutzten, so sollen jetzt schon einige Obstschulen oder Gärten für jedes Amt genügen, nur alle schon früher gehörig eingerichteten auch fernerhin den Lehrern unentgeltlich verbleiben, während von den nicht ordnungsmäßig bestandenen die vom Schulhause entfernt, auch deßhalb nicht unter steter Aufsicht der Lehrer belegenen unbedingt zurückgenommen, die am Schulhause angrenzenden aber gegen die Pacht von Einliegern (§ 137) jenen

---

[5]) Anlage cit., E. v. 2. Mai 1846, Ra. 3444.
[6]) W. v. 24. Febr. 1827 cit., E. v. 15. Novbr. 1851 cit., Anlage dazu cit. (vgl. § 168, Note 2).
[1]) W. v. 6. Octbr. 1832, Ra. 3376, Rgbl. 39.
[2]) u. [3]) W. v. 24. Febr. 1827 cit.

gelassen werden⁴). Befriedigungsmaterialien werden überall nicht mehr verabreicht⁵), dagegen aber von jeher die Baumpfähle⁶). Prediger und Beamte sind zu öfteren Revisionen der Obstanlagen zwecks ihrer gehörigen Einrichtung und Benutzung angewiesen⁷), und bei mangelnder Sachkenntniß der Beamten sollen auch die Forestalen hierbei helfen⁸). Die früheren regelmäßigen Conferenzen der Beamten und Prediger zur Berathung über Beförderung der Obstanlagen⁹) sind später weggefallen¹⁰). Die Lehrer haben jährlich zu Michaelis specielle, von den Predigern vorher zu revidirende Verzeichnisse über den Stand ihrer Obstzucht an das Amt einzureichen¹¹), welches daraus bestimmte Generaltabellen formirt, und dieselben jährlich zu Ostern an die Kammer berichtlich einsendet¹²). Verdiente Lehrer erhalten auf beamtlichen Antrag Prämien, besonders größere Obstwerke auf Kosten der Amtskasse¹³). Auch werden für die Zukunft förmliche Obstmärkte beabsichtigt¹⁴), wogegen die frühere Verpflichtung der Lehrer zum billigen Verkauf junger Obststämme an die Dorfsbewohner¹⁵) schon jetzt aufgehoben ist¹⁶). Dennoch haben alle diese Maßregeln bis jetzt noch zu keinem erfreulichen Resultate geführt, und die meisten Lehrer vernachlässigen gleich den übrigen Landbewohnern (§ 170) den mühsameren und erst nach Jahren auch pecuniär vortheilhaften Gartenbau über dem bequemeren und sofort lohnenden Ackerbau, berufen sich dafür auch auf die allerdings oft stattfindende Unmöglichkeit des Verkaufes ihrer aufgezogenen Baumstämme wegen völlig fehlender Concurrenz.

---

⁴) u. ⁵) C. v. 15. Novbr. 1851 cit.

⁶) R. v. 13. März 1832, Ra. 3370.

⁷) V. v. 24. Febr. 1827 cit., C. v. 5. März 1838, v. 12. Decbr. 1838, Ra. 3414, v. 2. Mai 1846, Ra. 3444.

⁸) C. v. 15. Novbr. 1851 cit.

⁹) V. v. 24. Febr. 1827 cit.

¹⁰) V. v. 6. Octbr. 1832, Ra. 3376, Rgbl. 39.

¹¹) V. v. 24. Febr. 1827 cit., v. 6. Octbr. 1832 cit., v. 18. Januar 1841, Ra. 4853, Rgbl. 4.

¹²) V. v. 24. Febr. 1827 cit., v. 6. Octbr. 1832 cit., C. v. 12. Decbr. 1838, Ra. 3414, v. 18. Jan. 1841 cit., v. 15. Novbr. 1851 cit. Auch durch C. v. 3. Juni 1850 ist Bericht eingefordert.

¹³) V. v. 24. Febr. 1827 cit., v. 2. Mai 1846, Ra. 3444, v. 15. Nov. 1851.

¹⁴) C. v. 15. Novbr. 1851 cit.

¹⁵) V. v. 24. Febr. 1827 cit.

¹⁶) C. v. 15. Novbr. 1851 cit.

C. Viehzucht.

I. Pferdezucht.

§ 174.

Geschichte.

Die Pferdezucht hat stets in Mecklenburg florirt und ist mit der Natur jedes rechten mecklenburgschen Landwirths fast verwachsen. Eine eigentliche Landrace hat es freilich wol nur zur Wendenzeit (§ 4) gegeben, dieselbe muß nach den in alten Heidengräbern aufgefundenen Knochen und Hufeisen sehr klein und leicht gewesen sein. Das mecklenburgsche Pferd des Mittelalters und der Jetztzeit ist dagegen aus Kreuzung der verschiedenen edlen Racen des Auslandes hervorgegangen.

Zur Ritterzeit waren es unsere Landesherren, welche schon in Privatgestüten edle Pferde zogen. So finden wir schon im Anfange des 14. Jahrhunderts jene zu Stuthoff bei Rostock, zu Pustekow an der Stelle des jetzigen Clüß, Domanialamts Güstrow[1]), zu Dierhagen bei Ribnitz, in denen mit friesischen, normannischen, andalusischen, orientalischen Pferden gezüchtet wurde. Herzog Johann Albrecht I. in der Mitte des 16. Säculum hielt in seinen Gestüten zu Cobande, Doberan, Dömitz, Medow, Jvenack dieselben Racen und dazu dänische, schwedische, ungarische, italienische. Hundert Jahre nach ihm begünstigte Herzog Gustav Adolf die dänische Race, wie denn auch sein Nachfolger Herzog Friedrich Wilhelm sich lebhaft für die Pferdezucht interessirte. Aber nach ihm kehrten über die erste Hälfte des vorigen Jahrhunderts hinaus innere Unruhen und die Verheerungen des 7jährigen Krieges ein und zerstörten die etwa noch aus dem 30jährigen geretteten fürstlichen Schöpfungen, deren Früchte sich aber schon über das ganze Land verbreitet hatten und der mecklenburgischen Pferderace schon damals einen Namen im Auslande machten.

Seit Ende des vorigen Jahrhunderts bis auf die Jetztzeit haben auch die größeren hiesigen Rittergutsbesitzer die Pferdezucht gepflegt.

---

[1]) Vgl. darüber Lisch, Jahrbücher, Bd. 26, pag. 60 ff.

Rühmlichen Anfang machte Graf Plessen, welcher zu Jvenack besonders aus dänischer Race ein berühmtes Gestüt errichtete, das bald durch türkische Hengste und englisches Vollblut vergrößert wurde. Letzteres hat bald den allgemeinen Vorzug gewonnen und nach einander in den Gestüten der Grafen Bassewitz-Prebberede, Hahn-Basedow, der Barone Biel-Zierow, nicht minder in dem 1810 gegründeten und 1847 wieder aufgehobenen (§ 175) fürstlichen Hauptgestüt zu Redefin zur Züchtung der Marstallpferde, und jetzt in dem fürstlichen Gestüt zu Rabensteinfeld sich zu behaupten gewußt. Daran schließen sich, besonders in Mecklenburg-Strelitz, mehrere Halbblut-Gestüte.

§ 175.
Landgestüt, Stationen.

Die Verbesserung und Veredlung der Pferdezucht ist vorwiegend durch Gelegenheit und Gebrauch guter Deckhengste bedingt[1]). Einsichtsvolle Landesherren haben dies rechtzeitig erkannt und in ihrem Domanium nicht ohne eigne Opfer nützliche Vorkehr zur Erreichung jenes Resultates getroffen. Schon bald nach dem 30jährigen Kriege sollen in einzelnen Aemtern Landgestüts-Stationen errichtet, d. h. aus den fürstlichen Marställen und Privatgestüten einzelne tüchtige Zuchthengste in die verschiedenen Aemter abgesandt sein, um die Stuten der Eingesessenen zu decken. Gleiches wiederholte sich[2]) im Jahr 1795. In beiden Fällen traten aber Kriegsunruhen dazwischen. Wiederum im Jahr 1812 wurde in Redefin ein großes Landgestüt errichtet, welches auch nach Aufhebung des früheren combinirten Hauptgestütes (§ 174) von Bestand geblieben und auf die Pferdezucht von großem Einfluß ist. Die dortigen Hengste, Vollblut und gewöhnliche Landesbeschäler, werden jährlich durch Ankauf ergänzt und vom 1. März, resp. auf motivirten beamtlichen Antrag schon früher, bis zum 1. Juli[3]) auf die Beschäl-Stationen versandt, welche sich an den verschiedenen Sitzen der Amtsbehörden und unter deren Aufsicht befinden. Die Anzahl der Hengste auf den einzelnen Stationen richtet sich nach der Zahl der muthmaßlich

---

[1]) Landgestütsordnung v. 24. Aug. 1838, § 1.
[2]) Vgl. V. v. 20. Decbr. 1794.
[3]) Landgestütsordnung cit. § 6.

dort zu erwartenden Stuten, von denen 60 auf einen volljährigen, 40 auf einen 4jährigen Hengst während der Deckperiode gerechnet[4]), hierbei aber die unreinen und wegen Alters und sonstiger organischer wie erblicher Fehler zu Fortzucht unbrauchbaren zurückgewiesen werden[5]), und kann auf rechtzeitigen beamtlichen Antrag an's Directorium bei Nicht-Ausreichlichkeit vermehrt, bei Ueberfluß vermindert werden. Die Interessenten haben regelmäßig die Auswahl unter den Hengsten, welche aber bei unmotivirter Vorliebe für einzelne und dadurch herbeigeführter Unthätigkeit der andern insoweit beschränkt wird, daß jedem Hengste eine gleiche Anzahl von Stuten zugeführt werden soll[6]). Da die Stationen vorzugsweise zum Nutzen des Domanium gegründet sind, so haben die Amtseingesessenen stets den Vorzug, welchen die Bewohner anderer Aemter gleichstehen, wenn deren Besuch durch die Entfernung ihrer eignen Gestütsstationen und nicht gerade durch Vorliebe für einzelne Hengste herbeigeführt ist; erst nach ihnen werden auch Bewohner anderer Landestheile, ganz fremde aber nur mit specieller Erlaubniß des Gestütsdirectorium und bei von den Stationsbeamten zu bescheinigender Muße der gewählten Hengste, zugelassen[7]).

§ 176.
Fortsetzung.

Die obere Administration über jede Station hat die unter einem besonderen Directorium stehende Inspection des Landgestütes zu Redefin[1]), welches weiter dem Finanzministerium untergeordnet ist[2]). Ueber Errichtung und Conservation der auf jeder Station befindlichen Wohnungen für die Hengstenknechte und der Hengstenställe aus der Amtsbaukasse bestimmt Großherzogliche Kammer, an welche allein deshalb die desfallsigen beamtlichen Anträge gehen, ausgenommen bei nöthigen

---

[4]) C. v. 26. Jan. 1828, Ra. 395, Rgbl. 4; Landgestütsordnung cit. § 5.
[5]) Landgestütsordnung cit. § 4.
[6]) Landgestütsordnung cit. § 7, VI.
[7]) Landgestütsordnung cit. §§ 8 u. 9.
[1]) C. v. 23. Juli 1838, Ra. 399, Rgbl. 29.
[2]) V. v. 4. April 1853, § 6, Ra. 4863, Rgbl. 14.

Umfangserweiterungen der einzelnen Stationen, wo das hiervon zu benachrichtigende Directorium das Weitere verfügt[3]).

Auf jeder Station hat ein Domanialbeamter nach geschäftsmäßiger Ressortvertheilung die Special-Direction in allen die Gestütsstation betreffenden Angelegenheiten, sowie überhaupt die Sorge für Verbesserung der Pferdezucht im Amte, ferner die Aufsicht über die den Hengsten aus Redefin beizugebenden Hengstenknechte, endlich in Grundlage bestimmter Formulare[4]) die spätestens bis zum 1. August jährlich abzuschließende[5]) Berechnung der Sprunggelder, welche jedesmal an die von der Inspection getrennte und jetzt ebenfalls zu Redefin befindliche Landgestütskasse[6]) unfrankirt auf Kosten derselben[7]) eingesandt werden, sobald Summen von 50 Thlrn. gesammelt sind[8]). Die Decktaxe, nach welcher die Sprunggelder entrichtet werden, beträgt[9]) ohne Unterschied ob Voll- oder Halbblut[10]) für Bauern, bäuerliche Erbpächter und weiter abwärts kleinere Grundbesitzer des platten Landes, auch städtische Ackerbürger und Fuhrleute 2 Thlr. und 12 ßl. Trinkgeld, für großherzogliche Diener, Pächter, Unterpächter, Hof-Erbpächter das Doppelte, für alle übrigen Concurrenten 8 Thlr. und 32 ßl. Trinkgeld; für diese Erlegnisse dürfen Stuten während der laufenden Deckperiode so oft vorgeführt werden, bis sie bestehen, wenn sie nicht überhaupt unfähig zur Fortpflanzung sind[11]). Von diesen Geldern sind auch alle auf der Station sich vernothwendigenden Ausgaben zu bestreiten, auch die Fouragevorräthe auf öffentlicher Minuslicitation zu beschaffen[12]), wogegen aber auch die Auctionsaufkunft des Dungs dorthin zurückfließt[13]), wenn

---

[3]) Landgestütsordnung cit. § 2.
[4]) V. v. 16. Jan. 1857; frühere v. 21. Febr. 1828, vgl. Landgestütsordnung cit. § 12.
[5]) Landgestütsordnung cit. § 12.
[6]) C. v. 7. Juni 1817, Ra. 394, Rgbl. 24.
[7]) Contra freilich C. v. 21. Febr. 1828.
[8]) C. v. 11. April 1855.
[9]) Nach V. v. 15. Jan. 1855, Ra. 5318, Rgbl. 4, wodurch frühere Taxen der Landgestütsordnung cit. § 7, der C. v. 27. März 1827, v. 26. Jan. 1828, Ra. 395, Rgbl. 4, v. 24. Febr. 1840, 22. Jan. 1850, 6. Jan. 1853, Ra. 4020, Rgbl. 4, veraltet sind.
[10]) Vgl. V. v. 6. Jan. 1853 cit.
[11]) Landgestütsordnung cit. § 7, IV.
[12]) C. v. 6. Aug. 1833, v. 16. Jan. 1852, Ra. 4019.
[13]) C. v. 16. Jan. 1852 cit., v. 7. März 1828.

dieser, wie gewöhnlich geschieht, sich nicht gegen Streustroh umtauschen läßt; zur Verminderung der Transportkosten bleiben beim Abgang der Hengste die Sprunggeschirre und sonstigen Utensilien an Ort und Stelle unter sichrer Aufbewahrung [14]). Der Stationsbeamte erhält für seine Mühwaltung incl. Copialien und Schreibmaterialien 2 pCt. der Stationseinnahme und noch 32 ßl. für die Schreibmaterialien der Gestütsknechte [15]). Alle beamtlichen Vorträge an das Directorium und die Inspection ergehen ohne Curialien und in Promemorien-Form [16]).

§ 177.
Fortsetzung.

Die Anzahl der Landgestütsknechte richtet sich nach der Zahl der in die einzelnen Stationen abgesandten Hengste, deren 4 auf jeden Stationsknecht gerechnet werden, während bei 5 oder 6 und mehr 1 resp. mehrere vom Stationsbeamten auszuwählende Hülfswärter auf Kosten der Gestütskasse gehalten werden; obendrein wird das Häckselschneiden den Gestütsknechten nicht angesonnen [1]). Letztere erhalten [2]) außer den taxmäßigen Trinkgeldern (§ 176) täglich 16 ßl. N$^2/_4$, wofür sie ihre persönlichen Bedürfnisse bestreiten müssen, dazu Schreibmaterialien vom Stationsbeamten, freie Wohnung im Stationsgebäude, unentgeltliche Feurung gegen Bereitelohn und Anfuhr auf Kosten der Gestütskasse [3]), die herrschaftlichen, außerhalb des Quartiers stets zu tragenden Livreestücke [4]), freien Amtsarzt nebst Medicin. Für ihr ganzes Verhalten normirt eine besondere Dienst-Instruction [5]). Sie stehen unter specieller Controle des Stationsbeamten, werden auf dessen Anzeige bei Dienstvergehen sofort zurückberufen und vom Landgestütsgericht zu Ludwigslust zur Untersuchung gezogen [6]). — An Fourage erhält jeder

---

[14]) C. v. 21. Febr. 1828, Landgestütsordnung cit. § 15.
[15]) Landgerichtsordnung cit. § 12, C. v. 21. Febr. 1828.
[16]) C. v. 6. Aug. 1833.
[1]) u. [2]) C. v. 21. Febr. 1828, Landgestütsordnung cit. § 15.
[3]) C. v. 11. Novbr. 1828, Ra. 396, Rgbl. 44.
[4]) Landgestütsordnung cit. § 14.
[5]) Als Anlage zur Landgestütsordnung cit.
[6]) Landgestütsordnung cit. § 14.

Deckhengst wöchentlich 2, im Juni nur 1½ ⁷) Schfl. Hafer und ¼ Schfl. Erbsen, täglich ¼ Schfl. Häcksel und 8 Pfd. Heu⁸). Bei Erkrankung ist sofort ein naher Thierarzt zu adhibiren, in ernsten Fällen auch dem Directorium Anzeige zu machen⁹).

Sämmtliche Gestütsstationen wurden früher im Spätsommer jährlich von einem Landgestütsbeamten bereis't, um die Resultate der dortigen Deckhengste kennen zu lernen; doch geschieht dies jetzt nur noch jährlich in ⅓ der Stationen ¹⁰); dagegen sollen die Stationsbeamten selbst in den Jahren, wo jene nicht kommen, einen Ueberblick über die Resultate zu gewinnen suchen. Zu diesem Zwecke werden dann, gewöhnlich im September, alle auf der Station im Jahr vorher gedeckten Stuten und deren im Frühjahr gefallenen Fohlen an passender Stelle versammelt und Füllenlisten nach bestimmtem Formular entworfen, endlich die Fohlen auf Wunsch ihrer Besitzer zur Empfehlung für demnächstigen Verkauf mit dem Landgestütsbrand versehen, und zwar die von Vollbluthengsten gefallenen mit einer Krone, die anderen mit dem fürstlichen Namenszug ¹¹). Die Füllenlisten werden dann spätestens bis zum 1. November mit allgemeinem Berichte über den Stand der Pferdezucht, über nützliche, sich empfehlende Einrichtungen ꝛc. an das Directorium gesandt ¹²).

§ 178.
Deckzwang; sonstige Beförderung.

Um den Zweck (§ 175) und die Benutzung der Gestüts-Stationen zu sichern, herrschte früher Deckzwang, d. h. die Domanial-Bauern durften nur die Stationshengste und keine Hengste von Privatbesitzern benutzen; doch steht ihnen dies jetzt frei¹), und zwar bei Hengsten der Gutsbesitzer unbedingt, bei denjenigen der Domanialpächter erst dann,

---

⁷) C. v. 8. Jan. 1841.
⁸) Landgestütsordnung cit. § 11, vgl. V. v. 31. Jan. 1833.
⁹) Landgestütsordnung cit. § 10.
¹⁰) C. v. 24. Jan. 1843, Ra. 4016, vgl. früher C. v. 18. Juli 1838, Ra. 398, Rgbl. 29, Landgestütsordnung cit. § 13.
¹¹) Landgestütsordnung cit. § 13.
¹²) C. v. 13. Octbr. 1842, Ra. 401, vgl. C. v. 6. Aug. 1833, Landgestüts-Ordnung cit. § 13.

¹) C. v. 21. Juni 1839, Ra. 400, Rgbl. 28, vgl. Landgestütsordnung cit. § 3.

wenn jene von dem Stationsbeamten approbirt sind²). Selbst aber dürfen Domanialbauern keine Deckhengste halten, müssen solche bei 5—10 Thlr. Strafe abschaffen, und auch andere Domanialbauern sollen sich ihrer bei 1—2 Thlr. Strafe nicht bedienen³).

Fast gleichbedeutend mit Benutzung guter Deckhengste steht diejenige vortrefflicher Mutterstuten, weil nur durch Züchtung gleich qualificirter Pferde eine vollkommen edle Race erwachsen kann. Streben der Beamte muß es deshalb sein, darauf hinzuwirken, daß die Bauern, gegen ihre sonstige Gewohnheit, die von Gestüts- oder anderen guten Hengsten gefallenen Stutfohlen nicht sofort schon als solche verkaufen, sondern zu Mutterstuten aufziehen⁴). Zu diesem Zwecke findet auch jährlich in einzelnen Stationen, gewöhnlich gleichzeitig mit den sonstigen Revisionen (§ 177), Prämienvertheilung von 20 — 25 Thlrn. an die Züchter der besten Stutsaugefohlen und Mutterstuten statt⁵). Preisrichter sind der anwesende Landgestütsbeamte, der Stationsbeamte und ein durch die Gestütsdirection zu bestimmender anwesender Pferdezüchter. Zu den Prämien concurriren sowol 3jährige von Landgestütshengsten gefallene Mutterstuten als auch sammt der Mutter von Landgestütshengsten gefallenen Stutsaugefüllen. Die prämiirten Pferde werden, wenn dies nicht schon früher geschehen (§ 177), mit dem gewöhnlichen Landgestütsbrande versehen und, so lange sie von ihren ursprünglichen Besitzern nicht veräußert und fehlerfrei sind, die Stutsaugefüllen auch erst nach wiederholter Production nach vollendetem 3. Lebensjahr, von den Landgestütshengsten unentgeltlich bedeckt⁶).

---

²) Landgestütsordnung cit. § 3, E. v. 4. Juli 1846, Ra. 4017, Rgbl. 19.

³) E. v. 3. Juli 1834, Ra. 397, Rgbl. 28, Landgestütsordnung cit. § 3, E. v. 4. Juli 1846 cit., v. 12. Jan. 1852, Ra. 4018.

⁴) E. v. 3. Juli 1834 cit.

⁵) W. v. 12. Mai 1853, Ra. 5122, Rgbl. 20, v. 10. Mai 1859, Rgbl. 23, durch neueste Praxis modificirt.

⁶) Früher wurden alle von Landgestütshengsten herstammenden Mutterstuten, wenn sie während 1maliger Deckperiode nicht bestanden, auch im nächsten Jahr unentgeltlich weitergedeckt; E. v. 3. Juli 1834, Ra. 397, Rgbl. 28, Landgestütsordn. cit. § 7 V., aufgehoben durch E. v. 15. Febr. 1854. Die frühere directe Verpflichtung zum Nichtverkauf prämiirter Stuten ist durch Ministerial-Rescript an die Gestütsdirection v. 22. Septbr. 1862 aufgehoben und wird nur noch indirect durch unentgeltliche Deckung der unveräußerten, aufrecht erhalten.

Auf Verbesserung der Pferdezucht hat auch der patriotische Verein durch Einführung von Pferde- und Füllenschauen mit Prämien zu Güstrow gewirkt (§ 153). Selbst besondere Bauernwettrennen werden jährlich zu Doberan gehalten für Pferde, welche außer auf Bauernrennen noch keine Rennbahn gelaufen und seit wenigstens 3 Monaten im Besitz von Hauswirthen oder bäuerlichen Erbpächtern sind.

Dennoch wird jetzt über Abnahme starker Arbeitspferde geklagt. Der Grund hiervon wird vielfach in zu großer Ausbreitung des Vollbluts gefunden, welches weniger Arbeits- als Luxusthiere geben soll, weshalb in neuester Zeit statt desselben auch schon Suffolk- und normannische Hengste gebraucht werden. Obendrein werden jetzt die Landwirthe immer mehr von dem stets umfangreicheren Kornbau in Anspruch genommen (§ 167), und verwenden nicht mehr die gehörige Sorgfalt auf Zucht der Pferde, welche besonders im trächtigen und saugenden Zustande nicht genug geschont und regelmäßig zu früh, schon vor dem 4. Lebensjahre, angespannt werden; die Holländer aber (§ 179), welche sich nur mit Viehzucht beschäftigten und häufig auch einige gute Pferde aufzogen, sind fast verschwunden. Nachtheilig wirkt in dieser Beziehung auch die mangelnde Bewegung im Freien, während die Füllen früher auf den jetzt so seltenen Communionweiden (§ 59) oder gar als „Wilde" in den Wäldern zwar oft nur spärliches Futter, dafür aber hinreichend Spielraum zu voller Kraftentwickelung fanden.

II. Rindviehzucht.

§ 179.

Diese stand früher in Mecklenburg nur auf sehr niedriger Stufe. Der wesentlichste Nutzen des Rindviehes wurde, abgesehen vom eignen Wirthschaftsbedarf an Milch, Butter, Käse und Fleisch, in der Verwandlung des Rauhfutters (§ 168) zu Dung gefunden (§ 163). An der Milchproduction hatten ferner die Besitzer der Heerden kein Interesse, weil letztere an sog. Holländer — ursprünglich Einwanderer aus Holland, dann aber mit genereller Bezeichnung sämmtliche Kuhpächter — verpachtet waren, welche pro Haupt wenige Thaler Jahrespacht zahlten, dagegen aber selbst und ohne weitere Vergütung Wohnung, Garten, Acker und Flachsland, Weide und Futter für einige Pferde, Feurung, Korndeputat, auf 10 Pachtkühe eine eigne Freikuh und Weide wie Futter für ihre Pachtheerden bezogen. Zur Gewinnung möglichst vielen Dunges, möglichst reicher Pachtgefälle war der Viehstapel deshalb möglichst groß, bei den Bauern auch schon zur Leistung der übermäßigen Frohnden (§ 78 ff.), welche mit Ochsen und Kühen verrichtet wurden. Diese übergroßen Viehheerden hatten aber auf den mit Futterkräutern noch nicht bestandenen Weiden (§ 154, 158) nur sehr spärliches Futter, für den Winter beim damaligen Mangel guter Wiesen (§ 165) und des Klees (§ 158) häufig nur Stroh. Endlich eignete sich die damalige kleine, durch fortgesetzte auswahllose Inzucht verkümmerte Landrace nicht zu reichem Milchertrag, und ihrer schon damals zuweilen versuchten Verbesserung durch Kreuzung mit Rindvieh aus Dänemark und Holstein traten verderbliche Viehseuchen vielfach hemmend entgegen.

Besonders das erste Viertel dieses Jahrhunderts schuf hier Abhülfe. Mit reicheren Dungmitteln (§ 163 ff.), Aufhören der bäuerlichen Frohnden (§ 79), Ansamung der Weide durch gute Futterkräuter (§ 158), Anbau kräftiger Winterfutterpflanzen (§ 168) schwand das Vorwiegen der Heerden-Quantität, und die Qualität allein gewann den Vorzug, wie denn auch nun die Holländerpacht nicht mehr nach Häuptern, sondern nach Milchertrag bemessen wurde. Von Einfluß war auch hier der patriotische Verein durch Einführung der Viehschauen (§ 153). Dazu kamen die immer steigenden Butterpreise, die erleichterten Communicationsmittel (§ 153). Mag deshalb immerhin noch bis in die Jetztzeit der Principienstreit zwischen freiem Weidegang und Sommerstallfütterung (§ 168) fortdauern — jedenfalls entsprechen die jetzigen Viehstapel durchgehends der Größe und Güte der einzelnen Grundbesitzungen und unterliegen rationeller Behandlung wie sorgsamer Pflege. Die meisten größeren Grundbesitzer haben ihre auch bei späterer höherer Kuhpacht verhältnißmäßig nicht genug einträglichen Holländer gekündigt und betreiben durch sog. Meier und Meierinnen eigne Milch- und Molkenwirthschaft. Das Verhältniß der Rindviehzucht zu den Schäfereien (§ 181), welche früher fast ausschließlich die Aufmerksamkeit des

Viehzüchters beschäftigten und von jener ablenkten, ist jetzt mehr in geregelte Grenzen gebracht.

§ 180.

Bei der neueren vorwiegenden Rücksicht auf Milcherzeugung mußte nothwendiger Weise auch die frühere Landrace besseren fremden Rindviekarten weichen. Die im Jahr 1816 zuerst eingeführten Tyroler- und Schweizerkühe waren ebenfalls theils nicht ergiebig genug, theils zu gefräßig und wählerisch. Besser bewährte sich das jütische und angelnsche Vieh. Besonders aber die seit 1840 aus Schottland eingeführte Ayrshire-Race hat allgemeine Verbreitung gefunden, und der Kreuzung kräftiger Bullen aus jener mit den zierlicheren Angeln-Kühen sind die meisten und besten hiesigen Heerden entstammt. Vereinzelt findet sich daneben die Breitenburg-Holsteiner, Ostfriesische, Algäuer, Voigtländer, Oldenburger, Shorthorn- und Alderney-Race. Anschaffung guter Bollen ist pachtcontractliche Verpflichtung der Hauswirthe.

Zur Anspannung dienen die Ochsen nur in einzelnen Landestheilen, die Kühe nur dem kleinen Grundbesitzer[1]), der sie vorsichtig anbändigt, nicht überanstrengt, reichlich füttert, so daß ihr Milchertrag durch die Arbeit nicht leidet. — Mästung findet sich hauptsächlich bei abgängigen Ochsen und in Branntweinbrennereien; die Kälber werden entweder aufgezogen oder früh von den Fleischern aufgekauft, und abgängige Kühe kommen meistens auf den Jahrmarkt. — Besonders die Production von Butter, welche nach Berlin und Hamburg geht, ungleich weniger die Käsebereitung, ist das Streben der größeren Grundbesitzer, dagegen die Starkenzucht oder Aufzucht des Jungviehs die Vorliebe besonders der Bauern; ersteren fehlt zu eigner Viehaufzucht Zeit und Lust, den Bauern aber zur Milchwirthschaft und Butterbereitung für den größeren Handel der erforderliche Umfang der Kuhheerden, die Kenntniß, selbst häufig noch die nöthige Reinlichkeit, und obendrein erhalten sie durch den Verkauf aufgezogener Starken größere Summen auf einmal. Dennoch ziehen sie vielfach ihr Jungvieh nicht aus eignem Vieh, sondern kaufen ihre Kälber mit Wohlbedacht aus den besseren Heerden der größeren Grundbesitzer,

---

[1]) Durch C. v. 8. Septbr. 1852 ist Bericht über Benutzung der Büdnerkühe zur Anspannung eingefordert (§ 116, Note 3).

in deren eignem Interesse es deshalb liegt, ihnen gute Sorten zu liefern, damit sie später tüchtige Starken und Mutterkühe von den Bauern zurückerhalten. In neuester Zeit freilich hat geringere Nachfrage nach Jungvieh die Bauern vielfach von der Starkenzucht ab- und der Milchwirthschaft zugewandt.

III. Schafzucht.

§ 181.

Gleich der Rindviehzucht wurde auch diese früher hauptsächlich nur zur Gewinnung sowol möglichst hoher Pacht, als der Dungkraft für die Felder betrieben, war deshalb mehr auf Quantität als Qualität der Schafe berechnet. Letztere waren entweder Eigenthum des Grundbesitzers und wurden dann bei sog. eigner Schäferei durch sog. Kostknechte gehütet, welche statt Lohns freie Kost und 25 Schafe erhielten, von denen jedoch die Milch den Eigenthümern verblieb — bei Pachtschäferei aber förmlich an Pachtschäfer unter ähnlichen Bedingungen wie das Rindvieh an die Holländer (§ 179) und mit Pachtsätzen für jedes einzelne Haupt verpachtet; oder sie gehörten im Mengecontract zu ⅘ dem Grundherrn, zu ⅕ dem sog. Setzschäfer, in welchem Falle beide zu ihrem Antheil an den Einkünften, aber auch an den meisten Kosten participirten; oder endlich sie waren sämmtlich Eigenthum des Schäfers, welcher nach Belieben mit seiner Heerde von einem Gute zum andern zog, die Weiden abhütete und dafür außer dem Hürdendünger gewisses Weidegeld an den Gutsherrn entrichtete[1]). Die Hirten, Pächter, Eigenthümer der Heerden waren dagegen verpflichtet, mit Ausnahme des strengen Winters auf den entfernten Brachaußenschlägen des Gutes die Schafe in sog. Pferchen oder Hürden stehen und den Acker düngen zu lassen (§ 159). — Dazu kam die an sich nur geringe Qualität des

---

[1]) Ueber die früheren Schäfer s. Land-Polizei-Ordnung v. 1572, tit. „Schäfer- und Müllereid", H. V. 1; Gesinde- und Schäferordnung vom 14. Novbr. 1654, H. V. 2; über das Verhältniß ab- und zuziehender Pächter wegen Schäfereien vgl. V. v. 12. Octbr. 1708, H. IV. 9.

damals auch hier allgemein verbreiteten deutschen Land- (Berg-) Schafes mit glatter, grober Wolle und mittelgroßem Körper; dazu ferner die damalige Dürftigkeit der Ackerweiden (§ 154, 158), von denen die besseren dem Rindvieh zugewiesen wurden, auch des Winterfutters (§ 165), wovon das Heu ebenfalls diesem zufiel, das Stroh allein aber für die weniger wählerischen Schafe verblieb; dazu endlich die damalige völlige Unwissenheit in Züchtung feiner Schafe, die niedrigen Wollpreise — und der frühere schlechte Zustand unserer Schafzucht ist hinreichend erklärt.

Intelligente Grundbesitzer waren freilich schon am Ende des vorigen Jahrhunderts darauf bedacht, durch Einführung sowol einzelner spanischer Böcke als ganzer Heerden unsere Schafzucht zu veredeln; aber Viehseuchen, der Napoleonische Krieg, unrichtige Behandlung ließen es zu keinem günstigen Resultate kommen, und selbst landesherrliche darauf gerichtete Verordnungen[2]) hatten keinen Erfolg. Erst die demnächst folgenden langen Friedensjahre, die Bestrebungen des patriotischen Vereins und die Thierschauen (§ 153), die steigenden Preise der feineren Wollen, welche auf den Wollmärkten zu Güstrow und Neubrandenburg ein frequentes Lager fanden, verbesserte Communicationsmittel (§ 153), die kräftigeren Weide- und Futterpflanzen (§ 167) bewirkten allmäligen Umschwung. Die Grundbesitzer hielten sich bald eigne Heerden mit eigner Pflege, und die Schäfer sind gleich den Holländern (§ 179) selten geworden. Die durch die stets begehrten Wollen so lucrative Schafzucht ist eine eifrige und oft überwiegende Concurrentin der Rindviehzucht.

§ 182.

Spanische oder Merino-Schafe haben unsere jetzigen großen Schäfereien veredelt. Die Sucht nach hochfeiner Wolle begünstigte anfänglich die Electoral-Schafe aus dem früheren Kurfürstenthum Sachsen, wohin sie seit 1765 und 1777 direct aus Spanien gekommen, und wo sie in den großen Schäfereien zu Stolpen, Lohmen, Rennersdorf, Hohenstein durch fortgesetzte Inzucht auf's Aeußerste cultivirt waren; ihr dadurch

---

[2]) C. v. 27. Octbr. 1792, H. IV. 69; vgl. über Abschaffung von Schmierschafen V. v. 28. Juli 1795, H. V. 242; v. 19. März 1796, H. I. 301.

verweichlichter Körper paßte aber nicht für unser Klima, die zu sehr auf Kosten der Quantität beförderte Qualität ihrer Wolle war nicht ergiebig genug, und so haben sich die hiesigen Electoral=Schäfereien, unter ihnen auch die Großherzogliche zu Toddin, Amts Hagenow, nicht lange gehalten. — Erfolgreicher haben sich die Negretti aus Mähren, besonders Hoschtitz, und aus Schlesien, wohin sie seit 1775 und 1784 aus Spanien eingeführt sind, mit stärkerem Körper, großem Wollreichthum, wegen ihrer krausen, besonders zur Tuchfabrikation sich eignenden Wolle auch Tuchwoll=Schafe, oder vorzugsweise auch Negretti genannt, bewiesen; neben ihnen nicht minder die Kammwoll=Schafe, ihrem Ursprung nach ebenfalls Negretti und eine andere Art, die Infantado, welche aus Spanien nach Frankreich, besonders in die große Schäferei von Rambouillet, verpflanzt und dort durch fortgesetzte Cultur zur Production langer und platter, für Shawls, Westen, Strümpfe sich eignender sog. Kammwolle gezüchtet sind. Negretti(Tuchwoll=) Heerden sind zu Moidentin, Amts Mecklenburg, seit 1852, auf den Gütern Passow, Lentschow, Weisin; Kammwollheerden zu Toitenwinkel, Amts Rostock, seit 1818, Geerdshagen, Amts Bukow, seit 1823, Medow, Amts Goldberg, seit 1858; hauptsächlich aber auf dem fürstlich Lippeschen Kammergut Boldebuck bei Güstrow seit 1847 (früher zu Lübsen, später zu Remplin), dem Stammort unserer meisten Kammwollheerden. — Daneben finden sich noch vielfach Mestizen — Heerden aus Kreuzungen der alten Landschafe, Electoralen, Negretti, Kammwollthiere, endlich noch reine, zur Gewinnung von Strumpfwolle unentbehrliche Landschafe, aber auch selbst hier zeigt sich das Streben nach Verbesserung, wie denn auch Anschaffung guter Böcke contractliche Pflicht der Bauern ist.

In neuerer Zeit ist weniger Begehr nach feinen Wollen, da die Technik dieselben Resultate schon mit guten Mittelwollen hervorbringt, in welchen aber Australien und die Plata=Staaten prädominiren. Andere Rücksichten, als bloße Wollproduction, werden deshalb schon jetzt bei der Schafzucht mehr und mehr zu befragen sein, insbesondere

---

[1]) Nach C. v. 3. Novbr. 1834 war auch zu Grünenhof, Amts Hagenow, eine langhaarige Stammschäferei der Diehly=Race, deren Benutzung den Bauern, zum Theil unter herabgesetzten Preisen, empfohlen war.

Fleischproduction und die durch die jetzige bessere Fütterung (§ 168) ermöglichte Mästung der Hammel. Hierzu eignen sich aber besonders die Leicester- und Southdown-Schafe, unter unsern jetzigen Arten auch die Kammwollschafe wegen ihres größeren Körpers mehr als die Negretti.

Die jetzt häufig in Anwendung gebrachte Stallfütterung der Schafe rentirt nur bei hohen Preisen der Schafproducte. Obendrein geht dadurch die Benutzung der hohen und trocknen Ackerweiden für die Schafe verloren, und die Herbeischaffung des nöthigen Stallfutters erfordert viel Zeit und Kräfte.

IV. Schweine- und Ziegenzucht.

§ 183.

Die Schweine waren dem Mecklenburger stets unentbehrliche und um so willkommnere Hausthiere, als sie wenig Mühe und Pflege zu verlangen schienen. Ihre Zucht war deshalb die sog. wilde, d. h. Säue und Eber lebten durcheinander theils auf den Ackerweiden, theils in den Wäldern von der Mast[1]), oder in kalten, schmutzigen Ställen von den Abfällen der Wirthschaft. Die alte hochbeinige und langgezogene Landrace war allerdings nicht sehr empfindlich, aber ihr Fleisch konnte auch auf Milde und Saftigkeit keinen Anspruch machen. Uebrigens wurden sie nur für den Hausbedarf gezogen, denn zum Handel fehlten die Absatzwege.

Die billigen Kornpreise am Ende des ersten Viertels dieses Jahrhunderts, wobei viele Landwirthe das Verfuttern der Feldfrüchte mit Vieh für vortheilhafter hielten als deren Verkauf, die demnächstige

---

[1]) Die Verpachtung der Mast geschieht in Grundlage der Mastordnung vom 1. Septbr. 1832, Ra. 513, Rgbl. 32 (vgl. § 40, Note 1, und § 44, Note 11). Das Mastgeld beträgt für die Vormast von Anfang October bis Weihnacht, excl. Ungeld von 4 ßl. pro Schwein, wöchentlich bei reiner Eichmast 7 ßl., bei reiner Buchmast 5 ßl., bei gemischter Eich- und Buchmast 6 ßl. — für die Nachmast von Weihnacht bis Fastnacht die Hälfte, vgl. V. v. 3. Septbr. 1860, Rgbl. 32.

Verbesserung des Rindviehs und der Milchwirthschaften, deren Molken man nicht gut zu verwenden wußte, führten zunächst zu kräftigerer Nahrung und Mästung der Schweine und ließen den Landwirth die Wirkung solcher besseren Pflege zur Genüge erkennen. Die Herstellung der Berlin-Hamburger Eisenbahn, die erleichterte Ausfuhr von Mastvieh aber vollendete schnell den besseren Umschwung auch in diesem Zweige der Viehcultur.

Die Mästung der Schweine bildet jetzt einen Haupterwerb der größeren und kleineren Grundbesitzer. Die Ausfuhr des Mastviehes geht besonders nach Hamburg. Hier werden die Schweine geschlachtet; die Abfälle, Köpfe, Füße bleiben zum Consum der Hamburger Bevölkerung, während die Fleisch- und Speckstücke auf doppeltem Wege ins Ausland kommen. Einestheils verproviantiren sich damit die Kauffahrer aller Nationen, auch die englische Marine; anderntheils aber dienen jene zur Nahrung des englischen Festlandes, besonders Londons. Dem nicht unverwöhnten Appetit der Engländer entsprechend müssen deshalb diese Ausfuhrartikel möglichst saftig und fein sein, während die Schiffsmannschaften mit den gröberen Sorten fürlieb nehmen. Da in letzteren große Concurrenz von Seiten Oldenburgs und Dänemarks ausgeübt wird und die Preise drückt, so ist die mecklenburgische Schweinezucht besonders auf Erzeugung der besseren und schmackhafteren Sortimente gerichtet. Die bisherige Freiheit unserer Schweine von der Trichinen-Krankheit wird voraussichtlich dem Handel mit ihnen sehr förderlich sein.

§ 184.

Fortsetzung.

Solchen steigenden Anforderungen vermochte die alte Landrace nicht zu genügen, und so ist sie denn durch fremde Arten mehr und mehr verdrängt, ohne daß letztere in irgend einer Art constant geworden sind; es giebt deshalb jetzt gar keine bestimmten Schweineracen. Am häufigsten findet sich die englische, und hier weniger die Suffolk, welche sehr weichlich und feinknochig, deshalb auch nicht lucrativ genug im Gewicht ist, als vielmehr die Yorkshire, besonders Barkshire-Race, auch Kreuzung beider mit einander und mit schottischen Ebern, unter möglichster Vermeidung schwächender Inzucht. Die chinesische Race hat für sich keine weitere Verbreitung gefunden, ist aber ebenfalls vielfach mit der englischen gekreuzt.

Die Hauptnahrung der Schweine besteht jetzt seit Beschränkung des Weidegangs (§ 167) in Molken, Getreideschrot, gedämpften Kartoffeln, Erbsen. Besondere Sorgfalt wird auch auf die Ställe verwandt, welche hoch, luftig, zwecks gleichmäßiger Temperatur möglichst mit Heizungsapparat versehen, trocken, mit Ableitern für Jauche erbauet werden, und das vortreffliche dortige Gedeihen der Schweine zeigt, daß ihr sprüchwörtlich gewordenes Wohlgefallen am Schmutz in der That nicht besteht.

Die Ziegen ferner haben in unserer Viehzucht bis jetzt nur einen sehr untergeordneten Rang. Die früheren Verbote freilich[1]), welche zum Schutz der jungen Anpflanzungen geradezu die Vernichtung der Ziegen erstrebten, sind nicht mehr praktisch, und der Landmann kennt recht wol ihre billige Aufzucht auf schlechten Weiden und bei trocknen Futterkräutern, auch ihre Ergiebigkeit an wohlschmeckender und fetter Milch; doch finden sie sich bis jetzt nur bei den zur Kuhhaltung unvermögenden ärmeren Tagelöhnern. Wegen Race und Züchtung herrscht kein bestimmtes Princip; die durch Seuchen oft decimirte Anzahl wird durch Ankäufe aus durchwandernden westphälischen und Harzer Heerden ergänzt.

V. Geflügel-, Fisch-, Bienenzucht.

§ 185.

Unter dem Geflügel werden besonders die Gänse gepflegt und von den Bauern und kleineren Grundbesitzern gemästet in die Städte verkauft; die zahlreichen Seen und kleinen Gewässer des Landes befördern ihre Aufzucht. Auch die Tagelöhner auf dem Lande treiben Gänsezucht, haben hierzu freie Weide auf den Stoppeln und Brachfeldern der

---

[1]) J. V. V. v. 24. Septbr. 1707, H. IV. 101.

Bauern und Hofpächter; doch ziehen letztere jetzt die ihnen gelassene Wahl einer baaren Geldentschädigung statt Abgabe der Naturalweide vor (§ 126), weil die hütenden Kinder der Tagelöhner nur zu gern die Schule versäumen, auf den nahen Fruchtschlägen Futter für ihre Gänse entwenden, und selbst die Tagelöhner bei der Erntearbeit es so einzurichten wissen, daß möglichst viele Körner verloren gehen, um demnächst von ihren Gänsen auf den Stoppeln ihrer Dienstherren verzehrt zu werden. — Nächst den Gänsen finden sich besonders die Hühner, welche überall auf den Dungstätten ein willkommenes Revier haben. — Enten, Tauben werden hauptsächlich auf den Höfen gehalten, nur vereinzelt die Truthähne oder Kuhnen. — Constante Racen des Geflügels sind nicht ausgebildet, rationellere Züchtungen eigentlich nur bei den Hühnern versucht. Die Mastung erstreckt sich besonders auf Gänse, Truthähne, Kapaunen und wird mit Vorliebe von den Hausfrauen, jedoch nur für den Bedarf des Inlandes, betrieben.

Die Fischzucht hat bis jetzt keine erfreulichen Resultate geliefert. Schon nach älterer Verordnung[1]) sollen freilich die Bauern ihre Fischereien durch unzeitiges Fischen, besonders in der Laichzeit, nicht ruiniren — wie sie dies aber halten, zeigen ihre zahlreichen Teiche, deren altrenommirte, wohlschmeckende Schleien und Karautschen fast verschwunden sind. Fischpächter größerer Gewässer dürfen contractlich keine zu engen Netze, auch nicht sonstige verderbliche Geräthe, z. B. Harken ꝛc., anwenden, sollen auch zur Laichzeit die Fische schonen und besonders die junge Brut pflegen. Auf größeren Grundbesitzungen findet sich in neuester Zeit rationelle Behandlung der Karpfen, welche in mehreren Teichen aufgezogen werden, von denen jährlich einer in förmlicher Roulance (§ 159) von den erwachsenen Fischen geleert und mit junger Brut wieder besetzt wird.

Die Beförderung der Bienenzucht oder Imkerei ist schon lange das Streben unserer Landesherren. Schon im Jahre 1572 soll ein dahin zielendes Gesetz ergangen sein, und Herzog Adolf Friedrich ließ in der Mitte des 17. Jahrhunderts Imker aus Lüneburg kommen, deren Erfolge aber anscheinend nicht von langer Dauer gewesen sind. Verordnungen des vorigen Jahrhunderts[2]) geboten den Beamten Hin-

---

[1]) Schulzen- und Bauernordnung v. 1. Juli 1702, § 19, H. IV. 4.
[2]) V. v. 31. Decbr. 1763, 17. Decbr. 1787, 12. April 1798.

weisung der Amtseingesessenen auf den Nutzen der Bienenzucht, periodische Berichte über die Resultate, und gewährten den Bienenstöcken Contributionsfreiheit, wie denn auch die Bauern Bienen halten und ansetzen sollten³).

§ 186.

Fortsetzung.

Jetzt erhalten alle Bienenzüchter nach vorheriger Meldung beim Amte resp. der Forstinspection¹) einen passenden, möglichst trocken ohne Zugluft und fern von üblen Gerüchen belegenen Platz oder Bienenstand unentgeltlich, aber mit Vorbehalt jederzeitiger Zurücknahme, in der — von Bienenzüchtern auf eignem Gebiet nicht nothwendig zu beobachtenden²) — Entfernung von 800 Schritt von anderen Bienenständen³); die selbst contractlich zur Förderung der Bienenzucht verpflichteten Bauern sind zur Abgabe des zu jenen Bienenständen nöthigen Terrains aus ihren Hufen an die Einlieger gegen doppelte anschlagsmäßige Vergütung contractlich gehalten. Ferner beziehen die zur Verrichtung schwerer Arbeit unfähigen Altentheiler und Einlieger auch, auch die zu ihrer Unterstützung mit Bienenstöcken beschenkten Beneficiaten, nach Ermäßigung der Amtsforstbehörde, zum möglichst geräumigen, geschützten, mit offener Seite nach SO. zu verlegenden Bienenschauer selbst alte Holzmaterialien unentgeltlich, in ihrer Ermangelung vorhandenes Tannenholz excl. Bretter gegen Arbeitslohn, letzteres auch die Dorfschulmeister gegen Bezahlung der halben Forsttaxe und der Bereitekosten⁴). Die Contributionsfreiheit der Bienenstöcke dauert fort⁵). Nützliche Abhandlungen über Bienenzucht werden theils auf Kosten der Amtskasse, theils direct von der administrativen Oberbehörde den Bienen-

---

³) Schulzen- und Bauernordnung v. 1. Juli 1702, § 14, H. IV. 4.
¹) Nach V. v. 28. Febr. 1822. Ra. 597, Rgbl. 11, wird jeder ohne Erlaubniß der Forstbehörde in der Forst ausgesetzte Bienenstock mit 4 fl. geahndet.
²) C. v. 4. Febr. 1853.
³) V. v. 13. März 1790, H. IV. 68, v. 26. Jan. 1832, Ra. 418, Rgbl. 7.
⁴) V. v. 26. Jan. 1832 cit., C. v. 11. Decbr. 1851, Ra. 4031.
⁵) V. v. 26. Jan. 1832 cit.

züchtern mitgetheilt[6]). Die Beamten sollen jährlich 8 Tage vor Ostern Verzeichnisse über die Imbker und die Zahl der durchwinterten Bienenstöcke sammeln und berichtlich 8 Tage nach Ostern bei der Kammer einreichen[7]), welche dann bis unlängst Prämien von 5 — 10 Thlrn. ertheilt und publicirt hat[8]). Tüchtige Imbker sind selbst auf Kosten der Kammer bei Fachkundigen in der besten, besonders der künstlichen Dzierzonschen Methode unterwiesen, haben auch außer den schon genannten Bauhülsen baare Unterstützungen für Anschaffung der Bienen bezogen, wogegen dann die Bienenschauer und ein Theil der Bienenstöcke herrschaftliches Inventar geworden sind. Der patriotische Verein vertheilt unentgeltlich junge Bienenvölker. Ein besonderer Verein für Bienenzucht ist ins Leben getreten.

Aber Alles vergeblich! Selbst unentgeltlich angebotene Bienenvölker haben, wenngleich zunächst wol nur wegen Schwierigkeit entfernteren Transportes, keine Abnehmer gefunden.

Die Bienencultur ist eine sehr einträgliche[9]) und desto auffallender ihre Vernachlässigung. Die Gründe hiervon liegen gewiß weniger in unserm den Bienen durchgehends gut zusagenden Klima oder im Mangel an süßer Nahrung, deren in unfruchtbaren Gegenden die Haidekräuter und Buchweizenfelder, in fruchtbareren die Klee- und Rapsschläge, auch überall die Wiesenblumen, die Obst- und Baumblüthen in Fülle spenden — als vielmehr in der fehlenden Unterweisung und Kenntniß, in der bekannten Gleichgültigkeit des mecklenburgschen Landmanns (§ 170) gegen Alles, was nicht Ackerbau und Feldviehzucht betrifft, in der nicht sofortigen, sondern erst nach einigen Jahren eintretenden Einträglichkeit, in der durch schlechte Jahrgänge und zahlreiche Bienenfeinde, besonders Vögel, Spinnen, Motten, zuweilen angerichteten Zerstörung und bewirkten Unlust. So sollten denn doch wenigstens

---

[6]) V. v. 26. Jan. 1832 cit., C. v. 19. April 1851, v. 11. Decbr. 1851, Ra. 4031.

[7]) V. v. 16. Decbr. 1828, Rgbl. 49, v. 26. Jan. 1832 cit., C. v. 11. Decbr. 1851 cit.

[8]) Die Prämien der V. v. 26. Jan. 1832 cit., v. 12. März 1833, Rgbl. 12, sind durch C. v. 11. Decbr. 1852, Ra. 4031, Rgbl. 36, aufgehoben.

[9]) Ein Lehrer im Amte Schwaan hat z. B. 50 Bienenstöcke, deren jeder ihm einen jährlichen Reinertrag von 2 Thlrn. gewährt.

die Landschullehrer einen Theil ihrer Mußestunden dieser nützlichen Cultur widmen und dadurch ihrer Dorfschaft und Jugend ein gewiß bald Nachahmung findendes Beispiel geben [10]). Obendrein wird auch voraussichtlich das zunehmende Steigen der Zuckerpreise allmälig mehr zur Bienenzucht hinführen und auf dieselbe von förderndem Einfluß sein.

---

[10]) Schon die V. v. 29. Aug. 1792, H. II. 154, will Unterweisung der Dorfskinder in der Bienenzucht.

Sach-Register.

(Die Zahl bezeichnet den Paragraphen, N. die Note.)

A.

Aalfang der Müller 150.
Abdecker 152, vgl. Frohner.
Abfindung vom Gehöft, bei Erbpächtern 112; bei Bauern vgl. Altentheil, Aussteuer.
Abgaben vgl. Canon, Commune, Pachtzahlung, Recognition, Steuern.
Abhäuten von Wild 40, N. 1, von Hausthieren 152.
Abheirath 93.
Abholzung auf Erbpachthufen 60, N. 3; auf Bauerhufen 84.
Ablieferung der Höfe vgl. Abzug.
Ablöhnung am Sonntag 126.
Ablösung des Canon 109, 117, 121.
Abmeierung der Bauern 81.
Abschätzung vgl. Bonitirung.
Absetzung der herrschaftlichen Officianten 20, 27, 42, 48; vgl. Entlassung, Kündigung.
Abstimmung 24; vgl. Votum.
Abtragender Schlag 159.
Abzug der Hofpächter 75, 76.
Acker vgl. Ländereien.
Ackerinstrumente 162.
Acten, Einsicht gerichtlicher durch die Kammer 8; Aufbewahrung 22, 43, 49; Circuliren 23.
Administration, Trennung von der Justiz 11, N. 20; 30; Grenzen gegenüber Justiz 31, 32.
Administrativbehörden 5—56.
Advocatur vgl. Nebenverdienst.
Alimentation kranker Gehöftskinder 99, 112.
Allod der Hauswirthe 89, 90; der Erbpächter 111, 112.

Altentheil bei Bauern 96—98; bei Erbpächtern 112; bei Büdnern 118; bei Häuslern 121.
Altflicker 144.
Aemter, Eintheilung 2; Umfang 3; Geschichte 10.
Amtmann 10, 12.
Amtsacten vgl. Acten.
Amtsauditoren vgl. Auditoren.
Amtsbaubehörde 50.
Amtsbauhof 68.
Amtsbehörde 10—32.
Amtsbericht vgl. Bericht.
Amtsbibliothek 22.
Amtsblatt 22, N. 5.
Amtsbrett 22.
Amtsconferenz 24, 25.
Amtsdiätar 13.
Amtsdirectorium 24—27.
Amtsdirigent 12.
Amtsforstbehörde 44.
Amtsforstbaubehörde 44, 50.
Amtsfreiheit 3; Communallasten 19; Geschäftslocal 22; Verwaltung 29; Gewerbebetrieb 143.
Amtshauptmann 10.
Amtshaus 22.
Amtsmitarbeiter 12.
Amtspförtnerei 22.
Amtsprotokollist 13.
Amtsrath 12.
Amtsregistrator 13.
Amtssecretair 13.
Amtssubalterne vgl. Subalterne.
Amtsunterbediente vgl. Unterbediente.
Amtsverwalter 12, 13.
Anciennetät der Räthe 5; Amtsauditoren 11, N. 5, 12; Amtsmitarbeiter und Beamte 12; Amtssubalterne 13; Forstauditoren 35; Forstlehrlinge 37; Jäger 37; Förster 39; Baubeamte 47.

Anerkennungsbrief vgl. Confirmationsacte.
Anpflanzung vgl. Obstcultur, Weiden-
pflanzung; Ablösung der Remuneratio-
nen 40, N. 1.
Anrecht an der Bauerhufe 80, 92—95;
vgl. Gehöftsregulirung, Intestaterb-
folge.
Anschlag vgl. Ertragsanschlag, Veran-
schlagung.
Anschlagstabelle 67.
Anspannung vgl. Pferdehalten, Wirth-
schaftsinventar; mit Rindvieh 180.
Anstellungsrescript der Amtsauditoren 11;
Subalternen 13; Unterbedienten 14;
Forstauditoren 35; Unterforestalen 37,
39; Bauconducteurs 47; Kammer-
ingenieurs 53.
Anstrich vgl. Decoration.
Anwartschaft 12.
Anweisegeld, Ablösung desselben 40, N. 1.
Anzeigen, Schweriner 22; vgl. Bericht.
Arbeiter vgl. Einlieger.
Arznei und Arzt bei Häuslern 122; Hof-
tagelöhnern 126; Gehöftstagelöhnern
130; Einliegern 140; Dienstboten 141;
Gestütsknechten 177.
Arzneipflanze 168.
Aspiranten vgl. Diätaraspiranten, Bau-
Aspiranten, Forst-Aspiranten, Kammer-
ingenieur-Aspiranten.
Affecuranz 153; Benutzung durch Hof-
pächter 71; durch Bauern 83.
Assistenz 20, 42.
Auditoren bei Aemtern 11, 12; bei Forst-
inspectionen 35.
Aufheirath 93.
Aufkäufer 146.
Aufruf der Hofcontracte 69, 70; Dorfs-
contracte 80; Einlieger-Ueberlassungs-
bedingungen 137; vgl. Privation.
Ausbau 87; Nachtwächterbeiträge Aus-
gebauter 14, 83.
Ausbrödung 89.
Auseinandersetzung herrschaftlicher Offi-
cianten 21, 42; der Hofpächter vgl. Ab-
zug; der Hauswirthe 89, 100 ff., 141;
der Hauswirthe-Alttheiler 97 u. 98;
der Erbpächter 111 ff.
Ausland, Handwerker von dort 145;
Reisen dorthin, vgl. Urlaub.
Ausmahlen 148.
Ausspruch aus dem Gehöft 99, N. 1.
Ausstellung landwirthschaftlicher Erzeugnisse und Maschinen 153; vgl. Ma-
schinen, Thierschauen.
Aussteuer 99.
Austerfung auf Hoffeldern 71; Bauer-
hufen 84; Erbpachthufen 110; Büd-

nerlähnereien 118; Einliegercompetenzen 137.
Außenschlag 158.

B.

Backobst 171, 172.
Backofen 85.
Bannmeile, Rostocker 144, 147; städtische
147.
Bannmühle 148, 149.
Bannrechte der Städte 143 ff.
Bauart bei Dienstwohnungen 16; auf
Pachthöfen 72; Bauergehöften 85;
Alttheilskathen 97; Erbpachthufen
105, N. 1, 110; Büdnereien 118;
Häuslereien 122; Hofkathen 125; Ge-
höftskathen 130; Mühlen 150; Vie-
nenställe 186.
Bauaspirant 46 ff.
Baubehörde 45—51.
Bauconducteur 47.
Baudistrict 45.
Bauern 77—102.
Bauernversammlung 170.
Bauernzeitung 170, N. 1.
Baulast bei Dienstwohnungen 16, 40;
auf Pachthöfen 72, 73; Bauergehöften
86, 87; Alttheilskathen 97; Erb-
pachtgehöften 110; Büdnereien 118;
Häuslereien 122; Hofkathen 125; Ge-
höftskathen 130; Mühlen 150; Ge-
stütsstationen 176; Bienenschauern 186;
vgl. Befriedigungen, Brücken.
Baumeister 47.
Baumschule vgl. Obstcultur.
Baurath vgl. Kammer- und Forsträthe.
Baurisse vgl. Risse.
Beamte 12 ff. vgl. Baubehörde, Forst-
beamte.
Beeidigung der Amtsauditoren 11; Amts-
mitarbeiter 12; Subalternen 13;
Amtsunterbedienten 14; Forstauditoren
und Inspectionsbeamten 35; Unter-
forestalen 37, 39; Baubeamten 47;
Kammeringenieurs 53; Boniteurs 65,
N. 3, der Entschädigungs-Taxanten 71,
76; Vertrauensmänner 113.
Befriedigungen, bei Beamten 16, Fore-
stalen 40; bei Hofpächtern 71; Bauern
84; Einliegern 137.
Beischlag 158.
Bekanntmachung, Art derselben 22.
Berichte Form und Frist 9; bei Abstimmigkeiten 44, 50 (Separatbericht).
Ordentliche Berichte zu Neujahr an
das Cabinet 25, zu Michaelis an das

Ministerium des Innern 25, jährlich über Forstfrevel an das statistische Bureau 25, N. 3, an die Kammer zu Neujahr über Anzahl der Vertrauensmänner 113, zu Ostern über Obstcultur 173, sowie über Bienenzucht 186. — Außerordentliche Berichte 25.
Berieselung 155, 156.
Beschälstation vgl. Landgestütssachen.
Besömmerung 155, 167.
Bestallung der Beamte 12; Registratoren 13; Forstinspectionsbeamte 35; Förster 39; Baumeister und Landbaumeister 47.
Bestätigung von Erbzinscontracten vgl. Confirmationsacte.
Bestauung 155.
Bevölkerung 3, 4.
Bewässerung 165, 166.
Bibliothek vgl. Amtsbibliothek.
Bienenzucht 185, 186.
Bierzwang 147.
Binnenschlag 158.
Bittschrift vgl. Vortrag.
Bodenkultur in Gehöftsgebäuden 85, N. 3.
Böhnhasenjagen 145.
Böcke vgl. Schafzucht.
Bollen vgl. Rindviehzucht.
Bonitirung 63—65.
Bracke 154, 156, 159, 167, 169.
Brachpflanzen 155, 159.
Branntwein 147.
Brauzwang 147.
Brennereien 147.
Brodhandel in die Städte hinein 146.
Brouillonkarten 62.
Brücken, Conservationslast auf Pachthöfen 71, Bauerhufen 84, Einliegercompetenzen 137, vgl. Dienstländereien.
Büdner 115—118.
Büdnerbrief 117.
Büdnercolonien 116.
Bureau, statistisches 25, N. 3.

C.

Canon der Erbpächter 108, 109; der Büdner 117; der Häusler 121 vgl. Recognition.
Caution der Räthe 6; der Beamten 12; Subalternen 13; Amtsunterbedienten 14; Forstinspectionsbeamten 35; Unterforstalen 37, 39; Baubeamten 47; Hofpächter 70; Bauern 83; Interimswirthe 94, 102; bei Drainagen 169.
Centralkasse, landesherrliche 9.
Cession der Hofcontracte 69.

Charten vgl. Feldcharten; bei Drainagen 169.
Chausseegeld, Zahlung durch Beamte 17, N. 1.
Circulare 2, 8, 22, 43, 49.
Circuliren der Acten 23.
Classification der Hauswirthe 83.
Classificationstabelle 65.
Collegialität der Beamten 24, 27; gegenüber Forestalen 43; gegenüber und zwischen Baubeamten 49; zwischen Localbehörden 50.
Collegium vgl. Kammer- und Forst-Collegium.
Colonien 60.
Commissarien bei Dienstvergehen 27; vgl. Gensdarmeriecommissariat; Wegebesichtigungscommissarius; Patronat.
Commissorien der Räthe 6; Beamten 15, 18; Forestalen 41; Baubeamten 48.
Commune und deren Lasten 4; der Beamten 19, 42, 48; auf Pachthöfen 70, 127; in Dörfern 83, 108, 117, 121, 130, 140 vgl. Ausbau, Amtsfreiheit, Repartitionsmodus, Reception.
Communion 59.
Competenz des Collegium 7—9, 30; der Amtsbehörde 29—31, 33, 44; der Forstbehörde 44; der Baubehörde 50.
Competenzen sog. kleine 60.
Compost 164.
Concessionirung der Handwerker, Form 145.
Concurs der Hofpächter 69, Bauern 81.
Conferenz vgl. Amtsconferenz.
Confirmation von Privilegien vgl. Recognition.
Confirmationsacte bei Büdnern 117; Häuslern 121, Erbpächtern 107.
Consensgebühr 69, 107.
Conservation vgl. Baulast.
Conservator der Kunstdenkmäler 51.
Consolidation des Erbpachtbesitzes 58, des Pachtbesitzes 59, 60.
Contract vgl. Hof-, Dorfs-, Erbzinscontract; vgl. Ueberlassungsbedingungen.
Cossath 83.
Covent 147.
Curialien, Wegfall 9, 176.

D.

Dächer vgl. Bauart.
Deckhengst vgl. Hengste.
Deckfarre 176.
Deckzwang 178.
Decoration in Dienstwohnungen 16, 21.

Decretur, Art derselben 22, in Sachen Verwandter 24.
Denunciationsgebühren, Ablösung 40, N. 1.
Deputatist 126.
Diätaraspirant 13.
Diäten der Landmesser 54; Forstgeometer 56; vgl. Commissorien, Fuhrwerk, Gehalt, Honorar, Zehrung.
Dienstbehörde der Administrativbehörden 8, 30. 44, 50.
Dienstboten 141, 142.
Dienstentfernung vgl. Absetzung.
Dienstgehülfe 20.
Dienstinstruction der Amtsunterbedienten 14; Gestütsknechte 177.
Dienstländereien 16, 40, vgl. Auseinandersetzung, Dorfsschulze.
Dienstlohn 141, vgl. Ablöhnung, Tagelohn.
Dienstrang der Räthe 5; Beamten ec. 23.
Dienstrock der Gerichtsdiener 18.
Dienstschein 128, 131, 142.
Dienstuniform vgl. Uniform.
Dienstwohnung 16, 22, 40, vgl. Auseinandersetzung.
Dienstzwang 141.
Direction vgl. Protokollbirection.
Directorialordnung 24.
Directorium bei Amtsbehörden 24—27, bei Forstbehörden 43, bei Amtsforst-, Amtsbau- und Amtsforstbaubehörden 44, 50, bei Forstbaubehörden 44, bei Baubehörden 49.
Disciplinarstrafen 27, 43, 49.
Dismembration vgl. Parcelirung.
Districte vgl. Kammerdistrict, Forstdistrict, Baudistrict, Hauptdistrict.
Districtsbauconducteur 47.
Districtsreisen der Räthe 8.
Domainen, allgemeine Verhältnisse 1—4.
Domainenrath 12.
Domicil der Amtsofficianten 19, Forestalen 42, Baubeamten 48.
Domicilschein der herrschaftlichen Diener 19, 42, 48.
Dorfscontract 80.
Dorfschulze 14, ihre Ländereien 16.
Dorfsüblichkeit 96, N. 6.
Dorfsverband vgl. Commune.
Drains 161, 169.
Dreeschschlag 159.
Dreeschwirthschaft 156, 157.
Dreifeldersystem 154, 155.
Drescherlohn bei Hoftagelöhnern 126; Gehöftstagelöhnern 130.
Drost 12.
Dünger 163, 164, 169; Verwendung bei Gestütsstationen 176.

E.

Eber vgl. Schweinezucht.
Egge 162.
Eid vgl. Beeidigung.
Eigenthum am Domanialboden 1, 57.
Eingaben vgl. Vortrag.
Einlieger 132—140.
Einpfarrung neuer Ortschaften 60.
Eintheilung der Feldmark 62.
Einweisung der Gehöftsbesitzer vgl. Gehöftsregulirung.
Elbzoll, Verwaltung 8, 28.
Emphyteusis im Domanium 104.
Enten 185.
Entlassung der Auditoren 11; der Dienstboten 142, vgl. Absetzung, Kündigung.
Entsetzung vgl. Absetzung.
Entwässerung 160, 161.
Erbfrohner 104, vgl. Frohner.
Erbpächter 103—114.
Erbpachthöfe 105 a. E.
Erbpachtländereien der Hufenerbpächter 110; Büdner 117; Häusler 119, 122.
Erbrecht der Büdner 118, Intestaterbfolge.
Erbzinscontract 107; vgl. Büdnerbrief, Häuslerbrief.
Ertragsanschlag 67.
Examen der Amtsauditoren 11, 12, 30, N. 3; der Forstauditoren 34, 35, Jäger 36, 37, Förster 38, 39, Baubeamten 46, 47, Kammeringenieurs 52, 53.
Execution gegen Hauswirthe 81, Erbpächter 107, Büdner 117, Häusler 121, Einlieger 137; vgl. Gläubiger, Schulden.
Extradienst 79.

F.

Farbepflanzen 168.
Feldcharten 62.
Feldinventar der Hofpächter 75.
Feldregulirung 59—67.
Feuerung der Amtsofficianten 16, Forestalen 41, Hofpächter 71, Bauern 84, Bauern-Altentheiler 97, Erbpächter 110, Erbpacht-Altentheiler 112, Büdner 118, Häusler 122, Hoftagelöhner 126, Gehöftstagelöhner 130, Einlieger 139, Armen 139, N. 10, Hengstknechte 177.
Fischzucht 185.
Flächenmaß 62.
Flecken 3, Besteuerung und Gewerbe 2, 143 ff., Dotation der dortigen Arbeiter 136.

Fleischhandel in die Städte 146.
Flurzwang 59.
Fontanellen 161.
Forestalen 33—44.
Forstaspirant 34 ff.
Forstauditor 35.
Forstbaubehörde 44.
Forstbeamte 33—44.
Forstbehörde 33—44.
Forstcollegium, vgl. Kammer- und Forst-Collegium.
Forstdienste 139.
Forstdistrict 2, 8.
Förster 38.
Forstgebiet, Größe 3, Verwaltung 29 und 44.
Forstgeometer 56.
Forstinspection, Anzahl 2, Beamte 33.
Forstinspectionsbeamte 34, 35.
Forstjunker 35.
Forstkasse vgl. Hauptkammer- und Forstkasse.
Forstkassier 9.
Forstmeister 35.
Forstrath vgl. Kammer- und Forstrath.
Forstreservat, Benutzung 41; vgl. Reservat.
Forstschreiber 40.
Forstschreibtage 44.
Fourage, der Deckhengste 177, Ankauf derselben 176, contractliche Lieferungen der Pachthöfe 69.
Fouragegelder vgl. Fuhrwerk.
Frauentage 127.
Frischer Schlag 159.
Frist vgl. Berichte, Rechnungsführung.
Frohnden 78, 79.
Frohner 152, vgl. Erbfrohner.
Fruchtfolge 159, 168.
Fruchtwechselsystem 168, vgl. Wirthschaftssystem.
Fuder, bonitirtes 63, N. 2.
Fuhrlast bei Hofbauten 72, Gehöftsbauten 86, 87; Altentheilern 98, Büdnern 118, bei Häuslern 122, Hoftagelöhnern 126, Gehöftstagelöhnern 130, Einliegern 138, 140.
Fuhrverein 86, N. 10.
Fuhrwerk der Räthe 6, der Amtsofficianten 17, Forestalen 41, der Baubeamten 48, Kammeringenieurs 54, Forstgeometer 56.
Füllen vgl. Gestütsachen.
Füllenlisten 177.
Furchen der Feldbestellung 158, 159.
Futter vgl. Fourage, Winterfutter.
Futtergewächs, Anbau 169.

G.

Gahre des Ackers 159.
Gallauniform vgl. Uniform.
Gänse 185.
Garantie grundherrliche, bei Pachthöfen 71, Bauerhufen 84, Erbpachthufen 110.
Garten vgl. Ländereien.
Gartenbau 171—173.
Gebäude auf Pachthöfen 72, 73, 75, Bauergehöften 85—87, Erbpachtgehöften 110, Büdnereien 118, Häuslereien 122. — Vgl. Kathen.
Gebühren vgl. Sporteln.
Gefangenen-Vergütung der Gerichtsdiener 18.
Geflügel 185.
Gehalt der Räthe 6, Amtsofficianten 15, Forestalen 40, Baubeamten 48, vgl. Diäten, Honorar.
Gehöftsregulirung bei Bauern 100—102, Erbpächtern 113, 114.
Gehöftssachen vgl. Bauern.
Gehöftstagelöhner 130—131.
Gehülfe der Amtsunterbedienten 20, der Kammeringenieurs 53.
Geilstellen 157.
Geldcanon vgl. Canon.
Gelderhebung durch Landreiter, beschränkte 26.
Gemeinde 4, vgl. Commune.
Generalhofwehrtabelle 89.
Generalverpachtung 10.
Gensdarmeriecommissariat 25.
Geometer vgl. Landmesser.
Gerichtsdiener 14.
Germanen 4, 77.
Geschäftslocal der Aemter 22, Forstbehörde 43, Baubehörde 49.
Gesetzgebung im Domanium 2, 8.
Gesetzsammlung in der Amtsbibliothek 22.
Gesinde 141, 142.
Gespinnstpflanzen 168, 169.
Gestütssachen 174—178.
Gesuch vgl. Vortrag.
Gewerbebetrieb 143—152.
Gewerbestellen, ländliche 57, 69, 148.
Gewürzpflanzen, 168.
Gips 164.
Gläubiger, Rechte am Gehalt 15, an den Quartalen 21, an Cautionen 12, an heimgefallenen Gehöften 95. Vgl. Execution, Schulden.
Gnadenquartal vgl. Quartal.
Gräben 160, 161, 166.
Grenzen zwischen Justiz und Administration 31, 32.
Grundbesitz, großer, mittlerer, kleiner 57.

Gründünger 163.
Grundkataster 65.
Guano 164.
Gülle 164.

H.

Hafen 162.
Hackfrucht 168.
Hagelassecuranz vgl. Assecuranz.
Halmfrucht 168.
Hammel 182.
Handdienste der Einlieger 140.
Handelsbetrieb 146.
Handelsgärtnerei 171.
Handmühlen 148, 149.
Handwerksbetrieb 144, 145.
Hauptdistrict des Haushalts 2.
Hauptkammer- und Forstkasse 9.
Hausbrief 101.
Hausgut, Gründung 1, 7; Eintheilung 2; Umfang 3; Verwaltung 29; Erbfolge der Erbpächter 111, 113.
Haushalt vgl. Hausgut.
Hausiren auf dem platten Lande 146.
Hauskoppel 158.
Häusler 119—122.
Häuslerbrief 121.
Hauswirthe vgl. Bauern.
Haut vgl. Abhäuten.
Heimath vgl. Domicil.
Heimfall der Gehöfte 95, 101.
Heirathsbefugniß der Subalternen 13, 19; vgl. Domicilschein.
Hengste 175, verbotene 178.
Herkommen, bäuerliches 80, 81, 83, 92.
Hofcontract 69.
Hofdienst 79.
Hofgänger 127, 142.
Hofinventar 75.
Hofpächter 63—76.
Hofrang der Räthe 6; Beamte 19; Forestalen 42.
Hofschlachterei 68.
Hoftage 127.
Hoftagelöhner 124—129.
Hofuniform vgl. Uniform.
Hofwehr 88—91.
Hochzeit, halbe 99.
Holländer 179.
Holzdeputat vgl. Feurung.
Holzsammeln vgl. Feurung.
Holzschreibetage 44.
Holztage 139.
Holzvoigt 37.
Holzwärter 37.

Honorar der Landmesser 54; Forstgeometer 56; Gestütsbeamten 176; vgl. Commissorien.
Hopfenbau 168, 169.
Hufbeschlag der Landreiter 17.
Hufe 64.
Hufenpächter 95.
Hufenstand 64, 65.
Hüfner 83; vgl. Bauern.
Hühner 185.
Hülsenfrüchte 167.
Hundesurrogatgelder 82.
Hürdenstall 159, 163, 181.

J.

Jagdjunker 35.
Jäger vgl. Revierjäger.
Imbkerei 185, 186.
Incamerata 1, 3.
Ingenieur vgl. Kammer-Ingenieur.
Interimsuniform vgl. Uniform.
Interimswirthschaft 94, vgl. Gehöftsregulirung.
Intestaterbfolge der Erbpächter 111.
Inventariensaaten 74.
Inventarium der Hofgebäude 75; Bauergehöfte 85; vgl. Wirthschaftsinventar, Feldinventar.
Justiz, Trennung von Administration 11, N. 20; vgl. 30; Grenzen gegenüber Administration 31, 32.

K.

Kabinet, Berichte an dasselbe 9, N. 10, 25.
Kälber vgl. Rindviehzucht.
Kammer-Administrationskasse 9.
Kammer-Canzlei 5.
Kammer-Commissair 13.
Kammer- und Forst-Collegium 5—9.
Kammerdirector vgl. Kammer- und Forsträthe.
Kammerdistrict 2, 8.
Kammer- und Forsträthe 5—9.
Kammergebühr für Contractsertheilung ꝛc. 69, 80, 107, 109.
Kammergut 1, 3.
Kammer-Ingenieur 52—55.
Kammer-Ingenieuraspirant 52.
Kammer-Procurator 28.
Kammwollschaf 182.
Kapaunen 185.
Karpfen 185.
Kartoffeln 169.
Kassenrevision 27, 43.

Kataster vgl. Grundkataster.
Kathen der Altentheiler 97; Hoftagelöhner 125; Gehöftstagelöhner 130; Einlieger 134.
Kerbhölzer der Müller 148.
Klagen gegen Beamte 28, 43, 49.
Kleebau 156, 158, 159.
Kleincultur 168, 170.
Kochofen bei Tagelöhnern 125, N. 2, 139.
Koppelwirthschaft 156, 157.
Korncanon vgl. Canon.
Kornmakler, beeidigte 109.
Kostknecht 181.
Kraftfutter 168.
Kriegserleibungsforderungen der Hofpächter 69; der Hauswirthe 81
Krüge 147, 151.
Kühe vgl. Rindviehzucht.
Küchenmeister 10.
Kündigung 20; der Beamte 12, Subalternen 13, Amtsunterbedienten 14, Forestalen 35, 37, 39, Baubeamte 47, Hoftagelöhner 128, 129, Gehöftstagelöhner 131, Dienstboten 142; vgl. Absetzung.
Kunstbau der Wiesen 156.

L.

Lagern des Korns 168.
Landbaumeister 47.
Landbrost 12.
Ländereien auf Zeitpacht der Hofpächter 71, 76, der Bauern 84, der Hoftagelöhner 125, Gehöftstagelöhner 130, Einlieger und Häusler 136, 137; vgl. Dienstländereien. Erbpachtländereien.
Landgestütssachen 174—178.
Landmesser 52—56.
Landmessertaxe 54.
Landreiter 14.
Landtagsausschreiben, Insinuation derselben 18, N. 4.
Landwirthschaft 153—186.
Längenmaß 62.
Langhaus 85.
Latifundienbesitz 68.
Laudemium 107.
Legen der Bauern 78, 79.
Lehrling in der Forstverwaltung 36; der Kammer-Ingenieurs 52.
Leibeigenschaft 78, 79, 141.
Leineweber 144.
Lieferungen von Fourage, pachtcontractliche 69, N. 1.
Liquidationen, sog. kleine 101.
Localverwaltungsbehörden 10—56.

Locomobile 162.
Lohn vgl. Dienstlohn.
Luderplatz 152.
Ludwigslust, Verhältnisse 3.

M.

Maß, vgl. Flächenmaß, Längenmaß.
Mahlbuch 148.
Mahlzwang 148, 149.
Malzverkauf 147.
Marktflecken vgl. Flecken.
Maschinen, landwirthschaftliche 162, vgl. Ausstellung.
Mast 183, N. 1.
Mästung 168, 180, 182, 183, 185.
Matrikel der Erbpachtgehöfte 111.
Maurer 144.
Medicin vgl. Arznei.
Viehhandel 148 ff.
Meier 179.
Meierhof 68.
Meilengelder vgl. Fuhrwerk.
Meistgebot bei Pachthöfen 70.
Meliorationspflicht, bäuerliche 83.
Mengecontract 181.
Mergel 163, 168, 169.
Messung vgl. Vermessung.
Mestizheerden 182.
Metzen der Müller 150.
Miethe bei Dienstwohnungen 16, 40.
Miethsbewohner 123—140.
Milchwirthschaft 180.
Militärdienst der Amtsunterbedienten 14; der Forestalen 35, 37, 39.
Ministerialverfassung 7.
Mißbrauch 155, 159.
Mobilmachungspferde 69, N. 1.
Molkenwirthschaft 180.
Muffen bei Drains 161.
Mühlen 148—150.
Mühlenconvent 147.
Müller 148—150.
Mülzen 147.
Mündlichkeit des beamtlichen Verfahrens 25.
Mürbebrache vgl. Mistbrache.
Musikanten 151.
Mutterstuten, Beförderung 178.

N.

Nachfolge auf Bauergehöften vgl. Anrecht.
Nachlaß vgl. Auseinandersetzung, Gläubiger.
Nachtwächter 14.

Naturalien 16, 40, 41, ihre Ablösung 13, 14, 37.
Nebenschlag 158.
Nebenverdienst der Auditoren 11, herrschaftlicher Diener 15, vgl. Commissorien.
Neubauwerth der Gebäude 85, N. 7, 105, N. 2.
Neufertigung vgl. Baulast.
Neujahrsbericht 25.
Neukloster 3, Gewerbebetrieb 143, 145, N. 3, vgl. Flecken.
Norddeutscher Correspondent 22.
Notariat vgl. Nebenverdienst.
Numerirung der Bauergehöfte 85; Erbpachtgehöfte 110; Büdnereien 118; Häuslereien 122.

O.

Obdachslosigkeit vgl. Unterbringung.
Oberamtmann 12.
Oberbaurath vgl. Kammer- und Forsträthe.
Oberforstalen 5.
Oberforstmeister 35.
Oberförster 38.
Oberfrucht 159.
Oberjägermeister, Functionen 8, N. 4; 44.
Observanz vgl. Herkommen.
Obstcultur 171—173.
Ochsen vgl. Rindviehzucht.
Ofen vgl. Kochofen; Bauart.
Oelfrucht 167, 168, 169.
Oelkuchen 164.
Ortsvorsteher vgl. Dorfsschulze.

P.

Pachthof 68—76, vgl. Erbpachthöfe.
Pächter 68—76.
Pachtperiode 69, 80.
Pachtremission vgl. Remission.
Pachtschäfer 181.
Pachtvorschuß der Unterpächter 69; Hofpächter 70, 76; Bauern 83.
Pachtzahlung der Hofpächter 70; Bauern 82; Einlieger 137; vgl. Canon, Recognition.
Parcelirung des Erbpachtbesitzes 58, des Pachtbesitzes 59, 60.
Parität vgl. Abstimmung.
Patriotischer Verein vgl. Verein.
Patronat 29.
Pensionirung 20, 42, 48.
Periode vgl. Pachtperiode, Preisperiode.

Pferdeabnutz der Landreiter 17.
Pferdehalten der Büdner 115, 116.
Pferdezucht 174—178.
Pferchen vgl. Hürdenställe.
Pflug 162.
Plattes Land 3.
Boel, Gewerbebetrieb 145, N. 3.
Polizeidiener 14.
Poudrette 164.
Prämien an Landwirthe 153; Obstzüchter 173; Pferdezüchter 178; Bienenzüchter 186.
Preisperiode des Canon 109; bei Häuslern 121.
Presse für Drains 161.
Privation der Erbzinsleute 107; vgl. Aufruf.
Privatschreiber 13.
Privilegien vgl. Confirmation, Recognition.
Procuratur herrschaftlicher Diener 15.
Productenhändler 146.
Prolongation der Hofpachtcontracte 70.
Prorogirte Wirthschaft 94, 95, vgl. Gehöftsregulirung.
Protokoll, Form 23; bei Gehöftseinweisung 101.
Protokollvirection der Auditoren 11; Beamten 23; vgl. Directorium.
Pungenwagen 148, 149.

Q.

Quartale der Hinterlassenen 21, 42, 48.
Quartiergelder der Landmesser 54, Forstgeometer 56.
Querhaus 85.
Quittung vgl. Zinsquittung.

R.

Rabatt bei bäuerlicher Veranschlagung 82.
Rademacher 144.
Rang vgl. Hofrang, Dienstrang.
Raps, vgl. Oelfrucht.
Rauhfutter 168.
Reallasten vgl. Servitut.
Reception der herrschaftlichen Diener 19, 42, 48.
Receptor pecuniae 15.
Recognition der Erbpächter 107, Büdner 115, 117, Häusler 121, der Müller 150, Schmiede, Krüger, Musikanten 151, Schornsteinfeger, Abdecker 152.
Recrutenablieferung durch Amtsofficianten 26.

Rebefin, Landgestüt 175.
Register 62.
Registerschreiber 13.
Registratur der Aemter 22, Forstinspectionen 43, Baubehörde 49.
Regulativ der Hoftagelöhner 124, Gehöftstagelöhner 130.
Regulirung, vgl. Auseinandersetzung, Gehöftsregulirung, Feldregulirung. Canon.
Rechnungsbeamter vgl. Rendant.
Rechnungsführung, Controle 27, 43.
Reinkarte 62.
Reisen vgl. Districtsreisen, Fuhrwerk, Zehrung, Diäten, Urlaub; vorherige Rücklieferung der Amtsacten 22.
Reitpferd vgl. Fuhrwerk.
Reluirte Domainen 1, 7.
Reluitionscommission 1.
Remission der Hofpächter 70, Bauern 83, Erbpächter 109, Büdner 117, Häusler 121, Einlieger 137.
Rendant 13.
Renterei 9.
Reparatur vgl. Baulasten.
Repartitionsmodus für Communallasten 65, 83, vgl. Commune; für Fuhrlasten bei Bauten 72, 86, 87.
Reservat auf Pachthöfen 71, Bauerhufen 84, Erbpachthufen 110, Büdnereien 118, Häuslereien 122, Einliegercompetenzen 137, vgl. Forstreservat, Wege.
Residenzzulage 18, 41, 48.
Ressort der Räthe 7—9, Amtsbehörden 25, 26, 29—31, 33, 44; der Forstauditoren 35, sonstigen Forestalen 43, der Baubeamte 49, Kammeringenieurs 55.
Revierjäger 37.
Revision der Felder 169, Gestütsstationen 177, 178, Obstpflanzungen 171, 173, Pachthöfe 75, Weidenpflanzungen 71, 84, Aemter 8, der Dienstwohnungen 21, vgl. Kassenrevision.
Rieselung 155, 156.
Rindviehzucht 179—180.
Risse zu Querwohnhäusern 85, N. 1, zu Altentheilsgelaß 97, zu Häuslereien 122, N. 1, zu Hofkathen 125, N. 1.
Roggenpreis, dessen Bestimmung 109.
Rostock vgl. Bannmeile.
Roulance 154, 159.
Rübsen vgl. Oelfrucht.
Rückenbau bei Wiesen 156.

S.

Saatenempfänger 76.
Saatengelder 74, 76.
Salzzwang 101, N. 2a.
Seidenbau 168.
Separatbericht 24, vgl. Abstimmung, Bericht.
Separation 59.
Servitut auf Erbpachthufen 107, Büdnereien 117, Häuslereien 121.
Setzschäfer 181.
Schäfer 181.
Schafzucht 181, 182.
Scheuren, auf Gehöften, innere Einrichtung 85, vgl. Bauart.
Schiedscommission bei Terrainentschädigungen 71, Saatenentschädigung 76, bei Gehöftstaxen 113, 114, bei Tagelöhner-Regulativen 124.
Schlagordnung 158, 168.
Schlagwirthschaft 158, 159, 169, 170.
Schmiede 144, 147, 151.
Schneider 144.
Schollenpflicht 78, 79.
Schornsteinfeger 152.
Schreiber vgl. Privatschreiber, Registerschreiber, Forstschreiber, Subalternen.
Schreibmaterialien der Räthe 6, Amtsofficianten 18, Forestalen 41, der Baubeamte 48, Gestütsofficianten 176, 177.
Schulden auf Bauergehöften 82, Erbpachthufen 107, 111, Büdnereien 117, auf Häuslereien 121.
Schulze vgl. Dorfsschulze.
Schulzwang beim Obstunterricht 172.
Schürzentare 65.
Schuster 144.
Schwangerschaft der Dienstboten 142.
Schweinezucht 183, 184.
Sichtgeld 150.
Situationsplan der Hofgebäude 75.
Sommerbrache 159.
Sommerkorn 154, 159.
Sommerstallfütterung vgl. Stallfütterung.
Sömmerung 155, 167.
Sommerweide der Altentheiler 97, Hoftagelöhner 125, Gehöftstagelöhner 130, Einlieger 136.
Specialbedingungen vgl. Contract.
Sporteln, Ablösung derselben bei der Amtsbehörde 15, der Forstbehörde 40, der Baubehörde 48.
Sprunggelder 176.
Stabilität des Erbpachtbesitzes 58.
Städte vgl. Amtsfreiheit, Bannrechte, Commune, Reception.
Ställe vgl. Bauart.

Stallfütterung 168, 179, 182. 184.
Stämmeraben vgl. Feurung.
Stammgut, fürstliches 1.
Starkenzucht 180.
Stationen vgl. Landgestütssachen.
Stationsjäger 39.
Statistisches Bureau 25, N. 3.
Staubmehl 150.
Sterbefall vgl. Tod, Anzeige durch die Dorfschulzen 26.
Sterbequartal vgl. Quartal.
Steuern der herrschaftlichen Diener 19, 42, 48; der Hofpächter 70, Bauern 83, Erbpächter 108, Büdner 117, Häusler 121, Hoftagelöhner 127, Gehöftstagelöhner 130, Einlieger 140, Dienstboten 141.
Steuerdefraudation, Anzeige durch Unterbediente 26.
Stimmengleichheit vgl. Abstimmung.
Strafen für Dienstvergehen vgl. Vergehen.
Stuten vgl. Mutterstuten.
Subalterne des Kammercollegium 5; der Amtsbehörden 13; der Forstbehörden 33, 36—39; der Baubehörden 45.
Suppliken vgl. Vortrag.

T.

Tagelohn der Hoftagelöhner 126, Gehöftstagelöhner 130, Einlieger 133; vgl. Dienstlohn.
Tagelöhner vgl. Gehöftstagelöhner, Hoftagelöhner.
Tapeten vgl. Decoration.
Tauben 185.
Taxation der Mobilisirungspferde 69, Note 1; vgl. Schiedscommission.
Telegraphiren an die Oberbehörden 9.
Termine, Ort derselben 22, vgl. Protokoll, Protokolldirection.
Theurungszulage der Gerichtsdiener 18.
Thierschauen 153, 178, 179, 181.
Titel der Beamte 10, 12, Amtsunterbedienten 14, Forestalen 35, 37, 39, Baubeamten 47, Landmesser 53, 56, Pensionirter 20.
Tod herrschaftlicher Officianten 21, 42, 48; Einberichtung 25, vgl. Auseinandersetzung, Gläubiger, Quartale, Versiegelung, Wittwe.
Torfdeputat vgl. Austorfung, Feurung.
Torfschreibtage 44.
Torfstich vgl. Austorfung.
Torfzählgeld 40, N. 1.
Trauerjahr der Gehöftswittwe 94, 95, vgl. Gehöftsregulirung.

Truthahn 185.
Tuchwollschaf 182.
Turnus vgl. Roulance.

U.

Ueberlassungsbedingungen für Büdnereien 117, Häuslereien 121, Einliegerländereien 137.
Ueberpacht 94, 102.
Ueberproduction 79.
Uebersaat 74.
Ueberstauung 155.
Ueberwehr 88.
Umfang des Domanium 3.
Umgehendes Zeug der Mühlen 150.
Umzugskosten 18, vgl. Versetzung.
Umzugszeit für Tagelöhner und Dienstboten 128, 131, 142.
Uniform der Räthe 6, Beamte 19, Forestalen 42.
Unterbedienten bei Aemtern 14, der Forstbehörde 33; der Baubehörde 45.
Unterbringung Obdachsloser 129, 131, 134, 135.
Unterforestalen 36—39.
Unterförster 38.
Unterhalt vgl. Alimentation.
Unterpächter 69.
Untheilbarkeit vgl. Parcellirung.
Unzuchtsfälle, Anzeige durch die Dorfschulzen 26.
Urate 164.
Urlaub bei Beamten 24, Forestalen 43, Baubeamten 49.

V.

Verafterpachtung der Höfe 69, der Bauerhufen 81.
Veranschlagung 66, 67, der Dienstländereien 16, 40, Zeitpachthöfe 70, Bauerhufen 82, Erbpachthöfe 109, Erbpachthufen 109, Büdnereien 117, Häuslereien 121, Einliegercompetenzen 137, Obstgärten 173.
Verantwortlichkeit der Beamte 27, 43, 49.
Veräußerung von Heu, Stroh, Dung 21, 69, 81, 98, 125, 130.
Verein, patriotischer 153, 162, 178, 179, 181, 186.
Vererbpachtung vgl. Erbpächter.
Vergehen, dienstliche 27, 43, 49.
Vergütungen, dienstliche 18, 41, 48.

— 275 —

Verklagbarkeit der Beamten 28, 43, 49.
Verkoppelung 59.
Verlag vgl. Fuhrwerk, Commissorien, Zehrung.
Vermessung 62.
Veröffentlichung von Amtserlassen vgl. Bekanntmachung.
Verpfändung der Hofpächter 70, Bauern 83, Erbpächter 107.
Versandung 60, N. 4.
Versetzung, desfallsige Clausel bei Beamten 12, Subalternen 13, Amtsunterbedienten 14, Forestalen 35, 37, 39, Baubeamten 47; vorherige Rücklieferung der Acten und Circulare 22; vgl. Umzugskosten.
Verscharren von Aas 152.
Verschuldung vgl. Schulden.
Versiegelung im Sterbehause 22, 42, 48.
Versicherung vgl. Assecuranz.
Vertrauensmänner 113, vgl. Schiedscommission.
Verweis, dienstlicher 27, 43, 49.
Veto der Minorität 24.
Vieh der Altentheiler 97, Hoftagelöhner 125, Gehöftstagelöhner 130, Einlieger 136.
Viehhaltung, Einschränkung derselben 168, 169, 179.
Viehhäuser auf Pachthöfen 72, Gehöften 85.
Viehverschneider 152.
Viehzucht 174—186.
Vierfelderwirthschaft 154, 155.
Voigt 10.
Volksblatt, mecklenburgisches 22.
Volkszahl vgl. Bevölkerung.
Vollhüfner 83.
Vorfluth 160, 169.
Verkäufer 146.
Vorkaufsrecht bei Erbpachthufen 107, 112, Büdnereien 117, Häuslereien 121.
Vortrag Privater an's Collegium 9, vgl. Bericht.
Voruntersuchung, administrative bei Dienstvergehen 27, 43, 49.
Votum der Amtsauditoren 11, Amtsmitarbeiter und Beamte 12, 30, Rentbanten 13, bei Verwandten 24, 36, gegenüber der Baubehörde 50.

W.

Wagen vgl. Fuhrwerk.
Wagengeld vgl. Fuhrwerk.

Wagenschauer auf Gehöften 85, vgl. Bauart.
Walze 162.
Wasser vgl. Entwässerung.
Wege, Terrain, Reservationen 71, 84, 110.
Wegebesichtigungscommissarius 25.
Wechselwirthschaft 156, 157.
Weide vgl. Sommerweide.
Weidesfreiheit auf Communalweide, der Amtsunterbedienten 16, Forestalen 41, Büdner 115, 116.
Weidegang, Einschränkung 167.
Weidenpflanzung auf Pachthöfen 71, Bauerhufen 84.
Wenden 4, 77, 174.
Wettrennen 153, 178.
Wiederholung der Felder 163.
Wiesen vgl. Winterfutter, Ländereien.
Wiesencultur 165, 166, 169.
Wildtaxe 41, N. 7, 8.
Winkelschreiberei herrschaftlicher Officianten 15.
Winterbrache 159.
Winterfutter bei Hauswirthsaltentheilern 97, Hoftagelöhnern 125, Gehöftstagelöhnern 130, Einlegern 136, 137.
Winterkorn 154, 159.
Wirkungskreis, dienstlicher vgl. Competenz, Ressort.
Wirthschaftsbeschränkung 169.
Wirthschaftsinventar auf Pachthöfen 74, Bauerhufen 88—91, Erbpachthufen 110, vgl. Anspannung, Vieh.
Wirthschaftssystem 154—159, 169, vgl. Fruchtwechselsystem.
Wittwe vgl. Tod.
Wittweninstitut 21, Beitrittspflicht der Beamten 12, Subalternen 13, Amtsunterbedienten 14, Forestalen 35, 37, 39, Baubeamten 47.
Wohnung vgl. Gebäude, Dienstwohnung.
Wöhrte 59.
Wolle vgl. Schafzucht.
Wollmarkt 153, 181.
Wurzelgewächse 168.

3.

Zähbrache 155, 159.
Zählgeld vgl. Torfzählgeld.
Zehrung der Räthe auf Reisen 6; der Amtsofficianten 17; der Forestalen 41, Baubeamten 48, Kammer-Ingenieurs

54, Forstgeometer 56, vgl. Commissorien.
Zeitpächter vgl. Hofpächter, Bauern, Einlieger.
Zeitverpachtung der Bauerhufen vgl. Hufenpächter, Gehöftsregulirung.
Zeug, umgehendes bei Mühlen 150.
Ziegen 184.
Zimmermann 144.

Zinsen der Gehöftskapitalien 102.
Zinsquittungen der Cautionen 12, N. 6.
Zubehör der Erbpachthufen 111.
Zulage vgl. Residenzzulage, Theurungszulage.
Zusammengesetzter Wiesenbau 156.
Zwangsgast 148.
Zwangsmühle 148, 149.

Domaniale Verhältnisse
in
Mecklenburg-Schwerin.

Zweiter Band.
Erste Abtheilung:
Das Schulwesen.

Cameralistische Abhandlung
von
C. W. A. Balck,
Großherzoglichem Amtsverwalter.

Wismar, Rostock und Ludwigslust.
Druck und Verlag der Hinstorff'schen Hofbuchhandlung.
1866.

Vorwort.

Der zweite Band unserer „Domanialen Verhältnisse" beginnt mit dem Schulwesen des platten Landes. In seiner Vollständigkeit soll jener auch Niederlassungs-, Armen- und Medicinalsachen umfassen, doch sind dieselben noch immer in völliger Neugestaltung begriffen und einer gründlichen Bearbeitung zur Zeit nicht fähig. Dadurch vernothwendigt sich die Spaltung des zweiten Bandes in mehrere Abtheilungen, welche aber möglichst bald einander folgen sollen.

Im Uebrigen ist für Form und Inhalt die Anordnung des ersten Bandes auch hier beibehalten. Eine neue Seiten- und Paragraphenfolge ist gewählt, damit auch schon diese erste Abtheilung dem auf dieselbe sich etwa beschränkenden Leser ein möglichst abgeschlossenes Ganze biete. Ein Sachregister aber kann aus naheliegenden Zweckmäßigkeitsgründen erst nach Vollendung des zweiten Bandes gegeben werden, ist auch für nachstehende Abhandlung wegen Gleichartigkeit ihres Inhalts und ziemlicher Uebersichtlichkeit des jetzt schon vorangehefteten Inhaltsverzeichnisses für jetzt noch entbehrlich.

Mecklenburg's Domanium kann mit gerechter Befriedigung auf seine Landschulen blicken — möge nachfolgende Darstellung derselben dazu beitragen, dem Leser solche Ueberzeugung zu gewinnen! —

Schwaan, im December 1865.

C. W. A. Balck.

Inhalts-Verzeichniß.

Erstes Kapitel.
Schulwesen.

A. Einleitung.

§ 1.   I. Allgemeine historische Verhältnisse.
§ 2.   II. Stellung der Schulen im Staate.
§ 3.   1. Schulvorsteher.
§ 4.   2. Local-Schulbehörden.
§ 5.   3. Ober-Schulbehörden.

B. Schule und Unterricht.

I. Arten der Schulen.

§ 6.   1. Elementarschulen.
§ 7.   2. Industrieschulen.
§ 8.   3. Privatschulen.

II. Gründung und Erweiterung von Schulen, Einschulungen.

§ 9. 10.   1. der Elementarschulen.
§ 11.   2. der Industrieschulen.

III. Unterrichtsobjecte.

§ 12.   1. in Elementarschulen.
§ 13.   2. in Industrieschulen.

IV. Lehrmaterialien.

§ 14.   1. in Elementarschulen.
§ 15.   2. in Industrieschulen.

V. Schulzucht und Disciplin.
§ 16.

VI. Schulzeit.
§ 17. 1. in Elementarschulen.
§ 18. 2. in Industrieschulen.

VII. Schulzwang, schulpflichtiges Alter.
§ 19—22. 1. in Elementarschulen.
§ 23. 2. in Industrieschulen.

§ 24. VIII. Schulvisitationen, Examen, Conferenzen, Berichte.

C. Lehrer und Lehrerinnen.

§ 25—29. I. Ausbildung, Seminar.

§ 30. II. Anstellung, Versetzung.

§ 31. III. Allgemeine Qualification, Dienstpflichten.

IV. Emolumente.
1. im Allgemeinen.
§ 32.   a. Inhalt, Constituirung, Veränderung.
§ 33.   b. Landesherrliche Conservationslast, Beiträge Eingeschulter aus anderen Landestheilen.
§ 34. 35.   c. Conservationslast der Domanial-Schulgemeinden.
2. der Lehrer mit Familienstellen.
  a. Wohnung mit Zubehör.
§ 36.   aa. Erforderniß und Einrichtung.
§ 37. 38.   bb. Conservation und Baulast.
§ 39.   b. Feuerung.
  c. Ländereien.
    aa. bei Dorfschulen.
§ 40. 41.   α. Nutznießung, Umfang, Reservation.
§ 42. 43.   β. Separation, Permutation.
§ 44. 45.   γ. Befriedigung.
§ 46.   δ. Ackerbestellung, Feldwirthschaft.
§ 47.   bb. auf Höfen.
§ 48. 49.   d. Baares Gehalt.
§ 50.   e. Sonstige Einkünfte, Abgaben, Einwohnerrecht.
§ 51. 3. der Classenlehrer und Assistenten.
§ 52. 4. der Industrielehrerinnen.

V. Dienstentfernung.
§ 53. 54. 1. Pensionirung.
§ 55. 2. Kündigung, Absetzung, Tod, Vacanz.
§ 56. 57. 3. Wittwen, Kinder, Erben.

VI. Auseinandersetzung.

§ 58.	1. Allgemeines Verfahren..
§ 59.	2. bei Wohnung und Feuerung.
§ 60.	3. bei Garten.
§ 61.	4. bei Acker.
§ 62.	5. bei Wiesen und Futterschlägen.
§ 63.	6. bei Befriedigungen.
§ 64.	7. bei Gehalt und sonstigen Accidenzien.

VII. Anhang. — Amtsschulkasse.

§ 65.	1. Zweck, Gründung, allgemeine Beitragspflicht.
§ 66. 67.	2. Subrepartition der Kassenbeiträge.
§ 68. 69.	3. Erhebung und Verausgabung des Schulkassenfonds.
§ 70.	4. Berechnung der Amtsschulkasse.

Erklärung der Abkürzungen.

H. = Hinstorff'sche Gesetzsammlung, nach Theilen und in diesen nach fortlaufenden Nummern citirt.
Ra. = große Raabe'sche Gesetzsammlung, nach fortlaufenden Nummern citirt.
C. = Circular Großherzoglicher Kammer.
R. = Rescript Großherzoglicher Kammer.
Rgbl. = Regierungsblatt oder früheres officielles Wochenblatt, nach Nummern citirt. Der Jahrgang desselben ist nur dann speciell angegeben, wenn die darin publicirte Verordnung aus einem frühern Jahre datirt.

Die übrigen Abbreviaturen bedürfen keiner Erklärung. Die ohne allen weiteren Nachweis aufgeführten Verordnungen sind die bis jetzt ungedruckten, zu den Generalacten gesammelten.

Erstes Kapitel.

Schulwesen.

A. Einleitung.

§ 1.

I. Allgemeine historische Verhältnisse.

Aus älterer Zeit bis in die Mitte des vorigen Jahrhunderts fehlt es uns an fast allen Urkunden über den Zustand der Landschulen. Auch eigentliche Schulgesetze fließen damals, im Gegensatz zu neueren Decennien, nur sehr vereinzelt und spärlich, und selbst die umfänglichsten, in alle Verhältnisse des Volkes so tief eindringenden, weltlichen Constitutionen, z. B. die Land-Polizeiordnung[1]) vom 2. Juli 1572, die Gesinde-Ordnung[2]) vom 14. November 1654, die Amts-Ordnung[3]) vom 19. December 1660 gedenken der Schulen mit keinem Worte; nur erst die Schulzen- und Bauern-Ordnung[4]) vom 1. Juli 1702 gebietet den Dorfschulzen Fürsorge, „daß der Schulmeister im Dorfe wohl unterhalten werde." Etwas eingehender sind die, freilich auch nur wenigen, kirchlichen Verordnungen aus älterer Zeit. Nach der revidirten Kirchen-Ordnung[5]) von 1650 sollen „auf den Dörfern die Pastoren und Küster sammt ihren Frauen Schule halten und etliche Knaben und Mägdlein im Katechismus, Gebet, Lesen, Schreiben,

---

[1]) Vgl. H. V. 1.
[2]) H. V. 2.
[3]) H. IV. 2.
[4]) H. IV. 4.
[5]) H. II. 1.

Nähen unterweisen, damit die jungen Leute nicht aufwachsen wie das unvernünftige Vieh — — — die Pastoren auch die Bauersleut' und ihre Zuhörer ernstlichst ermahnen, daß sie ihre Kinder in die Schule schicken." Die Verordnung vom 15. Mai 1694[6]) endlich erinnert die Superintendenten, neben den Predigern jedes Ortes die ihnen obliegende Schul-Inspection gehörig auszuüben, für Verbesserung der Schul-Ordnungen, gehörige Heizung der Schulen und Salarirung der Lehrer zu sorgen. In letzterer Beziehung „ist die Umspeisung der Lehrer an den Oertern, wo sie hergebracht, beizubehalten, also daß Niemand, der Kinder hat, davon eximirt werde — — — wo aber Geldgebung introducirt, ist es dabei, als dem Schulwesen zuträglicher, nicht unbillig zu lassen."

Immerhin sah es damals mit der Schulpflege des platten Landes traurig aus. Weil Gründung und Erhaltung der Landschulen in Mecklenburg von jeher gemeinsame Last der Grundherrschaft und der Schulgemeinde (§ 32), besonders letztere aber bei früherer Dürftigkeit zur Uebertragung ihres Antheils unvermögend war, so gab es Schulen fast nur an den, aus geistlichen Gütern resp. von den Patronen dotirten Küsterstellen in den Pfarrdörfern. Die wenigen Lehrer waren zu ihrer Existenz fast ganz auf den guten Willen und die Mildthätigkeit der Gemeindeglieder, gleich unsern jetzigen Dorfsnachtwächtern auf das s. g. Reihe-Essen, angewiesen. Freilich — ihre Befähigung und Ausbildung entsprach solchem Angebot. Nicht selten waren die Schul-Catheder Ruheplätzchen invalider Soldaten und Landreiter, die daneben stets noch ein nährendes Handwerk, besonders die Schneiderei, betrieben und selbst noch in hohem Alter, von Frau und Kindern nach Kräften unterstützt, um so mehr ihr Schulamt zu behaupten wußten, als ihnen Aussicht auf Pension damals überall nicht geboten war.

Erst die zweite Hälfte des vorigen Jahrhunderts bahnte durch weise Verordnungen hier die so nöthige Abhülfe. Die, sowol eine gehörige Aufsicht der Prediger auf die Schulen als eine bessere Qualification der Lehrer vorschreibenden Bestimmungen des landesgrundgesetzlichen Erbvergleichs[7]) vom 18. April 1755 sind freilich vorwiegend nur für

---

[6]) sub XXXV—XXXVII., H. II. 11; vgl. die erneuerte Superintendentur-Instruction v. 20. Mai 1681, H. II. 10.

[7]) In §§ 495—497; vgl. H. III. 1.

Städte und Ritterschaft erlassen; doch auch das Domanium wurde von seinen fürstlichen Grundherren nicht vergessen. In rascher Reihenfolge sind seit jener bis auf die heutige Zeit eine Menge heilsamer Schulgesetze und Einrichtungen gegeben, deren specieller Inhalt in nachstehende Abhandlung aufgenommen ist. Von weltlichen und geistlichen Behörden mit Eifer verfaßt, sind sie auf fruchtbaren Boden gefallen und mehr und mehr ins Leben des Landvolks übergegangen. Lange Friedensjahre, der gesteigerte Wohlstand haben das Ihrige gethan und unsere 810 Domanial-Schulen des platten Landes*) mit ihrer reichen Dotation (§ 32 ff.), ihren erprobten Lehrkräften (§ 25 ff.), zeugen von einer Blüthe des Volksschulwesens, wie wir sie im Auslande wol nimmer finden.

§ 2.
II. Stellung der Schulen im Staat.

Unsere Schulen sind nicht rein kirchliche, noch ganz weltliche Institute, sondern gehören zu beiden. Ein Aufsichtsrecht auf Unterricht, Schuldisciplin, dienstliches und privates Betragen der Lehrer hat die Geistlichkeit unseres Landes von jeher ausgeübt und insofern gelten die Schulen allerdings für Töchter der Kirche. Andererseits aber ruht die ganze Last ihrer Gründung und Conservation (§ 1) auf dem fürstlichen Grundherrn und der Schulgemeinde, welche beide sonach sowol an gehöriger Verwendung ihrer Dotationen, als an der allgemeinen Nützlichkeit und den Erfolgen ihrer Schöpfungen ein stetes Interesse haben und dasselbe durch ihre Beamten und Vertreter ausüben lassen. In allen hier weiter zu erörternden Beziehungen tritt diese gleichzeitige kirchliche und weltliche Seite unserer Domanial-Schulen hervor, welche aber ebenso überhaupt bei allen Schulen unseres Landes Regel ist.

---

*) Bei den etwa 100 ☐M. unseres Domanium also beinahe 8 Schulen auf 1 ☐M. Nach dem Staatskalender von 1865 sind hiervon 628 Elementar- (§ 6) und 182 Industrieschulen (§ 7).

§ 3.

1) Schulvorsteher.

Im Allgemeinen sollen schon alle Dorfseinwohner und die Schulzen auf das Verhalten der Lehrer achten.[1]) Die ländliche Schulgemeinde nimmt aber außerdem durch zwei Schulvorsteher an Allem, was ihre Schule betrifft, steten Antheil. Rechte und Pflichten dieser Vorsteher sind durch eine besondere Instruction[2]) allseitig geregelt. Sie müssen verständige, in gutem Ruf stehende Männer sein und am Schulorte selbst wohnen. Die Stelle des ersten Schulvorstehers bekleidet in der Regel der Ortsvorsteher, auch der Kirchenjurat, während für die zweite Stelle Bauern und Büdner der Schulgemeinde zwei ihrer Mitglieder dem Großherzoglichen Amte vorschlagen, welches dann gemeinschaftlich mit dem competenten Prediger die Wahl trifft. Zur Annahme und Verwaltung solches unentgeltlichen Ehrenamtes während mindestens fünf Jahre sind alle Einwohner des Schulortes verpflichtet. Die neuen Schulvorsteher pflegen durch die Prediger in ihre Schulen eingeführt, auch am nächstfolgenden Sonntage nach der Predigt von der Kanzel herab der Gemeinde als solche verkündet zu werden.

Die Schulvorsteher sind aber nicht Vorgesetzte der Lehrer, sondern nur beaufsichtigende und vermittelnde Organe der Gemeinde (§ 2) und zugleich der Schulbehörde (§ 4), haben angemessene Wünsche der ersteren möglichst zu berücksichtigen und die Anordnungen der letzteren auszuführen. In solcher Eigenschaft sollen sie instructionsmäßig für gute Schulwege, insbesondere für regelmäßigen Schulbesuch (§ 22), gehörige Heizung (§ 39) und Reinlichkeit (§ 37) der Schulstuben sorgen, auf hauswirthliche Benutzung der Schulhäuser (§ 37), Schonung derselben beim Abzug der Lehrer (§ 59), vorschriftsmäßige Conservation der Feurungsvorräthe (§ 59) und der Heckenpflanzungen um die Schulcompetenz (§ 45) achten, die Lehrer auf anstößiges Betragen der Schulkinder aufmerksam machen (§ 16), Unregelmäßigkeiten in Lebenswandel und Amtsführung der Lehrer der Schulbehörde anzeigen (§ 31), auf Verbesserungen der äußeren Schuleinrichtungen bedacht sein, an Ein-

---

[1]) V. v. 25. Juni 1773, H. IV. 37.
[2]) V. 19. Septbr. 1842, Ra. 3432, Rgbl. 34, nebst nicht publicirten Erläuterungen.

führung neuer Lehrer (§ 30), Schulrevisionen und Schulprüfungen (§ 24), Berathungen mit dem Prediger über Versäumnißlisten (§ 22), Dienstscheine (§ 21) und über Frei- und Unterrichtstage (§ 17) theilnehmen. — Die Prediger sollen ihre Schulvorsteher halbjährig bei sich versammeln, um mit ihnen Schulangelegenheiten zu besprechen, auch sie mit den neuen Schulgesetzen bekannt zu machen (§ 24).

§ 4.
2) Localschulbehörden.

Bei den Domanial-Schulen wird das Interesse des fürstlichen Grundherrn auch im Großherzoglichen Haushaltsgut (§ 33)[1] zunächst durch das Amt, in dessen Umkreise der Schulort liegt, dasjenige der Kirche aber durch den competenten Prediger des Kirchspiels vertreten; beide vereinigen sich in der s. g. Schulbehörde. Diese ist nächste Dienstbehörde der Lehrer,[2] welche aber im Uebrigen nicht eximirt sind, sondern unter der Polizei und Jurisdiction des Amtes stehen.[3] Möglichstes Zusammengehen der vereinigten Localschulbehörde (vgl. § 24) ist für die Schulzwecke durchaus nützlich, aber nicht gerade immer nothwendig, selbst gesetzlich und ausdrücklich nur in einzelnen Fällen geboten, z. B. bei der Wahl der Schulvorsteher (§ 3), der Untersuchung wegen übermäßiger Züchtigung der Schulkinder (§ 16) und wegen Dienstunfähigkeit der Lehrer (§§ 31, 53, 54).

Aber auch selbständig für sich gebührt den Predigern, als eigentlichen Leitern und Pflegern der Volksbildung,[4] innerhalb ihrer Kirchsprengel unausgesetzte Aufsicht und Einwirkung auf Unterricht, Schulbesuch, Schulzucht, Pflichterfüllung sämmtlicher Lehrer. Durch die Schulvisitationen (§ 24) sollen sie sich in steter Bekanntschaft mit solcher Seite ihres Berufes halten. Außerdem sind sie häufig und gewiß zweckmäßig die vermittelnden Organe für die Lehrer bei deren etwaigen Vorträgen an Amt und Oberbehörden und leiten endlich auch die Auseinandersetzungen zwischen den Lehrern (§ 58).

---

[1] V. v. 28. Aug. 1850, Ra. 3775, Rgbl. 36. Vgl. Thl. 1 § 29.
[2] Vgl. V. v. 10. Febr. 1845, § 6, Ra. 3437.
[3] Jetzt auch die früher eximirten Küster, V. v. 19. Febr. 1862, § 8, Rgbl. 12.
[4] Vgl. V. v. 4. April 1832, Ra. 3371, Rgbl. 14.

Das competente Amt dagegen ordnet und regelt für sich, dem grundherrlichen Interesse entsprechend (§ 2), zunächst die eigentliche Oeconomie der Schule in Feld und Haus (§ 33), die Einkünfte der Lehrer (§ 36 ff.), die Verwaltung der Schulkasse (§ 65 ff.).[5] Außerdem aber liegt ihm, gleich den Predigern, die Controle genauer Beobachtung der Schulordnungen durch Lehrer, Schulgemeinde und Schulkinder, insbesondere ordnungsmäßigen und unausgesetzten Unterrichts der Lehrer, fleißigen Schulbesuchs der Kinder, ob (§ 22).[6] Gewiß sehr zweckmäßig werden in einigen Aemtern auch beamtliche Schulvisitationen abgehalten, welche auch sowol bei Elementar- als bei Industrieschulen, besonders auch betreffs der Obst- und Baumschulen, selbst gesetzlich geboten sind (§ 24).

Bei Einschulungen aus anderen Domanial-Aemtern und Landestheilen der Ritterschaft und Städte (§ 9) treten die Obrigkeiten der eingeschulten Ortschaften nicht in die Localschulbehörde ein, sondern nur Amt und Prediger des eigentlichen Schulorts bleiben in letzterer.

§ 5.
3) Oberschulbehörden.

Die Oberinspection über das eigentliche Schulwesen und die Lehrer gebührt zunächst den Superintendenten innerhalb ihres Kreises (§ 1),[1] und an sie gelangen desfallsige Vorträge und Wünsche der Beamten, Prediger und Lehrer, welchen letzteren das directe Angehen des fürstlichen Cabinets in Dienstangelegenheiten selbst geradezu verboten ist.[2] Doch auch eine Oberaufsicht auf die Schulöconomie ist jenen übertragen (vgl. § 1);[3] die Dotirung und Permutation der Schulcompetenzen bedarf nämlich ihres Ephoral-Consenses (§ 43) und zu jederzeitiger Kenntnißnahme aller Schul-Emolumente sind sie berechtigt (§ 32).

---

[5] Vv. v. 24. Aug. 1771, H. II. 36; v. 25. Juni 1773, H. IV. 37.
[6] Vgl. V. v. 1. Decbr. 1768, H. II. 32; 24. Aug. 1771 u. 25. Juni 1773 citatt.; 11. Juli 1777, H. II. 53; 28. Aug. 1788, H. II. 128; 7. März 1823 sub 11, Ra. 3354, Rgbl. 12.
[1] Vv. v. 7. März 1823 a. E., Ra. 3354, Rgbl. 12; v. 4. April 1832, Ra. 3371, Rgbl. 14.
[2] Vv. v. 30. Octobr. 1819, Ra. 2993; v. 6. Novbr. 1826, Ra. 2997, Rgbl. 40.

Abgesehen hiervon, ruht zunächst die obere Entscheidung über diejenigen Leistungen, welche Grundherrschaft und Gemeinde zur Gründung und Erhaltung der Schulstellen beitragen, im Schooße des Cammer- und Forstcollegium resp. der obersten Haushaltsbehörde (§ 33), deren Entscheidungen berichtlich einzuholen sind, und an welche Beschwerden der Lehrer gegen Beschlüsse der Local-Verwaltungsbehörden gehen.

Selbst bis in die äußersten Spitzen der Oberbehörden dringt die doppelte gleichzeitig weltliche und geistliche Seite der Domanial-Schulen (§ 2). Denn wenngleich dem Ministerium des Unterrichts gesetzlich[3]) die höchste Ueberwachung des gesammten Unterrichtswesens, aller darauf bezüglichen Ordnungen, der Ausführung der Schulgesetze durch die Obrigkeiten, die letzte Instanz über Recurse, die Entscheidung über Dispensationen beigelegt ist, so bedarf dasselbe doch betreffs der Schulöconomie in Ermangelung eines besonderen General-Schulfonds vorherigen Einvernehmens mit den höchsten Verwaltungsbehörden, nämlich dem Finanzministerium, resp. dem Cammer- und Forstcollegium und der obersten Haushaltsverwaltung.[4]) Die Ablegung der Amtsschulkassen-Rechnung geschieht aber allein vor dem Ministerium des Unterrichts (§ 70).

B. Schule und Unterricht.

I. Arten der Schulen.

§ 6.

1) Elementarschulen.

Diese, für die Anfänge des Unterrichts, den eigentlichen Volksschulunterricht, beruhen zunächst auf den Schulordnungen vom

---

[3]) V. v. 4. April 1853, § 7. 2 d., Ra. 4863, Rgbl. 14.
[4]) Vgl. Cab.-Rescr. v. 4. Octbr. 1833, Ra. 3386.

20. August 1771¹) und vom 7. März 1823.²) Anfänglich wurde in ihnen nur während des Winterhalbjahrs von Michaelis bis Ostern unterrichtet, später auch im Sommersemester von Ostern bis Michaelis an ein paar beliebigen Wochentagen und besonders zur Wiederholung des Gelernten, sowie zu religiösen Uebungen,³) in neuerer Zeit regelmäßig an allen Wochentagen des Sommers und nur ausnahmsweise, bei eiligen Feldarbeiten, bloß an zwei Tagen,⁴) doch jetzt auch mit Wegfall solcher Ausnahmen und in Grundlage eines speciellen Regulativs.⁵) Mit Bezug auf solche verschiedene Unterrichtszeit, aber sonst ohne irgend einige Trennung, heißen die Elementarschulen bald Winter- bald Sommerschulen.

§ 7.
2) Industrieschulen.

In ihnen soll zunächst die weibliche Jugend die ihr zu Hause bei den theils anderweitig viel beschäftigten, theils unerfahrenen Müttern entgehende Unterweisung in den für ihren Beruf nothwendigen Handarbeiten erhalten. Jene wird dann sowol bessere und einträglichere Dienstverhältnisse gewinnen, als dereinst im eignen Hauswesen ihre Muße nützlich ausfüllen und endlich bei körperlicher Schwäche die andrängende Armuth durch Nebenverdienst ohne größere Kraftaufwendung abwenden können. — Aber auch dem männlichen Geschlechte wird dadurch Gelegenheit zur Aneignung passender Kunstfertigkeiten, ferner zur Kunde in Obst- und Bienenzucht und damit zum Verdienst bei arbeitsloser Zeit, besonders im Winter, bei körperlicher Hinfälligkeit

---

¹) Vgl. H. II. 35.
²) Vgl. Ra. 3354, Rgbl. 12; erläutert durch V. v. 23. Octbr. 1824, Ra. 3355, Rgbl. 47; durch C. des Unterrichts-Minist. v. 26. Aug. 1852 und vom 28. Decbr. 1854.
³) Vv. v. 19. Decbr. 1768, v. 20. Aug. 1771, sub 4, H. II. 35; v. 11. Juli 1777, H. II. 53.
⁴) Vv. 7. März 1823, sub 9 u. 12, Ra. 3354, Rgbl. 12; 23. Octbr. 1824, Ra. 3355, Rgbl. 47; 16. März 1836, Ra. 3400, Rgbl. 13; Erläuterungen zu § 7 der V. v. 19. Septbr. 1842 (vgl. § 3, Note 2).
⁵) V. 26. Aug. 1852; schon früher mit Erfolg im Amt Grevesmühlen angewandt, den anderen Aemtern zunächst nur auf 3 Jahre auf Probe mitgetheilt, dann aber durch C. des Unt.-Min. v. 13. Juli 1857 bis auf Weiteres prorogirt.

und im Alter geboten, der Armuth und müßiger Unsittlichkeit also gleichzeitig begegnet.

Solche Erwägungen haben schon frühe zur Beförderung dieser Lehrgegenstände geführt, denn schon nach der revidirten Kirchenordnung (vgl. § 1) soll das Nähen in den Schulen betrieben werden. Auch im vorigen Jahrhundert sind die Beamte zur Anlage der Industrieschulen dringend aufgefordert;[1]) aber erst in neuerer Zeit ist der Industrie-Unterricht durch eingehendes Regulativ[2]) allseitig geregelt.

§ 8.
3) Privatschulen.

Diese werden eigentlich dann als vorhanden angesehen, wenn von einem Lehrer oder einer Lehrerin, welche nicht in das engere Verhältniß eines Hauslehrers oder einer Hauslehrerin getreten sind, Kinder aus mehr als einer Familie gemeinschaftlich unterrichtet werden [1]) und bedürfen der auf eingeholten Bericht des Amtes zu ertheilenden Erlaubniß des Unterrichtsministerium, widrigenfalls sie als s. g. Winkelschulen nicht zu dulden sind. Da nun aber zur Umgehung solcher gesetzlichen Beschränkung nicht selten mehrere Familien gemeinschaftlich einen förmlichen Hauslehrer halten,[2]) so scheint nach neueren Principien[3]) der Begriff einer Privatschule schon dann stattzufinden, sobald der außerhalb der öffentlichen Schule ertheilte Unterricht über den Kreis der einzelnen Familie hinausgeht und von demselben Lehrer Kinder aus mehr als einer Familie gemeinschaftlich unterrichtet werden. Uebrigens finden sich förmliche, als solche concessionirte Privatschulen nur in den Städten und Flecken, besonders für die noch nicht schulfähigen (Kleinkinderschulen), ferner für die eine höhere Ausbildung erstrebenden Kinder (§ 12), auch für Unterweisung in den feineren weiblichen Handarbeiten; während auf dem eigentlichen platten Lande schon schulregle-

---

[1]) Vv. 29. Aug. 1792, H. II. 154.
[2]) V. 23. Mai 1837, Ra. 3406, Rgbl. 20.
[1]) Vgl. z. B. Bestimmungen zur Stadtschulordnung sub VII, Ra. 3344.
[2]) Vgl. z. B. Vv. 7. Juni 1825 a. E., Ra. 3332, Rgbl. 30.
[3]) Ausgesprochen z. B. in einem Rescript des Unt.-Min. an Amt Wittenburg v. 29. April 1858.

mentsmäßig⁴) die Kinder keinen anderen Privatunterricht, als bei wirklichen qualificirten Hauslehrern⁵) nehmen dürfen. Letztere sind übrigens, besonders bei den wohlhabenderen Classen der Landbevölkerung, häufig, werden aber jetzt allmälig seltener, da die früher häufig hierzu verwandten Seminar-Präparanden in Zukunft bei Privaten nicht mehr conditioniren sollen (§§ 26, 27).

II. Gründung und Erweiterung von Schulen, Einschulungen.

§ 9.
1) Elementarschulen.

So spärlich und mangelhaft früher, so zahlreich und wohlorganisirt verbreiten sich jetzt die Landschulen übers ganze Domanium (§ 1). Doch ist ihre Zahl und Einrichtung noch bei Weitem nicht abgeschlossen, sondern ihre Vermehrung und Erweiterung stetes Streben der competenten Behörden. Noch manche Ortschaften haben keine eignen Schulen, sondern ihre Jugend besucht die Schulen entweder anderer Domanial-Ortschaften, selbst über die Grenzen der resp. Aemter hinaus, oder der Rittergüter, oder der Städte, ist dort eingeschult, wie denn auch umgekehrt die Schulkinder mancher, keine eignen Schulen enthaltender Ortschaften anderer Landestheile in noch nicht überfüllten Domanial-Schulen gerne Aufnahme finden, weil dadurch die Erhaltungslast der eigentlichen Schulgemeinde sublevirt wird.

Für unsere einzelnen Landschulen existirt eine gesetzliche Maximalzahl der von einem Lehrer zu unterrichtenden Schulkinder, nämlich

---

⁴) V. v. 7. März 1823, 6, Ra. 3354, Rgbl. 12.
⁵) Um dies controliren zu können, soll nach Vv. 7. Juni 1825, Ra. 3332, Rgbl. 30, jeder neu angehende Hauslehrer, welcher nicht von der Universität mit dem theologischen Atteste oder von dem Seminar mit dem Attest der Reife entlassen ist (also auch wol jede Hauslehrerin) ein Zeugniß der Fähigkeit zur Lehrerschaft von dem Präpositus, in dessen Präpositur die erste Lehrerstelle angenommen wird, und Zwecks desfallsiger Prüfung ein Zeugniß seines anständigen Lebenswandels von dem Pfarrer seines bisherigen Aufenthaltsortes erwirken, auch ersteres Zeugniß der Obrigkeit und dem Prediger der Ortschaft seines Principals beim Antritt seiner Stelle vorzeigen. Diese gesetzliche Vorschrift scheint freilich bis jetzt nur dann Anwendung gefunden zu haben, wenn von Vornherein wohlbegründete Bedenken gegen Qualification und Sittlichkeit der betreffenden Lehrer vorlagen.

früher vierzig,¹) später funfzig,²) jetzt hundert,³) wobei die eignen Kinder der Lehrer nicht mitzählen werden. Wenn nun jene Anzahl überschritten war, wurde früher dadurch geholfen, daß entweder die kleineren Schüler von einem s. g. Gehülfslehrer oder ständigen Assistenten in einem Winkel des gemeinschaftlichen Schulzimmers für sich⁴) unterrichtet oder alle Schüler in zwei Abtheilungen, s. g. Halbschulen, gelegt wurden, von denen die eine nur Vormittags, die andere nur Nachmittags durch den gemeinsamen Lehrer förmlichen Unterricht genoß, aber die zur Zeit nicht daran theilnehmende doch wenigstens anderweitig nützlich beschäftigt werden sollte.⁵)

Jedoch solche Abhülfen erwiesen sich als unpraktisch, weil der Unterricht dadurch vielfache Störung und Unterbrechung erfuhr. Jetzt wird deßhalb möglichst auf bessere Weise gegen Ueberfüllung der Schulen gesorgt.

Zunächst kommt jetzt der Umstand zur Frage, ob die Ueberfülle schon allein durch die Kinder des Schulorts oder gleichzeitig durch Eingeschulte bewirkt wird. Im ersteren Falle ist zunächst eine besondere zweite selbständige Schule mit voller Dotation (§ 36 ff.) und s. g. ersten Lehrer (§ 30) zu erstreben, welche dann daneben besonders für die kleineren Kinder sein kann; bestehen dort aber schon zwei besondere Schulen, oder ist die Schulgemeinde zur Gründung und Conservation der zweiten Schule unvermögend (§ 32), so wird durch Theilung der vorhandenen Schule in mehrere Classen mit s. g. zweiten und dritten Lehrern (§ 30), welche dann die jüngeren Kinder unterrichten, geholfen.⁶)

---

¹) Vo. 20. Aug. 1771, sub 7, H. II. 35.
²) Vo. 7. März 1823, sub 2, Ra. 3354, Rgbl. 12.
³) Vo. v. 21. Juli 1832; 3. Juni 1833, Ra. 3381; 9. Octbr. 1833, Ra. 3387; 13. Aug. 1834, Ra. 3393, Rgbl. 12.
⁴) V. v. 20. Aug. 1771. 7, H. II. 35. — V. v. 7. März 1823, sub 2. 3, Ra. 3354, Rgbl. 12; erläutert durch V. v. 23. Octbr. 1824, Ra. 3355, Rgbl. 47; vgl. Reg.-Rescr. v. 15. Jan. 1841, Ra. 3421.
⁵) Vo. 7. März 1823 u. 23. Oct. 1824 citt.
⁶) E. des Unt.-Minist. v. 2. Aug. 1852, vgl. Vo. v. 7. März 1823 citt., v. 21. Juli 1832, v. 3. Juni 1833, Ra. 3381, v. 9. Octbr. 1833, Ra. 3387. Wo nun freilich nach Einrichtung mehrerer Classen die Anzahl der Kinder wieder unter 100 sinkt, ist zu erwägen, ob sich nicht die Aufhebung der Theilung der Schule und ihre Wiedervereinigung zu einem Ganzen empfiehlt, besonders wenn jene Abnahme in Behalt der Kirchenbücher nicht eine bloß temporäre ist oder ärztliche resp. persönliche Gründe nicht entgegenstehen. Die Prediger sollen deshalb, sobald die

Nur wo ausnahmsweise auch solche Theilung zur Zeit sich nicht einführen läßt, bleibt es einstweilen noch beim Alten und tritt dann besonders Assistenzgebung (§ 30) ein.

§ 10.
Fortsetzung.

Wenn aber zu überfüllten Schulen eingeschulte (§ 9) Kinder concurriren, so ist der gemeinsame Schulverband, event. durch Kündigung (§ 33), aufzulösen. Bei Einschulung aus der Ritterschaft ist es dann deren gesetzliche Sorge,[1]) ihren Kindern Gelegenheit zu fernerem Unterricht zu gewähren, während bei bisher eingeschulten Domanial-Ortschaften Gründung neuer Schulen zu erstreben ist, und die Conservation des bisherigen Schulverbandes durch Anlegung bloß neuer Classen spezieller Motivirung und der Erlaubniß des Unterrichtsministerium bedarf.[2])

Außer Ueberfülle drängen auch häufig andere Gründe zur Auflösung bisheriger Schulverbände, so z. B. besonders, wenn Domanial-Ortschaften in ritterschaftliche Schulen eingeschult sind, deren Unterricht ungenügend ist,[3]) oder wenn die Schulwege schlecht sind, oder die Schulen zu entfernt, mehr als $1/4 — 1/2$ Meile, liegen.[4]) In allen diesen Fällen, sowie überhaupt, wenn bisher eingeschulte Domanial-Ortschaften zur Dotirung eigner Schulen nur irgend vermögend sind (§ 32), wird auf Einrichtung letzterer Bedacht genommen; wol überall finden sich übrigens die Kinder der städt'schen Amtsfreiheiten (Thl. I. § 3) in die Stadtschulen eingeschult (§ 33), wie denn auch umgekehrt noch immer sehr häufig Kinder aus der Ritterschaft nicht überfüllte Domanial-Schulen besuchen (§ 33) und dort in keinem Falle weniger gut gehalten und unterrichtet werden sollen, als in den ritterschaftlichen Schulen selbst.[5])

Kinderzahl 2klassiger Domanial-Schulen unter 90 sinkt, darüber entweder an das Unt.-Ministerium oder an den Superintendenten berichten, zugleich unter Angabe der Gründe, aus welchen ein Eingehen der 2ten Classe nicht rathsam sein dürfte, vgl. C. des Unt.-Minist. v. 24. Febr. 1865.

[1]) Vgl. ritterschaftl. Schulordnung v. 21. Juli 1821, Ra. 3454, Rgbl. 25.
[2]) C. des Unt.-Minist. v. 2. Aug. 1852.
[3]) Vv. 21. Juli 1832, vgl. Reg.-Rescr. v. 25. März 1841, Ra. 3424.
[4]) Vv. 21. Juli 1832, Reg.-Rescr. v. 15. März 1845, Ra. 3439.
[5]) Vv. 21. Juli 1821 cit. a. E.

Die Anzahl voll dotirter Schulen mit Familienstellen für s. g. erste Lehrer (§ 30) mehrt sich darnach schnell. Dies ist von heilsamem Einfluß sowol auf die eigne Sittlichkeit der Lehrer, welche dann schon früher einen eignen Heerd sich gründen können, als für Erleichterung und Regelmäßigkeit des Schulbesuchs, als endlich für den pädagogischen Einfluß der Lehrer auf ihren Wohnort.[6]

Wo nun nach vorstehenden Principien Veränderungen, resp. Anlagen und Erweiterungen von Schulen sich empfehlen oder geradezu sich vernothwendigen, haben Beamte rechtzeitig, gewöhnlich gelegentlich der Feldregulirungen (Thl. I. § 59) ihre desfallsigen Vorträge und Vorschläge an die obersten Schul- und Administrativ-Behörden (§ 5) zu richten, damit betreffs Auflösung des bisherigen Schulverbandes (§ 33), Reservation der nöthigen Schulländereien (§ 41), Baues eigner Schulhäuser (§ 36 ff.), Abgabe der Feurung (§ 39) und des Gehaltes (§ 48) geeignete Vorkehr getroffen werde.[7]

§ 11.
2) Industrieschulen.

Das Schulregulativ[1]) bestimmt hierüber im § 1:

„Jede Schulgemeinde ist berechtigt, eine gemeinschaftliche Industrieschule am Schulort unter Autorität der Beamten und des Predigers einzurichten. Eine Verpflichtung hierzu tritt aber nur dann ein, wenn sich ein angemessenes Local und eine brauchbare Lehrerin in der Gemeine findet."

Für ein besonderes Industrieunterrichts-Zimmer wird jetzt wol bei allen Bauten von Schulhäusern gesorgt (§ 36), auch geeignete Lehrerinnen werden sich regelmäßig in den Ehefrauen und Töchtern der Lehrer finden und gewiß gern die gesetzlichen Einkünfte für Ertheilung des Industrieunterrichts genießen wollen (§ 52); dennoch geht die Vermehrung der Industrieschulen mit derjenigen der Elementarschulen keineswegs gleichen Schritt (§ 1, N. 8), und selbst schon bestehende Industrieschulen sind wieder schwankend geworden (§ 23). Die Schul-

---

[6]) C. des Unt.-Min. v. 2. Aug. 1852.
[7]) V. v. 3. Juni 1833, Ra. 3381.
[1]) V. 23. Mai 1837, Ra. 3406, Rgbl. 20.

gemeinden, zuweilen auch selbst die Schulbehörden, haben bis jetzt den ganzen Segen (§ 7) derselben nicht erkannt, erstere fürchten auch die dadurch vermehrten Schullasten und finden nach ihrer Ansicht hinreichende Gelegenheit für ihre Töchter zur Erlernung der nöthigsten Handarbeiten in städt'schen, besonders privaten Nähschulen, wenngleich letztere zuweilen auch den Keim der Unsittlichkeit in sich führen und in den jungen Herzen ausbilden (§§ 23, vgl. § 21, N. 5).

Für jede neu errichtete Industrieschule soll ein den Umständen angemessenes Regulativ von der Schulbehörde entworfen werden.³)

III. Unterrichtsobjecte.

§ 12.

1) In Elementarschulen.

Schon die revidirte Kirchenordnung nennt als Lehrgegenstände Katechismus, Gebet, Lesen, Schreiben (§ 1) und diese, nebst dem Rechnen und Gesang, sind noch jetzt die Elemente unseres ländlichen Volksschulunterrichts.

Vor Allem die religiöse Durchbildung wird jetzt erstrebt. Mit Gesang und Gebet werden die Schulen regelmäßig eröffnet und geschlossen, auch außerdem noch die Kirchenmelodien eingeübt und Gebete auswendig gelernt.¹) Schon bis zum vollendeten 10ten Lebensjahre (§ 21) sollen die Kinder mit den Hauptlehren des Christenthums, dem Inhalt des Landeskatechismus, den vornehmsten darin angezogenen Bibelsprüchen vertraut, auch in deren Auffinden bewandert sein, und die Lehrer beim Religionsunterricht das Lesen und die Worterklärung der Katechismus-Aufgaben und der hauptsächlichsten Bibelsprüche dem Auswendiglernen derselben vorausgehen lassen.²)

Ebenso ist gehöriger Unterricht in der biblischen Geschichte pflichtmäßige Sorge der Prediger und Lehrer.³)

---

³) V. v. 23. Mai 1837, § 5 citt.
¹) Vv. v. 20. Aug. 1771, 6, H. II. 35, 7. März 1823, 13, Ra. 3354, Rgbl. 12.
²) C. des Unt.-Min. v. 26. Aug. 1852, § 6, nebst Erläuterungen.
³) Vv. 7. März 1823 citt., v. 26. Septbr. 1846, Ra. 3448.

Fertigkeit im Lesen ist ferner auch selbst den ärmeren Landleuten durchaus nothwendig;⁴) bis zum Ende des 10ten Lebensjahres (§ 21) sollen die Kinder nicht nur einzelne Wörter hinter einander abzulesen, sondern auch wenigstens kleinere Sätze zu übersehen vermögen.⁵)

Schreiben und Rechnen gehörten früher nicht mit zum ordentlichen Unterricht, sondern wurden extra für besondere Vergütung gelehrt,⁶) sind aber jetzt in die Reihe der ordentlichen Lehrgegenstände aufgenommen (§ 48), und besonders das Kopfrechnen soll geübt werden.⁷)

Dagegen Geschichte und Erdbeschreibung scheint bis jetzt dem Standpunkte nur weniger Landschulen zu entsprechen,⁸) wenngleich besonders die engere Vaterlandskunde in jeder Weise nützlich und durchaus zu erstreben ist.

Im Allgemeinen wird beim Unterricht jegliche Rücksicht auf den künftigen Beruf der Schulkinder genommen und hierbei Ausbildung des Verstandes und Gedächtnisses für das praktische Landleben erstrebt.⁹) Wenn Kinder wohlhabenderer Classen, namentlich aus dem bäuerlichen Stande, einen vorstehende Grenzen überschreitenden Unterricht genießen wollen, so bleibt es ihnen unbenommen, sich durch Privatstunden bei den Ortslehrern (§ 31), oder durch Hauslehrer (§§ 8, 27), oder durch Besuch anderer, besonders in den Städten errichteter öffentlicher oder Privatschulen weiterzubilden (§ 19).

Die Anordnung der Lehrstunden geschieht durch die competirenden Prediger und sind hiernach die Lectionstabellen anzufertigen und in den Schulstuben zu befestigen.¹⁰) Beschäftigung der Kinder während der Schulstunden mit Nebenarbeiten, besonders zum Nutzen der Lehrer, ist durchaus verboten¹¹) (§ 31).

Für taubstumme Kinder bestehen zu Ludwigslust¹²) und für

---

⁴) V. v. 20. Aug. 1771 citt.
⁵) C. v. 26. Aug. 1852 citt.
⁶) Vv. 1. Decbr. 1768, H. II. 32, v. 20. Aug. 1771 citt.
⁷) Vv. 7. März 1823 citt.
⁸) C. des Unt.-Minist. v. 13. Novbr. 1852.
⁹) V. v. 7. März 1823 citt.
¹⁰) V. v. 7. März 1823, sub 14 citt.
¹¹) Vv. 1. Decbr. 1768, sub 10, H. II. 32.
¹²) Dort gegründet durch V. v. 30. März 1840, Ra. 3461, Rgbl. 12.

blinde zu Neukloster[13]) vortreffliche Erziehungs- und Unterrichtsinstitute, deren Wesen und innere Einrichtung in den Stiftungsverordnungen allseitig erörtert ist.

§ 13.
2) In Industrieschulen.

Als hierher gehörig finden sich in den Landesgesetzen[1]) und in der täglichen Praxis: Nähen, Stricken, Spinnen, Haspeln, Winden, Spulen, Stopfen, Flicken, Namenzeichnen, Zuschneiden, Wollkratzen, Weben, Waschen, Plätten, Netzmachen, Band-, Korb- und Strohflechten, Anfertigen von Mützen, Kellen-, Löffel-, Pantoffelschneiden, Drechseln, Tischlern ꝛc. Sticken, was freilich die Bauerntöchter am meisten lieben und worüber sie nöthigere Handfertigkeiten nur zu leicht vernachlässigen, wird ihnen nur nach gehöriger Aneignung letzterer, resp. in den letzten Schuljahren zu gestatten sein. Auch pflegt das Flachsspinnen nur auf ausdrückliches Verlangen gelehrt zu werden, da erfahrungsmäßig die Töchter dasselbe besser zu Hause von den Müttern lernen. Endlich gehören Obstbau (Thl. I. § 171 ff.), Bienen- (Thl. I. § 185 ff.) und Seidenzucht (Thl. I. § 168, N. 2) hier her. Der Unterricht soll auf 6 Schuljahre vertheilt und dabei allmälig vom Leichteren zum Schwereren vorgeschritten werden.[2])

Auch in den Instituten zu Ludwigslust und Neukloster (§ 12 a. E.) werden die Zöglinge in denjenigen mechanischen Fertigkeiten geübt, welche für ihre muthmaaßliche und künftige Beschäftigung nach Verschiedenheit ihres Standes und Vermögens von Wichtigkeit sind und selbst eigne Lehrer zu solchem Zwecke gehalten.

---

[13]) Nach V. v. 31. März 1864, Rgbl. 16 (ad Note 13). Nach Cammer-Circular v. 18. Aug. 1865 sollen Beamte besonders auf Benutzung dieses heilsamen Instituts hinwirken und bei Hülfsbedürftigkeit öffentliche Unterstützungen und zwar zu ²/₃ aus den Amts-, zu ¹/₃ aus den Armenkassen gegeben werden, welchen letzteren auch die Kosten der Kleidung und Beerdigung obliegen. — Auch durch C. v. 16. Juni 1855 ist für Eltern und Lehrer eine Anleitung zur Erziehung und Unterweisung blinder Kinder den Aemtern mitgetheilt.

[1]) Revid. Kirch.-O. v. 1650, Thl. 4 a. E., H. II. 1; Vo. v. 29. Aug. 1792, H. II. 154; v. 23. Mai 1837, §§ 2, 4, Ra. 3406, Rgbl. 20; v. 30. März 1840 (§ 12, N. 12).

[2]) V. v. 23. Mai 1837, § 5 citt.

IV. Lehrutensilien.

§ 14.

1) In Elementarschulen.

Jene, insbesondere die Schul- und Lesebücher, stehen nicht im Willen der Lehrer und Eltern, sondern werden vom Prediger beim Superintendenten in Vorschlag gebracht.[1]) Bibel, Gesangbuch und Landes-Katechismus finden sich überall,[2]) sonst noch in den Gesetzen: Stresow's Handbuch für Schullehrer, Lösecke's zergliederter Katechismus,[3]) die Hahnen- und Buchstabenfibel,[4]) das Evangelienbuch,[5]) das s. g. erste[6]) und das zweite Lesebuch[7]) für Volksschulen in Mecklenburg, Zahn's biblische Historien,[8]) für Gesang der Badesche Monochord nebst Choralbuch,[9]) Lüssow's Monochord und Melodienbuch,[10]) für Rechnen das Handbuch von Quitzow, zum Lesen die s. g. Lesetafeln,[11]) zum Schreiben die Tiedemann'schen Vorschriften,[12]) für Geographie Wandkarten von Mecklenburg, besonders von Holle[13]) und Karten von Palästina.

Zu Prämien (§ 24) für fleißige, mit der Confirmation abgehende, Kinder ist besonders das „Feierabend-Büchlein für Bauersleut" empfohlen.[14])

Die Kinder müssen die nöthigen Lehrutensilien aus eignen Mitteln

---

[1]) Vv. 7. März 1823 15, Ra. 3354, Rgbl. 12.
[2]) Vv. 7. März 1823 cit.
[3]) Vv. 20. Aug. 1771, 3 u. 5, H. II. 35.
[4]) Vv. 4. April 1832, Ra. 3371, Rgbl. 14.
[5]) Vv. 4. April 1832, Ra. 3372.
[6]) Vv. 4. April 1832 (Note 4), v. 20. Decbr. 1832, Ra. 3377, Rgbl. 1833 St. 2, C. des Unt. Min. v. 24. Febr. 1863.
[7]) Vv. 4. April 1832 (Note 5).
[8]) Vv. 26. Septbr. 1846, Ra. 3448.
[9]) Vv. 7. März 1823 sub. 13 cit.
[10]) Vv. 16. Febr. 1826, Rgbl. 8.
[11]) Vv. 23. Mai 1832, Ra. 3373, Rgbl. 20, Reg.-Rescr. vom 22. März 1834, Ra. 3391.
[12]) C. v. 20. Juni 1844 u. v. 29. Decbr. 1845.
[13]) Durch C. des Unt.-Min. v. 13. Nov. 1852 wird zur Subscription auf eine mecklenburgische Wandkarte von Lehrer Engelbrecht zu Wismar aufgefordert.
[14]) C. v. 24. April 1840.

beschaffen und bei Einschulungen aus andern Landestheilen (§ 9 ff.) pflegen deren Obrigkeiten zu desfallsiger Fürsorge contractlich obligirt zu werden (§ 33); nur die ärmeren erhalten die ihrigen aus der Armenkasse oder aus Schulversäumnißgeldern (§ 22), sollen dann aber dieselben bei ihrem Abgang an das Amt zurückgeben resp. in der Schule zu fernerem Gebrauch anderer Unvermögender zurücklassen.[15]) Eigentliche inventarienmäßige Lehrutensilien dagegen (vgl. noch § 38) werden entweder von Predigern aus Schulversäumnißgeldern (§ 22),[16]) oder durch die beim Wechsel der Lehrer dazu zu verpflichtende Schulgemeinde,[17]) oder endlich, wie auch die Schulprämien (§ 24),[18]) und die den Lehrern selbst zu eigner Instruction mitgetheilten Schriften (§ 12, N. 13) aus der Amtsschulkasse, soweit die Mittel reichen, und Zuschuß aus der Amtskasse vorbehältlich,[19]) beschafft.

§ 15.

2) In Industrieschulen.

Von den hier erforderlichen Arbeits- und Schulwerkzeugen müssen die Schulkinder ihre Spinnräder, Nähnadeln, Strickstöcken, Scheeren, auch Arbeitsstühle, selbst mitbringen, während Haspel, Winde, Webetau, Waschbalge, Plätteisen von der Lehrerin zu halten sind. Das zu verarbeitende Material liefern die Kinder aus eignen Mitteln und behalten dafür die fertigen Arbeiten. Für Arme werden in der Schule Werkzeuge und Materialien aus der Armenkasse beschafft und die damit gefertigten Arbeiten nach Ermessen des Armencollegium gegen resp. ohne Erstattung der Auslagen jenen gelassen oder für Rechnung der im Vorschuß befindlichen Armenkasse verkauft.[1])

---

[15]) Vgl. R. v. 19. Jan. 1827, Ra. 3360.
[16]) Vv. v. 4. April 1832, R. 3372 (Note 5), v. 13. Nov. 1852 (Note 13).
[17]) Reg.-Rescr. v. 22. März 1834, Ra. 3391 (Note 11),
[18]) C. v. 24. April 1840 (Note 14).
[19]) Vv. 23. Mai 1832 (Note 11), C. des Unt.-Minist. v. 13. Nov. 1852 (Note 13), vgl. C. v. 20. Juni 1844 u. 29. Decbr. 1845.
[1]) Vv. 23. Mai 1837, § 3, Ra. 3406, Rgbl. 20, vgl. V. v. 29. Aug. 1792, a. E., H. II. 154.

§ 16.
V. Schulzucht und Disciplin.

Die Lehrer müssen pflichtmäßig auf das Betragen der Schulkinder sowol in als außer der Schule achten. Für letzteren Fall stehen ihnen die Schulvorsteher zur Seite, welche alle außerhalb der Schule, besonders von mehreren gemeinschaftlich, begangenen Unsittlichkeiten z. B. Thierquälerei, Baumfrevel, Genuß geistiger Getränke u. s. w. den Lehrern anzeigen sollen.[1]) Letzteren gebührt das Recht körperlicher Züchtigung innerhalb der Schule, doch müssen sie dasselbe vorsichtig wie mäßig und mit Rücksicht auf die Gemüthsart der Kinder ausüben, auch jede Parteilichkeit und Ungerechtigkeit dabei fernhalten, widrigenfalls sie Gefahr laufen abgesetzt zu werden.[2]) Auf keinen Fall aber dürfen die Angehörigen gezüchtigter Schulkinder die Lehrer persönlich und unziemlich darüber zur Rede stellen; solche Contraventionen sind amtspolizeilich mit Geld- oder Gefängnißstrafe, unter Recurs an das Ministerium für Unterricht, zu ahnden, woneben obendrein die Lehrer ihre vollen civilen oder criminellen Ansprüche geltend machen können.[3])

Dagegen ist zur Bestrafung vermeintlicher Züchtigungs-Excesse der Lehrer ein bestimmtes gesetzliches Verfahren vorgeschrieben.[4]) Die Beschwerden der Angehörigen gehen hiernach zunächst an den competenten Prediger. Dieser versucht vorerst gütliche Ausgleichung, bei deren Gelingen event. das pflichtwidrige Verfahren des Lehrers vom Prediger, resp. in Gegenwart der Beschwerenden gerügt, erforderlichen Falls selbst dem Superintendenten zu weiterer Disciplinar-Verfügung angezeigt wird; bei deren Mißlingen aber vom Prediger weitere Mittheilung ans Amt ergeht, welches dann gemeinschaftlich mit jenem förmliche polizeiliche Untersuchung einleitet. Nach derem Resultate wird entweder der Lehrer freigesprochen, oder bei erwiesener Schuld aber Nicht-Existenz körperlicher Verletzungen nach den Umständen mit Verweis resp. Geldstrafe von 1—5 Thlrn. an die Armenkasse belegt event.

---

[1]) Vo. 19. Septbr. 1842, § 7, Ra. 3432, Rgbl. 34 nebst Erläuterungen.
[2]) Vv. 20. Aug. 1771, 15, H. II. 35.
[3]) C. des Unt.-Min. v. 24. Febr. 1845.
[4]) V. v. 10. Febr. 1845, Ra. 3437, bestätigt durch C. v. 24. Febr. 1854.

selbst, besonders bei wiederholter harter Behandlung, seine Versetzung resp. Dienstentfernung (§ 55) beim Unterrichtsministerium beantragt; während bei wirklichen, durch ärztliche Bescheinigung nachzuweisenden Verletzungen — wohin aber bloße Striemen als Spuren der Züchtigung nicht zu rechnen — nach wiederholt zu erstrebender aber mißlungener Einigung über Schäden und Kosten den Angehörigen der förmliche civile Rechtsweg beim competenten Gerichte gegen die Lehrer eröffnet wird;[5]) gegen vorstehende Entscheidungen der Schulbehörde geht der Recurs wieder an das Unterrichtsministerium. Die Auslagen des Predigers durch seine Theilnahme an vorstehendem Verfahren z. B. Reise- und Zehrungskosten, werden von ihm nicht aus eigener Tasche übertragen, sondern zu den Untersuchungskosten gezählt und demnach entweder von dem schuldigen und gleichzeitig in jene zu verurtheilenden Lehrer oder aus der Amtskasse erstattet.[6])

Selbstverständlich bleibt bei criminellen Gesichtspunkten die officielle Competenz der Criminalgerichte vollständig gewahrt, durch deren entweder von vornherein oder während vorstehender polizeilicher Untersuchung geschehendes Einschreiten letztere ausgeschlossen resp. sofort beendigt wird.[7])

Diese zunächst für Elementarschulen geltenden Grundsätze finden natürlich auch auf Industrieschulen entsprechende Anwendung, wenngleich das Recht körperlicher Züchtigung den Lehrerinnen wegen mangelnder pädagogischer Vorbildung ohne Weiteres nicht zustehen und besonders durch Nachsitzen 2c. zu ersetzen sein dürfte.

---

[5]) Wegen des den Lehrern an sich gebührenden Züchtigungsrechts und dadurch wegfallenden animus injuriandi findet dann nicht die ästimatorische oder auf Abbitte gerichtete Injurienklage, sondern nur die actio legis Aquiliae wegen wirklichen, durch den Züchtigungs-Exceß verursachten, Schadens statt. Vgl. Buchka u. Budde, Entscheidungen pg. Bd. 4, Pag. 233 ff.
[6]) Nach einzelnen Regiminal-Rescripten.
[7]) V. v. 10. Febr. 1845 cit. a. E.

VI. Schulzeit, Ferien.

§ 17.

1) In Elementarschulen.

Die Sommerschule beginnt am Montag nach Ostern und dauert bis Mittwoch resp. Sonnabend vor Michaelis, je nachdem der Michaelistag in die erste oder in die zweite Hälfte der Woche fällt. Die Winterschule dagegen wird eröffnet am Montag oder Donnerstag nach dem 24. October, je nachdem letzterer Tag zur zweiten oder zur ersten Hälfte der Woche gehört.[1]

Sowol in der Winter- als in der Sommerschule wird an allen 6 Wochentagen unterrichtet, jedoch in der Sommerschule nicht an den Nachmittagen, soweit nicht, was bei s. g. 2ten, 3ten u. s. w. Lehrern (§ 30) stets der Fall zu sein pflegt, letztere bestallungsmäßig auch zum Nachmittagsunterricht verpflichtet sind.[2] Außerdem waren stets bei allen Schulen früher nur die Nachmittage des Sonnabend,[3] später auch noch die des Mittwoch,[4] in neuerer Zeit für die Kinder des Schulorts nur wieder diejenigen des Sonnabend, dagegen für Eingeschulte (§ 9 ff.) aus nicht ganz nahen Ortschaften der ganze Sonnabend[5] schulfrei; doch ist es jetzt unter Aufhebung dieser Bestimmungen[6] dem gemeinschaftlichen Ermessen der Beamten, Prediger, Schulvorsteher überlassen, unter Berücksichtigung localer Umstände z. B. eingeschulter Ortschaften, Beschaffenheit der Schulwege, Industrieschulen, Holztage[7] (Thl. I, § 139) festzustellen, ob wieder beide Nachmittage des Mittwoch und Sonnabend,

---

[1] C. d. Unt.-Min. v. 26. Aug. 1852, §§ 2, 3, wodurch frühere entgegengesetzte Bestimmungen der Vr. v. 20. Aug. 1771, 2, H. II. 35, v. 7. März 1823, 8, Ra. 3354, Rgbl. 12, jetzt veraltet sind.

[2] C. v. 26. Aug. 1852, § 1 cit.

[3] B. v. 20. August 1771 sub 11 cit.

[4] Vo. v. 7. März 1823 sub 12 cit., v. 23. Octbr. 1824, Ra. 3355, Rgbl. 47.

[5] C. des Unt.-Min. v. 23. Febr. 1850, v. 6. Febr. 1852.

[6] C. des Unt.-Min. v. 29. Mai 1852.

[7] Welche übrigens nach C. v. 2. Decbr. 1852, Ra. 4081, auf schulfreie Zeit verlegt werden sollen.

oder letzterer Tag ganz schulfrei sein sollen.⁸) Hierüber herrscht deshalb keine durchgehende Gleichförmigkeit.

Die täglichen Unterrichtsstunden sind in den Winterschulen observanzmäßig 6, nämlich Vormittags von 8—11 und Nachmittags von 1—4 Uhr, wobei die über Feld Gehenden event. früher zu entlassen sind;⁹) in den Sommerschulen aber Vormittags von 7—10 Uhr und event. Nachmittags bis zu 2 Stunden,¹⁰) welche von Predigern, Lehrern, Schulvorstehern gemeinschaftlich bestimmt werden.¹¹)

Gesetzliche Ferien sind jetzt 1 Woche in der Saatzeit für Lehrer mit Ackerwirthschaft nach eigner Wahl, mit vorheriger Anzeige an Prediger und Schulvorsteher, Dinstag und Mittwoch der Pfingstwoche, die Jahrmarktstage in nächster Stadt, 4 Wochen in der Kornernbte unter denselben Bedingungen wie bei den Saatferien, die s. g. Kartoffelferien d. i. die Zeit vom Ende der Sommerschule bis Anfang der Winterschule, 3 Wochen der hohen Feste.¹²)

Außer dieser gesetzlichen Freizeit und den dringendsten, unabwendbaren Hindernissen, z. B. Krankheit ꝛc. dürfen die Lehrer nicht einmal auf wenige Schulstunden eigenwillig die Kinder sich selbst überlassen, resp. die Schule aussetzen, sondern müssen sich stets vom competenten Prediger Urlaub erwirken.¹³)

Ueber Beurlaubung der Kinder vgl. noch § 21 a. E.

§ 18.

2) In Industrieschulen.

Dieselben werden sowol im Winter als im Sommer excl. der auch hier geltenden gesetzlichen Ferien (§ 17) besucht. Die Zeit des Unter-

---

⁸) Das Sommerschul=Regulativ v. 26. Aug. 1852, § 1, spricht freilich wieder nur ausschließlich von den Nachmittagen des Mittwoch und Sonnabend.
⁹) Vv. v. 7. März 1823 sub 12 cit., v. 23. Octbr. 1824 cit., v. 20. Aug. 1771 sub 3 cit.
¹⁰) C. v. 26. Aug. 1852, § 1 cit., vgl. die veraltete V. v. 11. Juli 1777, H. II. 53.
¹¹) Vgl. die nicht publicirten Erläuterungen ad § 7 der V. v. 19. Septbr. 1842, Ra. 3432, Rgbl. 34, Reg.=Rescr. v. April 1847, Ra. 3450.
¹²) Vv. 7. März 1823 sub 9 cit., v. 23, Octbr. 1824 cit., v. 26. Aug. 1852, §§ 2, 3, 4, wodurch die entgegengesetzte Bestimmung der V. v. 20. Aug. 1771 sub 4 cit., v. 11. Juli 1777 cit., v. April 1847 cit., veraltet sind.
¹³) Vv. v. 1. Decbr. 1768, H. II. 32, v. 20. Aug. 1771, 10 u. 12, H. II. 35.

richts soll so bestimmt werden, daß die eigentliche Elementarunterweisung nicht darunter leidet und die Entfernung der eingeschulten Ortschaften (§ 9 ff.) berücksichtigt bleibt, weshalb im Allgemeinen an 5 Nachmittagen der gewöhnlichen Schultage je 2 Stunden, also wöchentlich 10 Stunden, dazu genommen zu werden pflegen;[1]) doch werden auch die Nachmittage des Mittwoch und Sonnabend zu Gunsten der andern Nachmittage häufig mehr besetzt. Jedenfalls ist die Dauer einer einzigen Stunde zu kurz, weil auch mit Vorbereiten und Wegräumen immer Zeit verloren geht, und wenigstens 2 Stunden hintereinander erscheinen erforderlich. Beim Obstunterricht sind überhaupt nur 2 Stunden wöchentlich gesetzlich geboten (vgl. Thl. I, § 172).

VII. Schulzwang, schulpflichtiges Alter.

§ 19.

1) In Elementarschulen.

Um die Zwecke der Schule zu sichern, herrscht in Mecklenburg von jeher Schulzwang, d. h. jedes an sich schulfähige Kind muß von und bis zu einem bestimmten Lebensalter sowol im Winter als im Sommer eine Schule besuchen.[1]) Letztere ist zunächst am Schulort die dort befindliche, bei Einschulungen (§ 9 ff.) diejenige Schule, mit welcher der Schulverband besteht (§ 33 u. 34). Doch haben die Angehörigen auch die freie Wahl einer andern öffentlichen oder Privatschule (§ 8, 12) resp. gegen Entschädigung des eigentlich competenten Lehrers (§ 48).[2]) Fremde Confessionen entfreien nur dann gänzlich von dem Zwang zu

---

[1]) Bv. 23. Mai 1837, § 5, Ra. 3406, Rgbl. 20.

[1]) Bv. 7. März 1823, § 6 ff., Ra. 3354, Rgbl. 12, C. des Unt.-Min. v. 26. Aug. 1852, §. 5, vgl. die älteren Bv. v. 1. Decbr. 1768, H. II. 32, 20. Aug. 1771, 2. H. II. 35, 11. Juli 1777, H. II. 53, 28. Aug. 1788, H. II. 128.

[2]) Die V. v. 1. Mai 1826, Ra. 3357, Rgbl. 18, scheint blos freilich nur den vornehmeren Classen, z. B. Förstern, Pächtern, Müllern, Holländern ic. zu gestatten u. d. Reg.-Rescr. v. 25. März 1841, Ra. 3424, erklärt grabezu den Schulzwang als Anweisung an eine bestimmte Schule, doch ist erstere sehr weit und undeutlich gehalten, letzteres nur ein spezielles Gelegenheits-Rescript (vgl. auch noch §. 23, Note 1) und die Praxis hat sich anders gestaltet. Arme werden ohnehin von der Wahl keinen Gebrauch machen, um die Entschädigung des zunächst competenten Lehrers zu vermeiden.

unsern Schulen, wenn sie sowol anerkannt sind als eigne confessionelle Schulen haben, und in Ermangelung der letzteren höchstens vom Religionsunterricht, z. B. bei Israeliten,³) während die Kinder nicht anerkannter Secten z. B. Baptisten überall, selbst zur Theilnahme am Religionsunterricht, pflichtig bleiben.⁴) Anstatt der öffentlichen oder concessionirten Privatschule ist übrigens auch häuslicher Unterricht innerhalb der Grenzen einer einzelnen Familie gestattet, jedoch auf dem platten Lande nur bei qualificirten Hauslehrern oder Hauslehrerinnen (§ 8) und dann ohne Entrichtung von Schulgeld an den eigentlich competenten Lehrer (§ 48).⁵)

Die Aufnahme der Schulpflichtigen geschah früher stets zu Michaelis,⁶) findet aber jetzt stets zu Ostern statt.⁷) Dieser Zeitpunkt empfiehlt sich besonders, weil die Schule dann von den mit Dienstschein Abwesenden (§ 21) leer ist, der Lehrer also mehr Muße für die Kleinen hat und letztere sich in guter Jahreszeit an den Schulgang über Feld gewöhnen können.⁸) Natürlich müssen die mit ihren Eltern umziehenden Kinder zu jeder Zeit in die Schulen ihres neuen Wohnorts aufgenommen werden (§ 22).⁹)

Zur Controle der gesetzlichen Blatterimpfungen darf kein Kind in eine Schule aufgenommen werden, bevor es dem Lehrer den Impfschein producirt hat. Der Lehrer bewahrt und übergibt ihn bei der Schulrevision (§ 24) dem Prediger, welcher dies darunter attestirt und ihn den Kindern zurückstellt. Prediger und Lehrer sollen den Mangel eines Impfscheins der Obrigkeit anzeigen und erstere bei der künftigen Revision auf Nachlieferung des Impfscheins achten.¹⁰)

---

³) Vgl. städtsche Schulordnung 1, 2, Ra. 3344.
⁴) Durch Rescripte des Unt.-Min. an Amt Grabow i. J. 1853 wiederholt ausgesprochen.
⁵) Vv. 7. Juni 1825, Ra. 3332, Rgbl. 30 (§ 48).
⁶) Vv. 20. Aug. 1771, 2 cit., 7. März 1823, 8 cit.
⁷) C. des Unt.-Min. v. 28. Decbr. 1854.
⁸) Vgl. Erläuterungen ad § 5 des Unt.-Min. v. 26. Aug. 1852.
⁹) Vgl. Erläuterungen ad § 1 des C. v. 28. Decbr. 1854.
¹⁰) Vv. 30. Jan. 1839, Ra. 2723, Rgbl. 7, erneuert durch V. v. 21. Jan. 1852, Ra. 4745, Rgbl. 3, v. 22. März 1861, Rgbl. 12. Das Formular der Impfscheine ist durch Vv. 23. Mai 1842, Ra. 2725, gesetzlich bestimmt.

§ 20.

Fortsetzung.

Der Beginn des schulpflichtigen Alters schwankte früher zwischen dem 4ten und dem 7ten Lebensjahre.¹) Im ersten Viertel dieses Jahrhunderts ist jener für die Kinder des Schulorts ans vollendete 5te, für auswärtige, eingeschulte (§ 9 ff.) ans vollendete 6te Lebensjahr geknüpft;²) doch sollten auch schon die ein wenig jüngeren, sich freiwillig einfindenden Kinder nicht zurückgewiesen werden.³) Jetzt endlich sind, ohne Unterschied zwischen einheimischen und auswärtigen Kindern, alle diejenigen schulpflichtig, welche seit dem 1. October v. J. das 6te Lebensjahr vollendet haben oder bis zum 1. October d. J. dasselbe zurücklegen werden.⁴)

Auf Wunsch der Eltern und mit Einwilligung des competenten Predigers können besonders zur Erleichterung der Mütter in Hausstand und Feldarbeit, auch schon jüngere zu Ostern aufgenommen werden, doch regelmäßig weder vor vollendetem 5ten Lebensjahr, noch bei Anzahl von schon mehr als 80 Schulpflichtigen, oder wenn die erforderlichen 6 □Fuß Raum für jedes Kind (§ 36) nicht mehr vorhanden sind, noch ohne Verpflichtung zum Halten der Schulordnung, noch endlich bloß deshalb, um dem Lehrer höheren Schullohn zuzuwenden, in welchem Fall event. nach Ministerial-Verfügung jene bei Berechnung des Schullohns nicht mit veranschlagt werden⁵) (§ 48).

Das schulpflichtige Alter endet regelmäßig mit der Confirmation.⁶) Wo in einzelnen Schulgemeinden noch die alte Observanz besteht, daß auch schon Confirmirte noch $\frac{1}{2}$—2 Jahr zur Theilnahme am Schulunterricht und an kirchlichen Katechisationen verpflichtet sind,⁷) soll jene

---

¹) Bv. 1. Decbr. 1768, H. II. 32, 20. Aug. 1771, 2, H. II. 35.
²) Bv. 28. April 1817, Ra. 3349, Rgbl. 20; 2. März 1823, 6, Ra. 3354, Rgbl. 12, Reg.-Reser. v. 25. März 1841, Ra. 3424.
³) Bv. 23. Oct. 1824, Ra. 3355, Rgbl. 47.
⁴) E. des Unt.-Min. v. 28. Decbr. 1854.
⁵) Erläuterungen ad § 5 des E. des Unt.-Min. v. 26. Aug. 1852 und zum E. des Unt.-Min. v. 28. Decbr. 1854.
⁶) Bv. 1. Decbr. 1768, H. II. 32; v. 7. März 1823, 6, Ra. 3354, Rgbl. 12.
⁷) Bv. 1. Decbr. 1768 cit., 20. Aug. 1771, 13 cit.

nicht nur conservirt, sondern auch möglichst verbreitet werden.") Wünschenswerth gewiß ist auch die Errichtung von Sonntags- resp. Abendschulen, damit auch die Erwachsenen zur Aufbewahrung des Gelernten und zur Weiterbildung Gelegenheit finden.

§ 21.
Fortsetzung.

Als Ausnahme von der dauernden Schulpflicht dürfen schon nach der Schulordnung¹) bei dringenden Feldarbeiten die Ackersleute ihre größeren Kinder und Pflegebefohlenen mit Erlaubniß des Predigers wöchentlich einige Tage aus der Schule behalten. Nach der Praxis einzelner Aemter ist dies später zuweilen²) dahin ausgedehnt, daß ärmere Leute z. B. Büdner, Einlieger, Wittwen zur Erleichterung ihres eignen Hausstandes und zum besseren Fortkommen ihrer Kinder diese nach vollendetem 10. Lebensjahr den Sommer über in Dienst geben können. Durch das Sommerschulregulativ³) ist diese sommerliche Dienstzeit übers ganze Domanium ausgebreitet, jedoch von ganz bestimmten Bedingungen abhängig gemacht.

Hiernach müssen die um solche Dispensation sich bemühenden Kinder zunächst das 10te Lebensjahr vollendet haben, wovon nur bei größter Noth der Eltern und zahlreicher Familie eine Ausnahme zu machen ist. Sie dürfen keiner offenbaren Unsittlichkeit schuldig oder dringend verdächtig sein, müssen stets regelmäßig die Schule besucht, eine gute Grundlage in allen Unterrichtsgegenständen erlangt haben und besonders in Religion und Lesen bewandert sein (§ 12).

Die im nächsten Sommer dienen Wollenden sollen sich dann jährlich bis Neujahr bei den Lehrern melden, welche sie nach Vor- und Zunamen, Alter, Stand und Wohnort der Eltern verzeichnen. Bald nach Neujahr werden dann sowol die sich neu Meldenden, als die schon früher im Sommer gedient Habenden und wiederum in Dienst zu treten Beabsichtigenden vom Prediger in Gegenwart der von ihm zeitig

---

⁸) Bv. 23. Octbr. 1824, Ra. 3355, Rgbl. 47.
¹) B. 7. März 1823, § 9, Ra. 3354, Rgbl. 12.
²) Vgl. Reg.-Rescr. v. April 1847, Ra. 3450.
³) B. 26. Aug. 1852, §§ 6 u. 7 nebst Erläuterungen.

zu benachrichtigenden competenten Lehrer und Schulvorsteher einer Prüfung über vorstehend schon genannte Erfordernisse unterzogen. Letztere soll eine öffentliche (§ 24), den Eltern und Angehörigen zugänglich sein,⁴) möglichst auf die ganze Schule ausgedehnt auch event. mit Prämirungen (§ 24) verbunden werden, und findet nur bei den damals Erkrankten nachträglich im Hause des Predigers statt. Die darin zum Dienen qualificirt Befundenen werden in eine von Predigern und Schulvorstehern zu unterschreibende Liste getragen. Sie erhalten demnächst je ein vom Prediger auszustellendes, zu unterschreibendes, mit dem Kirchensiegel zu versehendes Dienstelaubniß - Attest, s. g. Dienstschein, in Grundlage bestimmter, dem Prediger zu Neujahr vom Amt mitzutheilender Schemata, in denen die darin genau beschriebenen Kinder von Ostern bis zum 24. October ausdrücklich von der Schule dispensirt, jedoch die nächstjährigen Confirmanden zur Theilnahme an den kirchlichen Katechisationen ihres Dienstortes verpflichtet werden. Bei Annahme des Dienstes sind die Dienstscheine dem Dienstherren zur Aufbewahrung zu übergeben, nach beendigter Dienstzeit dem Lehrer zurückzuliefern, worauf sie dann bei nächster Prüfung (§ 24) cassirt werden.

Außer diesen Fällen sind förmliche Befreiungen schulfähiger Kinder vom Schulgehen unter keinen Umständen gestattet⁵) und einzelne Versäumnisse nur in wirklich nachgewiesenem Nothstande z. B. bei Krankheiten der Kinder und ihrer Angehörigen,⁶) unpassirbaren Wegen, ungestümer Witterung u. s. w. nach Ermessen des Predigers entschuldbar.⁷)

---

⁴) Die möglichste Betheiligung der Schulgemeinde ist wünschenswerth, damit sowol die Aeltern sich von den Fortschritten ihrer Kleinen überzeugen und zu Hause nach Kräften nachhelfen, als auch die Kinder gehörig zu gegenseitigem Wetteifer angeregt werden. Viel thut auch hiezu die Gegenwart und sonstige Ermunterung der Beamten (§ 24).

⁵) Gegen die ersichtliche Absicht des Gesetzes findet sich zuweilen Ertheilung von Dienstscheinen an Töchter der wohlhabendern Bewohner Zwecks sommerlichen Besuchs städtscher Nähschulen und jedenfalls ist dies unstatthaft, wenn am Schulort selbst Industrieschulen errichtet sind (§ 11).

⁶) Nach V. v. 27. Juni 1863, §. 3, II, Rgbl. 28 dürfen Kinder aus cholerabehafteten Ortschaften die Schulen gesunder Gegenden nicht besuchen. Ebenso sollen nach Vo. 12. Decbr. 1864, Rgbl. 51, Kindern aus Häusern, in welchen brandige Bräune herrscht, bis nach deren gänzlichem Erlöschen die Schule nicht besuchen.

⁷) Vv. 1. Decbr. 1768, H. II. 32; v. 7. März 1823, 9, Ra. 3354, Rgbl. 12.

§ 22.

Fortsetzung.

Damit keine schulpflichtigen Kinder übersehen werden, sollen die competenten Prediger zur Zeit ihrer Aufnahme (§ 20) die Listen derselben aus den Kirchenbüchern extrahiren und von der Kanzel verlesen.[1]) Beim Fortzug der Eltern aus dem Geburtsort der Kinder (§ 19) resp. deren auswärtiger Einschulung (§ 9 ff.) muß die geistliche Schulinspection des neuen Wohn- oder Schulortes sich mit derjenigen des Geburtsortes in Einvernehmen setzen resp. von den Eltern die Geburtsscheine der Kinder einfordern.[2]) Bei der Wahl anderer als der eigentlich angewiesenen Ortsschulen (§ 19) endlich sollen die Angehörigen vorherige Anzeige an die Prediger des ursprünglichen und des gewählten Schulortes machen, und gilt deren Unterlassen als Schulversäumniß. Derjenige Lehrer, welcher solche Kinder aufnimmt, ohne sich dieser Anzeige vergewissert zu haben, verliert das von ihnen zu zahlende Schulgeld zum Besten der Schulkasse, und jeder Prediger muß seine pflichtmäßige Sorge auch auf die fremden Kinder erstrecken.[3])

Ueber die Versäumnisse der hiernach ihnen zugewiesenen Schulkinder führen die Lehrer bei eigner Verantwortlichkeit und Geldstrafe[4]) besondere Listen resp. Classenbücher nach bestimmtem Formular und überreichen dieselben vierteljährlich dem Prediger (§ 24), welcher nach Rücksprache mit den Schulvorstehern die unentschuldigten (§ 21) extrahirt und viertel- oder halbjährlich dem Amte mittheilt, auch seinem jährlichen Officialbericht (§ 24) ein Verzeichniß derselben und das Datum ihrer ans Amt gemachten Meldung beizufügen hat. Das Amt bestimmt die Strafen, nämlich bei Bauern, bäuerlichen Erbpächtern und Büdnern pro Tag 2 ßl., bei Häuslern, Einliegern ꝛc. pro Tag ½ ßl., wobei für die letztere Classe in der Regel weniger als 12,[5])

---

[1]) Vv. 7. März 1823, 7, Ra. 3354, Rgbl. 12, vgl. Vv. 1. Decbr. 1768, H. II. 32.

[2]) vgl. Erläuterungen ad § 1 des E. des Unt.-Min. v. 28. Decbr. 1854 und Reg.-Rescr. v. 25. März 1841, Ra. 3424.

[3]) V. v. 1. Mai 1826, Ra. 3357, Rgbl. 18.

[4]) Vv. 20. Aug. 1771, 14, H. II. 35.

[5]) Nach Berichts-Einforderung v. 24. Decbr. 1862 wird diese Bestimmung verschieden ausgelegt, indem bald jedem einzelnen Kinde eines Tagelöhners, bald nur

nicht gerade muthwillig versäumte, Schultage nicht in Anrechnung kommen, und läßt sie durch den Landreiter von den Eltern der Kinder executivisch beitreiben. Beim Unvermögen derselben tritt subsidiäre, bei fortgesetzter muthwilliger Zurückhaltung der Kinder vom Schulbesuch aber principale Gefängnißhaft ein, wobei 12 ßl. gleich 6 Stunden gerechnet werden, jedoch immer nicht eher, als bis auf mindestens 6 Stunden erkannt werden kann.[6]) Die ohne Dienstschein (§ 21) in Dienst getretenen Kinder werden innerhalb Amtes durch den Landreiter zurückgeholt, von Auswärts aber amtlich reclamirt, auch die Eltern außerdem in vorstehende Versäumnißstrafen, wobei halbe Tage für voll gerechnet werden, und in sämmtliche erwachsene Kosten verurtheilt.[7]) Alle erhobenen Strafgelder werden vom Amte an die competenten Prediger abgeliefert, welche sie zu Schulzwecken, besonders zur Beschaffung von Schulutensilien und von Lehrbüchern für Arme (§ 14), von Prämien in den Schulexamen (§ 24) verwenden.[8]) Die früher einmal gehegte Absicht ihrer Ablieferung zur Amtsschulkasse (§ 70) unter im Uebrigen ähnlicher Verwendung,[9]) sowie darüber im Jahr 1852 und 1853 stattgehabte Verhandlungen [10]) haben zu keinem allgemeinen Resultate geführt, und nur bei einzelnen Aemtern die Berechnung jener Strafgelder zur Amtsschulkasse bewirkt.

Ueberhaupt sollen sämmtliche Glieder und Organe der Schulbehörden für regelmäßigen Schulbesuch der Kinder sorgen und streben. Vor allem die Beamten und Prediger (§ 4), aber auch die Schulvorsteher (§ 3) sollen insbesondere auch auf gute Beschaffenheit der Schul-

---

dessen mehreren Kindern zusammen jene Maximalzahl von Versäumnissen ungestraft passirt.

[6]) Diese betreffenden Bestimmungen des Sommerschul=Regulativs v. 26. Aug. 1852, §§ 9 u. 10 und der allgemeinen Schulordnung v. 7. März 1823, §§ 9. 11, Ra. 3354, Rgbl. 12 kommen in der Praxis vereinigt, wie im Text angegeben, zur Anwendung. — Im Uebrigen vgl. über die wesentlich gleichartigen früheren Verhältnisse, Vv. 1. Decbr. 1768, H. II. 32; v. 20. Aug. 1771, 2, H. II. 35; vom 25. Juni 1773, H. IV. 37; v. 11. Juli 1777, H. II. 53; v. 28. Aug. 1788, H. II. 128.

[7]) C. des Unt.=Min. v. 26. Aug. 1852, § 8 nebst Erläuterungen.

[8]) Vgl. die Vv. des vor. Jahrhunderts sub Note 6.

[9]) Reg.=Rescr. v. 12. Decbr. 1845, Ra. 3442.

[10]) Berichts=Einforderung v. 15. Nov. 1852.

wege sehen,¹¹) und die Landreiter auf beamtliche Anordnung beim dienstlichen Passiren der einzelnen Ortschaften zur Schulzeit die fehlenden Kinder vom Lehrer erfragen und die besonders säumigen sofort aus ihren Häusern zur Schule holen.¹²) Indirecter Zwang zum regelmäßigen Schulbesuch liegt für die Kinder endlich darin, daß die Prediger die der nöthigen Vorkenntnisse (§ 12) Ermangelnden von der Confirmation zurückweisen,¹³) ihnen auch schon früher die so sehr begehrten Dienstscheine verweigern können (§ 21).

§ 23.
2) In Industrieschulen.

Hier herrscht allgemeiner gesetzlicher Schulzwang nur bei den Töchtern vom vollendeten 8ten Lebensjahr an bis zur Confirmation, welche aber durch den der Amtsschulbehörde zu bringenden Nachweis entfreit werden, daß sie anderweitig genügenden Unterricht in den gewöhnlichen weiblichen Handarbeiten genießen.¹) So besuchen denn auch gewöhnlich die Mädchen nahe bei Städten gelegener Dörfer die dortigen Nähschulen (§ 11). Nur spezieller Schulzwang, nämlich zur Theilnahme am Unterricht in der Obst- und Baumcultur, ist bei Knaben nach zurückgelegtem 12ten Lebensjahr bestimmt (Thl. I, § 172). Sonst sind letztere nicht pflichtig, wenngleich ihre freiwillige Theilnahme vom Beginn des 9ten Jahres an gerne gesehen wird und sie nicht zurückgewiesen werden dürfen.²) Im Jahr 1848 haben einzelne Gemeinden die Aufhebung der Industrieschulen beantragt und ihrem Verlangen ist mindestens durch Aufhebung des Schulzwangs in der Weise entsprochen, daß eine Pflicht, nämlich zur Annahme der sich freiwillig meldenden Kinder nur auf Seiten der Industrielehrerin besteht (§ 11).

Im Uebrigen finden auch hier die für Elementarschulen geltenden vorstehenden Bestimmungen entsprechende Anwendung.³)

---

¹¹) Vo. 19. Septbr. 1842, § 7, Ra. 3432, Rgbl. 34.
¹²) E. des Unt.-Min. v. 16. Nov. 1854.
¹³) Vo. 16. Juli 1840, Ra. 3094, Rgbl. 27.
¹) Vo. 23. Mai 1837, §. 4, Ra. 3406, Rgbl. 20.
²) Vo. 23. Mai 1837 cit.
³) Vo. 23. Mai 1837, § 12 cit.

§ 24.

VIII. **Schulvisitationen, Examen, Lehrerconferenzen, Officialberichte.**

Die reglementmäßigen Pflichten der Lehrer, die Einrichtungen und Erfolge der Schule lassen sich von den zur Inspection berufenen Schulbehörden (§ 4) nur dann gehörig controliren, wenn letztere an Ort und Stelle häufig persönlich revidiren und überhaupt in möglichst unmittelbaren Beziehungen zu jenen stehen.

Zunächst die Prediger sollen unter Zuziehung der Schulvorsteher[1]) sämmtliche Schulen ihres Sprengels so oft sie können und wenigstens einmal monatlich besuchen,[2]) solche Visitationen aber zur Ersparung besonderer, weder ihnen selbst noch der Schulgemeinde anzusinnender, Kosten an Fuhren ꝛc. mit anderen gelegentlichen Reisen z. B. zu Kranken vereinigen.[3]) Zur Erleichterung der Uebersicht über das Ganze müssen die Lehrer s. g. Schultabellen über Alter, Stand, Fortschritte, Schulbesuch aller Kinder in duplo sowol für sich als für die Prediger halten und stets vervollständigen.[4]) Passend werden größere Prüfungen (vgl. § 21) Prämienertheilungen (§ 14) hiermit verbunden, auch Einforderungen der Impfscheine (§ 19) und Cassirung veralteter Dienstscheine (§ 21).

Nicht minder nützlich sind den Beamten solche persönlichen Schulrevisionen (§ 21, N. 4) zur Gewinnung eigner Urtheile über Lehrer und Schulen, auch sowohl bei Elementar=[5]) als bei Industrieschulen,[6]) sowie betreffs der Obst- und Baumcultur,[7]) geradezu gesetzlich befohlen. Auch die Industrielehrerinnen führen Schultabellen, welche zunächst an die Prediger und von diesen revidirt wie unterschrieben an das Amt abzugeben sind.[8]) Auch hier empfehlen sich öffentliche Prüfungen und Prämirungen.

---

[1]) Vv. 19. Septbr. 1842, § 8, Ra. 3432, Rgbl. 34.
[2]) Vv. 1. Decbr. 1768. H. II. 32; 7. März 1823, § 11, Ra. 3354, Rgbl. 12; 23. Octbr. 1824, Ra. 3355, Rgbl. 47.
[3]) Vv. 23. Octbr. 1824 cit.; 16. April 1830, Ra. 3367.
[4]) Vv. 20. Aug. 1771, § 8, H. II. 35.
[5]) Vgl. Vv. 28. Aug. 1788, H. II. 128 verb.: „nicht minder habt Ihr (Beamte) von Amtswegen nach dem Verhalten der Schulmeister bei ihrem Unterricht fleißig nachzuforschen".
[6]) Vv. 23. Mai 1837, § 10, Ra. 3406, Rgbl. 20.
[7]) Vgl. Thl. I, §§ 171—173.
[8]) Vv. 23. Mai 1837 cit.

Gleichzeitige Visitationen der weltlichen und geistlichen Behörde (vgl. § 4) sind nicht geradezu nothwendig und geboten, gewiß aber zur Gewinnung gleichmäßiger Urtheile, zu sofortiger Einigung über etwa erforderliche Maßregeln, zum Antrieb und zur Ermunterung der ganzen Schulgemeinde (§ 21, R. 4) durchaus heilsam. — Selbstverständlich erstreckt sich das Inspectionsrecht der Amtsschulbehörde auch auf etwaige Privatschulen und die Hauslehrer (vgl. § 8).

Schulrevisionen werden obendrein noch zuweilen durch die Seminardirectoren[9]) und die Superintendenten (§ 1), wie Schulräthe abgehalten.

Außerdem sollen die Prediger bei sich[10]) vierteljährlich Conferenzen mit den Lehrern, womöglich in Gegenwart der sonst halbjährlich zu gleichem Zweck separat zu versammelnden Schulvorsteher (§ 3)[11]) anstellen, um sich mit ihnen über Methode, Gegenstände des Unterrichts, Fortschritte der Kinder, Lehrutensilien,[12]) neue Schulgesetze zu besprechen; die Lehrer haben bei dieser Gelegenheit ihre Schultabellen und Versäumnißlisten (§ 22) an die Prediger abzugeben.[13]) Ueber die Conferenzverhandlungen ist ein Protocoll aufzunehmen.[14]) Gleich nach Ostern jedes Jahres sollen die Prediger einen Officialbericht über den Zustand der Schulen ihres Sprengels unter Anschluß der Versäumnißlisten (§ 22) und der Lehrerconferenzprotocolle anfertigen und durch die Präpositen an die Superintendenten gelangen lassen.[15]) Ebenso sollen auch die Beamte bei Ablegung der jährlichen Schulrechnung (§ 70) über Bestand und Fortgang der Industrieschulen an das Unterrichtsministerium berichten.[16])

---

[9]) Reg.-Rescr. v. 5. Juni 1841, Ra. 3425.
[10]) In einigen Aemtern geschehen diese Lehrerconferenzen sehr passend bei den verschiedenen Lehrern selbst und abwechselnd, werden auch mit Schulprüfungen verbunden.
[11]) Bv. 19. Septbr. 1842, § 9, Ra. 3432, Rgbl. 34 nebst Erläuterungen.
[12]) Vgl. B. v. 4. April 1832, Ra. 3371, Rgbl. 14.
[13]) Bv. 7. März 1823, § 11, Ra. 3354, Rgbl. 12.
[14]) Bv. 23. Octbr. 1824, Ra. 3355, Rgbl. 47; v. 16. April 1830, Ra. 3367.
[15]) Bv. 7. März 1823 cit.; v. 23. Octbr. 1824 cit.
[16]) Bv. 23. Mai 1837, § 10, Ra. 3406, Rgbl. 20.

C. Lehrer und Lehrerinnen.

§ 25.
I. Ausbildung, Seminar.

Der Anzahl (§ 1, N. 8) und den vorstehend geschilderten trefflichen Einrichtungen unserer Domaniallandschulen entsprechen auch die Lehrkräfte unseres Domanium. Diese vor Allem müssen geistig und materiell gefördert und gehoben werden, wenn jene zu frischem Leben erstarken sollen, und in solcher Erkenntniß ist gewiß in keinem Lande so viel als in Mecklenburg gethan, um die Ausbildung und äußere Stellung unserer Domaniallehrer zu sichern.

Die Gefahren früherer Ignoranz und Unfähigkeit (§ 1) wurden schon bald nach Mitte v. Jahrhunderts dadurch ferner gehalten, daß nur solche Lehrer in den Dörfern bestellt werden sollten, welche vorher examinirt und tüchtig befunden waren.[1]) Dennoch war dadurch keine sichre Gewähr für allgemeine dauernde Begründung besserer Zustände gegeben, weil theils förmliche Anstalten zur Fachbildung der künftigen Lehrer fehlten, theils damals Alles in die Hände nur einzelner Examinatoren aus dem geistlichen Stande gelegt war, denen selbst zuweilen die nöthige Erfahrung in den Anforderungen des eigentlichen Volksschulunterrichts nicht zu Gebote stehen mochte, wodurch oft Willkühr und Ungleichartigkeit eintreten mußte. Durchgreifend bessere Zustände wurden aber bald durch die am 29. April 1782 erfolgte Gründung des anfänglich zu Schwerin, seit 26. April 1786 zu Ludwigslust, seit Michaelis 1862 endlich zu Neukloster bestehenden Schullehrer-Seminars für die Großherzoglichen Domainen geschaffen und bis in die Jetztzeit immer mehr verbreitet. Ausschließlich aus Mitteln der fürstlichen Domainen errichtet und bis jetzt unterhalten, ist dasselbe ein sprechendes Zeugniß für die edle Munificenz unserer Landesherren. — Im Uebrigen hat Zweck, Umfang, Einrichtung des Seminars mit dem Ortswechsel mehrfache zeitgemäße Veränderungen erfahren.

---

[1]) Bv. 20. Decbr. 1763, H. II. 28.

§ 26.

Fortsetzung.

Seine neueren Verhältnisse während seines Bestehens zu Ludwigs-lust (§ 25) ergeben sich aus einem Rundschreiben seines Curatorium an die Prediger.[1]) Hiernach fanden nur schon Erwachsene, welche das 23. Lebensjahr angetreten, aber das 25. noch nicht vollendet hatten, als Zöglinge dort Aufnahme. Sie mußten dort vor ihrem Eintritt in einer jährlich und an vorher publicirten Tagen stattfindenden Prü-fung bestanden sein, zu welcher sie ärztliche Atteste über Gesundheit ihrer Brust, ihres Gesichts und Gehörs, sowie Zeugnisse über ihren bisherigen Lebenswandel und Bildungsgang einzureichen hatten. Nachweis über vorherige Erlernung eines Handwerks oder einer nütz-lichen Handbeschäftigung, z. B. Drechslern, Tischlern, Korbflechten :c. waren nicht erforderlich, aber immerhin nützlich, weil er bei sonst glei-chen Leistungen der Examinanden den Vorzug ertheilte und den nicht Bestandenen bessere Aussicht auf zukünftigen Lebenserwerb verschaffte. Während des zweijährigen Cursus und Aufenthalts in der Anstalt hatten alle Seminaristen aus landesherrlichen Mitteln Wohnung, Heizung, Licht, Mittagstisch, Unterricht. Aus der Anzahl der dem-nächst im Abiturienten-Examen bestandenen Seminaristen gingen dann die wirklichen Landlehrer hervor.

Mehrfache Uebelstände machten sich aber damals bemerkbar. Zu-nächst war die Vorbildung der zukünftigen Seminaristen, der f. g. Seminar-Exspectanten, eine ungleichartige und oft ungenügende. Die-selbe geschah in Privat-Präparanden mehrerer Prediger und Lehrer ohne feste und oft ohne angemessene Principien[1]) und ihre Mängel wurden durch demnächstigen allgemein üblichen Eintritt in Stellungen von Privatlehrern nur vermehrt, ließen sich auch durch den späteren, überhaupt nur 2jährigen, Seminarcursus kaum heben. Ferner war die Aufnahme ins Seminar erst so spät, daß die nicht dazu qualificirt Befundenen inzwischen oft Zeit und Kraft zu frischer erfolgreicher Wahl eines neuen Lebensberufes verloren hatten. Endlich entfremdete der Aufenthalt der Seminaristen in einem sehr frequenten, obendrein den

---

[1]) V. 8. Novbr. 1830, Ra. 3369.
[2]) So z. B. wurde das Präparandum des Dr. Reinhold zu Malchow durch V. v. 28. Mai 1833, Ra. 3380, Rgbl. 22, ausdrücklich verworfen.

Sitz eines fürstlichen Hoflagers bildenden, Marktflecken, jene im Voraus den ländlichen und wirthschaftlichen Verhältnissen, in denen sie als zukünftige Landlehrer doch dereinst vorzugsweise sich bewegen sollten, verlieh ihnen eine Selbstüberhebung, wodurch sie von Anfang an ihrer zukünftigen Orts= und Schulgemeinde schroff entgegen traten und jede gedeihliche Einwirkung auf dieselbe verloren. Diese vorwiegenden und andere geringere Schattenseiten führten endlich zur Verlegung und völliger Reorganisation des Seminars.

§ 27.
Fortsetzung.

In Neukloster prangt jetzt seit Michaelis 1862 die Vorbereitungs=Anstalt und das Landschullehrer=Seminar für die Großherzoglichen Domainen. Mit landesherrlichem Kostenaufwande von Hunderttausenden errichtet und unterhalten, erfüllt das Bildungsinstitut jegliche Bedingung innerer und äußerer Zweckmäßigkeit und wird in seiner Großartigkeit wol von keinem in anderen Staaten auch nur annähernd erreicht. Zehn Lehrer wirken in seinen weiten Räumen und Kinder aller Landestheile, sowie der verschiedensten Stände finden dort ihre vollendete Ausbildung zu ihrem segensreichen Berufe. Bis auf Weiteres ist die Gesammtzahl seiner Zöglinge auf 160 fixirt.[1]) Sämmtliche haben Wohnung, ganze Beköstigung nebst allem Zubehör und Unterricht im Seminar gegen jährliche Zahlung von nur 40 Thlr. Courant praenumerando in Jahresraten, weshalb sich auch in dieser Beziehung bedeutende landesherrliche Zuschüsse vernothwendigen. Seinem jetzigen Namen entsprechend, ist mit dem eigentlichen, aus 2 Classen zu je 32 Schülern bestehenden, Seminar jetzt noch ein Präparandum aus 3 Classen zu je 32 Schülern für die Seminar=Expectanten als öffentliche Anstalt verbunden. Nach vorheriger Meldung an einem jährlich zu veröffentlichenden Zeitpunkte beim Unterrichtsministerium, unter Anlegung eines Taufscheins, einer selbst geschriebenen Notiz über Herkunft und genossene Schulbildung, eines ärztlichen Attestes über körperliche Beschaffenheit, geschieht zu Michaelis die dortige Aufnahme solcher jungen Leute, welche im Laufe desselben Kalenderjahrs das 15. Lebens=

---

[1]) Alles Nachfolgende ist bestimmt in einem C. des Unt.=Min. an d. Superintendenten v. 22. April 1862.

jahr erreicht haben, und in einer vorhergehenden Prüfung ihre Kenntniß in demjenigen nachweisen, was in einer guten 1- oder 2classigen Volksschule gelehrt und bei erforderlicher Qualification und Fleiß gelernt zu werden pflegt, auch ausdrücklich zu persönlicher Ableistung demnächstigen Militairdienstes sich verpflichten. Bei größerer Anzahl Angemeldeter als Aufzunehmender entscheidet der Prüfungsgrad. Ersichtlich nicht Qualificirte, ebenso wie die später also Befundenen werden sofort abgewiesen und behalten deshalb noch Zeit genug zur Ergreifung eines anderen Berufs.

Nach Absolvirung eines 3jährigen Präparanden-Cursus mit dem 18. Lebensjahr werden die Seminar-Expectanten aus der Anstalt entlassen und zu Assistenten (§ 30) an den Volksschulen verwandt. Die ihnen früher gewährte Freiheit, ein Lehreramt in Privathäusern (§ 8, 26) besonders bei solchen Kindern anzunehmen, welche eine die Grenzen gewöhnlicher Volksschulen überschreitende Bildungsstufe erstreben (§ 12), findet pro futuro nicht mehr statt und mit Recht, denn das Seminar erzieht seiner Bestimmung gemäß nur für öffentliche Schulen, und durch Aufenthalt in oft ganz heterogenen Privatverhältnissen werden seine Zöglinge nur zu leicht ihrem eigentlichen Berufe und Bildungsgange entfremdet.

§ 28.
Fortsetzung.

Nach Ablauf 3jähriger Assistentenzeit ist inzwischen mit dem 21. Lebensjahr das militairpflichtige Alter herangenaht. Nach landesherrlicher Bestimmung haben jene jetzt ihre frühere desfallsige Begünstigung[1]) verloren und in allen Fällen persönlich den Militärdienst zu erfüllen. Die bei der jährlichen Aushebung Festgeloosten erhalten nach 2jähriger Dienstzeit Großurlaub und werden nur noch bei Mobilisirungen einberufen. Freigeloofte müssen eintreten, entweder als Stellvertreter, haben dann Anspruch auf die betreffende Prämie und stehen im Uebrigen gleich Festgeloosten, oder als Freiwillige, welche keine Prämie, wol aber nach 2 Jahren reinen Abschied erhalten.

So an Pünktlichkeit und Gehorsam gewöhnt, gehen nach Beendigung der 2jährigen Dienstzeit, also wie früher mit dem 23. Lebensjahr

---

[1]) Wonach die Seminaristen gleich Studirenden angesehen werden sollten. V. v. 8. Novbr. 1830, Ra. 3369.

(§ 26), die Seminar-Erspectanten als nunmehrige wirkliche Seminaristen in das eigentliche Seminar zu 2jährigem Cursus zurück und werden demnächst nach bestandener Prüfung (§ 31) in die Assistenten- und Lehrerstellen versandt (§ 30).

Zu besserer Vorbereitung sämmtlicher Zöglinge auch auf ihre zukünftige äußere und öconomische Lebensstellung werden dieselben jetzt außer den Gegenständen des eigentlichen Elementarunterrichts (§ 12) mit Haus- und landwirthschaftlichen Geschäften,*) auch mit manchen Kunstfertigkeiten, z. B. Nutzarbeiten in Holz, vertraut gemacht und sind zur Theilnahme an dieser Unterweisung verpflichtet. Ueberhaupt ist das ganze jetzige Streben des Seminars sehr zweckmäßig darauf gerichtet, seine Zöglinge in jeder Weise zu durchaus practischen Menschen und Lehrern auszubilden und jede Selbstüberhebung fern zu halten, weshalb ihnen auch jeder an sich erlaubte freie Verkehr mit der Außenwelt und Einblick in die bürgerlichen Verhältnisse unbedingt gestattet ist.

Um dem Lehrerstande die geeigneten Elemente, besonders auch aus den höheren Classen der Landbevölkerung zuzuführen, sollen die Prediger schon bei ihren Schulbesuchen (§ 24) tüchtige Knaben zur Wahl des Lehrerfaches anregen. Schon wohlhabende Bauern senden jetzt ihre nachgeborenen, nicht zur Gehöftssuccession gelangenden, Söhne ins Seminar und auf erfreuliche Weise wird dadurch der Lehrerstand dem Volke immer mehr befreundet und verwandt.

§ 29.
Fortsetzung.

Um die Frequenz des Seminars und zugleich dessen Zöglinge bei künftiger Lebensstellung vor anderweitiger Concurrenz zu sichern, wurde schon früher gesetzliche Vorkehr getroffen. Zunächst sollten hiernach erledigte Schulstellen und eintretende Assistenzen im Domanium regelmäßig nur mit Zöglingen des Seminars besetzt werden; jedoch blieb es hülfsbedürftigen Lehrern überlassen, wenigstens zu ihrer Assistenz (§ 30) mit Consens des Predigers und der Gemeinde auch andere qualificirte Individuen, aber ohne Recht auf demnächstige wirkliche

---

*) Ueber ihre Unterweisung in Obst-Cultur vgl. noch Thl. I. §. 172.

Anstellung, anzunehmen.¹) „Die Schulordnung²) forderte zu Schulstellen entweder Seminaristen oder andere auf öffentlicher Lehranstalt, resp. bei einem Prediger des Landes ausgebildete Subjecte. Wieder eine spätere Verordnung³) erklärte für Domanialschulen regelmäßig nur solche Lehrer anstellungsfähig, welche auf dem Seminar gebildet, auch von dort mit dem Maturitätszeugniß entlassen waren, und nur bei ihrer nicht genügenden Anzahl sollten auch anderswo Vorgebildete angenommen werden; letztere mußten sich aber nach vorherigem Nachweis eines Alters von 23—26 Jahren durch Production von Tauf= und Confirmationsschein, ihrer Vorbereitung zum Schulamt durch einen Prediger oder tüchtigen Schulmann, ihrer Sittlichkeit, ihrer Gesundheit an Brust, Gesicht, Gehör, an einem jährlich zu publicirenden Tage einer Prüfung vor dem Seminar unterwerfen, welche bei nicht genügender Qualification nach Jahresfrist einmal wiederholt werden durfte. Als endlich die Zahl der Seminar=Zöglinge allmälig so gewachsen war, daß sowohl auch jede Assistenz hülfsbedürftiger Lehrer, als jede ordentliche Lehrervacanz (§ 30) mit Seminaristen, oder doch wenigstens schon geprüften (§ 26) Seminar=Expectanten ausgefüllt werden konnte, wurde die ausschließliche Annahme von solchen für's Domanium bestimmt, mit der einzigen Beschränkung, „daß, um keinem Tüchtigen den Weg in's Schulamt zu versperren, künftig denjenigen, welche anderswo als im Seminar zum Lehreramt sich vorgebildet hatten und noch in dem gesetzlichen Alter standen, verstattet sein sollte, das Abgangsexamen der Seminaristen mitzumachen, falls sie sich getraueten, dieselben Leistungen abzulegen, welche von jenen gefordert wurden." ⁴)

Fortan endlich (§ 27, Note 1) sollen zu Assistenten zunächst nur die aus dem Präparandum ordnungsmäßig Abgegangenen (§ 27) verwandt, jedoch dem Befinden nach auch andere junge Leute zur Assistenten=Prüfung gelassen werden, wenn sie entweder die Möglichkeit etwaiger aushülflicher Verwendung als Assistenten zu erwerben wün-

¹) Cab.=Rescr. v. 6. Febr. 1819, Na. 3351.
²) V. 7. März 1823, 4. Na. 3354, Regbl. 12.
³) V. 5. Janr. 1833, Na. 3078, Rgbl. 4.
⁴) V. v. 19. Decbr. 1834, Na. 3396, Rgbl. 1835, St. 2. — Die Vd. 17. Septbr. 1849, Na. 3453, Rgbl. 35, gestattete auch bloßen Besuch des Seminars während wenigstens eines halben Jahres jungen Leuten von 24 Jahren, moral. Lebenswandel, genügender Befähigung als Hospitanten in beschränkter Anzahl, zu ihrer Ausbildung für andere als Domanial=Schulen.

schen oder es aus anderen Gründen ihrem Interesse angemessen finden. Sie müssen bis zum 1. October des laufenden Jahres das 18. Lebensjahr vollendet haben und bei ihrer an vorher publicirten Tagen geschehenden Meldung vor dem Seminardirector ihren Tauf- und Confirmationsschein, ein ärztliches Attest über Gesundheit der Brust, des Gesichts und Gehörs, ein Zeugniß über ihre Vorbereitung für das Seminar und Zeugnisse der competenten Prediger über ihr Betragen an ihren Aufenthaltsörtern, insbesondere über ihre Theilnahme am Gottesdienst und christlichen Abendmahl einreichen. — Für die Aufnahme ins eigentliche Seminar (§ 28) ferner bleibt es einstweilen, bis die ersten jetzigen Zöglinge des Präparandum zum Eintritt dahin reif geworden sind, im Allgemeinen bei der bisherigen Ueblichkeit. (§ 26); ob aber noch später Nicht-Zöglinge des Präparandum dort zu recipiren, ist spezieller Entscheidung vorbehalten. Endlich ist es auch für die Zukunft nach Befinden einzelnen jungen Männern, welche weder im Präparandum noch im Seminar ausgebildet sind, gestattet, das Zeugniß der Befähigung zur Anstellung im Schulamt durch Prüfung beim Seminar zu erwerben unter gleichen Anforderungen, wie bei eigentlichen Seminaristen. Auch sie müssen sich an vorher publicirten Tagen beim Seminardirector melden und dabei einen kurzen Lebenslauf über Vorbereitung, Ausbildung und bisherige Dienststellung produciren.

§ 30.

II. Anstellung, Versetzung.

Die Lehrer beginnen ihre Laufbahn fortan regelmäßig nicht mehr wie früher als Privatlehrer (§ 8), sondern als Assistenten, entweder bei Ueberfüllung von Volksschulen (§ 9 a. E.), oder zur Hülfe kranker Lehrer (§ 53), oder bei wirklichen Vacanzen (55). Allmälig rücken sie zu festen Hülfs-, s. g. zweiten, dritten u. s. w. Lehrern an den mehreren Classen einzelner Schulen (§ 9 ff.) und demnächst zu ersten Lehrern mit Familienstellen (§ 10) auf. Aber auch diese sind dadurch für ihre Lebenszeit nicht an dieselben, zum Theil sehr verschieden dotirten Schulen gewiesen, sondern erhalten bei tüchtiger Amtsführung und regem Eifer, im Uebrigen nach der Ancienität, mit der Zeit bessere und einträglichere Stellen.¹) In Kirchen- und Pfarrdörfern verwalten regelmäßig auch die jedesmaligen Küster das Lehreramt, welche, nicht aber alleinige Lehrer, zum geistlichen Stande zählen.²) Die Assistenten werden direct vom Präparandum.(§ 27) oder vom eigentlichen Seminar (§ 28) auf die vom Unterrichtsministerium an dasselbe ergehende Anzeige solches Bedürfnisses (§ 55 a. E.) an ihre Stellen versandt.³) Die nach völlig beendigtem Seminarcursus mit dem Zeugniß der Reife und Moralität entlassenen Seminaristen werden dadurch ohne Weiteres⁴) auch zur Bekleidung wirklicher Lehrerstellen (§ 28) qualificirt. Von allen Anstellungen erhält das Amt durch das Unterrichtsministerium sofortige Nachricht, um darnach die Anholung zu verfügen (§ 50); im Uebrigen geschieht der Eintritt neuer Lehrer am Besten zu Michaelis, weil dann die Auseinandersetzung mit den Vorgängern, besonders betreffs der Ernte, (§§ 41 u. 61) weniger Schwierigkeiten bereitet. Alle wirklichen Lehrer treten in die Kategorie landesherrlicher Diener und werden in Gegenwart der Schulvorsteher⁵) vom competenten Prediger mit angemessener Feierlichkeit eingewiesen, auf treue Erfüllung der Unterthanen- und Berufspflichten behandschlagt und am nächstfolgenden Sonntag der Gemeinde in der Kirche vorgestellt.⁶) Lehrer und Küster erhalten eine Anstellungsurkunde oder Vocation, in welcher die Pflichten ihres Amtes aufgeführt⁷) auch, wie bei den andern Civildienern, die Clauseln halbjähriger Kündigung aus wohlerwogenen und in jedem Fall anzugebenden Gründen reservirt werden.⁸) Auch werden sie verpflichtet, bei Anlage neuer Schulen resp. Classen mit anderen Lehrern (§ 9 ff.) zu Gunsten der letzteren

---

[1]) Vgl. Vv. v. 5. Janr. 1833, Ra. 3378, Rgbl. 4, v. 24. Juni 1833, Ra. 3382, 20. März 1841, Ra. 3423.
[2]) Reg.-Rescr. v. 2. Mai 1789, H. II. 140, v. 14. April 1815, Ra. 3346, (vgl. § 4. Note 3.)
[3]) Reg.-Rescr. v. 5. Decbr. 1842, Ra. 3433.
[4]) Die durch Vv. 5. Janr. 1833 cit. geforderte nachträgl. Prüfung durch die Superintendenten ist jetzt anscheinend weggefallen.
[5]) Vv. 19. Septbr. 1842, § 8, Ra. 3432, Regbl. 34.
[6]) Vv. 5. Janr. 1833, cit.
[7]) Vv. 5. Janr. 1833, cit.
[8]) Vv. 5. Septbr 1833, Ra. 3384, v. 28.. ejd., Ra. 3385.

den durch Verminderung ihrer Kinderzahl ihnen entstehenden Ausfall an Schulgeld ohne Entschädigung sich gefallen zu lassen (§ 48).[8])

Die Industrielehrerinnen legitimiren sich über ihre Befähigung zur Ertheilung des Handunterrichts am Besten durch Zeugnisse glaubhafter Hausfrauen höheren, besonders des Predigerstandes. Auf Vorschlag der Schulbehörde werden sie vorzugsweise aus qualificirten Ehefrauen[10]) der Landlehrer und nur ausnahmsweise, aus besonders zu motivirenden Gründen, aus anderen Personen vom Unterrichtsministerium bestellt und demnächst, unter Reservation halbjähriger, gegenseitiger Kündigung,[11]) auf die bei Anlage neuer Industrie-Schulen zu errichtenden besonderen Regulative (§ 11) von ersterer an ihren Dienst gewiesen.[12])

§ 31.
III. Allgemeine Qualification, Dienstpflichten.

Verordnungsmäßig sollen die Lehrer majorenn, unbescholten, mit einem zum mündlichen Vortrag geeigneten Organe begabt,[1]) auch ehrerbietig, bescheiden, gehorsam gegen die Prediger[2]) sein und bei ihrer Entlassung aus dem Seminar (§ 28) ein Zeugniß genügender Befähigung und tadellosen Lebenswandels erwerben.[3]) Daß diesen und anderen Erfordernissen allseitig genügt werde, dafür sorgt auch ohnehin schon die jetzige sorgfältige und vorsichtige Einrichtung unseres Lehrerseminars.

Betreffs der eigentlichen Dienstpflichten, besonders gehörigen (§ 12) und unausgesetzten (§ 17) Unterrichts, Handhabung unpartheiischer Disciplin (§ 16), Führung der Versäumniß- (§ 22) und Schultabellen (§ 24), bedingter Aufnahme anderer als der den Lehrern ur-

---

[9]) Cab.-Rescripte v. 16. Septbr. 1805, Ra. 3345, v. 28. Juli 1825, vgl. Vv. v. 7. März 1823, § 3, Ra. 3354, Rgbl. 12, v. 13. Aug. 1834, Ra. 3393, Rgbl. 32.
[10]) Was von den Ehefrauen der Lehrer, wird auch von deren erwachsenen Töchtern gelten, aus deren Anzahl manche Industrielehrerin hervorgeht.
[11]) Vv. 23. Mai 1837, § 11, Ra. 3406, Rgbl. 20.
[12]) Vv. 23. Mai 1837, §§ 5—8 citt.
[1]) Vv. 7. März 1823, §§ 4 u. 5, Ra. 3354, Rgbl. 12.
[2]) Vv. 20. Aug. 1771, § 9, H. II. 35:
[3]) Vv. 5. Janr. 1833, Ra. 3378, Rgbl. 4.

sprunglich) zugewiesenen Schulkinder (§ 20), Einforderung des Impfscheins vor Aufnahme neuer Kinder (§ 22), Theilnahme an den Lehrerconferenzen (§ 24), hauswirthlicher Benutzung der Schulwohnungen (§ 37 u. 59), der Feuerungsvorräthe (§ 39 u. 59), der Ländereien (§ 40) und Hecken (§ 45 u. 63), ist das Nöthige an betreffender Stelle gesagt.

Auch die Industrielehrerinnen sollen von ausgewiesener Geschicklichkeit, Neigung, Ordnungsliebe, Sittlichkeit sein, ihren Unterricht mit Fleiß, Aufmerksamkeit, Unpartheilichkeit geben, auf Betriebsamkeit, Fortschritte, Sittlichkeit und Ordentlichkeit der Kinder achten.

Nebenverdienst ist den Lehrern nur bedingt gestattet. Während der Schulstunden ist jegliche Nebenbeschäftigung, sowol der Kinder zum Nutzen der Lehrer (§ 12), als der Lehrer selbst durchaus verboten,⁴) und sollen den Lehrern keinerlei Nebendienste auferlegt werden, welche an pflichtmäßiger Amtsverwaltung hindern.⁵) In den Freistunden dürfen sie außer der ihnen obliegenden Hülfe bei Anholung der Feuerung (§ 39) und bei der Feldbestellung (§ 46), ein auf dem Lande erlaubtes (vgl. Thl. I. § 144 ff.) und nicht störendes Handwerk oder Gewerbe ausüben,⁶) jedoch die Schneiderei nur dann, wenn im Dorf kein anderer Schneider wohnt oder sich nicht gerade niederlassen will, auch nur gegen Verpflichtung zur edictmäßigen Handwerks-Contribution.⁷) Ertheilung von Privatunterricht in den Mußestunden steht ihnen frei (§ 12). Zu empfehlen ist ferner den Lehrern die Obst-, Bienen- und Seidenkultur, welche bei einiger Sorgfalt nicht unerhebliche jährliche Erträge bewirkt (vgl. Thl. I. §§ 168, Not. 2, 171 ff., 185 ff.). Dem Assistenten im Trauerjahr (§ 51) ist für die Freistunden nebenbei fleißige Handreichung der Wittwe zu Zwecken des Haushalts, z. B. durch Kleinmachen von Holz geboten.⁸) Unabhängigkeit von Nebenerwerb wird besonders durch häufigeren Wechsel der Lehrer gewonnen.⁹)

Betreffs ihrer dienstlichen und privaten Führung stehen sämmtliche Lehrer unter Controle des Amtes und Predigers (§ 4) resp. der

---

⁴) Vo. 1. Decbr. 1768, § 10, H. II. 32, v, 20. Aug. 1771, § 12 cit.
⁵) Vo. 7. März 1823, § 10 cit.
⁶) Vo. 7. März 1823, § 9 cit.
⁷) E. v. 19. Decbr. 1829, Ra. 3369.
⁸) Vo. 12. Juni 1784 a. E., H. II. 87.
⁹) R. v. 3. Janr. 1834, Ra. 3390.

Schulvorsteher (§ 3). Bei Uebertretung ihrer Dienstpflichten tritt auf administrativem Disciplinarwege geeignete Correction und Strafe durch Localschulbehörde, Superintendenten und Oberschulbehörde ein (vgl. § 16), bei ihrer völligen Unfähigkeit zur ferneren Verwaltung des Lehreramtes aber Dienstentfernung unter der Form der Pensionirung, Kündigung oder sofortigen Absetzung (§ 53—55).

IV. Emolumente.

1) Im Allgemeinen.

§ 32.

a. Inhalt, Constituirung, Veränderung.

Die Dotation der Lehrer resp. Conservation der Schulen in Mecklenburg ist gesetzlich und observanzmäßig durchschnittlich gleich getheilte Last der Grundherrschaft und der Schulgemeinde (§ 1).[1]) Dennoch werden hierbei nicht immer dieselben Prästationen repartirt, sondern jene beiden concurriren regelmäßig zu verschiedenen Leistungen. So giebt z. B. die Grundherrschaft vorzugsweise Baumaterialien, Feuerung, Ländereien, während Hand- und Spanndienste, sowie auch die meisten baaren Kosten wesentlich die Gemeinde treffen.

Gesetzliche Grundlage für Dotation der Lehrer ist im Ganzen noch jetzt das Schulreglement vom 18. October 1770.[2]) Seine Anwendung beschränkt sich nicht auf je eine einzige Schule in dem einzelnen Orte, sondern erstreckt sich ebenso wie die Conservationspflicht der Grundherrschaft und Gemeinde, auch auf mehrere Schulen desselben Ortes, deren Gründung nützlich befunden und realisirt ist. (§ 9 u. 10)[3])

Die Constituirung der Dotation geschieht aber nicht einseitig durch Grundherrschaft und Gemeinde, sondern nach vorgängiger Communication mit den Superintendenten und dem Ministerium für Unterricht (§ 5). Ihre Veränderung ist deshalb auch nicht durch alleinige Verträge der Lehrer mit ihren Dienstnachfolgern (§§ 58 u. 63), oder

---

[1]) Vgl. Reg.-Rescr. v. 18. Aug. 1811, Ra. 3427.
[2]) Vgl. H. II. 35; dasselbe ist wiederholt durch Schulordnung vom 7. März 1823, sub 10, Ra. 3354, Rgbl. 12.
[3]) Vv. 23. Octbr. 1826, Ra. 3358. Rgbl. 39, v. 25. Octbr. 1826, Ra. 3359.

mit Grundherrschaft und Gemeinde, sondern nur unter Consens der geistlichen und Schul-Oberbehörden möglich und wirksam.[4])

Beamte sollen deshalb bei jeder Regulirung und Veränderung von Schulstellen unaufgefordert dem Superintendenten von den Emolumenten vorgängige genaue Kunde rechtzeitig geben, überhaupt auch sonst auf dessen Antrag darüber immer gewünschte Nachricht ertheilen[5]) (vgl. noch § 42).

§ 33.

b. **Landesherrliche Conservationslast. — Beiträge Eingeschulter aus anderen Landestheilen.**

Die contribuirende Grundherrschaft ist im Domanium allein der Landesherr (Thl. I., § 57). Derselbe wird im eigentlichen Kammergut zunächst durch die Local-Administrativ-Behörden und das Kammer- und Forstcollegium, im Haushalt durch die dortigen Verwaltungsbehörden vertreten (Thl. I., § 1 ff.), und diese alle sind zunächst zur Regelung und Leistung der grundherrlichen Schullasten competent. Sie haben aber auch — und in dieser Beziehung auch die Großherzoglichen Aemter im Haushaltsgebiet (§ 4) — das Recht der Aufsicht auf prompte Erfüllung der Schulleistungen durch die innerhalb ihrer Grenzen belegenen Schulgemeinden.

Letztere können nun entweder ausschließlich aus Domanialen oder gleichzeitig aus eingeschulten Ortschaften anderer Landestheile bestehen (§ 9 u. 10). Für erstere haben die Administrativbehörden in Grundlage der Observanz, der Gesetze und der Contracte freie Hand bei Anordnung der verschiedenen Schullasten (§ 34). Für eingeschulte fremde Ortschaften aber normiren hierüber, wenn es sich nicht um Küsterschulen handelt, auf deren Benutzung, soweit nicht gesetzliche Bestimmungen, z. B. betreffs Ueberfüllung u. s. w. entgegenstehen, alle Eingepfarrte ein Anrecht haben — von den Domanialbehörden mit den fremden Obrigkeiten abzuschließende und landesherrlicher Bestätigung bedürfende Vereinbarungen. Letztere werden hierin regelmäßig zu

---

[4]) Cab.-Rescripte v. 14. April 1815, Ra. 3346, 22. Mai 1818, Ra. 3350, 7. Septbr. 1820, Ra. 3353, betr. der Ländereien modificirt durch C. v. 30. März 1827, § 12 (§§ 42, 43)..

[5]) C. v. 17. Aug. 1825, Ra. 3171, Rgbl. 34, v. 28. Febr. 1852.

sämmtlichen genau zu bestimmenden baaren und naturalen, event. in baare Aversionalsummen umzusetzenden Schullasten pro rata ihres Hufenstandes, ihrer Anspannungskraft, ihrer Kinder- und Familienzahl,[1]) ihrer Bauernstellen u. s. w. obligirt, müssen sich auch der für das Domanium geltenden Schulgesetzgebung (vgl. § 14), alleiniger Aufsicht der Local-Schulbehörde (§ 4), ausschließlicher Competenz der Aemter zur Anordnung aller öconomischen Einrichtungen, z. B. Bauten u. s. w., ferner etwa beliebter Vergrößerung oder Verkleinerung des Schulverbands unterwerfen. Jährliche gegenseitige Kündigung auf Michaelis ist zu reserviren, doch kann vorgesehen werden, daß innerhalb gewisser Jahre nach einem großen, bedeutende Verwendungen der fremden Obrigkeiten erfordernden Schulbaue die Gemeinschaft von Seiten der Domanial-Schulbehörde entweder gar nicht oder nur gegen Rückzahlung einer angemessenen baaren Bausumme an jene aufgehoben werde.

Aehnliche Contracte werden übrigens auch bei Einschulungen von Domanial-Ortschaften in Schulen anderer Landestheile normiren. Bei der sehr häufigen Einschulung der Amtsfreiheiten (Thl. I. § 3) in die Stadtschulen pflegt vom Amte das Schulgeld für seine wirklich am städtschen öffentlichen Schulunterricht theilnehmenden Kinder in runder Summe nach Maaßgabe des sonstigen städtschen Schulgelds, und außerdem ein jährlicher runder Beitrag von etwa 10 Thlr., statt desselben zuweilen auch doppeltes Schulgeld, zur Unterhaltungslast aus der Amtscasse an die Stadt gezahlt zu werden, wogegen aber auch die auf der Amtsfreiheit belegenen Grundstücke vom städtschen, s. g. Schulordnungsgeld gewöhnlich frei sind.

§ 34.

c. **Conservationslast der Domanial-Schulgemeinden.**

Letztere bestehen entweder nur aus einzelnen resp. mehreren Dörfern oder Höfen, oder gemeinschaftlich aus Dörfern und Höfen.

Steht die Schulgemeinde des Schulorts für sich allein, d. i. ist keine auswärtige Ortschaft eingeschult (§§ 9 u. 10), so müßte jene eigentlich auch allein den ihr als solcher gesetzlich obliegenden vollen

---

[1]) R. v. 3. Juni 1832, Ra. 3374.

Antheil übertragen. Dies ist auch für jedes Dorf unbestritten und den Bestimmungen des ausdrücklich nur auf Dörfer sich beziehenden Schulreglements (§ 32) entsprechend. Gleiches muß ferner analog für später abgezweigte Büdnercolonien (Thl. I., § 60) gelten, welche bei ihrer Errichtung obendrein stets speziell zur Conservation ihrer etwaigen eignen Schulen vinculirt zu werden pflegen.¹) Der Fall dagegen, daß auch einzelne Höfe schon eigne Schulen haben können, ist im Schulreglement nicht vorgesehen und deßhalb — wenngleich die Verpflichtung jeder Schulgemeinde zur theilweisen Conservation schon uralt (§ 1 und 32), daher auch auf Höfe vielleicht ipso jure anwendbar — immerhin deren Quote ganz unbestimmt.²) Obendrein haben bedeutende contractliche Schulprästationen Einfluß auf die Höhe des Meistgebots (Thl. I., § 69 und 70) — und da auf diese Weise die Grundherrschaft allein bei Höfen doch immer nur eigentlich diejenige ist, welcher erstere zur Last sind, so übernimmt sie entweder regelmäßig von vorne herein contractlich einen größeren Antheil derselben, so daß hiernach die Höfe als solche bedeutend günstiger gestellt sind als die Dörfer (vgl. § 38), oder vermindert die Dotation der Hofschulen, wegen deren deshalb überall keine gleichmäßige Principien herrschen (§ 47).

Gleiche Grundsätze gelten bei Einschulungen aus Domanial-Ortschaften in Domanial-Schulen (§§ 9 und 10). Mehrere zu demselben Schulverband gehörende Dörfer übertragen gemeinschaftlich die sonst dem alleinigen Schuldorf gesetzlich obliegenden Lasten (§ 35). Mehrere Höfe mit gemeinschaftlicher Schule theilen sich in die event. von der Grundherrschaft ermäßigte Quote des sonst alleinigen Schulhofes. Concurriren endlich einzelne oder mehrere Höfe zu Dorfschulen, so entscheiden für deren Gemeindequoten allein die möglichst genau zu spezialisirenden pachtcontractlichen Bestimmungen. Den Rest übertragen gemeinschaftlich die Dörfer, soweit nicht die Grundherrschaft, besonders bei den etwa von ihr selbst administrirten Höfen, freiwillig und aus Gnaden auch hieran in einiger Weise zu participiren, resp. dieserwegen baare Vergütung zu leisten, für gut befindet.³)

---

¹) vgl. R. v. 13. Septbr. 1838, Ra. 3413.
²) C. v. 23. Septbr. 1840, Ra. 3419.
³) C. v. 23. Septbr. 1840 cit.

§ 35.

Fortsetzung.

Für die Repartition unter den einzelnen Domanial-Ortschaften normirt hauptsächlich der Hufenstand (Thl. I. § 4 und 65), auch das Verhältniß der Anspannung,[1]) seltener die Anzahl der Familien oder Köpfe oder Kinder.[2]) Zu gegenseitiger Bequemlichkeit vereinigen sich oft die einzelnen Ortschaften des Schulverbandes dahin, daß sie nicht pro Quota an allen und jeden Schullasten theilnehmen, sondern einige z. B. die Ackerbestellung (§ 46), Anholung der Feuerung (§ 39), die s. g. kleinen Fuhren (§ 50) von einzelnen, denen gerade diese wegen größerer Nähe weniger lästig fallen, besonders vom Schulort selbst, für immer oder nach Jahreswechsel übernommen werden. Zuweilen vergleichen sich die pflichtigen Ortschaften mit dem berechtigten Lehrer auch durch baare Zahlung einer Aversionalsumme, wogegen jener dann selbst die betreffenden Leistungen übernimmt. Bei Streitfällen geschieht die Repartition dieser Communallast im Verwaltungswege, und gerichtliche Competenz tritt nur ein, wo sie ausdrücklich gesetzlich bestimmt ist (Thl. I., § 31, N. 8).

Die Subrepartition anbelangend, so fällt dieselbe bei Pächtern, als hauptsächlich alleinigen Innehabern der Höfe, mit der schon (§ 34) vorerwähnten Quote der letzteren zusammen, während in den Dörfern mehrere Bewohnerclassen und in diesen wieder viele einzelne Participienten sind. Hier geschieht denn die Subrepartition gleich der sonstiger Communallasten (Thl. I., § 4), d. i. bei Besitzern von Bauerhufen nach dem Hufenstande (Thl. I., § 83 und 108), bei Büdnern aber nicht nach letzterem, da er für sie nur ein Minimum ergeben würde, sondern nach einem gewissen numerischen Quotenverhältniß zu den Hüfnern, wobei je nach Größe der letzteren und der Büdner von diesen 4—8 auf einen Hüfner gerechnet werden (Thl. I., § 117);[3]) bei Häuslern (Thl. I. § 121) und dotirten Einliegern (Thl. I., § 140)[4])

---

[1]) z. B. bei Repartition der Spanndienste zwischen Dörfern und Höfen, C. v. 23. Septbr. 1840 cit.
[2]) R. v. 3. Jun. 1832, Ra. 3374, R. v. 11. Juli 1834, Ra. 3392.
[3]) R. v. 25. Octbr. 1826, R. 3359.
[4]) Uebrigens sind diese durch Ueberlassgsbedingg. v. 28. Janr. 1851, § 6, Ra. 3949, auch zu Handdiensten verpflichtet. Für ihre jährlichen baaren Beiträge zu Schulbauten pflegt ein Maximum von 24 fl. zu normiren.

nach gleichem Verhältniß gegenüber den Büdnern; betreffs der Hof- und Gehöftstagelöhner endlich schwankt die Praxis, welche jene oft selbst ganz von baaren Beiträgen und Diensten befreiet (Thl. I., § 127 und 130) resp. die Hoftagelöhner hierzu nur dann pflichtig hält, wenn die Gehöftstagelöhner contribuiren müssen.⁵) Oefter vereinigen sich auch die Verpflichteten unter einander, einzelne Leistungen, z. B. Handdienste, ganz von einzelnen Classen oder einzelnen Mitgliedern derselben ausführen zu lassen, und andere ausschließlich auf die Anderen zu übertragen. Im Streitfalle geschieht, soweit richterliche Competenz nicht ausdrücklich reservirt ist, auch die Subrepartition im Verwaltungswege,⁶) wobei jedoch ausdrückliche contractliche ganze oder theilweise Exemtionen und Entfreiungen ihre gerechte Berücksichtigung finden werden.⁷)

2) **Emolumente der Lehrer mit Familienstellen.**

a. **Wohnung mit Zubehör.**

§ 36.

aa. **Erforderniß und Einrichtung.**

Schon nach dem Schulreglement (§ 32) soll der Lehrer unentgeltlich eine eigne Wohnung nebst der erforderlichen Viehstallung haben, jene auch eine mit Tischen und Bänken versehene Schulstube und außerdem bei größerer Anzahl der Schulkinder noch eine besondere Wohnstube nebst einigen Kammern enthalten. Verlegung der Schulen in eigenthümliche Häuser der Lehrer und in Miethslocale (§ 38) ist aber nur im höchsten Nothfall zulässig, weil dann vom Wechsel der Personen selbst der Fortbestand der Schulen abhängig wird,¹) deshalb auch bei jeder Neu-Anlage von Schulen der Bau besonderer Schulhäuser zu erstreben. Letztere nebst Zubehör werden jetzt in jeder Weise den Anforderungen der Zeit und einer würdigen Stellung der Lehrer entsprechend gebaut und eingerichtet.

---

⁵) C. v. 23. Septbr. 1840, Ra. 3419.
⁶) vgl. die im Text geschehenen Citate des Thl. I., ferner ibid. § 31, Note 8, bübnerbriefliche Bestimmgg. v. 17. Septbr. 1838, § 9, Ra. 162, Rv. 3. Juni 1832, Ra. 3374.
⁷) Rv. 3. Juni 1832 citt., v. 11. Juni 1840, Ra. 3418.
¹) Vgl. C. v. 31. Juli 1852.

Die Schulgebäude bestehen jetzt regelmäßig aus dem gleichzeitig die sehr räumlichen Wohn- und Unterrichtslocalitäten umfassenden Wohnhause und besonderer Scheune mit verbundenem Stallraum, wozu noch möglichst ein eigner Brunnen und bei Bienencultur der Lehrer ein besonderes Bienenschauer (Thl. I, § 186) kommt.

Betreffs der Bauart wird für das Wohnhaus der finanziell und staatswirthschaftlich vortheilhaftere Massivbau mit Pfannen- oder Krondach vorgezogen, während bei Nebengebäuden meistens Fachwerk mit Strohdach sich findet.²) Bei Anwendung des Fachwerkbaues soll zum ganzen äußeren Ring, oder doch wenigstens zu den Eck-, Thür-, Fensterständern und Sohlen Eichenholz, im Uebrigen Tannenholz mit ausgeklehmten oder Mauerstein-Tafeln verwandt werden.³)

Der äußere Umfang der Schulhäuser richtet sich zunächst nach dem gegenwärtigen Bedürfniß; doch ist die Möglichkeit ihrer dereinstigen Vergrößerung und Erweiterung, z. B. durch Anbau des Wohnraums für 2te x. Lehrer (§ 51) bei Einrichtung mehrerer Classen (§§ 9, 10), schon bei der Auswahl des Bauplatzes, nicht minder bei der Dimension der Schulstuben die Eventualität eines Zuwachses der Schülerzahl zu berücksichtigen, wie denn auch bei jedem Neubau ein besonderes Zimmer für den Industrie-Unterricht (§§ 11 u. 52) vorgeschrieben wird.⁴)

Im Innern sollen bei Fachwerks-Bau die Wände und Decken der Stuben berohrt, verputzt, auch die Fensterluchten mit Vorderrahmen und 4 Zoll breiter innerer Bekleidung versehen sein.⁵)

Bei allen Neubauten und den Reparaturen der Wohn- jetzt auch der Schlafstuben, namentlich beim Bedürfniß ihrer neuen Dielung, sind die Fußböden von Brettern,⁶) diejenigen der Schulstuben aber jetzt von Asphalt,⁷) gewöhnlich auf einer Cementlage, herzustellen. Die Schul-

---

²) C. v. 9. Juni 1836, Ra. 3402, v. 28. Jul. 1845, Ra. 3441.
³) C. v. 9. Juni 1836 citt., vgl. Neubauwerths-Zusammenstellung v. 19. April 1851 und die auch hier entsprechende Anwendung findenden Bauvorschriften in Thl. I., §§ 72 u. 85.
⁴) C. v. 3. Juni 1833, Ra. 3381.
⁵) C. v. 28. Juli 1845 citt.
⁶) C. v. 30. Decbr. 1834, Ra. 3397.
⁷) C. v. 10. Octbr. 1860, wodurch ein entgegenstehendes v. 14. Septbr. 1830 veraltet ist.

ſtuben endlich ſollen quadratförmig, nicht gegen Norden gelegen, mit beſonderem Eingang verſehen, 11—12 Fuß hoch und ſo geräumig ſein, daß auf jedes ſchulfähige Kind 6 □Fuß kommen.⁸)

§ 37.
bb. Conſervation und Bauloſt.

Die Lehrer ſind verpflichtet, ihre Wohnungen hauswirthlich zu benutzen, ordentlich und reinlich zu erhalten,¹) haften auch für muthwillige und fahrläſſige Beſchädigungen nach gemeinrechtlichen Grundſätzen (§ 59). Speziellere Stipulationen, wie bei Nutznießern Großherzoglicher Dienſtwohnungen (Thl. I, § 16) werden ihnen bis jetzt nicht auferlegt.

Der Geſchäftsbetrieb und das Verfahren bei Schulbauten gleicht demjenigen ſonſtiger Amtsbauten und wird bei dieſen ſpäter erörtert werden. Dies gilt auch von Küſter- und gleichzeitig Schullocalitäten, wenn an ihnen Umfangs-Erweiterungen zu Zwecken des Schulamtes ſich vernothwendigen, wogegen, wenn der Neubau oder die Reparatur in den Grenzen des früheren Umfangs bleibt, ohne Rückſicht auf die Beſtimmung des Gebäudes, der ſpäter zu behandelnde geiſtliche Baubetrieb eintritt.²)

Im letzteren Falle wird auch beim Unvermögen des Aerars die Baulaſt auf Patron und Eingepfarrte des Kirchſpiels, wie bei ſonſtigen geiſtlichen Bauten, nach ſpäter zu erörternden Grundſätzen vertheilt.³) Bei den eigentlichen Schulbauten dagegen ruhet die Conſervationslaſt auf Grundherrſchaft und Schulgemeinde (§ 32 ff.). Hierbei liefert erſtere ſowol zu Neubauten als Reparaturen und zur Hofbefriedigung nach den durch die Praxis und ſpätere Verordnungen erweiterten Beſtimmungen des Schulreglements⁴) zunächſt nur die rohen Materialien d. i. Holz, incl. Bretter, Latten, Zaunbuſch⁵), ferner Ziegelſteine, incl.

---

⁸) C. v. 30. Mai 1833, Ra. 3379, vgl. B. v. 7. März 1823, 1, Ra. 3354, Rgbl. 12, Erläutergg. 3. c. zum C. v. 28. Decbr. 1854.
¹) Bv. 19. Septbr. 1842, § 7, Ra. 3432, Rgbl. 34.
²) Bv. 21. April 1832, II. Ra. 3195, Rgbl. 18.
³) C. v. 9. Juni 1836, Ra. 3402.
⁴) B. 18. Octbr. 1770, IX, H. II. 35, vgl. Bv. v. 23. Nov. 1770; 9. Juni 1836 cit.; 20. Decbr. 1836, Ra. 3404. Ueber Bienenſchauer vgl. Thl. I, § 186.
⁵) Deſſen Lieferung übrigens contractlich, wie auch zur Gartenbefriedigung (§ 44), den Hauswirthen und Pächtern auferlegt zu werden pflegt.

Holster und Brunnensteine, endlich Kalk und bei Asphalt-Fußböden die hierzu nöthigen Materialien (§ 36, N. 7);⁶) die Gemeinde dagegen überträgt den Bereitelohn und das Zählgeld jener von der Grundherrschaft hergegebenen Materialien,⁷) jedoch im Falle des Massivbaues bei den zum äußeren Ring erforderlichen Mauersteinen nur das Zählgeld,⁸) und bei den zu den übrigen Theilen (Brunnen, Backöfen ꝛc.) zu verwendenden Mauersteinen, auch bei Holstern und Brunnensteinen nur halbes Brenn- und volles Zählgeld,⁹) kauft die übrigen hiernach nicht von der Grundherrschaft herzugebenden Materialien, bezahlt die Handwerker,¹⁰) liefert Stroh, Kaff, Häckerling, Weeden, Wräudelstöcke event. Zaunbusch (vgl. N. 5), auch Sand, Kies, Lehm, Fundamentsteine, stellt endlich alle Hand- und Spanndienste (vgl. nach § 41 a. E.)

§ 38.
Fortsetzung.

Diese volle Gemeinde-Last ruhet aber nur auf den Dörfern, wogegen die Höfe nach schon erörterten Repartitions-Grundsätzen (§ 34 ff.) günstiger stehen. Letztere sind hiernach an sich¹) soweit nicht specielle contractliche Stipulationen andere Bestimmungen enthalten, zu allen Spanndiensten nur bei ihren eignen Orts- und bei denjenigen Schulen verpflichtet, zu denen ausschließlich Höfe resp. diese und Büdnercolonien (§ 34) concurriren, dagegen bei ihrer Einschulung in Dorfschulen nur betreffs Neubauten und erheblicher Reparaturen in Grundlage der Anspannungskraft. Handdienste werden ferner höchstens von den Hoftagelöhnern persönlich (§ 35) und ohne Vergütung durch den Pächter gefordert.²) Baare Baukosten endlich werden den Höfen nie, weder ge-

---

⁶) C. v. 10. Octbr. 1860.
⁷) Vv. 18. Octbr. 1770 cit.
⁸) C. v. 9. Juni 1836 cit.
⁹) C. v. 9. Juni und 20. Decbr. 1836 citt.
¹⁰) Hierher gehört auch das Reinigen der Schornsteine, R. v. 31. Decbr. 1840, Ra. 3420.
¹¹) Vv. 18. Octbr. 1770 cit. — Nach R. v. 7. Aug. 1832, Ra. 3375, geschieht das Ausbrechen der Fundamentsteine im Handdienst, ihr Auflassen im Spanndienst.
¹) C. v. 23. Septbr. 1840, Ra. 3419, wodurch die entgegengesetzten Bestimmungen des Rv. 11. Juli 1834, Ra. 3392 aufgehoben sind.
²) C. v. 23. Septbr. 1840 cit.

4*

sätzlich noch observanzmäßig noch contractlich auferlegt, sondern entweder von den allein dazu verpflichteten Dorfschaften der Schulgemeinde oder auch pro quota des Hofes auf administrative Verfügung aus der Amtsbankasse übertragen. Diese Bestimmungen finden analoge Anwendung auf die aus der Parcelirung früherer Höfe hervorgegangenen kleineren Erb- und Zeitpachtbesitzungen, soweit nicht —was übrigens regelmäßig der Fall ist — in deren, bei ihrer Neuerrichtung ihnen ertheilten, Contracten entgegengesetzte Stipulationen ausdrücklich aufgenommen sind. Beim Mangel besonderer Schullocalitäten (vgl. übrigens § 36) wird auch die Miethe von der Schulgemeinde und der Grundherrschaft nach ähnlichen Grundsätzen,[3] resp. für gleichzeitige Küsterhäuser subsidiär von Patron und Eingepfarrten aufgebracht.

Bei Beschaffung des eigentlichen Schulmobiliars (§§ 14 und 15) endlich z. B. Subsellien, Bänke, Katheder, Wandtafeln, nebst Stativ trägt sowol in gleichzeitigen Küster- als in eigentlichen Schulhäusern die Schulgemeinde resp. für die Höfe die Grundherrschaft nach vorstehenden Grundsätzen die baaren Kosten, während die dazu erforderlichen Materialien bei ausschließlichen Schulhäusern von der Grundherrschaft, wie zu sonstigen Bauten, bei gleichzeitigen Küsterhäusern landesherrlichen Patronats aber nur dann ebenso resp. nur pro rata gegeben werden, je nachdem die damit verbundenen Schulen ganz resp. nur theilweise von Schulkindern aus dem Domanium besucht werden.[4]

Die Baulast der Gemeinde ist demnach keine geringe, beträgt außer den Hand- und Spanndiensten resp. einzelnen Materialien (§ 37) für ein einzelnes Schulhaus oft mehr als baar 1000 Thlr.,[5] in kleineren Dörfern und bei wenig Hauswirthen für jeden derselben oft mehr als 100 Thlr. Dazu kommt, daß die Auskunft aus dem vorherigen Abbruch alter Schulhäuser regelmäßig ganz von der Grundherrschaft eingezogen wird, welche ja die wesentlichen Objecte des Abbruch-Verkaufs, nämlich die Materialien (§ 37), hergegeben hat, wogegen der Gemeinde dann nur die von ihr gelieferten und auszuscheidenden Ma-

---

[3]) Bv. 18. Octbr. 1770, IX, H. II. 35, vgl. R. v. 3. Juni 1832, Ra. 3374; v. 23. Jan. 1841, 3422.
[4]) Nach einem Rescripte des wailand Oberbauraths Bartning zu Schwerin an weil. Bauroth Voß das. v. 12. Jan. 1858; vgl. Bv. 15. Juni 1841, Ra. 3426.
[5]) Vgl. Neubauwerths-Zusammenstellung v. 19. April 1851.

terialien, besonders Stroh und Fundamentsteine, verbleiben. Mit Recht wird deshalb beim hervortretenden Bedürfniß der ersten Anlage resp. des Neubaues von Schulhäusern (§ 9, 10) möglichst auf vorherige allmälige Bildung und Ansammlung eines Baufonds aus der Pacht reservirter Schulländereien Bedacht genommen (§ 41).

§ 39.

b. Feuerung.

Dieselbe wurde zu keiner Zeit von den Lehrern aus eigenem Vermögen beschafft, sondern diesen nach Nothdurft von der Grundherrschaft geliefert.[1]) Sie beschränkte sich früher ausschließlich auf Holz und für ihren Umfang normirte von jeher bis jetzt die Anzahl der Schulkinder, weil letzterer früher gewöhnlich die Größe der Schulstuben entsprach — was freilich bei den jetzigen Neubauten wegen dabei schon vorgesehenen künftigen Zuwachses der Schülerzahl (§ 36) nicht mehr der Fall zu sein pflegt, wodurch die noch jetzige Anwendbarkeit jener Norm allerdings ihre Bedenken hat. Die Lehrer und Küster, soweit letztere nicht herkömmlich ein größeres Deputat beanspruchen können,[2]) beziehen nun aus fürstlicher Forst jährlich[3]) nach 7jährigem Durchschnitt ihrer Schülerzahl, wenn diese weniger als 35 beträgt, 3 Faden, wenn aber 35 oder mehr 4 Faden hartes d. i. Buchen- oder Eichen-Kluftholz. Kann nach der Ortsgelegenheit nicht solches, sondern nur weiches oder anderes Holz abgegeben werden,[4]) so entsprechen den 3 resp. 4 Faden 3¼ resp. 4½ Buchen-Wrack oder wie es der Baum giebt, 4 resp. 5½ Buchen-Knüppel oder Birken-Kluft, 5 resp. 7 Birken- oder Eichen-Wrack, sowie Tannen- oder Ellern-Kluft, 6 resp. 8 Birken- oder Eichen-Knüppel sowie Tannen- oder Ellern-Wrack, 7 resp. 9 Tannen- oder Ellern-Knüppelholz.[5]) Der Faden ist 7 F. hoch, 8 F. breit, 3 F.

---

[1]) Vv. 15. Mai 1694, XXVII, H. II. 11.
[2]) Vv. 23. Nov. 1770.
[3]) Vv. 18. Octbr. 1770, VI, H. II. 35, durch Vv. 23. Nov. 1770 u. 27 Febr. 1783, H. IV. 127, Rgbl. 1817, St. 43, den Forestalen eingeschärft und durch Vv. 2. März 1816, Ra. 3347, Rgbl. 12 erläutert.
[4]) Vv. 18. Octbr. 1770 cit.
[5]) Vv. 10. April 1830, Ra. 3366, Rgbl. 17, den Forestalen mitgetheilt durch

lang.⁶) Außerdem erhalten jetzt die Lehrer mit regelmäßig mehr als 50 Kindern, wenn sie vor dem 1. April bei dem Forstbeamten sich melden und von ihrer Deputatfeuerung nichts veräußern, jährlich 4000 Soden Torf von den fürstlichen Mooren⁷) gegen früher von ihnen selbst, jetzt aber aus der Schulkasse (§ 65) zu bezahlenden Stechlohn incl. Zählgeld. Eine Erhöhung des Feurungsdeputats wegen angeblicher Unzureichlichkeit ist regelmäßig ganz unzulässig.⁸)

Das Holz wurde früher von der Schulgemeinde,⁹) wird jetzt aber von der Forst sowol im Frühling gefällt,¹⁰) wofür diese Haulohn aus der Schulkasse (§ 65)¹¹) resp. von der contractlich dazu verpflichteten Schulgemeinde erhält, als auch in Faden gesetzt,¹²) dem Lehrer zur Aufbewahrung und Anfuhr überwiesen¹³) und zwischen Michaelis und Martini resp. schon früher, wo solche längere Aufbewahrung in der Forst unthunlich,¹⁴) auf Einen Tag von der Schulgemeinde unentgeltlich angefahren.¹⁵) Letztere ist hierzu auch beim Torf verpflichtet.¹⁶) Diese Fuhrpflicht umfaßt gleichzeitig das Auf- und Abladen, das Aufsetzen und Wegbringen am Bestimmungsorte.¹⁷)

Nur bedingungsweise und dann nur gegen Verzicht auf das Torfdeputat,¹⁸) wird den Lehrern der öfters von ihnen beantragte Verkauf ersparten Deputatholzes gestattet.¹⁹) Sie müssen hierzu von den zu sorgfältiger Aufsicht auf gehörige Heizung der Schulstuben verpflichteten

---

Bv. 6. Mai 1830, Rgbl. 18, berichtigt durch Bv. 19. Mai 1830, Ra. 3368, Rgbl. 22.

⁶) Bv. 10. April 1830 cit., wodurch die entgegengesetzte Bestimmung der Bv. v. 18. Octbr. 1770 cit., veraltet.

⁷) C. v. 8. März 1828, Ra. 3362, Rgbl. 12; vgl. C. v. 31. Juli 1844.

⁸) C. v. 19. Juli 1859.

⁹) Bv. 18. Octbr. 1770 cit., 23. Nov. 1770.

¹⁰) R. v. 26. Jan. 1844, Ra. 3436.

¹¹) Bv. 10. April 1830 cit.

¹²) Bv. 10. April 1830 cit., früher durch die Lehrer selbst; Bv. 18. Octbr. 1770, IX. cit.; 27. Febr. 1783 cit.

¹³ ¹⁴) Bv. 26. Jan. 1844 cit.

¹⁵) Bv. 18. Octbr. 1770, IX. cit.

¹⁶) Bv. 8. Mai 1828, Ra. 3363, Rgbl. 21.

¹⁷) Cab.-Rescr. v. 16. Aug. 1846, Ra. 3446.

¹⁸) C. v. 8. März 1828 cit.

¹⁹) Vgl. hierüber C. v. 19. Juli 1859.

Schulvorstehern[20]) event. vom competenten auch zu solcher Aufsicht verpflichteten (§ 1) Prediger ein Attest dahin erwirken, daß mangelhafte Heizung der Schullocalitäten nicht bemerkbar geworden, und unter Production desselben, sowie unter Angabe von Quantität und Qualität des zu verkaufenden Holzes von den competenten Forstinspections-Beamten, welche bei nicht besonderen Bedenken hierin willfährig sein sollen, einen auf Zulässigkeit des Holzverkaufs lautenden s. g. Passirschein erbitten. Jede hierbei begangene Contravention wird amtspolizeilich mit 5 Thlr. Strafe gerügt.[21])

Bei Errichtung neuer Schulstellen (§ 10 a. E.) muß schon im Winter vor dem Zuzug der neuen Lehrer, die Abgabeverordnung für die Feurung vom Cammer- und Forstcollegium erwirkt werden, damit letztere noch rechtzeitig in der Forst bereitet werden kann.

c. Ländereien.
aa. Bei Dorfschulen.
§ 40.
α. Nutznießung, Umfang, Reservation.

Weil der ländliche Beruf der Lehrer diese zu ihrem Unterhalt hauptsächlich auf directe Nutznießung des Ackers hinweist, so besteht auch im Grund und Boden ihre Hauptdotation. Ganz unentgeltlich wird ihnen dieselbe während ihrer Dienstzeit von der Grundherrschaft überwiesen, wobei sie im Uebrigen, z. B. betreffs der Reservate, hauswirthlicher Benutzung ꝛc. sonstigen Zeitpächtern domanialer Ländereien gleichstehen (Thl. I, §§ 70, 71 und 83, 84)¹) und administrativer Cognition unterliegen.

Die Größe der Ländereien für Dorfschulen ist gesetzlich bestimmt und wird bei allen gleichmäßig und voll ausgetheilt²) (§ 32). Wo

---

[20]) Vv. 19. Septbr. 1842, § 7, Ra. 3432, Rgbl. 34.
[21]) Vv. 10. April 1830 cit.; vgl. Thl. 1, § 139.
¹) Nach Minist.-Rescr. v. 12. Mai 1842, Ra. 3429 ist übrigens bei Unglücksfällen an der Erndte, den Lehrern gegenüber eine Verpflichtung der Grundherrschaft zum Schadenersatze anerkannt.
²) C. v. 11. Decbr. 1839, Ra. 3416. — Durch C. v. 28. Nov. 1859 ist Bericht über Größe der Schulländereien eingefordert.

dies nach der Localität nicht möglich, tritt Entschädigung durch Zulage zum baaren Gehalte ein³) (§ 48). Jene Normen gelten gleichmäßig für bloße Schullehrer und auch für gleichzeitige Küster landesherrlichen Patronats,⁴) wenn letztere als solche keine volle, der Größe eigentlicher Schulländereien entsprechende, Dienstcompetenz besitzen, wogegen die hiermit schon dotirten außerdem auf Beilegung des eigentlichen Schulackers überall keinen Anspruch haben.⁵)

Schulreglementsmäßig⁶) enthält nun eine volle Dotation: außer etwa 25 □R. zu Haus- und Hofplatz einen Garten von ca. 100 □R., an Saatacker 4 Schffl. wirklichen Einfalls nach Rostocker Maaß, eine Wiese von 2 Fudern Kuhheu in der Vormahd à 16 Ctr.,⁷) Weide ohne Weide- und Hirtenlohn · auf der Dorfs-Communalweide für 2 Kühe, ein Kalb, 10 Schaafe, 2 Schweine, event. statt derselben ein separirtes Ackerstück (§§ 42 und 43), wozu noch 50 □R. zur Baumschule kommen (Thl. I, § 173). Die öconomische Ermittelung und Abschätzung dieser Flächen geschieht jetzt ebenso, wie bei späteren Veränderungen vorgeschrieben ist (§§ 42 und 43). Die ganze Competenz ist mit Rücksicht auf den eigentlichen Beruf der Lehrer und zur bequemeren Wirthschaft in möglichst nahen Zusammenhang mit dem Schulgehöft selbst zu bringen.⁸)

§ 41.

Fortsetzung.

Wo nun schon während der über die gänze Feldmark laufenden Pachtcontracte das dringende Bedürfniß der Anlage neuer Schulen und ihrer Dotation hervortritt (§§ 9 und 10), sind die zeitlichen Inhaber herrschaftlicher Ländereien, besonders die Bauern, zur sofortigen Hergabe des erforderlichen Areals gegen Vergütung des vollen Ertragsanschlags (Thl. I, § 67) verpflichtet.⁴) Weil aber eine solche Unter-

---

³) Reg.=Rescr. v. 15. Jan. 1841, Ra. 3421.
⁴) Bv. 17. Octbr. 1770, Pr. H. II. 35.
⁵) Vgl. Siggelkow § 122.
⁶) Bv. 18. Octbr. 1770, II—V u. IX cit.
⁷) Durch einzelne frühere Regiminalrescripte z. B. an Amt Doberan ꝛc. bestimmt.
⁸) Bv. 18. Octbr. 1770, IX cit.
¹) Bv. 18. Octbr. 1770, IX, H. II. 35.

brechung der laufenden Pachtperiode stets zu Unzuträglichkeiten und Weiterungen führt, soll schon gelegentlich der Feldregulirungen (§ 10, vgl. Thl. I, § 60) die Anlage künftiger Schulen vorgesehen und nach berichtlich eingefordertem Consens der Oberverwaltungsbehörden (§ 5)²) schon im Voraus ihre Dotation aus den dann disponiblen und zu solchem Zwecke zu reservirenden herrschaftlichen Ländereien geschaffen werden.³) Diese werden dann bis zu wirklichem Gebrauche sehr zweckmäßig öffentlich meistbietend verpachtet und durch die Aufkunft reiche Geldmittel gewonnen, welche auf Antrag der Schulgemeinde mit Kammerbewilligung zum s. g. Schulbaufond angesammelt (§ 38),⁴) durch jährliche, von der Kammer zu bedingende, Beiträge der Schulgemeinde vermehrt und demnächst beim Bau der Schulhäuser auf die Gemeindequote angerechnet werden. Bis dahin werden sie vom Amte zinstragend sicher untergebracht und berechnet mit jährlicher Rechnungsablage vor der Kammer.

Bei solcher Verpachtung reservirter Schulländereien ist vor Allem zu erstreben, daß dieselben von dem interimistischen Nutznießer nicht ausgesogen, sondern vielmehr erst recht in Cultur gebracht werden, deshalb auch sowol die Wirthschaftsweise, als die Stärke der Düngung, auch die ganze Ackerbestellung während der Pachtperiode resp. bei der Ablieferung genau vorzuschreiben, unter Reservation freiesten administrativen Ermessens. Als letzte Erndte des Pächters ist regelmäßig diejenige im Jahr vor der Ablieferung zu bedingen, welche letztere dann am Besten zu nächstfolgendem Johannis, aber auch zuweilen erst Michaelis (§ 30) nach schon beschaffter, dann aber unter amtlicher Controle für den zuziehenden Lehrer aufzubewahrender, Erndte (§ 61), geschieht. Pächter ist aber zu obligiren, schon im letzten Frühjahr sowol sich die neue Schlageintheilung des künftigen Lehrers unentgeltlich gefallen zu lassen, als auch alle zum demnächstigen Schulhausbau (§ 36 ff.) erforderlichen Plätze und Räume ohne Vergütung jederzeit abzutreten. Bei seinem Abzug erhält er vom zuziehenden Lehrer die Einsaaten an Winter und Sommerkorn, Kartoffeln, Kleesamen ver-

---

²) C. v. 3. Juni 1833. Ra. 3381.
³) Bv. 18. Octbr. 1770 cit.
⁴) Bv. 9. Octbr. 1833, Ra. 3387; v. 3. Jan. 1834, Ra. 3390; das C. v. 12. Decbr. 1836, Ra. 3403 gebietet freilich Aufhebung der Schulbaufonds.

gütet, wie die Preise nach Makler-Attesten zur Zeit der Aussaat um Michaelis des vergangenen resp. am Maitage des laufenden Jahres gegolten haben, nicht aber die Bestellungs- und etwaigen Erndtekosten, welche entweder ihm selbst speciell aufzuerlegen sind, oder gesetzlich, event. auch die Naturalarbeiten selbst (§ 46), die Schulgemeinde treffen.

§ 42.
β. Separation, Permutation.

Die Feldregulirungen dienen aber nicht allein zum ersten Zuschnitt der Schulcompetenzen, sondern auch zu ihrer sich etwa vernothwendigenden ganzen oder theilweisen Permutation und zu ihrer Separation resp. Entschädigung für Verlust der reglementsmäßig den Lehrern und Küstern gebührenden Naturalweide auf der Dorfscommunion (§ 40) bei deren Aufhebung (Thl. I, § 59). Gleich den übrigen Interessenten (Thl. I, § 61) sollen deshalb auch jene beim Beginn jeder Feldregulirung über ihre gegenwärtigen wie zukünftigen Verhältnisse und etwaigen Wünsche zu Amtsprotocoll gehört und nicht einseitig in ihrem Besitzstande verändert werden (§ 32).[1]

Das bei allen Permutationen und Separationen weiter zu beobachtende Verfahren ist gesetzlich genau vorgeschrieben.[2] Zunächst ist ein genaues Feldregister (Thl. I, § 62) aller vom Lehrer privative gebrauchten Dienstländereien anzufertigen und deren Bonität abzuschätzen (Thl. I, § 63 ff.). Da es sich hierbei oft finden wird, daß mit der Schulstelle die reglementsmäßige Competenz (§ 40) in allen ihren Theilen nicht vollständig verbunden ist, sondern Stücke des Gartens resp. der Wiese im Ackerlande und umgekehrt begriffen sind, so sind diese Verhältnisse genau zu erforschen, damit das früher etwa bewilligte, immer nur interimistische, Aequivalent nicht zum 2ten Male gegeben, sondern bei nunmehriger Completirung der Schulcompetenz zurückgenommen werde. Was nun hiernach den Lehrern an reglementsmäßigen Ländereien fehlt, ist ihnen zuzumessen, ihnen auch dasjenige

---

[1] Cab.-Rescr. v. 29. Juni 1816, Ra. 3348, vgl. C. v. 11. Decbr. 1839, Ra. 3416.
[2] Durch C. v. 30. März 1827, §§ 1—5.

Mehrere zu laſſen, welches nicht interimiſtiſches Aequivalent war. Die neuere Competenz an Garten und Acker iſt möglichſt nahe beim Schulhauſe und in nicht merklich ſchlechterer Bonität anzuweiſen, auch der Flächeninhalt, ſowie die Wieſe öconomiſch auszumitteln (§ 43), endlich davon Feldregiſter (Thl. I., § 62) und Schätzungstabelle (Thl. I., § 67) anzufertigen.

Bei Aufhebung der communalen Weidegerechtigkeit (Thl. I., § 59) iſt ein ſeparirtes Weideaequivalent, ebenfalls in möglichſt naher Verbindung mit dem eigentlichen Schulacker, auszumitteln. Hierbei iſt von der dem Lehrer gebührenden reglementmäßigen freien Viehweide (§ 40) diejenige des 1 Kalbes = $\frac{1}{2}$ Kuhweide, der 10 Schafe = 1 Kuhweide, der 2 Schweine = $\frac{1}{4}$ Kuhweide, das Ganze inclusive der Weide für die beiden Kühe = $3\frac{3}{4}$ Kuhweide zu rechnen und nach deren Bedarf das Aequivalent öconomiſch abzuſchätzen (§ 43) und anzuſchneiden, welches dann regelmäßig gleichzeitig mit dem eigentlichen Schulacker zuſammengezogen und in Schläge gelegt wird (§ 46). Dazu kommen event. noch 100 □R. zur Anpflanzung der Befriedigungen für die innere Weidekoppel (§ 44). Das Verfahren endigt mit einer Feſtſtellung der von der Schulgemeinde zu bearbeitenden Ackerfläche (§ 46) und etwa ſich vernothwendigender Befriedigungen um die Weidekoppel (§ 44). Auch den ſchon vor dem, dieſe Beſtimmungen enthaltenden, Regulative von 1827 (N. 2) mit ſeparirter Weide dotirten Lehrern iſt ſo viel ſpäter zuzulegen, als ihnen an der regulativmäßigen fehlt, dagegen aber auch die Zurücknahme der alſo gewährten Ausgleichung bei eintretenden Vacanzen unbedenklich.[3] Eine volle Schulcompetenz enthält ſonach je nach der Güte des Ackers 2—3000 □ Ruthen.

§ 43.

Fortſetzung.

Zu allen vorſtehenden öconomiſchen Abſchätzungen und Ermittelungen[1] haben Beamte 2 einſichtsvolle, rechtliche und unpartheiiſche Deconomen aus der Gegend und bei etwaigen Einwendungen des ſpeziell zu befragenden Schulmeiſters gegen dieſelben andere Taxanten zu

---

[3] C. v. 27. Janr. 1845.
[1] Vgl. auch hier C. v. 30. März 1827, § 11 ff.

wählen. Letztere sind dann an Ort und Stelle zu führen, an Eidesstatt zu gewissenhafter Schätzung zu verpflichten und demnächst in's Geschäft zu weisen.

Das Resultat der geschehenen Schätzung ist, allenfalls unter Zuziehung eines im Amte beschäftigten Ingenieurs, dem Lehrer mitzutheilen und dieser über sein Einverständniß damit zu befragen. Bei seiner motivirt von ihm abzugebenden Verneinung ist er durch die Oeconomen von seinem etwaigen Irrthum zu überzeugen. Gelingt dies nicht, so ist von den Beamten noch ein 3ter Taxant zu wählen, gegen welchen der Lehrer keine Einwendungen hat, auch förmlich zu beeidigen und durch ihn an Ort und Stelle die erste Schätzung zu revidiren, worauf dann der Durchschnitt beider Taxen unter allen Umständen normirt.[2])

Vorstehende protocollarische Verhandlungen werden demnächst abschriftlich zur Prüfung an die Kammer versandt. Versagt diese ihre Genehmigung der ersten Schätzung, so tritt auch hier in gleicher Art, wie bei Widerspruch des Lehrers, eine 2te Schätzung ein.[3])

Nach eingegangener Kammergenehmigung haben die Beamte den Ephoral-Consens des competenten Superintendenten, ratione des Schulmeisters zu erwirken (§ 5 und 32) und jenen dann zu den Kammeracten einzureichen, Alles auch so zeitig zu beschaffen, daß die vorschreitende Feldeintheilung (Thl. I., §§ 61 und 62) kein Hinderniß bei etwa nöthigen Abänderungen werde.

Selbstverständlich fällt übrigens beim ersten Zuschnitt der Schulcompetenzen (§ 10), wo noch kein Lehrer auf der erst zu fundirenden Stelle existirt, die Verhandlung mit demselben weg, wenngleich im Uebrigen das vorstehend beschriebene Verfahren auch dann eintritt (§ 40).

§ 44.

γ. Befriedigungen.

Soweit dieselben um den Schulgarten sich vernothwendigen, will die Grundherrschaft das dazu erforderliche Holz und Buschwerk her-

---

[2]) C. v. 14. Septbr. 1844, wodurch § 11 des C. v. 30. März 1827 modificirt ist.
[3]) C. v. 14. Septbr. 1844.

geben, während der Schulgemeinde die unentgeltliche Anfuhr und Verarbeitung, event. die Uebertragung des Arbeitslohnes obliegt;[1]) jetzt pflegt übrigens auch die unentgeltliche Hergabe des Zaunholzes der Schulgemeinde contractlich auferlegt zu werden, wie denn auch zu Baumschulen keine Befriedigungsmaterialien passiren (Thl. I., § 173). Complicirter sind die gesetzlichen Bestimmungen betreffs der Befriedigungen um die übrige Schulcompetenz (§ 40).

Zunächst soll letztere[2]) in ihrem ganzen Umfang an Acker und Weideland, soweit sie nicht schon anderweitig, z. B. durch vorbeilaufende Wege mit Seitengräben, Landstraßen, Hufenscheiden, Abzugsgräben begrenzt wird, mit einem Kegelgraben, d. i. einem zu beiden Seiten mit Gräben versehenem Erdwalle, f. g. Kegel, umgeben werden. Der Erdwall pflegt eine Basis von 6 F., jeder der beiden Seitengräben eine solche von 5 F. Breite zu haben; das dazu erforderliche Terrain wird aber nicht aus dem Schulacker genommen, sondern von der Grundherrschaft unentgeltlich extra hergegeben. Der Kegel ist mit Holzpflanzen zu besetzen, die nothwendigen Eingänge desselben sind durch f. g. Hekke oder Hakelwerke zu sichern. Diese gesammten Befriedigungen werden zum ersten Male auf Kosten des Amtes hergestellt, welches demnach sowol die Pflänzlinge als sonstigen Materialien und den baaren Bereitelohn hergiebt; nur muß die Schulgemeinde die wenigen dabei unentbehrlichen Fuhren unentgeltlich leisten. Die Holzmaterialien zu den Eingangshekken werden aber nicht nur zur ersten Einrichtung, sondern auch zur künftigen Erhaltung gegen Schneidelohn aus den Großherzoglichen Forsten verabreicht, doch muß bei der künftigen Erhaltung derselben der Lehrer sowol den Schneide- als überhaupt gesammten Arbeitslohn aus eignen Mitteln tragen, wobei jedoch auch hier die unentgeltliche Fuhrpflicht der Schulgemeinde stattfindet. Zum äußeren Schutz dieser Umfangs-Befriedigungen werden keine Holzmaterialien abgegeben, weil dieselben wegen des äußeren Kegelgrabens entbehrlich sind.[3])

Im Uebrigen ist schon gelegentlich der Separations- und Permutations-Verhandlungen und in Grundlage des dort stattfindenden

---

[1]) Bv. 18. Octbr. 1770, IX, H. II. 35, 23. Nov. 1770.
[2]) C. v. 30. März 1827, § 7.
[3]) C. v. 1. Mai 1837, 1, Ra. 3408.

Verfahrens (§§ 42, 43) zu ermitteln, ob entweder der Lehrer nach der Güte des separirten Weideaequivalents Stallfütterung seiner Kühe einführen, resp. wenigstens dieselben tübern kann, oder ob eine besondere Weidekoppel nothwendig bestehen muß.⁴)

Ist Ersteres der Fall, so ist der Lehrer zur Stallfütterung, resp. Tüderung verpflichtet, selbst wenn dieselbe nach dem derzeitigen Culturzustand der Ländereien nicht sogleich möglich ist, hat auch wegen der damit verknüpften Vortheile keine Vergütung wegen ehemaliger Befreiung von Hirtenlohn (§ 40) zu erwarten⁵) und erhält keine anderen Befriedigungsmaterialien, als diejenigen zu den Eingangshecken nach schon vorstehenden Grundsätzen.⁶)

Vernothwendigt sich dagegen eine besondere Weidekoppel, auf welcher das Vieh zu hüten ist, so ist auch zum Schutz gegen dasselbe gleichzeitig eine doppelte Befriedigung, nämlich sowol zur inneren Bewehrung der äußeren Umfangsbefriedigung, als auch zur Abgrenzung gegen die inneren Felder erforderlich. Zu ersterem Zweck wird für erste und einmalige Herstellung einer zweirickigen Befriedigung der Bedarf an Rickpfösten, Ricken, Zwischenpfählen aus herrschaftlicher Forst gegen den aus der Amtskasse zu übertragenden Bereitelohn⁷) und gegen unentgeltliche Anfuhr durch die Schulgemeinde geliefert und zwar bei einer aus den Ackerschlägen zu bildenden Weidekoppel längs der durch die äußere Umfangsbefriedigung begrenzten Strecken, bei einer beständigen privativen Weidekoppel aber zur ganzen Einfassung ihrer äußeren Begrenzung.⁸)

Zum Schutze der innen gelegenen Felder dagegen werden überall keine Holzmaterialien verabreicht, sondern der Lehrer erhält 100 ☐R. Land unentgeltlich aus herrschaftlichen Ländereien in unmittelbarem Zusammenhang mit seiner sonstigen Competenz (§ 42) und zugleich mit dieser einzufriedigen, um auf derselben das zu jenem Zwecke erforliche Weiden- und Buschwerk aufzuziehen. Die hierzu nöthigen Weidenpathen oder Stecklinge muß jener aus eignen Mitteln beschaffen;

---

⁴) C. v. 30. März 1827, §§ 6, 11.
⁵) C. v. 30. März 1827, § 9.
⁶) C. v. 1. Mai 1837, 12 cit.
⁷) R. v. 11. April 1840, Ra. 3417.
⁸) C. v. 30. März 1827, § 8; v. 1. Mai 1837, 3 cit.

wünscht er aber Birken-, Erlen-, Hasel- und Dornenpflanzen, so sollen sie ihm gegen selbst zu tragende Hebekosten aus der Forst verabreicht werden.⁰)

§ 45.

Fortsetzung.

Die Lehrer sind zu hauswirthlicher Benutzung aller Befriedigungen verpflichtet und haften für jede Verschuldung mit ihrem Vermögen. Die Schulvorsteher sollen darauf achten, daß die Lehrer es hierin an Nichts ermangeln lassen.¹) Im Uebrigen geschieht sonst die Erneuerung der Gartenbefriedigungen durch die Schulgemeinde nach den für ihre erste Anlage voraufgeführten Grundsätzen (§ 44). Weiter dagegen erstreckt sich die Haftung des Lehrers bei den eigentlichen Acker- und Weidefriedigungen.

Zunächst die Benutzung der äußeren Umfangshecken auf dem Kegel verbleibt zwar dem Lehrer nach einer Amts- und Forstwegen zu beschaffenden regelmäßigen Cavel-Eintheilung; jener ist aber schuldig, jene Hecken durch Nachpflanzungen, wozu er die Pflänzlinge gegen selbst zu bezahlenden²) Aushebelohn bei rechtzeitiger Anmeldung aus den Großherzoglichen Forsten zu erwarten hat, durch sorgfältige Pflege und Schützung in guten Anwachs zu bringen und stets darin zu erhalten, auch dieserhalb der Aufsicht des Amtes und Forstes unterworfen.³)

Ferner an gehöriger Sorgfalt gegenüber den Eingangs-Hecken wird der Lehrer es schon deshalb nicht ermangeln lassen, weil er bei wiederholter Abgabe der dazu erforderlichen Materialien den Bereitelohn selbst tragen soll (§ 44).

Gleiches gilt betreffs der zum innern Schutz der äußeren Befriedigungshecken von der Herrschaft gelieferten Ricke und Pföste, welche nur bei erster Anschaffung dem Lehrer nichts kosten (§ 44), bei ihrer vor gehöriger Höhe und Dichtigkeit sich etwa vernothwendigenden⁴)

⁰) C. v. 30. März 1827, § 9.
¹) Vv. 19. Septbr. 1842, § 7, Ra. 3432, Rgbl. 34.
²) Dies steht nicht speciell im Gesetze, ergiebt sich aber aus der Conservations-pflicht des Lehrers von selbst.
⁴) C. v. 11. Decbr. 1837, Ra. 3410.

Erneuerung aber ihn allein belasten. Da nun letztere, selbst bei größter Sorgfalt im Gebrauche, im Lauf der Jahre doch immer leicht eintreten kann und den derzeitigen Lehrern dann große Kosten verursacht, so bemühen sich diese um mögliche Stallfütterung oder Tüderung (§ 46 a. E.) und um Verkauf jener ihnen dann entbehrlicher (§ 44) Materialien. Das dabei stattfindende Verfahren gleicht demjenigen in ähnlichen Fällen bei Auseinandersetzungen (§ 63).

Die Benutzung endlich der zur Gewinnung von Weiden und Buschwerk dem Lehrer überwiesenen 100 ☐R. steht so lange freilich in dessem freien Ermessen, als er der Amts- und Forstbehörde nachweisen kann, daß sein Nachfolger durch geregelten Abnutz der äußeren Kegel-Hecken oder durch innerhalb seines Aequivalents an paßlicher Stelle gesetzte Weiden anderweitige Befriedigungsmaterialien gewinnen kann; sonst ist er aber verpflichtet, sie sofort vollständig zur Erzielung des Befriedigungsmaterials zu bepflanzen; jedoch muß auch dann der Busch unter Aufsicht und Controle der Amts-Forstbehörde und nöthigenfalls durch Zwangsmaßregeln, wie bei den Anpflanzungen der Hauswirthe (Thl. I., § 84), so eingetheilt und benutzt werden, daß der Nachfolger im Amte seine Befriedigungsbedürfnisse darauf vorfindet, widrigenfalls dieser entschädigungsberechtigt ist.[5]

Im Uebrigen kommt die Frage wegen etwa hiernach zu gewährender Entschädigungen hauptsächlich gelegentlich der Auseinandersetzungen (§ 63) zum Austrag.

§ 46.
d. Ackerbestellung, Feldwirthschaft.

Der Beruf und der durch geringen Umfang der Schulcompetenzen bewirkte Mangel eigenthümlicher Anspannung und ausreichenden Gesindes bringt es für den Lehrer mit sich, daß er betreffs seiner Ackerbestellung fremder Dienstleistungen bedarf. Schon das Schulreglement[1] hat dies vorgesehen und bestimmt, daß die Dorfschaft unentgeltlich den Schulacker zur Saat tüchtig bestellen und das Getreide sowol als das Wiesenheu dem Schulmeister einfahren soll. Diese darnach an sich nur der Dorfschaft und nur gegenüber dem eigentlichen

---

[5] C. v. 30. März 1827, § 9, erläutert durch C. v. 2 Septbr. 1846, Ra. 3447.
[1] Bv. 18. Octbr. 1770, H. II. 35.

Schulmeister obliegende Verpflichtung ist später gleich anderen Communallasten (Thl. I., § 4) der ganzen Schulgemeinde (§ 34) und auch jetzt gewöhnlich gegenüber dem Küster aufgelegt. Im Uebrigen ist jene reglementmäßige Obliegenheit später dahin mehr specialisirt,[2]) daß bei nicht anderweitiger Observanz im Bestellen des Ackers auch Pflügen, Eggen, Säen, sowie Abfahren, Abziehen, Aufladen und Ausstreuen des Dunges, ferner im Einfahren des Getreides und Heues, auch Auf- und Abladen desselben einbegriffen ist, wogegen Mähen, Binden, Hocken, Dreschen des Getreides, ferner Mähen, Werben, Häufen des Heues, endlich Auspflanzen, Behacken, Aufnehmen der Kartoffeln, Säen, Reinigen, Bearbeiten des Flachses, auch die ganze Gartenbestellung, alleinige Sache des Lehrers ist, welcher auch zu den ersterwähnten unentgeltlichen Leistungen der Gemeinde freilich seine etwaigen Dienstboten als Hülfe stellen muß, nicht aber Miethsarbeiter anzunehmen und in eigner Person nur soweit dabei zu helfen braucht, als er körperlich dazu geeignet ist und nicht von Abwartung seines eigentlichen Berufes dadurch abgehalten wird (§ 31). Zur unentgeltlichen Ackerbestellung, also zur Last der Schulgemeinde, gehört auch das Aufziehen derjenigen Gräben in den Schulländereien, welche als Abzugsgräben lediglich die landwirthschaftliche Benutzung und nicht vielmehr Gewährung von Vorfluth für angrenzende Grundstücke bezwecken, in welchem letzteren Falle ihre Anlage und Erhaltung dem Lehrer allein obliegt.[3]) Von den beiden Kegelgräben um die Competenz endlich (§ 44) ist der äußere, so oft es nach amtlichem Ermessen nöthig, durch die Nachbaren aufzuräumen, auch der Auswurf an den Kegel zu bringen, wogegen letzteren selbst, sowie den inneren Graben der Lehrer allein erhalten muß.[4])

Die mit Aufhebung der Communionweide verbundene Separation (§§ 42 und 43) hat regelmäßig zur Folge, daß das Weideaequivalent mit dem ursprünglich reglementmäßigen Schulacker zusammengezogen, in Schläge gelegt, abwechselnd zu Kornbau und Weide benutzt, dadurch auch eine viel größere Bestellung nöthig wird.[5]) Weil nun aber die

---

[2]) vgl. Berichtseinforderung v. 2. Octbr. 1814, Cab.-Rescr. v. 16. Aug. 1846, Ra. 3416, R. v. 8. April 1847, Ra. 3449.
[3]) Rv. 5. April 1842, Ra. 3428.
[4]) C. v. 30. März 1827, § 7, v. 1. Mai 1837, Ra. 3408.
[5]) C. v. 30. März 1827, § 5, Rv. 3. Janr. 1831, Ra. 3390.

Schulgemeinde zur unentgeltlichen Bestellung nur des eigentlichen Schulackers reglementmäßig verpflichtet ist,⁶) so ist gelegentlich der Separation und nach dem dabei geltenden Verfahren gleichzeitig öconomisch auszumitteln, wie viel □R. des combinirten Acker- und Weideaequivalents nach dessen ordnungsmäßiger Schlageintheilung hiernach von der Gemeinde unentgeltlich zu bearbeiten sind.⁷) Dennoch aber ist dadurch die Bestellung des Restes nicht ausschließliche Sorge des Lehrers geworden, sondern die Schulgemeinde ist durch ihre Contracte verpflichtet, auch die ganze übrige Acker- und Weidefläche gleich dem reglementmäßigen Schulacker zu bearbeiten, wenngleich hier gewöhnlich nur gegen eine vom Amt zu bestimmende durch den Lehrer zu leistende billige Vergütung.⁸)

Die Lehrer wirthschaften jetzt gewöhnlich in 6 Schlägen mit 3—4 Saaten resp. 2 oder 1 Weide und reiner Braache, halten auch womöglich ihr Vieh am Stalle.

§ 47.
bb. Auf Höfen.

Der bisherige Mangel gesetzlicher Bestimmungen über die Dotation der Hofschulen (§ 34) stellt hier Alles ins freie Ermessen der Grundherrschaft und führt im ganzen Domanium sehr verschiedenartige Normen herbei.

Nur bei verhältnißmäßig wenig Hofschulen findet sich die eigentlich reglementmäßige Competenz der Dorfschulen (§ 40). Meistens dagegen haben die Hofschulmeister in Grundlage der hofpachtcontractlichen Bestimmungen:

1) einen Garten von 70—100 □R.
2) zu einer Baumschule 50 □R.
3) als Kartoffel- und Leinland 70—120 □R.,
   resp. bei noch mehr Gartenland weniger Kartoffel- und Leinland, wie umgekehrt.
4) Naturalweide für 2—3 Kühe und bis 10 Schafe, seltener für einige Schweine.

---

⁶) R. v. 24. Nov. 1825, Ra. 3356.
⁷) C. v. 30. März 1827, §§ 5, 11.
⁸) Rv. 24. Nov. 1825 cit., Cab.-Rescr. v. 16. Aug. 1846 cit.

5) eine ausreichende Wiese oder statt derselben ein Futterdeputat, nämlich etwa 60 Ctr. Heu und 12,000 Pfd. Stroh.
6) statt Saat-Ackers ein Korndeputat von der Diele, nämlich durchschnittlich 2—4 Schffl. Weizen, 12—24 Schffl. Roggen, 8—16 Schffl. Gerste, 4—8 Schffl. Erbsen, 6—8 Schffl. Hafer, resp. für den Ausfall in einigen Fruchtarten entsprechenden Zuschuß in den anderen.

Bei ganzem oder theilweisem Wegfall vorstehender einzelner Emolumente wird angemessene baare Entschädigung aus der Amtskasse gewöhnlich geleistet[1]) (§ 48).

Betreffs der Nutznießung ꝛc. (§ 40), der Ackerbestellung ꝛc. (§ 46) finden schon erörterte Grundsätze auch hier angemessene Anwendung, wobei die Subrepartition auf die Schulgemeinde durch die Pachtcontracte entschieden zu werden pflegt (§§ 34 und 35).

§ 48.
d. Baarer Gehalt.

Derselbe bildete in alten Zeiten die Ausnahme und statt seiner das s. g. Reihe-Essen bei den Bewohnern des Schulortes und sonstige Abgabe von Naturalbedürfnissen die Regel (§ 1). Später wurde ein festes Schulgeld von halbjährlich 24 ßl. für jedes Schulkind bestimmt, daneben aber die Lieferung von Schulbroden, Holz- und Lichtgeldern, Weihnachts- und Fastnachtsgeschenken beibehalten.[2]) Aber schon nach dem Schulreglement[3]) sollen solche Accidenzien wegfallen (vgl. jedoch § 64) und dafür ausschließlich eigentliche Dienstgehalte gegeben werden. Nebenverdienst ist außerdem nur beschränkt gestattet (§ 31), und selbst die frühere Extravergütung für Unterricht im Schreiben und Rechnen durch Aufnahme dieser Lehrgegenstände unter die Anzahl der ordentlichen außer Anwendung gekommen (§ 12).

Der Schulgehalt wird aber nicht von den einzelnen zur Zahlung Verpflichteten direct an den Lehrer, sondern an die Amtsschulcasse gezahlt (§ 65), aus welcher dieser wieder denselben bezieht. Er ist nicht

---

[1]) R. v. 15. Janr. 1841, Ra. 3421.
[2]) Wv. 1. Decbr. 1768, H. II. 32.
[3]) v. 18. Octbr. 1770, IX., H. II. 35.

für alle Lehrer gleichmäßig, sondern sein Betrag richtet sich mit Recht nach der größeren oder geringeren Mühe des Schuldienstes, also nach der Anzahl der Schulkinder, mögen dieselben sämmtlich dem eigentlichen Schulorte angehören, oder aus eingeschulten Ortschaften (§§ 9 und 10) kommen. Die eignen Kinder der Lehrer zählen hierbei nicht mit, ebensowenig die durch dauernde Krankheit am Schulbesuch verhinderten,[3] noch regelmäßig die schon vor dem schulpflichtigen Alter aufgenommenen (§ 20), noch endlich die durch Unterricht bei Privatlehrern vom Schulzwang zur Ortsschule unentgeltlich entfreieten (§ 19), wol aber die Armen oder die eine andere öffentliche oder Privatschule besuchenden (§ 19).

Die Anzahl der Schüler wird alljährlich vor der Gehaltsauszahlung festgestellt (§ 68), und die Lehrer haben wegen inzwischen eingetretener Minderung derselben, z. B. durch Anlagen neuer Schulen oder Classen (§§ 9 und 10), keinen rechtlichen Entschädigungsanspruch (§ 30), doch aber dann zuweilen bei allzu großem Ausfalle Gnadenzulagen, gewöhnlich aus der Amtsschulkasse (§ 65),[4] wie ihnen denn auch solche wegen zu weniger Ländereien aus der Amtskasse (§ 70, Note 1) gewährt werden (§§ 40 und 47).

§ 49.
Fortsetzung.

Schulreglementmäßig beträgt nun der Dienstgehalt bei 5—20 Kindern für jedes einzelne 42 ßl. N²/₃ = 1 Thlr. 1 ßl. Cour., für jedes mehr bis 29 incl. 8 ßl. N²/₃ = 9 ßl. 4 pf. Cour., bei 30—50 für jedes 31½ ßl. N²/₃ = 36 ßl. Cour., für jedes mehr wiederum 8 ßl. N²/₃ = 9 ßl. 4 pf. Cour,[1] In allen neueren[2] Schulkassenreglements finden sich statt solcher Einzeln-Sätze abgerundete größere Summen nach Maßgabe der Gesammtheit der Kinder, z. B. bis zu 50 Kindern = 40 Thlr., bis zu 60 = 44 Thlr., bis 70 = 48 Thlr., bis 100 = 52 Thlr., bei mehr (vergl. jedoch § 9) = 56 Thlr. Durchgängige Gleichmäßigkeit herrscht hierüber nicht bei den Aemtern (vgl. § 68).

---

[3] vgl. schw. Vv. 1. Decbr. 1768 cit.
[4] Cab.-Rescr. v. 28. Juli 1825, vgl. Reg.-Rescr. v. 15. Janr. 1841, Ra. 3421.
[1] Vv. 18. Octbr. 1770 IX., H. II. 35.
[2] nach Muster eines Normal-Regulativs v. 10. Aug. 1850.

Solcher Schullohn wird aber reglementsmäßig nicht ganz in baarem Gelde, sondern halb an Geld, halb an Roggen Rost. Maaß verabreicht,³) und zwar in der Weise, daß letztere Hälfte zunächst in Schffl. Roggen, früher à 24 ßl. N²/₂,⁴) jetzt à 32 ßl. N²/₄ = 37 ßl. 3 pf. Cour., in Grundlage einer bestimmten Tabelle⁵) umgesetzt, auch das wirklich von den Amtseingesessenen erhobene Korn wieder in natura vom Amte verabreicht (§ 68), etwaiger Ausfall aber nach den jedesmaligen Martinipreisen⁶) baar vergütet wird.⁷)

Diese Kornabgabe hatte ihren guten Grund, so lange noch die Lehrer auf die reglementmäßige Ackercompetenz von nur 4 Schffln. Aussaat (§ 40) beschränkt waren; seitdem sie aber durch die Weideseparation (§§ 42, 43, 46) so bedeutende Ackeraequivalente gewonnen haben, daß sie mehr als ihr bloßes Brodkorn selbst produciren können, ist vielleicht ausschließlich baare Fixirung des Gehalts wünschenswerth, bei welcher dann obendrein die mühsame Korn-Ausgleichung (§ 68) zwischen den einzelnen Ortschaften wegfällt und außerdem die Amtseingesessenen nicht in Versuchung kommen, den Lehrern oft nur schlechtes Korn zu verabreichen. Diese baare Fixirung ist auch selbst schon im vorigen Jahrhundert projectirt,⁸) jedoch nur erst sehr vereinzelt eingeführt, wenngleich in neueren Schulkassenreglements ebenfalls dieselbe, natürlich unter der den jetzigen Conjuncturen entsprechenden Erhöhung, ausdrücklich reservirt zu sein pflegt.

Ueber Fälligkeit, Erhebung, Ausgabe, Berechnung des Schullohns vgl. §§ 64 und 68 ff. Wegen Belegung der Dienstgehalte werden auch hier die bei den Großherzoglichen Beamten vorausgeführten Bestimmungen entsprechende Anwendung finden müssen (Thl. I., § 15).

---

³) Vv. 18. Octbr. 1770 cit.
⁴) Vv. 18. Octbr. 1770 cit.
⁵) publicirt durch Vv. 6. April 1848, Ra. 3451, Rgbl. 17.
⁶) nach Vv. 11 Novbr. 1864, Rgbl. 45, jetzt à Schffl. Roggen = 1 Thlr. 4 ßl.
⁷) Vv. 6. April 1848 cit.
⁸) Vv. 15. Octbr. 1784. Ausschließlich baar sollten darnach gegeben werden bis 30 Kinder = 25 Thlr., von 41—55 = 35 Thlr., von 56—70 = 40 Thlr., von 71—80 und mehr = 45 Thlr. N²/₂.

§ 50.

e. Sonstige Emolumente, Abgaben der Lehrer.

Erstere bestehen bei Beschränkung von Nebenerwerb und Ablösung früherer Naturalien (§ 48), wesentlich noch in einigen Fuhrleistungen der mit Anspannung versehenen Schulgemeinde für die Lehrer resp. Küster nebst Familie, welche wegen zu geringer Ackercompetenz selbst Pferde nicht zu halten vermögen.

So werden jetzt die einzelnen Ortschaften contractlich verpflichtet zu unentgeltlicher oder billig zu vergütender Stellung der s. g. kleinen Fuhren, nämlich zu Arzt, Prediger, Hebamme, Kirche u. s. w. Lehrer und Küster haben schulreglementmäßig auch freie Mühlfuhren[1]) für Korn und Mehl, die Küster jedoch nur dann, wenn sie sich, was in ihrem Belieben steht, zu der ihnen angewiesenen Zwangsmühle halten,[2]) während die eigentlichen Schulmeister dem Mahlzwang unterworfen,[3]) jedoch nach dessen Ablösung auch vom Mahlzwangs-Befreiungsgelde liberirt sind[4]) (vgl. Thl. I., §§ 148, 149). Alle diese Fuhren pflegen regelmäßig allein vom Schulorte geleistet zu werden, welcher dagegen ja den Vortheil der eignen Schule hat und seine Kinder nicht über Feld zu schicken braucht (§ 35).

Bedeutender ist die unentgeltliche Fuhrleistung bei Anholung neu eintretender (§ 30) Lehrer und Küster, welche zumal bei einiger Entfernung viel Mühe und Kosten verursacht[5]) und bei Höfen regelmäßig der Grundherrschaft (§ 34), bei Dörfern stets contractlich denjenigen des Schulverbandes,[6]) in spec. bei Küstern aber observanzmäßig den Eingepfarrten des Kirchspiels nach üblichem Repartitionsmodus zur Last fällt. Sie umfaßt gleichzeitig das Verpacken, Auf- und Abladen, Aufstellen am bestimmten Ort, die Lieferung des hierzu erforderlichen Strohs, die Gestellung der nöthigen Treiber für das Vieh (§ 40) und erstreckt sich auch auf die Familien und Effecten incl. Haus- und Acker-

---

[1]) Vv. 18. Octbr. 1770 VIII., IX., H. II. 35.
[2]) C. v. 2. Febr. 1819, Ra. 2992, Rgbl. 6,
[3]) C. v. 8. Aug. 1820, Ra. 3352, Rgbl. 24.
[4]) C. v. 18. Juni 1847, Ra. 4683.
[5]) vgl. Cab.-Rescr. v. 24. Juni 1832, Ra. 3382, R. v. 3. Janr. 1834, Ra. 3390.
[6]) Rv. 13. Septbr. 1838, Ra. 3413.

geräth. Fraglich erscheint hierbei,⁷) ob sie auch den Transport großer ersparter Vorräthe z. B. eingeworbener Feldfrüchte (§ 61), in sich begreift; jedenfalls ist den zuziehenden Lehrern hierbei zu empfehlen, jene vorher zu verkaufen unter der Bedingung, daß der neue Schulort ihnen das Nöthige davon wieder zum Verkaufspreise überläßt. Feuerungsvorräthe (§ 59), Stroh und Heu (§ 62), Befriedigungsmaterialien (§ 63) sollen an sich am früheren Schulorte zurückbleiben; hat der Lehrer deren aber für eigne Mittel eigenthümlich erworben, so werden sie dennoch nicht in den freien Transport eingeschlossen sein. Bei größerer, eine Tagefahrt übersteigender Entfernung zieht die Schulgemeinde es gewöhnlich vor, statt der eignen Naturalleistungen solcher Fuhren entweder selbst oder durch den Antreter mit einem Miethsfuhrmann zu accordiren, auch die Familie auf der Post oder Eisenbahn zu transportiren, und bezahlt dann den Accordpreis, resp. Fuhrverlag.

Die Abgaben der Lehrer bestehen in Personalsteuern, Armen- und Wittwengeld (§ 57). — Endlich gewinnen jene sofort mit dem Antritt des Dienstes ihr Einwohnerrecht am Schulorte, selbst unabhängig vom Einräumen einer eignen Wohnung.⁸)

§ 51.

3) Einkünfte 2c. der Classenlehrer und Assistenten.

Die s. g. 2ten, 3ten 2c. oder Classenlehrer (§ 30) sollen zunächst regelmäßig für sich eine kleine heizbare Kammer und für ihre Classe eine besondere Schulstube haben, welche Localitäten möglichst im eigentlichen Schulhause selbst zu schaffen (§ 36)¹) und nach bekannten Grundsätzen zu conserviren sind (§ 37 ff.). Wenn solche Räumlichkeiten im Schulhause selbst nicht herzustellen sind, und Miethe derselben sich vernothwendigt, so ist der Miethsbetrag je zur Hälfte von Schulgemeinde und Grundherrschaft zu bezahlen. Zur Heizung beziehen jene 6000 Soden Torf und 2, in Ermangelung des Torfes aber 3 Faden Tannen- oder Abfallholz zu 3. 7. 7., aber nicht dünnes Zweigholz, event. bei großen und kalten Schulstuben selbst ein vermehrtes Deputat.²)

---

⁷) Durch C. v. 17. Septbr. 1856 ist Bericht darüber eingefordert.
⁸) Vgl. Trotsche, Mecklenburg'sche Heimathsgesetze. pag. 106.
¹) C. v. 21. Juli 1832.
²) Reg.-Rescr. v. 12. Janr. 1839, Ra. 3415.

Der Bereitelohn des Torfes ist an sich von der Schulgemeinde zu übertragen,³) doch pflegt regulativmäßig die Amtsschulkasse den Arbeitslohn sämmtlicher Feuerung zu entrichten (§ 65). Im Uebrigen gilt auch hier Bekanntes (§ 39); Verkauf etwa erübrigten Deputatholzes ist jedoch nur dann zulässig, wenn das Forstcollegium event. die Ministerien der Finanzen und des Unterrichts gemeinsam auf Antrag dies genehmigen.⁴) Endlich haben die Classenlehrer festen baaren Gehalt von jetzt 120 Thlr., je zur Hälfte aus der Amts- und Schulkasse⁵) unter schon erörterten Principien (§ 48 ff.) und gewöhnliche Anholung nebst sonstigen Fuhren (§ 50).

Die Assistenten (§ 30) erhalten von den hülfsbedürftigen Lehrern (§ 53) oder deren Hinterlassenen (§ 55) Wohnung und Beköstigung incl. Heizung und Wäsche⁶) ohne Entschädigung, wogegen bei Assistenz wegen Ueberfüllung der Schule (§ 9 a. E.) den Lehrern für Hergabe derselben Emolumente eine billige Vergütung theils aus der Amts-, theils aus der Schulcasse geleistet wird, außerdem aber wöchentlich eine baare Remuneration von 24 fl. $N^2/_3$ = 28 fl. Cour. je zur Hälfte aus der Amts- und der Schulkasse.⁷) Bei ihrer Uebersiedelung nach ihrem Bestimmungsorte müssen sie sich selbst bis zu der demselben zunächst gelegenen letzten Eisenbahn- oder Poststation befördern, wobei sie freie Post genießen und den Eisenbahnverlag 3ter Classe aus der Schulcasse des ihnen angewiesenen Amtes erstattet erhalten,⁸) und haben im Uebrigen ebenfalls die s. g. kleinen Fuhren⁹) (§ 50).

Ueber die Abgaben der Classenlehrer und der Assistenten entscheiden die Steueredicte und Armenordnungen. Ueber ihr Einwohnerrecht vgl. § 50 a. E.

---

³) C. v. 28. Mai 1846, Ra. 3445.
⁴) C. v. 19. Juli 1859.
⁵) Seit etwa 2 Jahren, früher nur 96 Thlr. Vv. 24. Octbr. 1848, noch früher nur 80 Thlr., C. 21. Juli 1832.
⁶) Vv. 12. Juni 1784 a. C., H. II. 87.
⁷) Vgl. Reg.-Rescr. v. 15. Janr. 1841, Ra. 3421, v. 26. Febr. 1845, Ra. 3438, Vv. 29. Septbr. 1845, v. 13. Octbr. 1847. Nach Vv. 12. Juni 1784 cit. früher bei 15—30 Kindern 8 fl., bei 30—50 Kindern = 12 fl., bei mehr = 16 fl. $N^2/_3$.
⁸) Vv. 21. April 1847, den Beamten mitgetheilt durch C. v. 23. Juni 1848.
⁹) R. v. 13. Septbr. 1838, Ra. 3413.

§ 52.

4) Einkünfte ꝛc. der Industrielehrerinnen.

Das Industrieregulativ[1]) unterscheidet hierbei, ob Ehefrauen (oder Töchter § 30, Note 10) der Küster und Lehrer selbst den Unterricht ertheilen, oder ob Gründe vorhanden sind, denselben anderen Personen zu übertragen. In beiden Fällen erhalten freilich nach jener Verordnung alle Lehrerinnen:

1) für jedes am Unterricht theilnehmende Kind 24 ßl. Schulgeld,[2]) welches in neuerer Zeit mit besonderer Rücksicht darauf, daß vielbeschäftigte Industrielehrerinnen für ihren Hausstand ein sonst entbehrliches Dienstmädchen zu halten genöthigt sind, angemessen erhöhet und bei Ehefrauen (und Töchtern) der Lehrer zu ³/₄ aus der Schul-, zu ¹/₄ aus der Amtscasse, bei anderen Personen aber ganz aus der Amtsschulcasse (§ 48) gezahlt wird,[3])

2) an Feuerung für jede durch ein Regulativ bestätigte Industrieschule (§ 11) jährlich ¹/₂ Faden 3füßig Abfallholz oder 2000 Soden Torf, wo aber solches Unterrichts wegen eine Stube besonders geheizt werden muß, 1 Faden 3füßig Abfallholz und 4000 Soden Torf,[4]) dessen Bereitelohn aus der Schulkasse bezahlt und dessen Anfuhr von der Schulgemeinde beschafft wird[5]) (vgl. § 39),

außerdem aber noch diejenigen, welche nicht zugleich Ehefrauen (resp. Töchter) der Lehrer sind,[6])

3) freie Dienst- oder Miethswohnung mit dem erforderlichen Raum zu Schule und Wirthschaft (§ 36),

4) einen verhältnißmäßig großen Garten aus herrschaftlichen Ländereien,

5) möglichst Naturalweide für 1 Kuh nebst dem nöthigen Heu und Stroh mit freier Anfuhr,

---

[1]) v. 23. Mai 1837, §§ 7, 8, Ra. 3406, Rgbl. 20.
[2]) Vgl. Vv. 24. Juni 1837, Ra. 3409, Rgbl. 24.
[3]) Vv. 23. Mai 1837, §§ 7, 8 cit.
[4]) Vv. 8. Septbr. 1838, Ra. 3412, Rgbl. 36, wodurch Vv. 31. Octbr. 1835, Ra. 3399, Rgbl. 46, vgl. v. 23. Mai 1837, § 7 cit. modificirt sind.
[5]) Vv. 23. Mai 1837, § 7 cit.
[6]) Vv. 23. Mai 1837, § 8 cit.

6) aus der Amtskasse ein anschlagsmäßiges baares Aequivalent statt des 4ten Theils einer gewöhnlichen Schulcompetenz (§ 40).

Je nach den Umständen, persönlichen Verhältnissen der Lehrerinnen und Localgelegenheit werden vorstehende Emolumente modificirt, wobei die Dienste der Schulgemeinde, z. B. Ackerbestellung (§ 46), Fuhren (§ 50) ꝛc. gleich denjenigen bei Elementarschulen geregelt und contractlich reservirt zu werden pflegen.⁷)

Ueber Abgaben der Industrielehrerinnen vgl. § 51 a. E., über ihr Einwohnerrecht vgl. § 50 a. E.

V. Dienstentfernung.

§ 53.

1) Pensionirung.

Wenn ein Lehrer mit Familienstelle, welcher seine Dienstpflichten treu erfüllt, durch Alter und Körperschwäche resp. Krankheit an Fortsetzung seines Berufes verhindert wurde, so erhielt er früher häufig einen s. g. Adjunct. Derselbe besorgte den Schuldienst, bezog inzwischen allein den Schulgehalt (§ 48 ff.), auch wohl Wochenlohn eines Assistenten (§ 51), theilte die übrigen Emolumente mit jenem und wurde nach freiem landesherrlichen Ermessen weiter versetzt. Jetzt wird gewöhnlich ein Assistent (§ 30) beigeordnet, doch soll solche Assistenzgebung nicht längere Zeit, höchstens etwa 2 Jahre dauern, weil der öftere, durch die Verhältnisse der Assistenten herbeigeführte (§§ 27, 28), Wechsel derselben für die Schule nachtheilig ist. Vermag auch nach Ablauf solcher Zeit der eigentliche Lehrer die Schule nicht wieder zu übernehmen, so tritt Pensionirung ein.

Dieselbe beruhet auf einem bestimmten administrativen Verfahren mit Ausschluß gerichtlicher Weiterung.¹) Nach einer ihnen ertheilten Instruction²) sollen zunächst Beamte in Uebereinstimmung mit dem competirenden Prediger und Superintendenten die Nothwendigkeit der Pensionirung feststellen, auch bei entgegengesetztem Willen des Lehrers

---

⁷) Rv. 13. Septbr. 1838, Ra. 3413.
¹) Vgl. Buchka u. Bubbe, Entscheidungen Bd. I. pag. 228 ff.
²) V. 31. Aug. 1835, Ra. 3398, vgl. Cab.-Rescr. v. 28. Juli 1825.

diesen darüber protokollarisch abhören und durch Gründe möglichst zu überzeugen versuchen, wenngleich dessen reine Einwilligung durchaus nicht erforderlich ist. Alsdann haben Beamte über die Art der Pensionirung und das zu gewährende Quantum, auch hinsichtlich des Anfangstermins, an's Unterrichtsministerium zu berichten, ohne dem Schulmeister Offerten zu machen, besonders nur um dessen bisheriges Diensteinkommen unter baarer Berechnung aller Naturalien zusammenzustellen, auch ein hierzu bestimmtes s. g. Pensionsschema auszufüllen und mit einzusenden, vorher noch mit der Schulgemeinde über ihre Beiträge zur Pensionirung zu verhandeln, und auf dem Grund solcher Ermittelungen sich ebenfalls über dasjenige gleichzeitig berichtlich auszusprechen, was vom neuen Schulmeister resp. der Schulgemeinde beigetragen werden kann, und wie hoch dabei wol die als Theile der Pension ermittelten Naturalien baar zu rechnen sind. Die Wünsche der Lehrer hierüber zu hören, bleibt beamtlichem Ermessen überlassen, und jedenfalls dürfen jene nicht als Bedingungen und kategorische Erklärungen angenommen werden, weil solche bei Nothwendigkeit der Pensionirung allemal unzulässig sind.

§ 54.
Fortsetzung.

Vorstehender Wortlaut der Instruction ergiebt zunächst, daß die Pensionirten nicht ihr volles Diensteinkommen behalten, und in der That versteht sich dies von selbst, wenn jenen nicht bei ihrer Anstellung ausdrückliche entgegengesetzte Zusicherungen gemacht sind.[1] Ferner wird daraus ersichtlich, daß gewisse Grenzen über Art und Größe der Pension bis jetzt nicht bestehen, sondern persönliche und locale Verhältnisse hier entscheidend sind.[2] Endlich erscheinen nicht einmal alle Contribuenten, noch weniger aber deren Quoten, bestimmt gegeben, wie denn zu jenen durchaus nicht immer und nur bei sehr günstigen Einweisungsbedingungen der Amtsnachfolger zählen wird. Gesetzlich und observanzmäßig gehören zu jenen aber stets die zur Conservation der Schulen gleichmäßig verpflichtete Grundherrschaft und Schulgemeinde (§ 32), welche letztere auch deshalb keiner ausdrücklichen des-

---

[1] Cab.=Rescr. v. 28. Juli 1825; vgl. Buchka u. Budde cit. (§ 53, N. 1).
[2] Cab.=Rescr. v. 28. Juli 1825.

fallſigen Stipulation bedarf und nur bei wörtlicher contractlicher
Exemtion für die Contractsdauer befreit iſt,³) endlich auch regelmäßig
die Amtsſchulcaſſe (§ 65). Betreffs der einzelnen Antheile ſoll freilich⁴)
die Gemeinde Weide und etwaige Ländereien gegen Vergütung des
doppelten Ertragsanſchlags (Thl. I., § 67) hergeben, und außerdem
unentgeltlich den Penſionirten alle Fuhren (§ 50) und ſonſtigen, dem
activen Lehrer zu leiſtenden Natural-Präſtationen, z. B. bei Anholung
der Feuerung (§ 39), bei der Ackerbeſtellung (§ 46), zuweilen auch ein
Korndeputat wie bei Höfen (§ 47), gewähren, wogegen die Caſſe für
die Länderei-Vergütung und den baaren Theil der Penſion nach den
Verhältniſſen jedes einzelnen Falles beſtimmt wird, doch ſchwankt die
Praxis bedeutend, insbeſondere auch über die Leiſtungen der einzelnen
eingeſchulten (§§ 9 und 10) Ortſchaften, hauptſächlich der Höfe (§§ 33
bis 35.⁵) Die Quote der Grundherrſchaft aber, z. B. an Feuerung ꝛc.
iſt möglichſt baar zu fixiren und dann aus der Amtskaſſe zu zahlen.⁶)

Bei der nur ſelten eintretenden Penſionirung der jungen Claſſen-
lehrer (§ 30) finden vorſtehende Grundſätze angemeſſene Anwendung.
Den Induſtrielehrerinnen aber iſt überall kein Anſpruch auf Penſion
zugeſtanden.⁷)

Alle Penſionirten ſcheiden als ſolche rein aus ihren bisherigen
Dienſtverhältniſſen, können deshalb auch jeglichen erlaubten Nebenerwerb machen.

Ueber beamtliche Berichte ans Unterrichts-Miniſterium betreffs der
Wittwen Penſionirter vgl. § 57.

§ 55.
2) Kündigung, Abſetzung, Tod, Vacanz.

Die bei jetziger Anſtellung aller Lehrer und Lehrerinnen vorbehaltene gegenſeitige halbjährliche Kündigung (§ 30) giebt außerdem
der Staatsgewalt, wie bei ſonſtigen Staatsdienern (Thl. I., § 20),

---

³) Reg.-Reſcr. v. 18. Aug. 1841, Ra. 3427, C. v. 25. Juni 1828, Ra. 3364.
⁴) nach C. v. 25. Juni 1828 cit.
⁵) über deren Antheile an den Penſionen durch C. v. 12. März 1864 Bericht eingefordert iſt.
⁶) R. v. 2. Mai 1843, Ra. 3434.
⁷) Vo. 23. Mai 1837, § 11, Ra. 3406, Rgbl. 20.

freie Hand, sich der ihr nicht mehr beliebenden Lehrkräfte ohne alle Weiterungen zu entledigen. Von der Kündigung wird aber billiger Weise hauptsächlich nur Gebrauch gemacht gegen unwürdige, durch die dringendsten Verdachtsgründe, wie durch öffentliche Meinung als solche bezeichnete Schuldiener,¹) ferner bei nicht vollständiger Erfüllung der Dienstpflichten (§ 31) trotz rüstiger Körperkräfte, bei Mangel intellectueller Gaben,²) endlich bei Alter und Krankheit der Industrielehrerinnen.³) Diese Gekündigten haben an sich keinen Rechtsanspruch auf Pension (wegen der Industrielehrerinnen vgl. schon § 54 a. E.), eben so wenig als alle selbst und freiwillig Kündigenden.⁴) Die also Abgegangenen treten im Uebrigen ganz in den Stand von Privatpersonen zurück.

Verschieden von Pensionirung und Kündigung ist wieder die sofortige Absetzung lasterhafter oder ihr Amt mißbrauchender (§ 16) Lehrer, event. nach voraufgegangener administrativer Voruntersuchung und vorbehältlich crimineller Competenz (Thl. I., § 27). Auch die Abgesetzten scheiden vollständig und ohne alle Entschädigung aus dem Lehrerstande. — Ueber die beamtlichen Berichte betreffs des Wittweninstituts vgl. § 57.

Eingetretene Sterbefälle von Lehrern endlich werden vom Amte gewöhnlich sofort ans Unterrichtsministerium berichtet; auch sind die competenten Prediger zu desfallsigen Anzeigen an die Superintendenten⁵) und diese wiederum zu weiteren Meldungen ans Unterrichtsministerium verpflichtet.⁶) Letzteres ordnet dann sofort bis zur definitiven Wiederbesetzung durch Anweisung ans Seminar einen Assistenten ab (§ 30 und 51).⁷)

---

¹) Reg.-Rescr. v. 5. Septbr. 1833, Ra. 3384.
²) Cab.-Rescr. v. 28. Juli 1825.
³) Vv. 23. Mai 1837, § 11, Ra. 3406, Rgbl. 20.
⁴) Cab.-Rescr. v. 28. Juli 1825.
⁵) Vv. 8. April 1809, Ra. 2978, vgl. Vv. 22. Octbr. 1788, H. II. 131.
⁶) Vv. 20. Decbr. 1763. H. II. 28, 22. Octbr. 1788 cit., 9. Febr. 1837, Ra. 3006, Rgbl. 5.
⁷) Früher war die Wittwe nebst Angehörigen zur interimistischen Fortsetzung des Unterrichts verpflichtet, Vv. 20. Aug. 1771, 10, H. II. 35, und erhielt nur bei ihrer Unfähigkeit dazu einen Assistenten, Vv. 12. Juni 1784, 15, H. II. 87.

§ 56.
3) Wittwen, Kinder, Erben.

Wenn active Schulmeister oder Küster landesherrlichen Patronats¹) Wittwen mit Kindern resp. nur Wittwen oder nur Kinder²) hinterlassen, so behalten dieselben auf ihren Antrag, vom Sterbetag an gerechnet, aber ohne den sonst üblichen Unterschied zwischen Sterbe- und Gnadenquartal (Thl. I., § 21), während eines halben,³) aber aus Zweckmäßigkeitsgründen gewöhnlich erst mit dem 3ten Quartalstage schließenden, Jahrs⁴) die Wohnung und die vollen Einkünfte des Erblassers.⁵) Letztere werden also getheilt, daß die Wittwe die eine Hälfte erhält, gesammte Kinder aber, sie mögen aus einer oder mehreren Ehen resp. von der zurückgebliebenen Wittwe selbst stammen, die andere Hälfte nach Köpfen unter sich vertheilen.⁶) Dagegen müssen aber auch die Nutznießer die Kosten der Assistenzgebung (§ 51) resp. etwa anderweitiger interimistischer Verwaltung des Schulamts tragen.⁷) Die Kosten ihres demnächstigen Wegzuges sind ebenfalls von ihnen selbst und nicht von der Schulgemeinde zu bezahlen.

Beim Ableben von Classenlehrern ohne Familienstellen dagegen (§ 30) ist nur der Gehalt des Sterbequartals an die Erben auszukehren⁸) und Gleiches wird regelmäßig, wie bei landesherrlichen Dienern (Thl. I., § 21, N. 8), von den Hinterbliebenen aller pensionirten Lehrer gelten.

¹) C. v. 10. Juli 1862.
²) Das Cab.-Rescr. v. 5. Mai 1812, Ra. 3020, welches auch alleinigen Kindern verstorbener Prediger die Gnadenzeit gewährt, wird auch bei Küstern resp. Lehrern analoge Anwendung finden müssen; anderen Erben aber, zumal wenn sie vermögend und wohlversorgt sind, gebührt nach Cab.-Rescr. v. 10. Janr. 1812, Ra. 3019 keine Gnadenzeit, um die baldige Wiederbesetzung nicht zu erschweren.
³) Vv. 29. Novbr. 1834, Ra. 3027.
⁴) C. v. 10. Juli 1862.
⁵) Vv. 12. Juni 1784, 15, H. II. 87.
⁶) Das dies für Hinterbliebene von Predigern bestimmende Cab.-Rescr. vom 17. Juni 1808, Ra. 3017, soll nach C. v. 10. Juli 1862 auch auf diejenigen der Lehrer Anwendung finden.
⁷) C. v. 10. Juli 1862.
⁸) Reg.-Rescr. v. 3. April 1843, Ra. 5230, durch C. ejd. dat. den Aemtern communicirt.

Dürftige Lehrerwittwen sind gleich anderen Amtsarmen anzusehen und event. auf die Armenkasse angewiesen.⁹) Gleich diesen erhalten sie auch Feuerung nach Bedarf gegen selbst oder aus der Armenkasse zu übertragende Anfuhr und Bereitekosten, im Uebrigen etwas umfänglicher als bei gewöhnlichen Armen (Thl. I., § 139, R. 10), weil ihnen das eigne s. g. Holzsammeln (Thl. I. cit., R. 1) nicht angesonnen werden kann.¹⁰) Etwaige Gnadengesuche der Behörden für arme Wittwen sollen in Grundlage bestimmter, die Verhältnisse derselben allseitig erörternder, Schemata geschehen.¹¹)

§ 57.
Fortsetzung.

Außerdem besteht zur Unterstützung aller Wittwen von Lehrern mit Familienstellen ein besonderes Wittweninstitut.¹) Für die Activen, auch noch Unverheiratheten, herrscht Beitrittspflicht, während den Pensionirten (§ 53), wenn und so lange sie verheirathet sind, ihr Verbleiben im Institut nach ihrer binnen 6 Wochen nach der Pensionirung zu erklärenden Wahl zur vollen oder zur ⅔ der Wittwenunterstützung, — dagegen, wenn sie zur Zeit der Pensionirung unverheirathet sind oder später Wittwer werden, während ihrer Ehelosigkeit nach ihrer Wahl Austritt aus dem Institut oder ihr Verbleiben zu ⅔ der Unterstützung freisteht; wegen eines Vergehens abgesetzte Institutsmitglieder (§ 55) können endlich nur dann zu ⅔ der Unterstützung im Institute bleiben, wenn sie 10 Jahre im Dienst, verheirathet, auch ihre Ehefrauen unschuldig sind, und sie selbst sich binnen 6 Wochen nach ihrer Entlassung erklären. Beamte sollen deshalb bei jeder Pensionirung resp. Entlassung der Lehrer ans Unterrichtsministerium berichten, ob die Ausscheidenden verheirathet sind, auch letztere darauf hinweisen daß sie binnen 6 Wochen der Wittweninstituts-Direction anzuzeigen haben, ob und zu welchem Unterstützungsgrade sie Mitglieder bleiben wollen.²) Ebenso

---

⁹) R. v. 8. Febr. 1822. Ra. 2097.
¹⁰) E. v. 12. Janr. 1838, Ra. 3411.
¹¹) Bv. 3. Septbr. 1833, Ra. 3383.
¹) v. 21. Janr. 1864, Rgbl. 7, durch E. v. 16. März 1864 den Aemtern mitgetheilt, wodurch das frühere Instituts-Gesetz v. 5. Decbr. 1833, Ra. 3024, Rgbl. 1834, N. 2, vgl. Bv. 12. Mai 1835, Ra. 3028 veraltet ist.
²) E. v. 13. März 1864.

sollen die Wittwen das Ableben ihrer Ehemänner innerhalb des Sterbequartals durch Todtenscheine unter Rückgabe der denselben ertheilten Receptions-Atteste dem Directorium anzeigen. Im Uebrigen betragen die nach den Diensteinkünften der Ehemänner bemessenen jährlichen Unterstützungen 25 oder 37½ oder 50 oder 75 Thlr. und die jährlichen Wittwenkassenbeiträge jener 16 % der versicherten Sätze. Die Wittwen genießen solche Pension bis zu ihrem Tode resp. ihrer Wiederverheirathung und müssen dieselbe regelmäßig im Inlande verzehren, bedürfen für das Ausland besonderer landesherrlicher Erlaubniß, welche ihnen event. nur gegen Abzug von 25 % ertheilt wird. Im Uebrigen sind die gesetzlichen Bestimmungen des Wittweninstituts sehr detaillirt und umfangreich.

VI. Auseinandersetzung.

§ 58.

1) Allgemeines Verfahren.

Die Auseinandersetzung oder gegenseitige Ausgleichung zwischen den bei Lebzeiten abtretenden (§§ 53—55) Lehrern und Küstern resp. den Hinterlassenen Vorverstorbener am Ende der Gnadenzeit (§§ 56, 57) und den zuziehenden Dienstnachfolgern (§ 30) ist reine Administrativsache und darf nicht vor die Gerichte gezogen werden.[1]) Competent dazu ist zunächst allein der Prediger des Kirchspiels, in welchem die betreffende Schule liegt,[2]) und er darf solche Berufspflicht nicht ablehnen oder dem Amte resp. den Oberbehörden überlassen, in Zweifelsfällen jedoch eine Instruction des Superintendenten, auch bei Rechtsfragen ein Gutachten des Amtes einholen; steht eine gütliche Ausgleichung zwischen den Interessenten nicht zu erreichen, so muß er stets eine förmliche Entscheidung abgeben, gegen welche der Betroffene binnen einer zu bestimmenden Frist zunächst an den Superintendenten und dann weiter an das Unterrichtsministerium recurriren kann.[3])

Die Auseinandersetzung soll regelmäßig beim Abzug, höchstens wenige Wochen später stattfinden; bei Verzögerung durch Fahrlässigkeit

---

[1]) vgl. Bv. 24. Febr. 1827, § 19, Ra. 3361, Rgbl. 12.
[2]) Bv. 12. Juni 1784, 14, H. II. 87.
[3]) E. v. 18. Juni 1860.

oder Renitenz einer Parthei hat der Prediger Anzeige an das Unterrichtsministerium zu machen, um durch dasselbe die Einlassung des Säumigen unter Androhung entsprechender Rechtsnachtheile zu bewirken; im Uebrigen kann der Abziehende sich durch einen Bevollmächtigten vertreten lassen, ist dann aber auch an dessen Erklärung gebunden.⁴)

Das Großherzogliche Amt ist bei der Auseinandersetzung nur wegen der Schulgebäude (§ 59) und der Befriedigungen (§ 63) interessirt und kann seiner Pflicht schon durch Abordnung eines Landreiters genügen, weshalb die Zuziehenden auf Anweisung des Superintendenten jenes vom Tage der Auseinandersetzung rechtzeitig in Kenntniß setzen sollen.⁵) Dagegen ist es Sache des Amtes, die nach dem Resultat der Auseinandersetzung den Interessenten zukommende Entschädigung durch unmittelbaren Abzug von Gehalt oder Pension der Verpflichteten auf Antrag des Predigers wahrzunehmen, und Veräußerungen der den Dienstnachfolgern zu überlassenden Emolumente zu verhindern.⁶)

Der Dienstnachfolger hat bei der Auseinandersetzung um so mehr seine vollen Gerechtsame und Ansprüche wahrzunehmen, als er bei etwaigem Nachgeben darin weder auf gleiche Rücksicht, noch auf landesherrliche Vergütung bei seinem eignen dereinstigen Abgange rechnen darf (§§ 32, 63), und ist hierauf nöthigenfalls vom Prediger hinzuweisen.⁷)

§ 59.
2) Bei Wohnung und Feuerung.

Weil die Lehrer überhaupt nur zu hauswirthlicher Benutzung ihrer Dienstwohnungen, nicht aber zu speziellen Conservationslasten auf eigne Kosten verpflichtet sind (§ 37), so findet darüber auch selten und nur bei offenbarer Verschuldung vorgefundener Mängel durch die Abziehenden eine förmliche Auseinandersetzung und Feststellung der Entschädigungspflicht statt. Im Uebrigen haben sowol das Amt (§ 58)

---

⁴) C. v. 18. Juni 1860.
⁵) Reg-Rescr. v. 15. Juli 1812, Ra. 3430, am 23. ejd. dat. durch C. den Ämtern mitgetheilt.
⁶) Vo. 12. Juni 1784, 5 u. 14 cit.
⁷) C. v. 18. Juni 1860.

als die Schulvorsteher (§ 3)¹) darauf zu achten, daß das Schulhaus nicht auch noch beim Abzuge beschädigt werde.

Betreffs der Feuerung sind nachstehende gesetzliche Grundsätze aufgestellt:²)

1) das Feuerungsdeputat für Classenlehrer (§ 51) wird lediglich für den Winter zur Heizung der Schule und Wohnstube verabreicht.

2) die Hälfte des Holzdeputats für Lehrer mit Familienstellen (§ 39) gilt als zur Heizung der Schule, mithin für den Winter bestimmt, während die andere Hälfte für den Wirthschaftsbetrieb gegeben und auf die 4 Quartale des Jahres gleichmäßig vertheilt wird.

3) der Torf (§ 39) wird gleichfalls nur für die Schulen, also für den Winter verabreicht.

4) Der abziehende Schullehrer (§ 53—55) resp. Erben eines Verstorbenen (§ 56 und 57) haben demnach dem Michaelis zuziehenden Nachfolger (§ 30), falls das Feuerungsdeputat schon für den von Johannis zu Johannis zu berechnenden Jahrgang abgegeben ist, (§ 39) zu überliefern:

   a. die Hälfte des Holzdeputats zur Heizung der Schule,

   b. ³/₄ der andern für den Wirthschaftsbetrieb bestimmten Hälfte,

   c. allen Torf.

5) Sollte Grund zu der Besorgniß vorhanden sein, daß Wittwe oder Kinder eines verstorbenen Lehrers vor ihrem Abzuge mehr als die ihnen hiernach zukommende Rate verbrauchen möchten, so ist den Ortsschulvorstehern die Sicherung des beim Abzuge abzuliefernden Holzes und Torfes durch die competenten Prediger zweckmäßig aufzugeben.

§ 60.

3) Bei Gärten.

Wenn zur Zeit des Zuzuges diese kahl und unbearbeitet daliegen, und Abtreter soeben den vollen Fruchtbezug für sich eingesammelt haben, so haben Antreter Nichts für deren Uebernahme zu vergüten.

---

¹) Ungedruckte Erläutergg. zu § 7 der Bv. 19. Septbr. 1842, Ra. 3432, Rgbl. 34.

²) C. v. 31. Juli 1844, wodurch die anderweitige Bestimmung in Bv. 12. Juni 1784, 13, H. II. 87 veraltet ist.

Sind jene dann aber besäet und bestellet, so müssen die Nachfolger den Abtretenden, je nachdem diese während ihrer Dienstzeit noch selbst einigen resp. keinen Genuß und Fruchtbezug davon gehabt haben, Einsaat und Bestellungskosten nach landüblicher Taxe theilweise resp. ganz erstatten. Bei bloß gegenseitigen Versetzungen (§ 30), wo die Zuziehenden das in dieser Beziehung am früheren Wohnorte Verlassene am neuen wieder vorfinden, wird natürlich die Ausgleichung ganz oder theilweise unnöthig. Hinterbliebene Vorverstorbener (§ 56) sollen selbst noch von der nach ihrem Abzug durch die neuen Lehrer gewonnenen Herbst-Gartenernte ¾ beziehen, dagegen aber dann auch nur ¾ der etwa noch von ihnen selbst gemachten Einsaat und Bestellung vergütet erhalten, und selbst, wenn letztere allein durch die Zuziehenden beschafft ist, diesen ¼ davon vergüten.[1]

Junge, vom Abtreter gepflanzte Bäume, welche noch nicht getragen haben, muß Antreter jenem resp. dessen Erben bezahlen, so viel er davon behalten will,[2] den Rest also von den Abziehenden mitnehmen lassen. Bei bloßen Versetzungen (§ 30) solcher Lehrer, welche eine Baumschule leiteten (Thl. I., §§ 172, 173), dürfen diese die Hälfte sämmtlicher nach Alter und Art verschiedener Stämme an ihren neuen Wohnort mitnehmen, um dort sofort die Obstbaumzucht in vollem Umfange fortsetzen zu können, müssen jedoch die andere Hälfte ihren Nachfolgern unentgeltlich überlassen mit Ausnahme der bereits verkäuflichen veredelten Stämme, deren Verkauf oder Mitnahme ihnen verstattet bleibt, wenn sie nicht mit ihren Nachfolgern wegen deren Ueberlassung ein billiges Uebereinkommen treffen können.[3]

§ 61.
4) Bei Acker.

Die Erndtegefälle des Ackers werden postnumerando von Michaelis zu Michaelis gerechnet. Abtreter und Hinterbliebene behalten dieselben also ganz, wenn sie selbst noch jene percipirt haben — weshalb die zu Michaelis Zuziehenden dann von der eben eingeworbenen Ernte ihres neuen Wohnorts nichts erhalten — und haben obendrein einen Antheil

---
[1] Bv. 12. Juni 1784, 7 u. 8, H. II. 87.
[2] Bv. 12. Juni 1784, 10 cit.
[3] Bv. 24. Febr. 1827, 17—19, Ra. 3361, Rgbl. 12.

selbst an der noch künftigen, vom Antreter erst zu gewinnenden Erndte, je nachdem ihre Dienst- resp. Gnadenzeit (§ 56, 57) noch ein oder einige Quartale des neuen Wirthschaftsjahrs ausfüllt, demnach beim Abzug zu Weihnacht ¼, zu Ostern ½, zu Johannis ¾. Die desfallsige Theilung geschieht erst nach dem Ausdrusch, welcher deshalb vom Antreter möglichst zu beeilen ist. Je nach der ihnen werdenden Rate haben Antreter den Abgehenden die Kosten der Bestellung incl. Mistfuhren — wenn diese nicht von der Schulgemeinde unentgeltlich (§ 46), sondern, wie zuweilen noch bei Küstern, von letzteren selbst beschafft sind — nach landüblicher Taxe und diejenigen der Einsaat nach den zur Saatzeit geltenden Preisen der Umgegend zu bezahlen, dagegen aber auch ebenso bemessenen Anspruch auf Vergütung für die von ihnen etwa selbst schon beschaffte Einsaat und Bestellung der Sommersaat, sowie für die Werbe- und Druschkosten.[1]) — Der Dung bleibt unentgeltlich zur Stelle,[2]) ebenso das Stroh, soweit es nicht schon verfuttert, sondern wirklich vorhanden ist.[3])

Bei den erst neu gegründeten Schulstellen (§§ 9 und 10) pflegt die letzte Erndte des Pächters der reservirten Ländereien dem zu Michaelis zuziehenden (§ 30) Antreter ausgekehrt zu werden (§ 41), der dann also gegen sonstige Ueblichkeit schon im ersten Jahre die Erndte seines neuen Wohnortes erhält. Dieser Umstand wird dann für die zukünftige Auseinandersetzung eine vorstehenden Principien entgegengesetzte praenumerando-Anrechnung der Erndte herbeiführen. Hierbei gebührt dann in Zukunft den Abtretenden nicht die ganze von ihnen noch percipirte Erndte, sondern nur so viele Theile derselben als ihre Dienst- resp. Gnadenzeit Quartale des verflossenen Wirthschaftsjahres ausfüllte, und der Rest den Antretern, welche demnächst ihrerseits wiederum von der durch sie selbst percipirten Erndte Nichts herauszugeben brauchen, sondern dieselbe ganz für sich behalten. Im Uebrigen geschieht auch hier Vergütung der Bestellungs-, Werbungs- und Erndtekosten, sowie der Einsaaten nach schon eben erläuterten Grundsätzen gemäß der von den einzelnen Interessenten bezogenen Raten.

---

[1]) Vv. 12. Juni 1784, 6, H. II., 87, erläutert durch Cab.-Rescr. v. 14. Febr. 1837, Ra. 3405.
[2]) Vv. 12. Juni 1784 cit.
[3]) Vv. 12. Juni 1784, 9 cit.

§ 62.

5) **Bei Wiesen und Futterschlägen.**

Gleich dem Dung und Stroh (§ 61) soll auch das Heu, in so weit es nicht schon hat verfuttert werden müssen, unentgeltlich zur Stelle bleiben, und der nach der Heuernbte Antretende nur das Werbelohn nach Proportion der Zeit des Ab- und Zuzugs zu vergüten gehalten sein.[1]) Dies gilt aber an sich nur von dem zur Zeit der Publication dieser Bestimmung ausschließlich bekannten Wiesenheu und seine Anwendung auf das jetzt auf den Ackerfeldern selbst geworbene Klee- und Grasheu (Thl. I., §§ 158 und 159) ist deshalb an sich fraglich. Nach bestimmter späterer Entscheidung[2]) soll aber auch dieses s. g. Dreeschheu zwar gegen Ersatz der Werbekosten und der Einsaat, sonst aber gleichfalls unentgeltlich zur Stelle bleiben. Die Gründe hierfür werden darin gefunden, daß nicht selten die als Wiese zugetheilte Fläche nicht als solche genutzt, sondern abgeweidet wird, ferner, daß häufig die Schulwiese nicht von reglementsmäßigem Ertrage (vgl. § 40) gegeben werden konnte, sondern dafür zur Entschädigung Acker zum Anbau von Kleeheu zugewiesen ward; weiter in der Erwägung, den auf Küster- und Schulstellen Berufenen, da sie in der Regel unbemittelt sind, den Antritt derselben nicht unnöthigerweise zu erschweren; endlich um manche sonst nicht leicht vermeidbare Verwickelungen und Streitigkeiten von vornherein abzuschneiden.

§ 63.

6) **Bei Befriedigungen.**

Die Conservationspflicht der Lehrer erstreckt sich hier (§§ 44 und 45) zunächst überhaupt auf Vermeidung jeglicher verschuldeten Beschädigung, insbesondere aber auf Erhaltung und gehörige Benutzung der Hecken auf dem Kegel, auf Uebertragung des Bereitelohns bei Erneuerung der Eingangs-Hakelwerke, auf Haftung für Defecte an den zur

---

[1]) Bv. 12. Juni 1781, 9, H. II. 87.
[2]) E. des Unt.-Min. v. 26. Octbr. 1850, durch E. v. 29. Aug. 1854 den Ämtern communicirt.

inneren Befriedigung der äußeren Hecken abgegebenen und häufig vor deren gehörigem Wachsthum schon fehlenden Ricke und Pfosten, auf ordentliche Bepflanzung der zur Gewinnung von Weide und Buschwerk ihnen überlassenen 100 ☐R.[1]) Innerhalb dieser Grenzen bewegt sich deshalb die Entschädigungs- resp. Wiederherstellungspflicht der Abtreter unter einigen oder keinen Beihülfen durch Grundherrschaft und Schulgemeinde (§§ 44 und 45).

Die Großherzoglichen Aemter sind zwar bei gehöriger Erhaltung der Schulbefriedigungen interessirt, können auch zum Geschäft der Auseinandersetzung die Gegenwart ihrer Landreiter verlangen;[2]) doch gebührt die Leitung desselben, wie überhaupt, auch hier den Predigern, welche dann also auch auf jene Befriedigungen ihr Augenmerk zu richten haben (§ 58).[3])

Bei sich ergebenden Defecten ist zuvor gütliche Ausgleichung der Interessenten zu versuchen,[4]) wobei jedoch der zur Entschädigungsforderung berechtigte Lehrer um so weniger von dem vollen Schadenswerthe etwas abzulassen zu bereden sein wird, als er selbst bei seinem eignen dereinstigen Abzug voll entschädigungspflichtig bleibt (§§ 32 und 58). Beim Mißlingen der Güte aber hat der Prediger Anzeige an das Amt zu weiterem gesetzlichen Verfahren zu machen.[5]) Das Amt läßt dann event. durch Vermittelung des competenten Forstinspectionsbeamten durch einen Forestalen die vorhandenen Schäden und Defecte förmlich abschätzen, nimmt die Taxe von den Abtretern auf administrativem Wege (§ 58) wahr[6]) und übergiebt die Summe den Antretern zur Hebung des Schadens. Die desfallsige Werthermittelung geschieht in Grundlage der Forsttaxe und umfaßt sowohl die unbrauchbar gewordenen als die gänzlich fehlenden Materialien.

Häufig ereignet es sich jetzt, daß Lehrer sowol gelegentlich ihrer Auseinandersetzung mit ihren Vorgängern als während ihrer eignen

---

[1]) Vgl. C. v. 11. Decbr. 1837, Ra. 3410.
[2]) C. v. 20. Mai 1837, Ra. 3407, Regbl. 20, Reg-Rescr. 15. Juli 1842, Ra. 3430, am 23 ejd. durch C. den Ämtern mitgetheilt.
[3]) C. v. 11. Decbr. 1837 cit.
[4]) C. v. 11. Decbr. 1837 cit.
[5]) C. v. 11. Decbr. 1837 cit.
[6]) C. v. 20. Mai 1837 cit.

Dienstzeit der zur inneren Befriedigung abgegebenen Ricke und Pfosten sich zu entledigen wünschen (§ 45). Sie haben ihre desfallsigen Verträge, event. durch Vermittelung der competenten Prediger an das Unterrichtsministerium zu richten, welches sich dann mit den administrativen Behörden in Einvernehmen setzt (§§ 4 und 5). Auf deren Befürwortung wird demnächst der jetzige Zustand resp. Schaden — bei Auseinandersetzungen wieder vorerst unter dem Versuche gütlicher Ausgleichung durch den Prediger — auf vorstehende Weise abgeschätzt, das vorhandene Material aber dann vom Amte verauctionirt. Sowol dieser Erlös als die von Ersatzpflichtigen beizutreibende Schadenstaxe, werden dann an den competenten Prediger ausgekehrt, von ihm zinstragend sicher belegt, die Originalien im Pfarrarchive aufbewahrt und die Zinsen solange zugeschrieben, bis eine zur event. demnächstigen Herstellung der Befriedigung in natura incl. Fuhren ausreichende Summe, gewöhnlich 100 Thlr., gewonnen ist, demnächst aber den Lehrern zu eigner Verwendung gelassen. Wollen letztere später wieder eigne Befriedigungen schaffen, so ist zur desfallsigen Auszahlung des Kapitals an sie Erlaubniß des Unterrichtsministerium zu erwirken. Bis dahin aber fällt natürlich bei späteren Auseinandersetzungen die Ausgleichung wegen Ricke und Pfosten weg.

§ 64.

7) Bei Gehalt und sonstigen Accidenzien.

Jener (§§ 48 und 49) wird bei Auseinandersetzungen nach dem Grundsatze der Pränumeration getheilt.[1]) Zur Frage kommen dann also, wieviel Dienst- resp. Gnadenquartale (§ 56) der Abziehenden seit einem gewissen Fälligkeitstermin — hier Michaelis — noch ins neue Jahr sich erstrecken, also wirklich schon verdient sind resp. wieviel Dienstquartale in letzterem noch den Antretern bleiben und von diesen absolvirt werden müssen.[2]) Dennoch wird hierbei nicht geradedurch zu 4 gleichen Quartalraten getheilt, sondern in Rücksicht auf die erschwerte Beschäftigung der Lehrer in der Winterzeit gegenüber der Sommerzeit

---

[1]) Vo. 12. Juni 1784, 2, H. II. 87, Cab.-Rescr. v. 14. Febr. 1837, Ra. 3405.

[2]) Vo. 12. Juni 1784, 2—4 cit.

(§§ 6, 17, 21) ³/₄ auf das Halbjahr von Michaelis bis Ostern und nur ¹/₄ von Ostern bis Michaelis. Sonach behalten die schon am Fälligkeitstermin selbst, nämlich zu Michaelis, Abziehenden nichts, die zu Weihnacht nur die Hälfte der auf das Winterhalbjahr fallenden Rate, d. i. ½ von ³/₄ = ³/₈, zu Ostern aber schon das ganze ³/₄. In gleicher Weise müßte an sich auch die auf den Sommer fallende Gehaltsquote in 2 Quartale getheilt werden; nach singulärer Bestimmung aber soll der zu Ostern Antretende die ganze baare Sommerrate beziehen, wenn er wenigstens bis Michaelis bleibt,³) der Antreter zu Johannis also nichts davon erhalten, sondern sich an Naturalien und etwaigem Nebenerwerb (§ 31) genügen lassen.

Weitere Accidenzien sind bei bloßen Schullehrern jetzt weggefallen, bei den Küstern aber theilweise geblieben (§ 48). Auch bei ihrer Theilung wird zunächst auf den Fälligkeitstermin zurückgegangen, welcher für Würste zu Weihnacht, für Eier zu Ostern, für Käse zu Johannis, für Meßkorn und Brode zu Michaelis angenommen zu werden pflegt, und dann die Berechnung praenumerando gemacht. Ein zu Weihnacht Abgehender bezieht demnach von den dann gerade fälligen Würsten und allen seit jenem Zeitraume erst fällig werdenden Emolumenten Nichts, von den, während seiner Dienst- resp. Gnadenzeit schon fällig gewordenen aber eine Quote, nämlich vom vorhergegangenen Ostern her ³/₄, von Johannis ½, von Michaelis ¹/₄.⁴)

Getheilt wird dagegen überall nicht, was nicht erst zu einer bestimmten Zeit fällig ist, sondern sogleich, sobald es verdient ist, eingefordert wird.⁵) Deshalb genießen die abgehenden Küster resp. ihre Hinterbliebenen (§ 56) die Küsteraccidenzien für Trauen, Taufen, Begräbniß etc. noch bis an den Tag ihres Abzugs, die Antreter dagegen erst vom Tage ihrer Introduction an (§ 30).⁶)

---

³) Diese ausdrückliche Bedingung der V. v. 12. Juni 1784 sub 4 cit. widerspricht ihrem unmittelbar nachfolgenden im Text angegebenen weiteren Inhalt: Denn auch der Antreter zu Johannis, d. h. also wenn der Vorgänger nicht bis Michaelis bleibt, soll ja nur Naturalien und keinen baaren Gehalt haben, welcher letztere also allein dem Vorgänger verbleibt.

⁴) Vv. 12. Juni 1784, sub 11 cit.

⁵) Vv. 12. Juni 1784, 1 cit.

⁶) Vv. 12. Juni 1784, 12 cit.

VII. Anhang.
Amtsschulkasse.
§ 65.

1) **Zweck, Gründung, allgemeine Beitragspflicht.**

Das gesetzliche und observanzmäßige Princip, daß die Erhaltung der Schulen und ihrer Lehrer der Schulgemeinde gegenüber eine allgemeine Communallast ist, (§ 32 ff.), zeigt sich bei den schon vorstehend erwähnten baaren Bedürfnissen — so stets bei dem Bereitelohn für Feurungsdeputate (§§ 39, 51, 52), den Lehrergehalten (§§ 48, 49, 51, 52) den Pensionen (§§ 53, 54), ferner zuweilen bei Beschaffung von Schulutensilien (§ 14), bei Entschädigung der Lehrer für Wegfall von Schulkindern (§ 48), für Beköstigung der Assistenten (§ 51) — auf die weitesten Grenzen ausgedehnt. Die einzelne Schulgemeinde kann hierdurch leicht überlastet werden, die einzelne Schule dann dabei leiden — sämmtliche Schulgemeinden des Amtes gelten deshalb hierbei als ein ungetheiltes Ganze, und ihre einzelnen Mitglieder steuern, ohne Rücksicht auf die größeren oder geringeren Bedürfnisse des speziellen Schulorts, nach gleichmäßigem, übrigens je nach dem Erforderniß bald erhöhten, bald geminderten (§ 67)[1] Repartitionsgrundsätzen (§ 34 ff.) zu einem allgemeinen Fonds, nämlich der Amtsschulkasse, welche dann den Bedarf für alle direct bestreitet.[2]

Ganz frei von Amtsschulbeiträgen sind nur diejenigen, deren Kinder nach Auswärts eingeschult sind (§§ 9 und 10) und welche ihr Schulgeld dorthin entrichten (§ 33)[3], ferner diejenigen, welche sich förmliche Hauslehrer halten (§§ 19 und 48), die Prediger, die Lehrer selbst, die ganz Armen — für deren Kinder aber das Schulgeld aus der Armenkasse bezahlt wird (vgl. § 70, Note 1), wenn die Schulkasse

---

[1] Vv. 23. Mai 1837, § 7, Ra. 3406, Rgbl. 20.
[2] schon nach Vv. 18. Octbr. 1770, IX. H. II. 35, soll das aus einem großen Dorfe übrigbleibende Schulgeld zu dem sonst nicht ausreichenden Gehalt der Lehrer in kleinen Dörfern verwandt werden.
[3] Reg.-Rescr. v. 25. März 1841, Ra. 3424.

nicht dazu ausreicht,¹) — endlich ganz, oder doch wenigstens von einem gewissen Lebensalter an, kinderlose Unvermögendere (§§ 66, 67), nicht aber diejenigen, welche ihre Kinder in andere als die ihnen angewiesenen Ortsschulen schicken (§§ 19 und 48), noch die aus anderen Landestheilen und Domanialämtern Eingeschulten (§§ 9, 10, 33, 69).

§ 66.
2) Subrepartition der Kassenbeiträge.

Dieselbe basirt auf dem Grundsatze möglichst fester Enquetirung der ansässigen Bewohner ohne Unterschied, ob sie schulpflichtige (§ 19 ff.) Kinder haben oder nicht.¹) Nur bei der unvermögendsten Volksklasse, nämlich den Tagelöhnern, Einliegern und ihnen gleich stehenden Personen, ist hierbei wohl die Ausnahme gemacht, daß dieselben beim Fehlen eigner schulpflichtiger Kinder von solchen Beiträgen befreit sein sollen,²) und dieselbe findet sich noch jetzt zuweilen in den aus älterer Zeit stammenden Cassenreglements einzelner Aemter, hier auch selbst auf kleinere Grundbesitzer, nämlich Büdner und Häusler in der Art ausgedehnt, daß dieselben dann wenigstens einen abgeminderten Beitrag entrichten. Allgemeine Regel ist jetzt aber auch bei allen jenen Unvermögenderen excl. ihrer Wittwen und Altentheiler (§ 67) stete und von Existenz eigner Schulkinder unabhängige, — bei Mangel der letzteren aber doch wenigstens mit einem gewissen, meistens dem 50ten Lebensjahr, endigende — Beitragspflicht zur Amtsschulkasse.³)

Die Größe der einzelnen Beiträge anbelangend, so war dieselbe in älterer Zeit für alle Bauern und Büdner gleichmäßig, nämlich je 1 Schffl. Roggen und 24 ßl. oder baar 1 Thlr. 16 ßl. N. ⅔, für die Wohlhabenderen, besonders Förster, Holländer ꝛc. etwas mehr, bei den

---

¹) Armen-Ordnung v. 30. Juni 1824, § 7, Ra. 2102, Rgbl. 31 u. 33, Cab.-Rescr. v. 19. Janr. 1827, Ra. 3360, Reg.-Rescr. v. 15. Janr. 1841, Ra. 3421, vgl. Vv. 1. Decbr. 1768. H. II. 32,

¹) Vv. 18. Octbr. 1770 IX., H. II. 35.

²) Vv. 28. Octbr. 1770 cit.

³) Schon durch Vv. 12. Octbr. 1784, später wieder durch Vv. 20. Septbr. 1842 und Rescr. v. 24. Mai 1845, Rv. 3440, projectirt und in alle neueren, nach dem Normalreglement v. 10. Aug. 1850 (§ 49, Note 2) entworfenen, speciellen Kassen-Reglements aufgenommen.

Einliegern und Tagelöhnern für jedes Schulkind 1½ ßl. wöchentlich resp. 24 ßl. bis 1 Thlr. jährlich;[1]) jetzt aber werden billigerweise mehrere, den verschiedenen Volksklassen der ländlichen Bevölkerung entsprechende, graduelle Unterscheidungen gemacht. So zahlen jetzt nach den neueren Cassenreglements, soweit nicht bestimmte contractliche Stipulationen (§ 35 a. E.) entgegenstehen, regelmäßig:

§ 67.
Fortsetzung.

1) Pächter und Erbpächter von Höfen und Mühlen je nach Größe der Pacht und des Canon bis 1000 Thlr. = 5, bis 2000 = 10, bis 5000 = 15, bis 10,000 = 20, bei noch mehr = 25 jährlich. Zu gleichen Beiträgen pflegen eingeschulte (§§ 9 und 10) Rittergüter verpflichtet zu werden (§ 33) und obendrein zu einem Aversional-Schulgeld für die Kinder ihrer Gutsangehörigen, Wiederwahrnahme nach eigner Subrepartition vorbehältlich (§ 69);

2) Erb- und Zeitpächter von Bauerhufen baar 1 Thlr. 8 ßl. bis 2 Thlr. und an Roggen 1½ – 2 Schffl. Rostocker Maß resp. Vergütung desselben nach Martinipreisen; Cossaten etwas weniger, zuweilen aber auch hier mit speziellen Unterscheidungen nach allen ihren einzelnen Klassen als Voll-, $7/8$-, $3/4$-, $2/3$-, $1/2$-, $1/3$-, $1/4$-, $1/8$-Hüfner (Thl. I, § 83), oder doch wenigstens nach einigen derselben;

3) Büdner je nach Canon oder etwaiger Zeitpacht bis 12 Thlr. 1 Thlr. 16 ßl., bis 15 Thlr. 1 Thlr. 32 ßl., bei mehr 2 Thlr., auch wenn sie nicht die Büdnerei bewohnen, und bei mehr Büdnereien auch mehrfachen Satz;

4) Häusler 1 Thlr.;

5) Tagelöhner und Einlieger 32 — 36 ßl., jedoch bedingt nur bis zu einem gewissen Lebensalter (§ 66, Note 3),

ad 2—5 für besonderes Handwerk und Gewerbe auch noch besonders;

6) Wittwen gleich ihren Ehemännern, solange sie deren Wirthschaft fortsetzen, die unvermögenderen demnächst nur noch etwa 24 ßl., wenn

---

[1]) Bv. 18. Octbr, 1779, IX., H. II. 35, v. 15. Octbr. 1784.

sie schulpflichtige Kinder besitzen; ihnen gleich stehen die Altentheiler (§ 66);

7) Die nicht etwa in vorstehende Klassen gehörenden Erbschmiede, Erbkrüger, Erbmüller nach Maßgabe ihrer Ländereien und sonstiger Verhältnisse 1 Thlr. 16 ßl. bis 3 Thlr. 24 ßl., Holländer, Viehhändler, Ziegler, nach ihrem Betrieb 36 ßl. bis 1 Thlr. 8 ßl., Statthalter, Schäfer 16—36 ßl., Angestellte Procentsätze ihres Gehaltes.

Je nach dem augenblicklichen Bedarf der Amtsschulkasse werden vorstehende regelmäßige Beiträge erhöhet oder vermindert (§ 65). Alle Enquotirten dürfen aber dagegen ohne spezielle weitere Entschädigung der Lehrer alle ihre im gesetzlichen Alter stehenden (§ 20) Kinder, Pflegekinder, Dienstboten in die Schule schicken. —

§ 68.

3) Erhebung und Verausgabung des Schulkassen-Fonds.

Jährlich zwischen Martini und Weihnacht, an vom Amte zu bestimmenden Tagen, haben die Ortsvorsteher die Schulbeiträge der Einwohner in Grundlage vorstehender Bestimmungen (§§ 66, 67) einzufordern und die baaren an den Cassenbeamten persönlich abzuliefern.[1]) Gegen Säumige tritt sofortige administrative Execution ein.[2])

Betreffs der resp. Auszahlungen zu Schulzwecken (§ 65) sind für den baaren Gehalt der Lehrer mit Familienstellen (§§ 48, 49) ausdrücklich Vorschriften ertheilt. Hiernach sollen die Lehrer genaue, vom competenten Prediger zu attestirende, Specificationen ihrer Schulkinder und des darnach ihnen zukommenden Gehalts beim Amte einreichen, welches in Grundlage derselben alsdann die Zahlung verfügt.[3]) Der Schulroggen wird dann sofort bei der Erhebung durch die Ortsvorsteher und Landreiter vollständig den Lehrern gegen Quittung verabreicht;[4]) ergiebt sich hierbei in größeren Dörfern eine höhere Korn-

---

[1]) Vv. v. 17. Decbr. 1834, Ra. 3395, Rgbl. 1835, St. 1, R. v. 24. Octbr. 1834, Ra. 3394, vgl. Vv. 18. Octbr. 1770 IX., H. II. 35, 30. Octbr. 1784, H. II. 95, 12. Juni 1784, 5, H. II. 84.
[2]) Vv. 1. Decbr. 1768, H. II. 32.
[3]) Vv. 18. Octbr. 1770 u. 30. Octbr. 1784 citt.
[4]) Vv. 18. Octbr. 1770 cit., 17. Decbr. 1834 cit.

aufkunft, als jenen zukommt, so wird letztere dem nicht ausreichenden Betrag kleinerer Ortschaften zugelegt, wodurch nicht selten lästige Ausgleichungen und Transporte entstehen (§ 49 a. E.). — Der baare Gehalt wird erst später persönlich durch den Rechnungsbeamten auf dem Amte,[5] und zwar zu gleichen Theilen um Weihnacht und Ostern in den Schulferienwochen, an vorher anzuzeigenden Tagen pränumerando ausgezahlt.[6] Die Lehrer können ihn persönlich entgegennehmen, oder auch Bevollmächtigte senden, müssen diesen aber die Empfangsbescheinigungen mitgeben, gegen deren Aushändigung nur vom Amte gezahlt wird; bleiben sie aus und lassen sich nicht vertreten, so wird ihnen ihr Lohn gelegentlich durch den Landreiter überbracht, welchem dann eine demnächst vom Lehrer zu unterschreibende Quittung mitzugeben ist.[7]

§ 69.
Fortsetzung.

Bei Einschulungen (§§ 9, 10) aus anderen Domanialämtern wird der Schullohn für jedes Amt nicht separat, sondern allein vom Patronatamte ausgezahlt, welches dann seinen Verlag von jenem wiedererhält. Derselbe wird bei der Fixirung des Gehaltes nach der Gesammtheit der Schulkinder (§ 49) in der Weise bestimmt, daß von der hiernach zu zahlenden Summe der für die Kinder des Patronats-Amtes sich ergebende Satz abgezogen wird und der Ueberschuß als Verlag gilt; wogegen die Berechnung desselben nach Einzelnen (§ 49) sich von selbst ergiebt und letztere übrigens, wenn sie für die Lehrer vortheilhafter ist, während deren gegenwärtiger Dienststellung normiren soll.[1]

---

[5] R. v. 24. Octbr. 1834 cit.
[6] Vv. 17. Decbr. 1834 cit., 12. Mai 1849, Ra. 3452, Rgbl. 21, wodurch Vv. 18. Octbr. 1770 IX. cit. veraltet ist. — Mit Rücksicht auf Anrechnung des Schullohns bei Auseinandersetzungen (§ 64) wurde früher $3/4$ im Winter und $1/4$ im Sommer gezahlt, Vv. 30. Octbr. 1784 cit., früher quartaliter, Vv. 12. Juni 1784 cit.
[7] Vv. 14. Mai 1849 cit. — In anderen Fällen sind Auszahlungen des Schullohns durch Landreiter verboten, Rv. 24. Octbr. 1834, Ra. 3394, (vgl. Thl. I. § 26, Note 12).
[1] C. v. 22. März 1852.

Bei Einschulungen aus Ritter- und Landschaft (§§ 9, 10) wird regelmäßig die Art der Gehaltszahlung vereinbart sein (§ 33). Wo dies nicht der Fall oder die Communion eine alte, ist der Schullohn für die Domanialschüler allein nach Maßgabe des Schulreglements zu berechnen und dem Lehrer zu überlassen, das Schulgeld der fremden Kinder direct von den Verpflichteten einzuziehen — vorausgesetzt jedoch, daß die Anzahl der Schulkinder aus dem Domanium nicht weniger als 30 betrage, widrigenfalls weitere Resolution des Unterrichts-Ministeriums einzuholen ist.*)

Die Gehaltsauszahlungen an die Classenlehrer (§ 51) und Industrielehrerinnen (§ 52) geschehen vierteljährlich, an die Assistenten (§ 51) wöchentlich, übrigens nach vorstehenden Grundsätzen.

§ 70.
4) Berechnung der Amtsschulkasse.

Dieselbe geschieht durch das Amt. — Die Rechnung selbst ist in bestimmte Kapitel der Einnahme und Ausgabe getheilt, in welchem alle im Laufe des Rechnungsjahres gemachten Hebungen[1]) und Zahlungen anzuführen sind. Sie wird jährlich am 30. Septbr. abgeschlossen[2]) und spätestens bis zum 31. October an das Unterrichtsministerium eingesandt,[3]) nach dessen Ablauf sofort Strafmandate gegen die säumigen Berechner erkannt werden.[4]) Zur Erledigung der späteren Revisionsbemerkungen passiren 3wöchige Fristen und das Liberatorium erfolgt spätestens zu Johannis des nächsten Jahres.[5]) Die für

---

*) C. v. 22. März 1852.
[1]) incl. etwaige Schulversäumnißgelder (§ 22) u. Zuschüsse aus der Amts- (vgl. z. B. § 48 a. E., § 52 sub 1) und Armenkasse (§ 65).
[2]) Nach C. v. 30. Octbr. 1833, Ra. 3388 sind etwa nöthige Zuschüsse aus der Amtskasse (vgl. Note 1) zur Schulkasse, im Amtsetat in Ansatz zu bringen, auch nach C. v. 26. Febr. 1845, Ra. 3438, vgl. C. v. 2. Aug. 1842, Ra. 3431, die Beläge für die aus der Amtscasse zur Hälfte zu zahlenden und in der Schulrechnung aufzuführenden Assistenten-Gelder (§ 51) gelegentlich der Schulrechnungs-Ablage aus dem Unterrichts-Ministerium zu erwirken und dem Amtsgeldregister anzuschließen.
[3]) C. des Unt.-Minist. v. 12. Aug. 1850, vgl. dagegen frühere Bv. v. 18. Octbr. 1770 IX., H. II. 35, v. 14. Janr. 1850.
[4]) C. v. 14. Janr. u. 12. August 1850.
[5]) C. v. 14. Janr. 1850.

die einzelnen Aemter nicht gleichmäßigen, die Principien der Vereinnahmung und Verausgabung enthaltenden, gewöhnlich gedruckten Regulative (§ 66, N. 3) sind den Rechnungen stets voranzulegen, auch spätere Veränderungen unter fortlaufender Nummer nachzutragen.[6] — Mit Ablage der jährlichen Schulrechnung soll stets ein Bericht über Bestand und Fortgang der Industrieschulen verbunden werden (§ 24 a. E.), wie denn überhaupt bei jener Gelegenheit beamtliche Vorschläge zu Verbesserungen im Schulwesen sich empfehlen.[7]

---

[6] E. der Landes-Regierung v. 31. März 1846.
[7] auch dann einschlagende Berichterstattungen zuweilen gefordert werden, vgl. z. B. Berichts-Einforderung über Kosten des Schulwesens durch Vv. 25. Aug. 1836.

www.ingramcontent.com/pod-product-compliance
Lightning Source LLC
Chambersburg PA
CBHW032025220426
43664CB00006B/371